世界一流跨国集团公司：
管理与决策

王　堃　王长峰　金晓剑　庄文英　刘喜梅　编著

北京邮电大学出版社
www.buptpress.com

图书在版编目（CIP）数据

世界一流跨国集团公司 ：管理与决策 / 王堃等编著.
北京 ：北京邮电大学出版社，2025. -- ISBN 978-7
-5635-7488-9

Ⅰ. F279.247

中国国家版本馆 CIP 数据核字第 20251UH917 号

策划编辑：彭　楠　　**责任编辑**：孙宏颖　　**责任校对**：张会良　　**封面设计**：七星博纳

出版发行：北京邮电大学出版社
社　　址：北京市海淀区西土城路 10 号
邮政编码：100876
发 行 部：电话：010-62282185　传真：010-62283578
E-mail：publish@bupt.edu.cn
经　　销：各地新华书店
印　　刷：保定市中画美凯印刷有限公司
开　　本：787 mm×1 092 mm　1/16
印　　张：17.25
字　　数：459 千字
版　　次：2025 年 1 月第 1 版
印　　次：2025 年 1 月第 1 次印刷

ISBN 978-7-5635-7488-9　　定价：98.00 元

前　言

为全面贯彻党的二十大精神，深入落实党中央、国务院关于加快建设世界一流企业的决策部署，促进传统产业转型升级，提升生产效率和竞争力，为数字经济提供更广阔的应用场景和市场，国务院国资委开展了创建世界一流示范企业和专精特新示范企业“双示范”行动。

世界一流跨国石油集团公司是推进中国式现代化的重要组成部分，是开展创建世界一流示范企业和专精特新示范企业“双示范”行动的大型央企之一，是促进实体经济和数字经济深度融合的重要场景，作为我国国民经济建设的支柱，居于关系国家能源安全和国计民生的传统石油能源的关键领域。多年来，世界一流跨国石油集团公司通过上市、资本多元化、资本国际化、市场及管理国际化，已经逐步成为全球舞台石油行业的巨型玩家，在全球经济和社会活动中成为不可或缺的重要角色。

在中国式现代化背景下，以及全球大变革时代，随着新一轮经济全球化、数字化转型升级、高质量发展和建立人类命运共同体理念的进一步推进和全球认同，作为中国经济主要载体之一的世界一流新型跨国石油集团公司正在形成，必将在新一轮中国走向世界舞台中央的过程中起到不可或缺的推动作用，并成为世界石油经济领域的业界“航母”。然而，这些世界一流新型跨国石油集团公司因为投资决策失误而造成国有资产流失的典型案例有与日俱增的趋势，巨额国有资产流失会威胁到国家经济安全和国家能源安全，突出反映的问题是决策科学和决策方法中长期争论和悬而未决的议题：企业战略、数字化转型、政策把握、环境判断、决策人、组织、决策信息、信息处理、决策方法等严重影响着世界一流新型跨国石油集团公司决策的高质量发展。

根据宏观形势变化和中国资本全球化的现实需要，本书的研究成果试图回答世界一流跨国石油集团公司面临的 4 个亟待破解的“卡脖子”关键管理技术难题：一是如何突破世界一流跨国石油集团公司传统决策仅以经济单个维度的决策为主的困境，从战略规划匹配、财务预测、风险管控等多维度提出更科学的决策评估，实现决策高质量发展；二是如何突破世界一流跨国石油集团公司传统投资项目和资产组合仅靠经验拍脑袋决策的困境，针对国内和海外、常规与非常规、短期和长线投资，提出科学合理的投资和资产组合方法；三是如何基于世界一流跨国石油集团公司现有资产运营和已决策投资项目，从不同场景视角，科学合理地预测未来 5 年的现金流状况；四是如何在新一代信息技术快速发展的背景下，构建世界一流跨国石油集团公司技术管理体系，提升其投资项目与资产组合管理理论体系和实践体系的现代化水平,促进实体经济和数字经济深度融合,促进世界一流跨国石油集团公司治理能力的快速提升。

推进中国式现代化,中国崛起需要建设世界一流新型跨国石油集团公司,更需要打造能够支撑国家经济发展和维护国家能源安全的新型跨国石油集团公司。

具有前瞻性、引领性和全球视野的世界一流跨国石油集团公司投资与资产组合管理和决策体系是世界一流跨国石油集团公司实现"世界一流企业"的重要组成部分,是世界一流跨国石油集团公司先进石油产业技术第一生产力快速发展不可或缺的引擎,是加快发展数字经济,促进实体经济和数字经济深度融合,打造具有国际竞争力的数字产业集群的重要支撑。在中国式现代化和全球大变局的背景下,面对石油经济建设主战场的需求,以新一代信息技术突破性应用为主导的新一轮石油科技革命和石油产业变革已经迫不及待,变革传统的跨国石油集团公司投资与资产管理和决策模式、决策机制、决策制度等,构建具有前瞻性、引领性和全球视野的世界一流跨国石油集团公司投资与资产组合管理和决策体系已经势在必行。

本书的研究成果主要在推进中国式现代化,以及数字经济和大变革时代背景下,面向国家石油重大产业安全和经济主战场的需求,面向传统石油产业数智化转型升级的需求,面向国家科技驱动发展战略的需求,以推进中国式现代化为导向,以高质量发展和建设世界一流企业的目标为抓手,以"卡脖子"关键管理技术难题为基础,基于国家自然科学基金、国家社会科学基金、中国石油集团公司、中国海洋石油集团公司等重大项目,从世界一流新型跨国石油集团公司的战略决策、战略管理和战略实施等3个层面,以及基于这3个层面的"全景式"世界一流企业的整体技术管理体系的视角,研究了中国式现代化背景下世界一流新型跨国石油集团公司投资项目和资产组合理论模型和算法、模型验证、技术管理体系、工程应用等,以实现理论成果与实践应用的有效结合,促进实体经济和数字经济深度融合,打造具有国际竞争力的数字产业集群,促进中国式现代化背景下世界一流新型跨国石油集团公司的高质量发展,提升世界一流新型跨国石油集团公司投资项目与资产组合管理和决策体系与管理决策能力的中国式现代化水平。

目　　录

第二部分　战略中观管理层面：世界一流跨国集团公司资产组合模型理论

第三部分　战略微观实施层面：世界一流跨国集团公司多维动态门径投资决策理论

第四部分　整体全景式层面：世界一流跨国集团公司技术管理体系构建

引　言

石油产业是直接影响国家政治、经济、重大科技产业安全的重要战略资源。然而，自 2014 年以来，在中国式现代化背景下，随着国际油价跌宕起伏、高质量发展的推进和传统石油企业数字化和智能化转型升级，我国大型跨国石油集团公司跟踪“质量强国”国家战略、数字经济战略、世界一流企业国家战略、国家能源发展战略，面向石油经济建设主战场，针对跨国石油集团公司每年几千亿元的巨额投资展开科学决策，面临着前瞻性重大瓶颈难题：在推进中国式现代化，以及数字经济和全球大变革的背景下，如何在石油产业链上、中、下游全过程实现一体化有效配置资源，做出科学投资决策，着力防范化解重大决策失误，构建世界一流跨国石油集团公司的决策科学、执行坚决、监督有力的权力运行体系，遏制腐败，科学预测石油能源产业潜在重大决策风险，确保国家石油能源安全，提升世界一流跨国石油集团公司科学投资决策体系和决策能力的现代化水平，提升决策质量，达到世界一流企业建设目标，实现跨国石油集团公司高质量发展，促进实体经济和数字经济深度融合，打造具有国际竞争力的数字产业集群，推动世界一流跨国石油领域的“质量强国”战略实施落地。

一、问题提出

北京邮电大学王长峰教授带领国家重大项目创新团队，在推进中国式现代化，以及全球大变革的背景下，立足“质量强国”国家战略、数字经济战略、国家能源发展战略，面向石油经济建设主战场，通过实地调研并分析大型跨国石油集团公司投资项目与资产组合、群体决策与管理体系和管理能力现状，深刻地洞察到了世界一流跨国石油集团公司亟待破解的“卡脖子”关键管理技术难题。

难题之一：跨国石油集团公司传统的决策仅基于经济单个维度进行，而在推进中国式现代化和高质量发展的背景下，对于待决策的投资项目和资产并购，能否从战略规划匹配、财务预测、风险管控等多个维度提供更科学的决策评估，提升其决策质量，推动世界一流跨国石油领域的“质量强国”战略实施落地？

难题之二：跨国石油集团公司传统的投资项目和资产组合仅靠经验，拍脑袋决策，而在中国式现代化和高质量发展的背景下，对于跨国石油集团公司国内和海外、常规与非常规、短期和长线等投资，能否提供科学合理的投资和资产组合方法？

难题之三：在数智化转型时代，基于跨国石油集团公司现有资产运营和已决策投资项目，能否模拟不同情景，科学合理地预测跨国石油集团公司未来 5 年的现金流状况？

难题之四：跟踪世界一流企业的要求，在高质量发展和数智化转型时代，如何构建世界一流跨国石油集团公司技术管理体系？如何提升世界一流跨国石油集团公司投资项目与资产组合管理理论体系和实践体系的现代化水平，促进数字经济和实体经济深度融合，推动世界一流跨国石油集团公司技术管理的高质量发展？

二、研究思路和研究内容

1. 研究思路

面向国家石油重大产业安全和经济主战场的需求,以中国式现代化为导向,以"卡脖子"关键管理技术难题为抓手,在大变革时代背景下,基于国家社科基金、国家自然科学基金、中石油集团公司、中海石油集团公司等重大项目,从跨国石油集团公司战略决策、战略管理和战略实施等3个层面,以及基于此的"全景式"世界一流企业的整体技术管理体系的视角,研究中国式现代化世界一流跨国石油集团公司投资项目和资产组合理论模型和算法、模型实践检验、技术管理体系、工程应用的有效产教融合,实现理论成果与实践的有效产教融合,促进数字经济和实体经济深度融合,促进中国式现代化世界一流跨国石油集团公司的高质量发展,提升中国式现代化世界一流跨国石油集团公司管理体系和管理能力的现代化水平,推动中国式现代化世界一流跨国石油领域的"质量强国"战略实施落地。

2. 研究内容

针对世界一流跨国石油集团公司的"卡脖子"关键管理技术难题,本书主要内容包括研究理论、模型实践检验、工程应用。一是形成高水平、高质量的决策理论成果——在中国式现代化和大变革时代背景下,建立世界一流跨国石油集团公司投资项目与资产组合理论体系、技术管理体系,主要包括世界一流跨国石油集团公司资产组合项目动态群体决策理论、资产组合模型、多维动态门径投资决策、投资项目过程监控、海外重大工程风险预警及管控和技术管理体系;二是通过理论成果转化,进行工程化实践研究,实现产教融合,创造具有原创性、前沿性和引领性的创新成果,促使研究成果落地。因此,研究成果主要包括6个子创新成果,各个子创新成果之间的关系见图0-1。

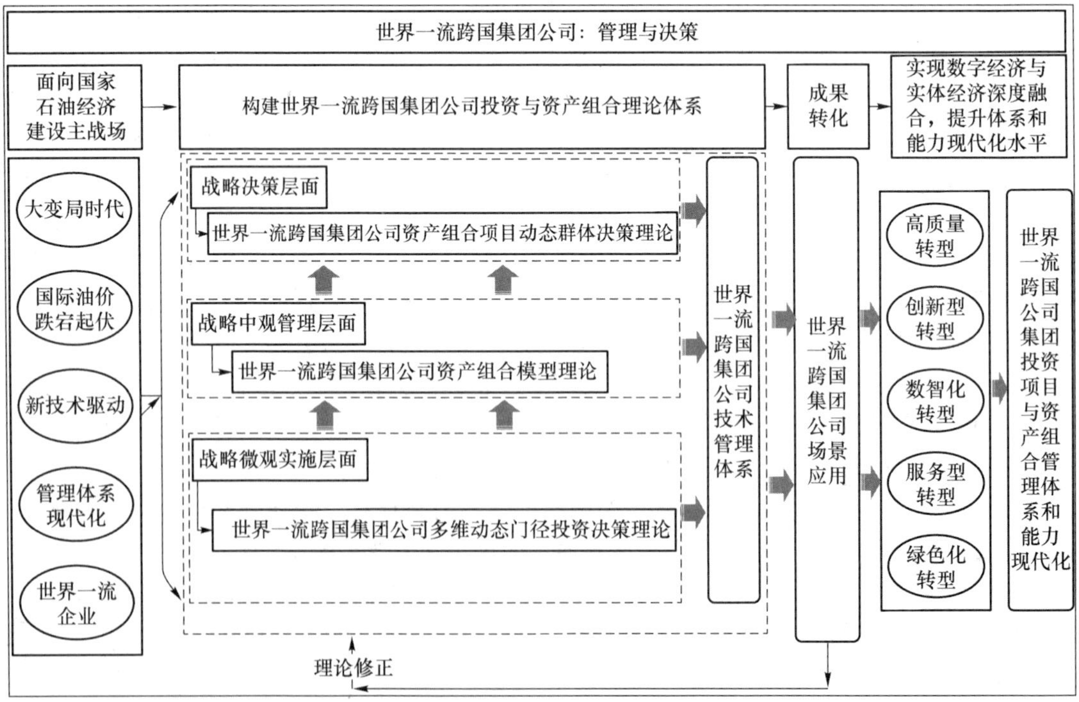

图0-1 世界一流跨国集团公司管理与决策框图

第一,战略决策层面。

在推进中国式现代化,以及全球大变革时代,从宏观决策层面视角,以跨国石油集团公司投资决策问题为导向,创新性地建立了世界一流跨国石油集团公司投资项目动态群体决策理论体系和算法体系,突破了世界一流跨国石油集团公司投资项目动态群体决策关键模型和算法,从战略、经济、风险、环境等多个维度创新性地建立了世界一流跨国石油集团公司投资项目决策指标体系,以及智能化群体决策框架,提供了世界一流跨国石油集团公司投资项目全新的决策模式,有效地解决了实际问题,实现了理论与实践的有效产教融合,预防并化解了世界一流跨国石油集团公司的重大决策风险,避免了重大决策失误,取得了重大经济效益和社会效益。这些主要体现在:

① 一是突破性地解决了当前理论与企业群体决策实践应用对区间三角模糊数的研究缺失问题,提出了几类基于区间三角模糊数的多属性群体决策方法,定义了区间三角模糊数的熵与交叉熵、集结算子〔区间三角模糊数加权算术平均算子(ITF-WAA 算子)、区间三角模糊数的加权几何平均算子(ITF-WGA 算子)〕;二是提出了基于熵权-VIKOR 的区间三角模糊数的多属性群体决策方法、拓展的熵权-TOPSIS 算法;三是以可能度进行属性的优先序关系排序,定义了有序集结算子〔区间三角模糊数的有序加权算术平均算子(ITF-OWA 算子)、区间三角模糊数有序加权几何平均算子(ITF-OWGA 算子)和基于可能度排序的 Prioritzed 算法〕,进而结合传统的 TOPSIS 框架,提出了基于优先序的区间三角模糊多属性群体决策算法;四是结合石油企业投资项目群体决策算例分析与灵敏度分析,对本书提出的各个算法的稳定性和适应性进行了验证与分析;五是补充并完善了当前基于区间三角模糊数形式的多属性群体决策理论体系的不足。

② 一是针对大型央企集团公司群体决策信息的多元化、复杂化关键问题,提出了基于二元联系数的混合动态多属性决策方法,重点分析了精确数、区间数、区间三角模糊数、模糊语义形式的混合型多属性决策体系,形成了一种不确定混合多属性决策的研究框架,并将二元联系数作为混合型属性体系的统一形式,实现决策信息中的确定性与不确定性的更好表征;二是进一步定义了二元联系数的熵与交叉熵,以及二元联系数的相关算子(BCNWAA、BCNWGA、BCNOWAA、BCNOWGA),提出了基于二元联系数的拓展熵权-TOPSIS 多属性群体决策算法,同时,考虑企业决策中混合多属性群体决策的动态性,提出了综合考虑时间熵权与信息熵权的阶段权重,以支撑动态决策分析;三是结合相关算例,进行了算法验证,以及对比分析。

③ 一是突破了大型央企集团公司群体决策的大群体问题,提出了大群体决策中专家权重的确定方法与专家意见群体的动态交互演化算法。采用基于凝聚层次聚类和 K-means 聚类的大群体聚类算法,分层对群内与群间专家权重算法分别进行定义;二是基于复杂网络,提出了综合考虑专家之间关联关系、专家知识水平与能力、专家职级等因素的拓展的 DEMATEL 权重确定方法,并可用于决策系统核心节点的确定;三是针对专家之间以及群体之间的意见动态交互演化机制进行分析,提出了改进的 SI_nR 算法,用于动态交互机制的度量,并结合 MATLAB 与网络爬虫技术,对算法进行了实例分析。

④ 提出了石油企业投资项目群体决策指标体系。通过对大型央企集团公司决策特点的研究,以石油企业为重点,在当前研究理论的基础上,从战略、经济、风险、环境 4 个维度建立了石油企业投资项目决策指标体系,并结合本书算法设计,进行了相应的实例分析,为企业决策

提供参考。

⑤ 一是设计了大型央企集团公司投资项目智能群体决策框架。结合当前大数据背景与央企集团公司的特点，通过对群体决策系统进行分析，构建了企业投资项目群体决策系统成熟度模型；二是结合理论分析与调研，针对企业投资项目的群体决策系统的建设情况与应用现状进行评估；三是构建了央企集团公司投资项目智能群体决策体系，并就各个模块进行了设计与分析，形成了综合性的智能群体决策系统框架，以支撑企业群体决策的开展。

第二，战略中观管理层面。

在推进中国式现代化和全球大变革的背景下，从中观管理层面视角，以资产组合创效能力为抓手，以跨国石油集团公司投资资产组合问题为导向，变革跨国石油集团公司投资项目和资产组合只靠经验、拍脑袋决策的传统管理，结合跨国石油集团公司国内和海外、常规与非常规、短期和长线等投资和资产组合问题，构建了世界一流跨国石油集团公司投资和资产组合理论模型体系和技术方法体系，突破了跨国石油集团公司资产组合关键模型和算法，实现了理论与实践的产学研融合，提供了崭新的科学合理、切实可行的资产布局与资产组合管理模式，有效地提升了世界一流石油集团公司投资和资产决策质量与决策能力。这些主要体现在：

① 一是根据跨国石油集团公司领导整体上把握资产风险程度，以及资产池中资产满足哪些条件，采用简单加权或简单二次方加权的方法对资产池中资产进行投资，实现资产分配达到最优。二是理论上突破了经典均值-方差组合模型，提出：

a. 简单加权投资组合风险处于$\frac{2(2n+1)\lambda_{\min}}{3n(n+1)}$和$\frac{2(2n+1)\lambda_{\max}}{3n(n+1)}$之间，界定风险最小化投资组合 σ_B^2 的两个上界和两个下界；

b. 若协方差矩阵 **V** 是正定矩阵，风险最小化简单加权组合是最优组合的一些等价条件：$\sigma_B^2=\sigma_*^2$，$m_B=1$，$x_B=x_*$，$d_i=\sum_{j=1}^{n} j\sigma_{ij}=c_B$，$\frac{1}{i}d_i^{-1}=\frac{1}{i}\sum_{j=1}^{n}\sigma_{ij}^{-1}=c_{B1}$，$\frac{1}{i}d_i^{*}=\frac{1}{i}\sum_{j=1}^{n}\sigma_{ij}^{*}=c_{B2}$，$\sigma_B^2=\sigma_*^2=\frac{2c_B}{n(n+1)}$。

② 针对跨国石油集团公司存量资产和增量资产之间的选择问题，基于均值最大化和 VaR 最小化，一是建立了 3 类基于存量资产和增量资产的均值-VaR 优化决策模型，优化决策模型可以决定投资者选取哪几个增量资产及资产池中包含的总资产数量；二是基于资产池中剩余资产组合均值最大化和 VaR 最小化，建立了 3 类基于存量资产和增量资产的带有投资比例界定的均值-VaR 投资组合模型，投资组合模型可以决定资产的投资比例问题。

③ 针对跨国石油集团公司多个目标函数的问题，建立了 3 类多目标投资组合模型。一是根据收益最大、风险最小和峰度最小，要求投资者的期望收益达到 e 以上，建立了带有投资比例界定的均值-方差-峰度的多目标投资组合模型；然后提出了一种多目标优化模型算法。二是应用区间规划思想，构造了基于三元区间数的均值-标准差-偏度的多目标投资组合模型；然后根据投资者的心态及其对收益、风险和偏度的喜好程度，通过线性加权构造了进取、稳健和谨慎 3 种区间规划投资组合模型。三是应用模糊理论和智能算法，引入了一个新的投资组合选择模型，以最大限度地提高收益和偏度，以及尽量减少方差、VaR 和半熵，建立基于均值-方差-VaR-偏度-半熵的投资组合模型；将模糊数学与遗传算法相结合并进行数值求解，并与已建的模型进行比较。四是实验结果表明，提出模型的性能优于已建模型的。大型央企集团公司

的具体算例表明上述构建的多目标模型是有效的。

④ 针对跨国石油集团公司长期投资的问题，建立了两类多周期投资组合模型。一是应用区间规划思想，构造了基于三元区间数的终端财富最大的多周期投资组合模型；给出了该模型的 3 个弱最优解和应用遗传算法进行了数值实例分析。二是应用优化方法，构造了基于 VaR-峰度的单周期和多周期 log-最优资产组合模型；证明了多周期模型最优解的存在及其唯一性；分析了单周期和多周期模型的优劣；实例说明，单、多周期 log-模型的相同之处为收益水平随 VaR 风险值的增高而变大，不同之处是单周期的 log-最优模型劣于多周期的 log-最优模型（VaR 风险水平和置信水平 α 相同）。三是大型央企集团公司的具体算例表明上述构建的多周期模型是有效的。

第三，战略微观实施层面。

在推进中国式现代化和全球大变革的背景下，从微观实施层面视角，以跨国石油集团公司投资项目和资产过程绩效评价与责任体系为抓手，加强过程监管，促进世界一流跨国石油集团公司微观管理创新生态体系的建设。

在多维动态门径投资决策方面，从投资项目多阶段决策微观层面视角，基于风险、经济和战略 3 个维度，以实施滚动淘汰制和节点监控制为抓手，构建了世界一流跨国石油集团公司多维动态门径投资决策理论体系和实践体系，建立了多维动态门径投资关键模型和算法，有效地解决了实际问题，实现了动态淘汰、优化管理，提高了跨国石油集团公司投资项目的成功率。

集团公司决策是在一定约束条件下，为实现企业目标而按照一定程序和方法，从备选方案中择优选择一个最适方案的过程；同时集团公司决策遵循民主化，科学化，从贤不从众和责、权、利相结合的原则。因此，集团公司决策需要在确定决策目标后，搜集尽可能完备的资料与信息，对集团公司发展的趋势及市场的变化作出准确的预测，对各种可行的备选项目、各种项目组合进行可行性评判，从各种备选组合中筛选出最优投资组合和项目在各阶段的战术性实施方案。

① 针对大型央企石油集团公司海外投资项目，基于风险、经济和战略三维度视角，以跨国石油集团公司企业战略和规划为导向，建立了一套科学、全面、有效的投资项目决策评价指标体系，采用定性和定量融合集成的方法确定权重，构建了项目全生命周期综合评价模型。对于政府和集团公司企业大型投资而言，资本性项目投资具有变现能力差、影响时间长、投资数额多、投资内容独特和投资风险大等特点，其充分体现了项目投资决策的重要性。由此可知，如何通过测算评价指标来规避集团公司投资决策失误已经成为集团公司亟待解决的关键问题。目前，多数大型集团公司重点关注单维度——经济收益，并将其作为项目评估主要标准，但是，在项目执行过程中，由于前期评估不足，所以有时候会选取偏离公司战略的项目或承担不可接受的高风险项目，导致项目无法取得预期回报或夭折。因此，本书的研究成果主要从风险、经济、战略 3 个维度视角，采用专家隐性知识和数学模型全方位综合考量项目，以企业战略和规划为导向，建立了一套科学、全面、有效的投资项目决策评价指标体系，采用定性和定量融合集成的方式确定权重，构建了项目全生命周期综合评价模型，以支持集团公司决策的战术性指向。

② 采用门径决策理论，构建了分阶段动态决策系统，通过定义不同门径的数据规范、决策流程、决策评估标准和项目交付物等，实现了多维动态风险控制。以大型央企石油集团公司的

投资项目决策周期长(7～10 年决策期)、重大投资规模(总投入 100 亿元以上)、产品全球化、价格市场多变(大宗期货和具有金融属性)的项目为研究对象。由于大型央企石油集团公司投资规模庞大,所以其决策严重影响其他综合因素的变化和未来的发展方向,譬如投资决策会对国家之间的往来产生后续影响等;而重大项目的特点是信息随着机会识别、预可研、可研、最终投资决策等门径阶段的前进逐步累计增加,进而逐步调整决策偏差。因此,采用决策门径体系实现分阶段决策的动态决策系统,通过定义不同门径数据规范、决策流程、决策评估标准、项目交付物,实现多维动态风险控制,帮助集团公司决策层做出选择,并将资源投入最合适的项目。

③ 提出了多维约束条件下的投资组合与资源配置优化模型,并结合集团公司实例验证了该模型的有效性。由于集团公司资本和资源分配是基于投资组合层面进行管理的,而投资决定是基于项目层面进行分析的,因此,该成果论证了支撑不同场景的假设分析,评估了追加投资、撤资带来的不同结果,为资源的协同及利用提供了支持,并基于投资组合分析了未来的现金流量情况;最后,结合集团公司实际案例验证了多维度项目决策系统对集团公司投资组合项目的实施有着重要的理论和实际意义。

该成果提出了多维度投资辅助模型,满足了新时代经济由资本输入到资本输出的转变和“一带一路”国家战略中大量资本性输出投资的现实需要,以及在全面转型中石油集团公司企业内部决策资本投资的现实需求。

该模型基于时间价值、项目净现值、内部收益率、投资回收期、敏感性分析,从多个维度加入决策人行业经验、同行成败规律、企业家自身品格品质要素、各国财税政策、国家关系要素和企业家远见等平行决策要素和权重要素,并与决策时间阶段决策门、引入资本混合及投资进退的最佳时机等要素有效结合起来,构建了多维度辅助决策系统。

实践验证证明:通过跨国石油集团公司已经完成了对国内外投资的 100 余个项目(投资总额超过 1 000 亿元人民币)的验证,以及对未来数十个项目的预测、预判和排队,效果良好。

第四,世界一流跨国集团公司技术管理体系。

从集“跨国石油集团公司的宏观、中观和微观层面”为一体的综合“全景式”视角,面对我国石油产业油气勘探对象的复杂变化,结合决定石油产业上游持续发展的物探科学技术发展的需求,以“世界一流企业”技术管理体系为抓手、以信息技术突破性应用为主导的跨国石油集团公司先进物探技术第一生产力快速发展为引擎,创造性地构建了具有前瞻性、引领性和全球视野,且具有跨国石油集团公司“世界一流企业”技术管理体系,有效地提高了跨国石油集团公司世界一流技术管理体系和管理能力的现代化水平。

① 研究并剖析了世界一流油公司物探技术管理体系所涉及的管理对象、管理职能、管理目标 3 个维度的 13 个相关要素,结合油公司物探技术管理实际情况,关键要素主要包括发展规划、标准规范、质量管理、科技攻关、运行管理、队伍建设与人才管理、管理体制机制、企业文化、健康-安全-环保(HSE)、资产组合管理、智慧/智能管理、后评价等。

② 研究并构建了世界一流油公司物探技术管理体系,管理对象、管理职能、管理目标“3 个要素”彼此之间相互作用,形成了一个集管理内容子系统、管理工具子系统、管理目标子系统为一体,且以建设世界一流跨国石油集团公司企业目标为导向,逐步提升油公司物探技术管理能力、追求卓越的有机生态系统。

三、成果创新与突破

1. 成果创新

① 以中国式现代化世界一流跨国石油集团公司的建设目标为抓手，立足国家石油能源安全和石油科技发展战略需求，从“总体性”生态系统视角，通过研究世界一流跨国石油集团公司技术管理（以物探技术为例）存在的复杂综合性问题，提出了“一个视角、一个目标、一个原则、三个维度、三个系统、一个提升、两个层面”的跨国石油集团公司技术管理综合治理体系战略思路，构建了世界一流跨国石油集团公司技术管理现代化体系，在我国石油能源领域具有原创性、前沿性和引领性的高水平标志性研究成果，以及在我国石油能源领域具有示范性、前瞻性和全球战略视野的研究成果。

② 以跨国石油集团公司技术管理体系生产关系适应先进技术生产力为抓手，从“生产力与生产关系”辩证关系的视角，研究并剖析了体系中各个技术之间的复杂关系，定位关键技术，制定系列标准与规范，集成优势资源，超前部署，重点突破，有效形成并拥有了具有自主可控知识产权的关键技术和先进技术，引领了我国勘探开发领域，乃至国际勘探开发领域技术的快速发展，以石油产业链物探技术科技发展的局部跃升带动整个石油产业链总体生产力的跨越发展，提高了我国石油能源产业在国际竞争中的控制权和话语权。

③ 以辩证唯物主义实践论为指导思想，在技术层面取得了具有前瞻性、原创性，且具有自主可控知识产权的关键模型、算法、理论和工具，形成了具有示范性和引领性的标志性研究成果；在成果应用层面针对目前跨国石油集团公司投资项目与资产组合决策与管理的需求，提出了多种应对综合复杂问题的集成“管理技术模型、算法与策略”，应用于生产实际，促进了数字经济和实体经济的深度融合，取得了巨大经济效益和社会效益，有效地支撑了主营业务的快速发展，实现了以具有自主知识产权的关键技术整合创新链，布局产业链，匹配资金链，提升价值链。

2. 成果突破

① 在中国式现代化和全球大变局时代背景下，实现了世界一流跨国石油集团公司投资和资产组合管理与智能群体决策理论体系突破，促进了数字经济和实体经济的深度融合，促进了传统产业转型升级，提升了生产效率和竞争力。

② 在中国式现代化和全球大变局时代背景下，对世界一流跨国石油集团公司技术管理理论体系有了突破，实现了“质量强国”战略在石油领域的实际落地。

a. 从跨国石油集团公司生态系统“总体性”方法论的视角，实现了世界一流跨国石油集团公司油物探技术管理体系综合治理理论的突破。立足于国家石油能源安全和石油科技发展战略需求，以及中国石油集团公司实现国际一流公司目标的要求，从集团公司生态系统“总体性”方法论的视角，深入研究了大型跨国油公司物探技术管理体系，提出了“一个视角、一个目标、一个原则、三个维度、三个系统、一个提升、两个层面”的物探技术综合治理体系战略思路，构建了一个集集团公司管理部门、油公司、勘探院、服务公司为一体的物探技术管理现代化体系。

b. 从“生产力与生产关系”辩证关系的视角，实现了以物探技术发展的局部跃升带动石油产业生产力的跨越式发展，提高了世界一流跨国石油集团公司物探技术管理体系现代化能力的水平。“科学技术是第一生产力”，先进的石油物探技术是引领我国石油产业快速发展的先进生产力，是未来我国石油产业在国际竞争中获得控制权和话语权的引擎；油公司物探技术管理体系是适应油公司先进物探技术生产力快速发展而变革的生产关系，构建具有国际一流油公司物探技术的管理体系就是变革原有油公司物探技术管理体系——生产关系，即变革阻碍先进物探技术生产力快速发展的桎梏。

以创建世界一流跨国石油集团公司为抓手，构建了具有创新性、示范性、引领性的世界一流油公司物探技术管理创新生态体系，实现了以具有自主知识产权的关键技术整合创新链，布局产业链，匹配资金链，提升价值链，有效地实现了石油物探技术应用绿色转型、质量转型、创新型转型和信息化转型，提高了油公司物探技术管理体系和管理能力的现代化水平。

第一部分

战略决策层面：世界一流跨国集团公司资产组合项目动态群体决策理论

第1章　基于区间三角模糊数的多属性群体决策研究

随着模糊综合评价的研究深入与应用拓展，模糊数拓展到了三角模糊数、梯形数等，然而鉴于实践中项目信息的不完备性、决策信息的不确定性，以及决策者的有限理性等因素，对于上下限的确定存在一定的困难，因此区间型模糊数应运而生，以实现对于决策过程中不确定性的度量。在跨国石油集团公司的决策过程中，区间三角模糊数能够更为完整地体现决策者的意见信息，将确定性与模糊性综合进行考量，具有一定的应用价值与优势，然而当前研究领域对于区间三角模糊的研究仍然较少。

因此，本章以区间三角模糊综合评价为基本模型，结合熵权理论，定义了区间三角模糊的熵权与交叉熵、集结算子以及优先序等，并以拓展的 VIKOR 算法和 TOPSIS 算法为基本框架，进行了多属性群体决策的算法拓展研究与分析，从而为企业群体决策方法提供更为坚实的理论参考与方法支持。

本章主要参数说明如下。

① 备选方案集：$A=\{A_1,A_2,\cdots,A_n\}$为有限个备选方案集，即备选项目为A_i，$i=1,2,\cdots,n$。

② 属性/指标集：$C=\{C_1,C_2,\cdots,C_m\}$为属性/指标集，$\boldsymbol{\omega}=(\omega_1,\omega_2,\cdots,\omega_m)$为属性/指标的权重向量，满足$\omega_i\in(0,1)$且有$\sum\limits_{j=1}^{n}\omega_j=1$，即指标为$C_j$，$j=1,2,\cdots,m$。

③ 专家集：$E=\{e_1,e_2,\cdots,e_P\}$为专家集，专家权重为$\boldsymbol{\lambda}=(\lambda_1,\lambda_2,\cdots,\lambda_p)$，即专家为$e_k$，$k=1,2,\cdots,p$。

④ 评价信息：评价矩阵为$\boldsymbol{x}=\{x_{ij}^k\}$，其中评价值以区间三角模糊数形式表达为$x_{ij}^k=[(x_{1,ij}^{L,k},x_{3,ij}^{L,k});x_{2,ij}^{M,k};(x_{3,ij}^{U,k},x_{1,ij}^{U,k})]$，满足$0\leqslant x_{1,ij}^{L,k}\leqslant x_{3,ij}^{L,k}\leqslant x_{2,ij}^{M,k}\leqslant x_{3,ij}^{U,k}\leqslant x_{1,ij}^{U,k}\leqslant 1$。其中，第$k$个专家的综合评价矩阵为$\boldsymbol{x}^k=\{x_{ij}^k\}$。

1.1　区间三角模糊数多属性群体决策

区间三角模糊数被提出的时间相对较晚且表现形式较为复杂，导致当前对于该形式的多属性群体决策的相关研究相对较少，因此本节以区间三角模糊数为研究对象，首先对其定义与相关运算进行梳理，结合熵权的相关理论，进而拓展定义区间三角模糊数的熵与均衡交叉熵，并证明其满足相应的公理，为后文算法的构建提供理论基础。

1.1.1　区间三角模糊数及其运算

本节以区间三角模糊数为主要决策形式，进行多属性决策的研究。首先对区间三角模糊数的相关定义和基础运算进行了介绍，进一步提出了区间三角模糊数的熵权与交叉熵的定义。

定义 1-1 模糊数(Zadeh，1965)：设论域 X，x 为 X 中的任意元素，那么 $\forall x\in X$，给定映射 $x\rightarrow\mu_A(x)$，$\mu_A(x)\in[0,1]$，则下述定义的集合 A 为一个 X 上的模糊集，记为 $A=\{(x|\mu_A(x))\}$，$\forall x\in X$。

模糊数($\mu_A(x)$，$\vartheta_A(x)$，$\pi_A(x)$)由三部分组成，其中 $\mu_A(x)$ 为 x 对 A 的隶属度函数，$\vartheta_A(x)$ 为 x 对集合 A 的非隶属度函数，$\pi_A(x)=1-\mu_A(x)-\vartheta_A(x)$ 为 x 对 A 的犹豫度函数。

区间直觉模糊数：区间直觉模糊数 $\boldsymbol{X}=((\mu^L,\mu^U),(\vartheta^L,\vartheta^U))$，其中，$(\mu^L,\mu^U)\in[0,1]$ 为隶属度，$(\vartheta^L,\vartheta^U)\in[0,1]$ 为非隶属度，则犹豫度为 $(\pi^L,\pi^U)=((1-\mu^L-\vartheta^L),(1-\mu^L-\vartheta^L))\in[0,1]$。

定义 1-2 左右模糊数(Zadeh，1965)：模糊数 $\mu:\boldsymbol{R}\rightarrow\boldsymbol{I}=[0,1]$，若满足：

① μ 是上半连续的；

② 存在一个区间 $[a,b]$，当 $x\notin[a,b]$ 时，$\mu(x)=0$；

③ 存在实数 c,d，满足 $a\leqslant c\leqslant d\leqslant b$，并且 $\mu(x)$ 在 $[a,c]$ 上单调递增，在 $[d,b]$ 上单调递减，在 $[c,d]$ 上恒为 1。隶属度函数表示如下：

$$\mu(x)=\begin{cases}\mu^L(x), & x\in[a,c]\\ 1, & x\in[c,d]\\ \mu^R(x), & x\in[d,b]\\ 0, & 其他\end{cases} \tag{1-1}$$

其中，$\mu^L(x)$：$[a,c]\rightarrow[0,1]$ 为左隶属度函数，在区间 $[a,c]$ 单调递增；$\mu^R(x)$：$[d,b]\rightarrow[0,1]$ 为右隶属度函数，在区间 $[d,b]$ 单调递减。

定义 1-3 梯形模糊数：若上述定义同时满足 $\mu^L(x)=\dfrac{x-a}{c-a}$，且 $\mu^R(x)=\dfrac{b-x}{b-d}$，则式(1-1)定义的 $\mu(x)$ 为梯形模糊数。

定义 1-4 三角模糊数(Laarhoven，1983)：更进一步，当参数 $c=b$ 时，上述定义 1-2 变为三角模糊数 (a,c,b)，满足 $a\leqslant c\leqslant b$。其中：a 为下界，即最悲观的评价值；b 为上界，即最乐观的评价值；c 为中值，即最可能的取值，如图 1-1 所示。

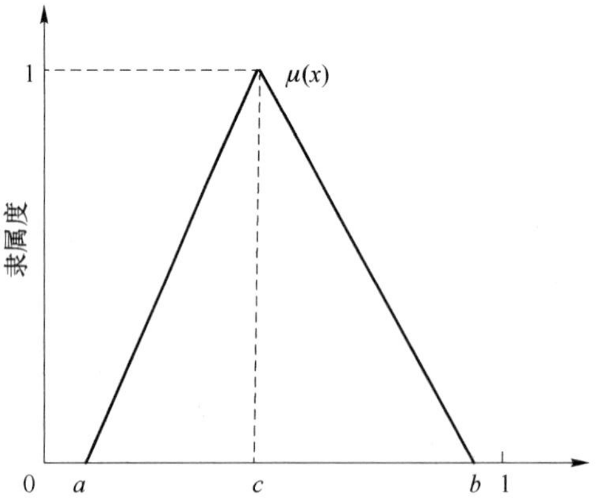

图 1-1 三角模糊数图示

此时，式(1-1)中定义的 $\mu(x)$ 变为特征函数：

$$\mu(x)=\begin{cases}\mu^{L}(x)=\dfrac{x-a}{c-a}, & x\in[a,c]\\ \mu^{R}(x)=\dfrac{b-x}{b-c}, & x\in[c,b]\\ 0, & \text{其他}\end{cases}$$

定义 1-5　区间三角模糊数：设 $\boldsymbol{x}=\begin{cases}(x_1^{L},x_2^{M},x_1^{U})\\(x_3^{L},x_2^{M},x_3^{U})\end{cases}$，其中，$0<x_1^{L}\leqslant x_3^{L}\leqslant x_2^{M}\leqslant x_3^{U}\leqslant x_1^{U}\leqslant 1$，则 x 为一个区间三角模糊数，常记为 $\boldsymbol{x}=[(x_1^{L},x_3^{L});x_2^{M};(x_3^{U},x_1^{U})]$，如图 1-2 所示。

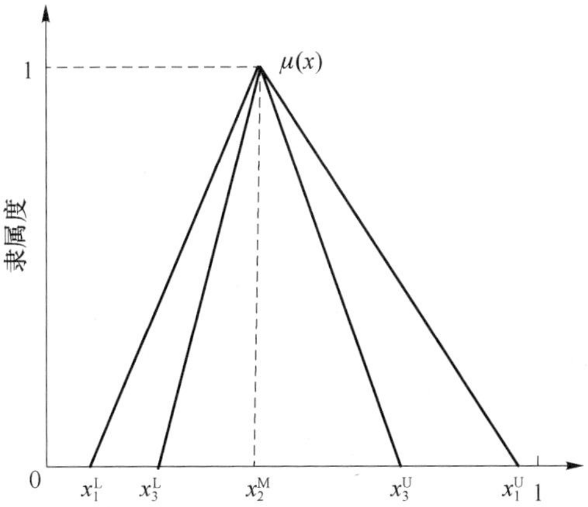

图 1-2　区间三角模糊数 $[(x_1^{L},x_3^{L});x_2^{M};(x_3^{U},x_1^{U})]$

以三角模糊数为基础，同理可定义区间三角模糊数的隶属函数为

$$\mu(x)=\begin{cases}[x_1^{L},x_3^{L}], & x\in[x_1^{L},x_3^{L})\\ \mu^{L}(x)=\left[\dfrac{x-x_1^{L}}{x_2^{M}-x_1^{L}},\dfrac{x-x_3^{L}}{x_2^{M}-x_3^{L}}\right], & x\in[x_3^{L},x_2^{M})\\ \mu^{R}(x)=\left[\dfrac{x_3^{U}-x}{x_3^{U}-x_2^{M}},\dfrac{x_1^{U}-x}{x_1^{U}-x_2^{M}}\right], & x\in[x_2^{M},x_3^{U})\\ [x_3^{U},x_1^{U}], & x\in[x_3^{U},x_1^{U})\\ 0, & \text{其他}\end{cases}$$

本章将主要针对区间三角模糊数进行研究，首先对区间三角模糊数的相关运算进行梳理与定义。

(1) 区间三角模糊数的常用运算

任意两个区间三角模糊数分别表示为 $\boldsymbol{x}=[(x_1^{L},x_3^{L});x_2^{M};(x_3^{U},x_1^{U})]$ 与 $\boldsymbol{y}=[(y_1^{L},y_3^{L});y_2^{M};(y_3^{U},y_1^{U})]$，则有下述运算法则。

① 和运算：

$$\begin{aligned}\boldsymbol{x}+\boldsymbol{y}&=[(x_1^{L},x_3^{L});x_2^{M};(x_3^{U},x_1^{U})+(y_1^{L},y_3^{L});y_2^{M};(y_3^{U},y_1^{U})]\\&=[(x_1^{L}+y_1^{L},x_3^{L}+y_3^{L});x_2^{M}+y_2^{M};(x_3^{U}+y_3^{U},x_1^{U}+y_1^{U})]\end{aligned}$$

② 乘运算：

$$\begin{aligned}\boldsymbol{x}\times\boldsymbol{y}&=[(x_1^{L},x_3^{L});x_2^{M};(x_3^{U},x_1^{U})\times(y_1^{L},y_3^{L});y_2^{M};(y_3^{U},y_1^{U})]\\&=[(x_1^{L}y_1^{L},x_3^{L}y_3^{L});x_2^{M}y_2^{M};(x_3^{U}y_3^{U},x_1^{U}y_1^{U})]\end{aligned}$$

③ 数乘运算:

$$k\times \boldsymbol{x}=[(kx_1^{\mathrm{L}},kx_3^{\mathrm{L}});kx_2^{\mathrm{M}};(kx_3^{\mathrm{U}},kx_1^{\mathrm{U}})]$$

其中参数 k 为任意正实数。

④ 倒数运算:

$$\frac{1}{\boldsymbol{x}}=\left[\left(\frac{1}{x_1^{\mathrm{L}}},\frac{1}{x_3^{\mathrm{L}}}\right);\frac{1}{x_2^{\mathrm{M}}};\left(\frac{1}{x_3^{\mathrm{U}}},\frac{1}{x_1^{\mathrm{U}}}\right)\right]$$

(2) 区间三角模糊数的常用测度

区间三角模糊数的欧氏距离:设任意两个区间三角模糊数为 $\boldsymbol{x}=[(x_1^{\mathrm{L}},x_3^{\mathrm{L}});x_2^{\mathrm{M}};(x_3^{\mathrm{U}},x_1^{\mathrm{U}})]$ 与 $\boldsymbol{y}=[(y_1^{\mathrm{L}},y_3^{\mathrm{L}});y_2^{\mathrm{M}};(y_3^{\mathrm{U}},y_1^{\mathrm{U}})]$,则 $\boldsymbol{x}$ 和 $\boldsymbol{y}$ 的欧氏距离可表述为

$$d(\boldsymbol{x},\boldsymbol{y})=((x_1^{\mathrm{L}}-y_1^{\mathrm{L}})^2+(x_3^{\mathrm{L}}-y_3^{\mathrm{L}})^2+2(x_2^{\mathrm{M}}-y_2^{\mathrm{M}})^2+(x_3^{\mathrm{U}}-y_3^{\mathrm{U}})^2+(x_1^{\mathrm{U}}-y_1^{\mathrm{U}})^2)^{1/2}$$

区间三角模糊数的 Hamming(汉明)距离:设任意两个区间三角模糊数为 $\boldsymbol{x}=[(x_1^{\mathrm{L}},x_3^{\mathrm{L}});x_2^{\mathrm{M}};(x_3^{\mathrm{U}},x_1^{\mathrm{U}})]$ 与 $\boldsymbol{y}=[(y_1^{\mathrm{L}},y_3^{\mathrm{L}});y_2^{\mathrm{M}};(y_3^{\mathrm{U}},y_1^{\mathrm{U}})]$,则 $\boldsymbol{x}$ 和 $\boldsymbol{y}$ 的 Hamming 距离可表述为

$$d(\boldsymbol{x},\boldsymbol{y})=\frac{1}{6}(|x_1^{\mathrm{L}}-y_1^{\mathrm{L}}|+|x_3^{\mathrm{L}}-y_3^{\mathrm{L}}|+2|x_2^{\mathrm{M}}-y_2^{\mathrm{M}}|+|x_3^{\mathrm{U}}-y_3^{\mathrm{U}}|+|x_1^{\mathrm{U}}-y_1^{\mathrm{U}}|)$$

(3) 区间三角模糊数的理想解

绝对理想解:

$$\boldsymbol{r}^{+}=((1,1),1,(1,1)),\boldsymbol{r}^{-}=((0,0),0,(0,0))$$

相对理想解:

正理想解:$\boldsymbol{r}_j^{+}=([\max_i(x_{ij,1}^{\mathrm{L}})\max_i(x_{ij,3}^{\mathrm{L}})],\max_i(x_{ij,2}^{\mathrm{M}}),[\max_i(x_{ij,3}^{\mathrm{U}}),\max_i(x_{ij,1}^{\mathrm{U}})])$

负理想解:$\boldsymbol{r}_j^{-}=([\min_i(x_{ij,1}^{\mathrm{L}})\min_i(x_{ij,3}^{\mathrm{L}})],\min_i(x_{ij,2}^{\mathrm{M}}),[\min_i(x_{ij,3}^{\mathrm{U}}),\min_i(x_{ij,1}^{\mathrm{U}})])$

相较而言,绝对理想解可以避免异常值对系统的影响,而相对理想解则更能体现样本自身的特点,因此,本书选用相对理想解进行后续决策分析。

1.1.2 区间三角模糊数的熵与交叉熵概述

熵是一种体系混乱程度的度量,德国物理学家鲁道夫·克劳修斯(Rudolph Clausius)最早在 1865 年提出了这一概念,进而克劳德·香农(Claude Shannon)在 1948 年提出了"信息熵",用于信息量的度量。L. A. Zadeh 于 1968 年将模糊熵的概念引用至决策领域,用于度量模糊集的不确定性。

1. 熵的定义与演变

定义 1-6 信息熵:设 $\boldsymbol{X}=(x_1,x_2,\cdots,x_n)$为任一值域,$p$ 为 $\boldsymbol{X}$ 的概率质量函数,$I(\boldsymbol{X})$为 $\boldsymbol{X}$ 的信息量,则称

$$H(\boldsymbol{X})=-\sum_{i=1}^{n}p(x_i)I(x_i)=-\sum_{i=1}^{n}p(x_i)\log_b p(x_i)$$

为 $\boldsymbol{X}$ 的信息熵。通常 b 是对数所使用的底,取 $b=\{2,e,10\}$,对应熵的单位{bit,nat,dit}。

定义 1-7 属性熵:设某一决策问题共有 m 个备选决策方案,n 个决策属性分别为$\{C_1,C_2,\cdots,C_n\}$,归一化后的专家判断矩阵如下:

$$\boldsymbol{A}=\begin{bmatrix} C_1 & C_2 & \cdots & C_n \\ x_{11} & x_{12} & \cdots & x_{1n} \\ x_{21} & x_{22} & \cdots & x_{2n} \\ \vdots & \vdots & & \vdots \\ x_{m1} & x_{m2} & \cdots & x_{mn} \end{bmatrix}$$

则称 $\begin{cases} e_j = -\dfrac{1}{\ln m}\displaystyle\sum_{i=1}^{m}(f_{ij}\ln f_{ij}) \\ f_{ij} = \dfrac{x_{ij}}{\displaystyle\sum_{j=1}^{n} x_{ij}} \end{cases}$ ，$i=1,2,\cdots,m;j=1,2,\cdots,n$ 为决策属性 C_j 的属性熵。当 $x_{ij}=0$ 时，令 $f_{ij}\ln f_{ij}=0$，显然，$0\leqslant e_j\leqslant 1$。

定义 1-8 属性的熵权：设 e_j 为定义 4-2 中给出的决策属性 C_j 的属性熵，则在决策判断矩阵 $\boldsymbol{A}$ 下的属性 C_j 的熵权可定义如下：

$$w_j = \frac{1-e_j}{\sum_{j=1}^{n}(1-e_j)}, j \in n$$

其中，$0<w_j\leqslant 1$，且满足 $\sum_{j=1}^{n} w_j = 1$。

定义 1-9 相对熵：设任意两个离散概率分布为 $\boldsymbol{X}=(x_1,x_2,\cdots,x_n)$ 与 $\boldsymbol{Y}=(y_1,y_2,\cdots,y_n)$，满足 $x_i,y_i\geqslant 0,i=1,2,\cdots,n$，且 $1=\sum_{i=1}^{n}x_i \geqslant \sum_{i=1}^{n}y_i$，则称

$$h(\boldsymbol{X},\boldsymbol{Y}) = \left|\sum_{i=1}^{n} x_i \log\frac{x_i}{y_i}\right|$$

为 $\boldsymbol{X}$ 相对 $\boldsymbol{Y}$ 的相对熵。

进一步，$h(\boldsymbol{X},\boldsymbol{Y})$ 具有以下性质。

非负性：

$$h(\boldsymbol{X},\boldsymbol{Y}) = \left|\sum_{i=1}^{n} x_i \log\frac{x_i}{y_i}\right| \geqslant 0$$

零解唯一性：$h(\boldsymbol{X},\boldsymbol{Y}) = \left|\sum_{i=1}^{n} x_i \log\frac{x_i}{y_i}\right| = 0$ 的充要条件为当且仅当 $x_i=y_i$ 时，对于任意的 i 成立。

鉴于 $y_i=[0]$时，上述定义无意义，因此常用形式的交叉熵被提出，定义如下：

$$H(\boldsymbol{X},\boldsymbol{Y}) = \left|\sum_{i=1}^{n} x_i \log\frac{x_i}{(x_i+y_i)/2}\right|$$

根据相对熵(交叉熵)的定义，容易得出，对于两个离散分布 $\boldsymbol{X}$ 与 $\boldsymbol{Y}$，相对熵可度量两者之间的区别程度/相似程度。属性交叉熵：$D_j(\boldsymbol{A})$关于属性 j 的综合交叉熵可表示它反映了关于属性 j 的各个方案之间的总体差异度，值越小说明各个方案关于属性 j 之间的差异越小，也就是说根据该属性对于各个方案的区分度很小，因此属性 j 的重要程度越低，其具有的熵权越低。

公理 1-1 模糊熵 $E(\boldsymbol{A})$需满足以下公理：

① 分明集是不模糊的，即分明集的模糊熵 $E(\boldsymbol{A})$为 0；

② $[1/2]$是隶属性最辨认的模糊集，其模糊熵 $E(\boldsymbol{A})$最大，即 $E(\boldsymbol{A})=1$；

③ 模糊集 $\boldsymbol{A}$ 与 $\boldsymbol{A}^C$ 的模糊熵相等,即 $\boldsymbol{A}$ 与 $\boldsymbol{A}^C$ 距离[1/2]的模糊程度相同,有 $E(\boldsymbol{A})=E(\boldsymbol{A}^C)$;

④ 模糊集 $\boldsymbol{A}$ 的模糊性具有单调性,即 $\boldsymbol{A}$ 与[1/2]距离越近,模糊熵 $E(\boldsymbol{A})$ 越大,反之,模糊熵越小。

定义 1-10 模糊熵:常用的模糊熵定义形式为 $E(\boldsymbol{A})=-k\sum_{i=1}^{n}[A(x_i)\ln A(x_i)+(1-A(x_i))\ln(1-A(x_i))]$,其中,$A(x_i)$ 为任意模糊集,参数 $k>0$。容易证得其满足上述 4 条公理。

定义 1-11 均衡交叉熵:$D^*(\boldsymbol{A},\boldsymbol{B})$ 为均衡交叉熵,满足 $D^*(\boldsymbol{A},\boldsymbol{B})=D(\boldsymbol{A},\boldsymbol{B})+D(\boldsymbol{B},\boldsymbol{A})$,其中,$D(\boldsymbol{A},\boldsymbol{B})$ 为交叉熵,一般定义为

$$D(\boldsymbol{A},\boldsymbol{B})=\frac{1}{\ln K}\left(f(x_i)\ln\frac{f(x_i)}{f(x_i)+f(y_i)}+(1-f(x_i))\ln\frac{1-f(x_i)}{(1-f(x_i))+(1-f(y_i))}\right)$$

根据模糊熵与交叉熵的一般定义,研究者针对不同模糊形式的熵权与交叉熵进行了定义和拓展。

模糊交叉熵:设论域 $\boldsymbol{X}=(x_1,x_2,\cdots,x_n)$,任意模糊集 $\boldsymbol{A}=\{\mu_A(x_i),i=1,2,\cdots,n\}$ 与 $\boldsymbol{B}=\{\mu_B(x_i),i=1,2,\cdots,n\}$,两者之间的模糊熵定义为

$$E(\boldsymbol{A},\boldsymbol{B})=\sum_{i=1}^{n}\left(\mu_A(x_i)\ln\frac{\mu_A(x_i)}{\mu_A(x_i)+\mu_B(x_i)}+(1-\mu_A(x_i))\ln\frac{1-\mu_A(x_i)}{(1-\mu_A(x_i))+(1-\mu_B(x_i))}\right)$$

区间数的交叉熵:设任意两个区间数 $\boldsymbol{a}=[a^L,a^U]$,$\boldsymbol{b}=[b^L,b^U]$,其交叉熵定义为

$$h(\boldsymbol{a},\boldsymbol{b})=h(a^L,b^L)+h(a^U,b^U)$$

其中

$$h(a^L,b^L)=a^L\ln\frac{a^L}{b^L}+(1-a^L)\ln\frac{1-a^L}{1-b^L},h(a^U,b^U)=a^U\ln\frac{a^U}{b^U}+(1-a^U)\ln\frac{1-a^U}{1-b^U}$$

区间直觉模糊数的交叉熵:任意区间直觉模糊数 $\boldsymbol{X}_1=((\mu_1^L,\mu_1^U),(\vartheta_1^L,\vartheta_1^U))$ 与 $\boldsymbol{X}_2=((\mu_2^L,\mu_2^U),(\vartheta_2^L,\vartheta_2^U))$,则其均衡交叉熵可定义为 $D^*(\boldsymbol{X}_1,\boldsymbol{X}_2)=D(\boldsymbol{X}_1,\boldsymbol{X}_2)+D(\boldsymbol{X}_2,\boldsymbol{X}_1)$,其中

$$D(\boldsymbol{X}_1,\boldsymbol{X}_2)=\frac{\mu_1^L+\mu_1^U+2-\vartheta_1^L-\vartheta_1^U}{2}\ln\left(\frac{2(\mu_1^L+\mu_1^U+2-\vartheta_1^L-\vartheta_1^U)}{(\mu_1^L+\mu_1^U+2-\vartheta_1^L-\vartheta_1^U)+(\mu_2^L+\mu_2^U+2-\vartheta_2^L-\vartheta_2^U)}\right)+$$
$$\frac{\vartheta_1^L+\vartheta_1^U+2-\mu_1^L-\mu_1^U}{2}\ln\left(\frac{2(\vartheta_1^L+\vartheta_1^U+2-\mu_1^L-\mu_1^U)}{(\vartheta_1^L+\vartheta_1^U+2-\mu_1^L-\mu_1^U)+(\vartheta_2^L+\vartheta_2^U+2-\mu_2^L-\mu_2^U)}\right)$$

进一步对于多阶段动态决策可通过阶段熵计算阶段熵权。

阶段熵:在某一阶段的群体决策过程中,专家数为 m 个,备选方案数为 n 个。令决策专家 i 的决策偏好向量为 $\boldsymbol{A}_i=(a_j)^T$,$i=1,2,\cdots,m$,$j=1,2,\cdots,n$,构成该阶段的专家决策偏好矩阵为 $\boldsymbol{B}=(b_{ij})_{m\times n}$,则称 $e^*=-\frac{1}{\ln m}\sum_{i=1}^{m}\left(\frac{b_{ij}}{\sum_{j=1}^{n}b_{ij}}\ln\left(\frac{b_{ij}}{\sum_{j=1}^{n}b_{ij}}\right)\right)$,$i=1,2,\cdots,m$,$j=1,2,\cdots,n$ 为该阶段群体决策中备选方案的阶段熵。

阶段相对熵:设在多阶段群体决策过程中,某一阶段 k 的备选方案阶段熵为 $e_i^{k^*}$,该阶段群体决策的阶段熵集为 $\boldsymbol{E}^{k^*}=\{e_1^{k^*},e_2^{k^*},\cdots,e_n^{k^*}\}^T$,则称

$$H(k)=\sum_{l=1}^{K-1}\left(\sum_{i=1}^{n}e_i^{k^*}\log\frac{e_i^{k^*}}{e_i^{l^*}}\right)$$

为第 k 阶段与其他阶段的群体决策相对熵。

阶段相对熵权:令第 k 阶段与其他阶段的群体决策相对熵为 $H(k)$,则称

$$w_k^* = \frac{1 - H(k)}{\sum_{k=1}^{K}(1 - H(k))}$$

为多阶段群体决策的阶段相对熵权。显然，$w_k^* \geqslant 0$，且 $\sum_{k=1}^{K} w_k^* = 1$。

2. 区间三角模糊数的熵与交叉熵

离差最大化是定义模糊熵的一种常用形式，对于区间直觉模糊数 $\boldsymbol{X}=((\mu^{L},\mu^{U}),(\vartheta^{L},\vartheta^{U}))$，式中 $\mu\in[0,1]$，$\nu\in[0,1]$分别为 $\boldsymbol{X}$ 的隶属度函数和非隶属度函数，对于 $\forall\, \boldsymbol{x}\in \boldsymbol{X}$，有 $0\leqslant \mu_{X}(\boldsymbol{x})+\nu_{X}(\boldsymbol{x})\leqslant 1$ 成立。陈晓红等于 2013 年通过极端值分析，得出离差最大化定义下的熵（$E(\boldsymbol{X})=1-D(\boldsymbol{X})$，$D(\boldsymbol{X})=\sqrt{(\mu^{L}-0.5)^2+(\mu^{U}-0.5)^2+(\vartheta^{L}-0.5)^2+(\vartheta^{U}-0.5)^2}$）并不适用于区间直觉模糊数，如对于直觉模糊数 $\boldsymbol{x}_1=([0.3,0.4],[0.3,0.4])$ 和 $\boldsymbol{x}_2=([0.3,0.4],[0.4,0.5])$，$\boldsymbol{x}_1\leqslant \boldsymbol{x}_2$，但是离差和定义下的熵值分别为 $e(\boldsymbol{x}_1)=0.755\leqslant e(\boldsymbol{x}_2)=0.648$，不满足熵权公理的第四条递减性。这是因为 μ_i、ν_i 与 0.5 之间不存在必然的大小关系，因此，无法严格满足递减性条件。但是鉴于区间三角模糊数的特性，满足 $x_1^{L}\leqslant x_3^{L}\leqslant x_2^{M}\leqslant x_3^{U}\leqslant x_1^{U}\leqslant 1$，即不存在上述极端值情况，因此可采用离差最大化进行熵权的定义。

结合熵的定义与熵的相关性质，参考区间模糊数的信息熵与交叉熵的定义，结合上述分析本书提出了区间三角模糊数的熵与交叉熵的定义。

定义 1-12 区间三角模糊数的熵：设 $\boldsymbol{X}=[(x_1^{L},x_3^{L});x_2^{M};(x_3^{U},x_1^{U})]$ 为规范化的区间三角模糊数，满足 $0<x_1^{L}\leqslant x_3^{L}\leqslant x_2^{M}\leqslant x_3^{U}\leqslant x_1^{U}\leqslant 1$，定义 $E(\boldsymbol{X})=1-D(\boldsymbol{X})$为区间三角模糊数的熵，其中 $D(\boldsymbol{X})=\sqrt{(x_1^{L}-x_2^{M})^2+(x_3^{L}-x_2^{M})^2+(x_3^{U}-x_2^{M})^2+(x_1^{U}-x_2^{M})^2}$。

显然上述定义中的 $E(\boldsymbol{X})$满足熵的相关公理（公理 4-1），可以作为区间三角模糊数熵的测度。

结合均衡交叉熵的定义原则，充分考虑区间三角模糊数的各个分量，本节给出了区间三角模糊数的交叉熵的定义。

定义 1-13 区间三角模糊数的交叉熵：设任意两个区间三角模糊数为 $\boldsymbol{x}=[(x_1^{L},x_3^{L});x_2^{M};(x_3^{U},x_1^{U})]$与 $\boldsymbol{y}=[(y_1^{L},y_3^{L});y_2^{M};(y_3^{U},y_1^{U})]$，其均衡交叉熵可定义为 $D^*(\boldsymbol{x},\boldsymbol{y})=D(\boldsymbol{x},\boldsymbol{y})+D(\boldsymbol{y},\boldsymbol{x})$，其中

$$D^*(\boldsymbol{x},\boldsymbol{y}) = \sum_{j=1}^{m}(\omega_j \cdot D(\boldsymbol{x}))\ln\left(\frac{2D(\boldsymbol{x})}{D(\boldsymbol{x})+D(\boldsymbol{y})}\right)+\omega_j \cdot (1-D(\boldsymbol{x}))\ln\left(\frac{2(1-D(\boldsymbol{x}))}{(1-D(\boldsymbol{x}))+(1-D(\boldsymbol{y}))}\right),$$

其中：

$$D(\boldsymbol{x})=((x_1^{L}-x_2^{M})^2+(x_3^{L}-x_2^{M})^2+(x_3^{U}-x_2^{M})^2+(x_1^{U}-x_2^{M})^2)^{\frac{1}{2}}$$

上述交叉熵的定义 $D^*(\boldsymbol{x},\boldsymbol{y})$显然满足非负性和零解唯一性，可以作为区间三角模糊数交叉熵的测度。

1.2 基于熵权-VIKOR 的区间三角模糊数多属性群体决策

VIKOR 算法是解决多属性群体决策的一类有效方法，自提出以来得到学者们的广泛关注，并得到了不断的推广与应用。本节将在已有文献和研究的基础上，以区间三角模糊数为决策信息载体，以 VIKOR 算法为基础，结合上文定义的熵权与交叉熵，对区间三角模糊多属性群体决策进行研究，并通过算例分析与灵敏度分析，以验证算法的有效性和稳定性。

1.2.1 属性权重确定方法分析

确定属性权重是多属性群决策问题中一项重要的任务。权重能够描述决策问题中各属性的相对重要程度。属性权重越大表示重要程度越高,对决策的影响程度就越强;反之重要程度越低,对决策的影响程度越弱。对于权重的确定,往往需要数学方法的综合运用。

目前国内外学者对于权重计算方法的研究已十分成熟,主要包括主观权重计算方法、客观权重计算方法和组合权重计算方法3种类型。

① 主观权重计算方法。其基本思路在于通过评价者对于各个指标的重要程度的感知,来主观地确定指标的权重。常用方法包括德尔菲法、最小二乘法、层次分析法等,其中层次分析法(AHP)因其简单易行、层次直观、结果科学可靠,得到了广泛的应用和推广,如图1-3所示。

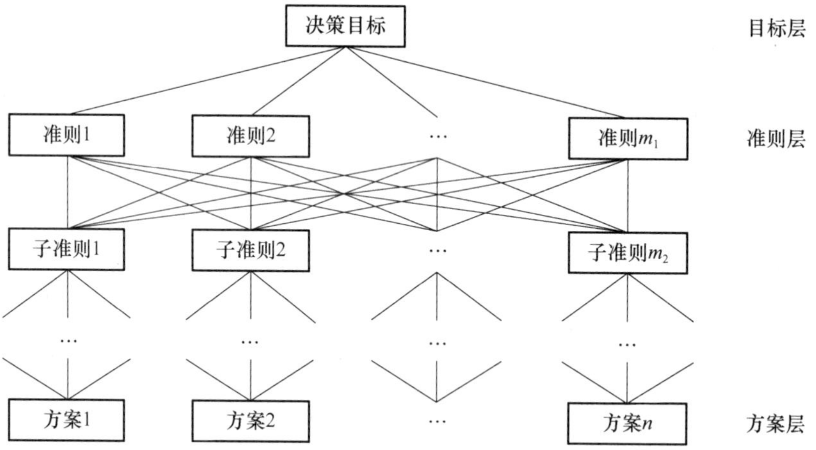

图1-3 AHP架构

② 客观权重计算方法。该方法主要根据已有信息与样本数据,通过各个指标自身携带的信息量与指标之间的关系,结合相关数学模型和算法,进行客观权重的计算与确定。人们对该方法的研究起步较晚,但仍研究出许多有效方法,如变异系数法、熵值法、因子分析法、多目标规划法等。客观权重方法应用并不广泛,多数决策问题会选择主客观相结合的方法计算属性权重。

③ 组合权重计算方法。该方法即主观权重计算方法和客观权重计算方法的综合,整合两种方法的优势,兼顾了主观偏好和客观数据。常用的方法有加权平均法、线性平均法、偏好系数平均法等。

熵权法是当前应用较为广泛的权重确定方法之一,其主体思想是以指标信息的不确定性来度量指标的重要程度。指标的信息熵 E_j 越小,其值的变异程度越大,表示提供了较多的信息量,因此其在综合评价中整体的作用更大,权重赋值应较大,反之权重赋值应较小。

本书将以区间三角模糊数形式为基础,主要考虑熵权与加权算子的综合运用,以确定属性权重并进行信息的集结,用于决策的制定。

1.2.2 基于熵权-VIKOR的区间三角模糊数的多属性群体决策拓展算法

对于模糊数的信息集结与不确定综合评价方法,目前应用较为广泛的主要有层次分析法,基于投入产出分析的数据包络分析法（DEA），基于正、负理想解距离的 TOPSIS 方法与 VIKOR 方法，基于图论的 DEMATEL（Decision Making Trial and Evaluation Laboratory）法，基于优序关系的 PROMETHEE 法，淘汰制的 ELECTRE 选择法等。Opricovic 于 1998 年首次提出了 VIKOR 方法，通过 VIKOR 方法与其他方法（TOPSIS、ELECTRE 和 PROMETHEE 方法）的对照分析，认为 VIKOR 方法的排序结果更为合理。因此本节采用熵权与 VIKOR 方法相结合的算法，综合考虑决策信息的差异性、模糊性和人的有限理性，进行了区间三角模糊数形式的多属性群体决策的研究。

基于 VIKOR 方法的群体决策具体步骤描述如图 1-4 所示。

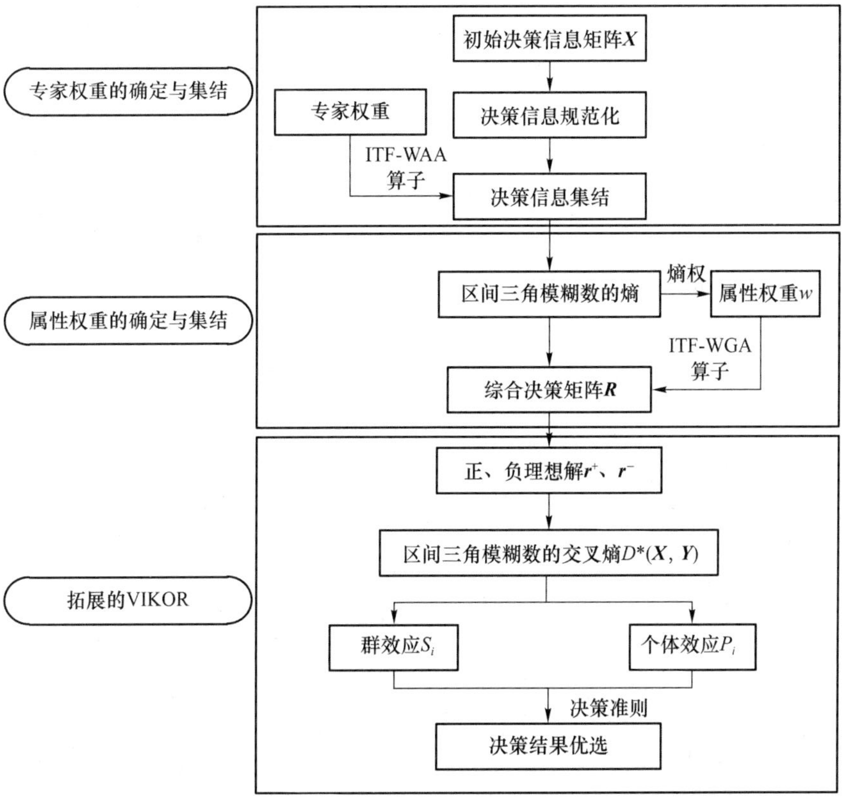

图 1-4　基于拓展的 VIKOR 的区间三角模糊数的多属性群体决策算法

步骤 1：专家给出各个属性的评价值，形成以区间三角模糊数形式表示的决策矩阵 $\boldsymbol{x}=\{x_{ij}^{k}\}$，$x_{ij}^{k}=[(x_{1,ij}^{\mathrm{L},k},x_{3,ij}^{\mathrm{L},k});x_{2,ij}^{\mathrm{M},k};(x_{3,ij}^{\mathrm{U},k},x_{1,ij}^{\mathrm{U},k})]$，$0\leqslant x_{1,ij}^{\mathrm{L},k}\leqslant x_{3,ij}^{\mathrm{L},k}\leqslant x_{2,ij}^{\mathrm{M},k}\leqslant x_{3,ij}^{\mathrm{U},k}\leqslant x_{1,ij}^{\mathrm{U},k}\leqslant 1$，其中 $i=1,2,\cdots,n$；$j=1,2,\cdots,m$；$k=1,2,\cdots,p$。采用如下规范化方法对决策矩阵进行标准化处理，得到规范化的决策矩阵 $\boldsymbol{R}=[\boldsymbol{r}_{ij}^{k}]$。

对于效益型区间三角模糊数，规范化公式如下：

$$\boldsymbol{r}_{ij}^{k}=\left[\left(\frac{x_{1,ij}^{\mathrm{L},k}}{x_{ij}^{k,+}},\frac{x_{3,ij}^{\mathrm{L},k}}{x_{ij}^{k,+}}\right);\frac{x_{2,ij}^{\mathrm{M},k}}{x_{ij}^{k,+}};\left(\frac{x_{3,ij}^{\mathrm{U},k}}{x_{ij}^{k,+}},\frac{x_{1,ij}^{\mathrm{U},k}}{x_{ij}^{k,+}}\right)\right] \tag{1-2a}$$

其中

$$x_{ij}^{k,+}=\max\{x_{1,ij}^{\mathrm{U},k}\}$$

对于成本型区间三角模糊数，规范化公式如下：

$$r_{ij}^{k}=\left[\left(\frac{x_{ij}^{k,-}}{x_{1,ij}^{\mathrm{U},k}},\frac{x_{ij}^{k,-}}{x_{3,ij}^{\mathrm{U},k}}\right);\frac{x_{ij}^{k,-}}{x_{2,ij}^{\mathrm{M},k}};\left(\frac{x_{ij}^{k,-}}{x_{3,ij}^{\mathrm{L},k}},\frac{x_{ij}^{k,-}}{x_{1,ij}^{\mathrm{L},k}}\right)\right] \tag{1-2b}$$

其中

$$x_{ij}^{k,-}=\min\{x_{1,ij}^{\mathrm{L},k}\}$$

步骤 2:首先确定专家权重 $\boldsymbol{\lambda}=(\lambda_1,\lambda_2,\cdots,\lambda_p)$ 与指标权重 $\boldsymbol{\omega}=(\omega_1,\omega_2,\cdots,\omega_m)$。指标权重可通过前文中定义的熵权占比 $\omega_j=\dfrac{1-E(\boldsymbol{x})}{\sum\limits_{i=1}^{n}(1-E(\boldsymbol{x}))}$ 来确定。

根据上文的定义熵权表示为 $E(\boldsymbol{x})=1-D(\boldsymbol{x})$,其中

$$D(\boldsymbol{x})=\sqrt{(x_1^{\mathrm{L}}-x_2^{\mathrm{M}})^2+(x_3^{\mathrm{L}}-x_2^{\mathrm{M}})^2+(x_3^{\mathrm{U}}-x_2^{\mathrm{M}})^2+(x_1^{\mathrm{U}}-x_2^{\mathrm{M}})^2}$$

步骤 3:计算各个指标的正、负理想解。采用相对理想解形式定义如下:

正理想解定义:$\boldsymbol{r}_i^{+}=[(\max_j f_{ij}\,|\,i\in I_1),(\min_j f_{ij}\,|\,i\in I_2)],\ \forall i$

负理想解定义:$\boldsymbol{r}_i^{-}=[(\min_j f_{ij}\,|\,i\in I_1),(\max_j f_{ij}\,|\,i\in I_2)],\ \forall i$

其中,i 为第 i 个指标/属性,j 为第 j 个备选方案,f_{ij} 为评价值,I_1 为效益型指标集,I_2 为成本型指标集。

步骤 4:计算决策矩阵之间的交叉熵。

步骤 5:计算满意度 S_i 和后悔值 P_i:

$$S_i=\frac{D^*(\boldsymbol{r}_i,\boldsymbol{r}^{+})}{D^*(\boldsymbol{r}^{+},\boldsymbol{r}^{-})}=\sum_{j=1}^{m}\omega_j\frac{D(\boldsymbol{r}_{ij},\boldsymbol{r}_j^{+})}{D(\boldsymbol{r}_j^{+},\boldsymbol{r}_j^{-})},i=1,2,\cdots,n;j=1,2,\cdots,m \tag{1-3}$$

$$P_i=\max_j\frac{D^*(\boldsymbol{r}_{ji},\boldsymbol{r}_j^{+})}{D^*(\boldsymbol{r}^{+},\boldsymbol{r}_j^{+})},i=1,2,\cdots,n;j=1,2,\cdots,m \tag{1-4}$$

其中

$$\begin{aligned}D^*(\boldsymbol{r}_i,\boldsymbol{r}^{+})=&\sum_{j=1}^{m}(\omega_i D(\boldsymbol{r}_{ij}))\ln\left(\frac{2D(\boldsymbol{r}_{ij})}{D(\boldsymbol{r}_{ij})+D(\boldsymbol{r}_j^{+})}\right)+\\&\omega_j(1-D(\boldsymbol{r}_{ij}))\ln\frac{2(1-D(\boldsymbol{r}_{ij}))}{(1-D(\boldsymbol{r}_{ij}))+(1-D(\boldsymbol{r}_i^{+}))}\\D^*(\boldsymbol{r}^{+},\boldsymbol{r}^{-})=&\sum_{j=1}^{m}(\omega_j D(\boldsymbol{r}^{+}))\ln\left(\frac{2D(\boldsymbol{r}^{+})}{D(\boldsymbol{r}^{+})+D(\boldsymbol{r}^{-})}\right)+\\&\omega_j(1-D(\boldsymbol{r}^{+}))\ln\left(\frac{2(1-D(\boldsymbol{r}^{+}))}{(1-D(\boldsymbol{r}^{+}))+(1-D(\boldsymbol{r}^{-}))}\right)\end{aligned} \tag{1-5}$$

其中

$$\begin{aligned}D(\boldsymbol{r}_{ij})&=((r_{ij,1}^{\mathrm{L}}-r_{ij,2}^{\mathrm{M}})^2+(r_{ij,3}^{\mathrm{L}}-r_{ij,2}^{\mathrm{M}})^2+(r_{ij,3}^{\mathrm{U}}-r_{ij,2}^{\mathrm{M}})^2+(r_{ij,1}^{\mathrm{U}}-r_{ij,2}^{\mathrm{M}})^2)^{\frac{1}{2}}\\D(\boldsymbol{r}_j^{+})&=((r_{ij,1}^{+,\mathrm{L}}-r_{ij,2}^{\mathrm{M}})^2+(r_{ij,3}^{\mathrm{L}}-r_{ij,2}^{\mathrm{M}})^2+(r_{ij,3}^{\mathrm{U}}-r_{ij,2}^{\mathrm{M}})^2+(r_{ij,1}^{\mathrm{U}}-r_{ij,2}^{\mathrm{M}})^2)^{\frac{1}{2}}\end{aligned} \tag{1-6}$$

其中,ω_j 为第 j 个指标/属性的权重赋值;S_i 为群体的整体满意度,S_i 越小,代表整体满意度越大;P_i 为个体后悔值(遗憾值),P_i 越小,代表备选方案越佳。

步骤 6:求综合指标,计算各个方案的利益比例 Q_i,其中 Q_i 值越小,表示方案 i 越佳。

$$Q_i=\vartheta\frac{S_i-S^{+}}{S^{-}-S^{+}}+(1-\vartheta)\frac{P_i-P^{+}}{P^{-}-P^{+}} \tag{1-7}$$

其中,$S^{+}=\min_i S_i$,$S^{-}=\max_i S_i$;$P^{+}=\min_i P_i$,$P^{-}=\max_i P_i$;参数 ϑ 为决策机制的调节参数,若 $\vartheta>0.5$,代表决策者倾向于按照群体效用最大化占优来选择优化方案;若 $\vartheta<0.5$,代表决策

者更倾向于使得个体遗憾最小化来选择优化方案,通常选 $\vartheta=0.5$,表示决策者采用群体效用与个体遗憾的折中,在决策过程中力争同时满足效用最大化和个体遗憾最小化。

步骤 7:分别通过利益比例 Q_i、个体的后悔值 P_i 和整体的满意度 S_i 3 个指数进行方案的排序。当下述两个排序原则同时满足时,可以根据 Q_i 得出的排序来确定最优的方案。

原则 1:可接受的综合阈值条件,公式表述为 $Q^2-Q^1\geqslant\frac{1}{n-1}$。其中,$Q^2$ 为根据 Q_i 值排序第二的方案,Q^1 为根据 Q_i 值排序第一的方案,n 为备选方案总数。阈值条件表示,对于排序只差一位的两个方案,其综合指标之差 Q^i-Q^{i+1} 必须超过阈值 $1/(n-1)$,才能确定排序第一的方案的确显著地优于排序第二的方案。当有多个方案时,可依次比较排序内各个方案之间是否符合阈值条件。

原则 2:可接受的决策可信度,公式表述为 $S^2>S^1$,$P^2>P^1$。即根据 Q_i 值排序后,排序第一的方案的 S_i 值必须优于排序第二的方案的 S_i 值,或其 P_i 值必须优于排序第二的方案的 P_i 值。当有多个方案时,可依次比较排序内各个方案是否符合条件②。

① 当原则 1 与 2 同时满足时,x^1 为最优方案。

② 当原则 1 满足,原则 2 不满足时,x^1 与 x^2 为妥协解。

③ 当原则 1 不满足,原则 2 满足时,$x^1,x^2,\cdots,x^i$ 为最优方案,其中 $Q^i-Q^1<\frac{1}{n-1}$。

1.2.3 拓展的 VIKOR 区间三角模糊数算例分析

石油企业作为综合性能源企业,随着市场环境的变迁和竞争的加剧,面临着更为复杂、更为多元化的投资决策,尤其是在低油价市场大环境下,在投资项目决策方案的制定过程中需要综合考虑多方面的因素。本小节以石油央企投资项目为例,从战略因素 C_1、经济因素 C_2、环境因素 C_3、风险因素 C_4 4 个维度出发,结合企业数据与专家群体偏好信息形成决策意见矩阵,结合上文方法体系进行案例分析与灵敏度分析,其中前 3 个因素为效益型指标,风险因素为成本型指标。考虑 4 个备选方案$\{A_1,A_2,A_3,A_4\}$,由 3 名行业专家分别给出决策意见,其中 3 名专家的权重已知,分别为 $\boldsymbol{\lambda}=(\lambda_1,\lambda_2,\lambda_3)=(0.25,0.3,0.4)$。

步骤 1:初始决策信息矩阵,如表 1-1、表 1-2 和表 1-3 所示。

表 1-1 专家 E_1 给出的初始决策信息矩阵

备选方案	C_1	C_2	C_3	C_4
A_1	[0.55,0.70,0.85] [0.65,0.70,0.75]	[0.70,0.80,0.90] [0.75,0.80,0.85]	[0.500,0.600,0.700] [0.550,0.600,0.650]	[0.200,0.300,0.450] [0.250,0.300,0.350]
A_2	[0.50,0.80,0.90] [0.70,0.80,0.88]	[0.70,0.90,0.99] [0.80,0.90,0.95]	[0.300,0.550,0.700] [0.350,0.550,0.650]	[0.300,0.350,0.450] [0.330,0.350,0.400]
A_3	[0.65,0.80,0.90] [0.75,0.80,0.82]	[0.80,0.88,0.95] [0.85,0.88,0.90]	[0.500,0.650,0.750] [0.600,0.650,0.700]	[0.400,0.500,0.540] [0.450,0.500,0.500]
A_4	[0.75,0.83,0.90] [0.80,0.83,0.85]	[0.83,0.95,1.00] [0.90,0.95,0.98]	[0.550,0.700,0.800] [0.650,0.700,0.750]	[0.350,0.420,0.500] [0.400,0.420,0.450]

表 1-2 专家 E_2 给出的初始决策信息矩阵

备选方案	C_1	C_2	C_3	C_4
A_1	[0.55,0.80,0.90] [0.70,0.80,0.85]	[0.70,0.80,0.95] [0.75,0.80,0.90]	[0.300,0.450,0.650] [0.400,0.450,0.500]	[0.250,0.350,0.450] [0.300,0.350,0.400]
A_2	[0.60,0.85,0.95] [0.75,0.85,0.86]	[0.60,0.70,0.80] [0.65,0.70,0.75]	[0.250,0.350,0.500] [0.300,0.350,0.460]	[0.200,0.300,0.400] [0.250,0.300,0.350]
A_3	[0.60,0.80,0.90] [0.65,0.80,0.85]	[0.60,0.90,1.00] [0.80,0.90,0.95]	[0.450,0.600,0.750] [0.500,0.600,0.730]	[0.300,0.400,0.480] [0.350,0.400,0.450]
A_4	[0.65,0.90,0.95] [0.85,0.90,0.92]	[0.70,0.85,0.95] [0.80,0.85,0.92]	[0.400,0.550,0.800] [0.500,0.550,0.650]	[0.350,0.430,0.500] [0.400,0.430,0.470]

表 1-3 专家 E_3 给出的初始决策信息矩阵

备选方案	C_1	C_2	C_3	C_4
A_1	[0.60,0.80,0.95] [0.75,0.80,0.85]	[0.60,0.75,0.85] [0.65,0.75,0.80]	[0.400,0.550,0.750] [0.450,0.550,0.600]	[0.350,0.430,0.500] [0.400,0.430,0.450]
A_2	[0.50,0.70,0.80] [0.60,0.70,0.75]	[0.70,0.80,0.95] [0.75,0.80,0.86]	[0.350,0.500,0.650] [0.400,0.500,0.600]	[0.200,0.300,0.400] [0.250,0.300,0.350]
A_3	[0.65,0.85,0.95] [0.70,0.85,0.90]	[0.75,0.90,1.00] [0.85,0.90,0.95]	[0.450,0.600,0.850] [0.550,0.600,0.700]	[0.350,0.450,0.500] [0.400,0.450,0.460]
A_4	[0.65,0.90,0.95] [0.85,0.90,0.92]	[0.70,0.85,0.95] [0.80,0.85,0.92]	[0.400,0.550,0.800] [0.500,0.550,0.650]	[0.350,0.430,0.500] [0.400,0.430,0.470]

步骤 2:根据给定的专家权重,以 ITF-WAA 算子对决策矩阵进行信息集结,并根据式(1-1)和式(1-2)进行规范化,得到综合决策矩阵 $\boldsymbol{R}$(结果保留 3 位小数)。

$$\boldsymbol{R}=\begin{bmatrix}[0.620,0.842,0.986] & [0.668,0.790,0.909] & [0.431,0.573,0.776] & [0.552,0.735,0.934]\\ [0.769,0.842,0.897] & [0.719,0.790,0.858] & [0.524,0.573,0.661] & [0.651,0.735,0.810]\\ [0.582,0.845,0.954] & [0.673,0.800,0.919] & [0.496,0.658,1.000] & [0.447,0.621,0.820]\\ [0.736,0.845,0.892] & [0.737,0.800,0.855] & [0.537,0.658,1.000] & [0.537,0.621,0.721]\\ [0.688,0.891,1.000] & [0.719,0.906,1.000] & [0.383,0.494,0.654] & [0.686,0.885,1.000]\\ [0.755,0.891,0.938] & [0.843,0.906,0.949] & [0.426,0.494,0.555] & [0.785,0.885,0.927]\\ [0.690,0.872,0.976] & [0.722,0.866,0.954] & [0.373,0.498,0.634] & [0.656,0.826,0.954]\\ [0.823,0.872,0.907] & [0.795,0.866,0.918] & [0.435,0.498,0.543] & [0.755,0.826,0.885]\end{bmatrix}$$

步骤 3:确定相对正、负理想解 $\boldsymbol{r}^+,\boldsymbol{r}^-$。

$$\boldsymbol{r}^+=\{[(0.690,0.823),0.891,(0.938,1.000)],[(0.722,0.843),0.906,(0.949,1.000)],[(0.496,0.537),0.658,(0.858,1.000)],[(0.686,0.785),0.885,(0.927,1.000)]\}$$

$$\boldsymbol{r}^-=\{[(0.582,0.736),0.842,(0.892,0.954)],[(0.668,0.719),0.790,(0.855,0.909)],[(0.373,0.426),0.494,(0.543,0.634)],[(0.447,0.537),0.621,(0.721,0.820)]\}$$

步骤 4:根据上述定义 1-12 与定义 1-13 求解熵权与均衡交叉熵。

指标熵权 $\boldsymbol{\omega}=(\omega_1,\omega_2,\omega_3,\omega_4)=(0.264,0.197,0.276,0.263)$,由此可知在此决策信息下,专家更为看重战略与风险指标,这与石油企业当前的决策重点相一致。进一步根据均衡交叉熵的定义,可求得各方案与正、负理想解之间的交叉熵,如表 1-4 所示。

表 1-4 均衡交叉熵计算结果

均衡交叉熵	C_1	C_2	C_3	C_4
$D^*(\boldsymbol{x}_1,\boldsymbol{r}^+)$	0.002	0.001	0.001	0.000
$D^*(\boldsymbol{x}_1,\boldsymbol{r}^+)$	0.005	0.001	0.001	0.000
$D^*(\boldsymbol{x}_1,\boldsymbol{r}^+)$	0.001	0.000	0.000	0.000
$D^*(\boldsymbol{x}_1,\boldsymbol{r}^+)$	0.001	0.000	0.001	0.000
$D^*(\boldsymbol{r}^+,\boldsymbol{r}^-)$	0.005	0.001	0.068	0.002

步骤 5:用 VIKOR 方法进行方案排序。根据式(1-3)~式(1-5)可分别求得各个方案的最大群效应值 S_i、最小后悔值 P_i、综合指标值 Q_i(其中,决策参数 ϑ 取常用值 0.5,即采用折中态度),如表 1-5 所示。

表 1-5 排序结果矩阵

备选方案	最大群效应值 S_i	按 S_i 排序	最小后悔值 P_i	按 P_i 排序	综合指标值 Q_i	按 Q_i 排序
A_1	0.661	2	0.247	2	0.388	2
A_2	0.780	4	0.279	3	0.939	4
A_3	0.304	1	0.246	1	0.000	1
A_4	0.686	3	0.284	4	0.901	3

根据 VIKOR 决策方法排序原则,$Q_1-Q_3=0.39>1/3$,$S_3<S_1$,$P_3<P_1$,3 个条件同时满足,因此最优方案为 A_3。

上述算法为区间三角模糊数形式的群体决策提供了理论支撑,在一定程度上弥补了当前研究领域存在的不足。为进一步测试算法的适应性,可针对相关参数进行灵敏度分析。

1.2.4 算法灵敏度分析

为验证本节算法的稳定性,对算法结果和参数进行灵敏度分析,通过改变参数赋值,探讨最优方案的稳定性,一般来说若结果变化幅度较小,说明算法稳定性较强。

1. 决策参数 ϑ 的灵敏度分析

改变决策参数 ϑ,当 $\vartheta=0.8$ 时,表示决策者倾向于群体利益的最大化,当 $\vartheta=0.3$ 时,表示决策者倾向于个体遗憾值的最小化,如表 1-6 和表 1-7 所示。

表 1-6 排序结果矩阵($\vartheta=0.8$)

备选方案	最大群效应值 S_i	按 S_i 排序	最小后悔值 P_i	按 P_i 排序	综合指标值 Q_i	按 Q_i 排序
A_1	0.661	2	0.247	2	0.604	2
A_2	0.780	4	0.279	3	0.975	4
A_3	0.304	1	0.246	1	0.000	1
A_4	0.686	3	0.284	4	0.841	3

表 1-7 排序结果矩阵($\vartheta=0.3$)

备选方案	最大群效应值 S_i	按 S_i 排序	最小后悔值 P_i	按 P_i 排序	综合指标值 Q_i	按 Q_i 排序
A_1	0.661	2	0.247	2	0.243	2
A_2	0.780	4	0.279	3	0.914	4
A_3	0.304	1	0.246	1	0.000	1
A_4	0.686	3	0.284	4	0.941	3

此时,决策参数并不会改变 S_i 和 P_i 的值,仅对综合指标产生影响,当 ϑ 值增大,倾向于群体利益最大化时,决策结果不变,A_3 仍为最优方案,且与次优方案的综合效益值差距增大,不同方案之间的区别度进一步提升,便于最优决策方案的选取。反之当 ϑ 值减小时,$Q_1-Q_3=0.24<1/3$,$S_3<S_1$,$P_3<P_1$,不满足决策原则 1,满足原则 2,此时,$Q_1-Q_3=0.24<1/3$,$Q_2-Q_3=0.91>1/3$,因此 A_3,A_1 均为妥协解,需进行下一阶段的意见动态调整和判断,如图 1-5 所示。

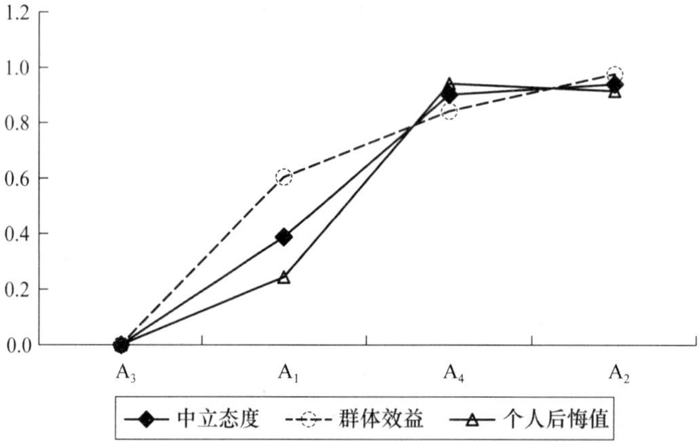

图 1-5 决策参数灵敏度分析

2. 专家权重灵敏度分析

专家权重灵敏度分析如表 1-8 所示。

表 1-8 专家权重灵敏度分析

专家权重	指标权重	最大群效应值 S_i	按 S_i 排序	最小后悔值 P_i	按 P_i 排序	综合指标值 Q_i	按 Q_i 排序
(0.25,0.35,0.40)	(0.264,0.197,0.276,0.263)	0.661	2	0.247	2	0.388	2
		0.780	4	0.279	3	0.939	4
		0.304	1	0.246	1	0.000	1
		0.686	3	0.284	4	0.901	3
(0.30,0.30,0.40)	(0.264,0.196,0.277,0.263)	0.779	4	0.346	3	0.951	3
		0.700	2	0.294	2	0.657	2
		0.283	1	0.237	1	0.000	1
		0.765	3	0.357	4	0.986	4

续 表

专家权重	指标权重	最大群效应值 S_i	按 S_i 排序	最小后悔值 P_i	按 P_i 排序	综合指标值 Q_i	按 Q_i 排序
(0.35,0.25,0.40)	(0.264,0.196,0.277,0.264)	0.905	3	0.468	3	0.753	2
		0.577	2	0.313	2	0.323	1
		0.267	1	0.229	1	0.000	1
		1.000	4	0.601	4	1.000	3
(0.35,0.30,0.35)	(0.264,0.196,0.275,0.265)	1.000	4	0.573	3	1.000	4
		0.638	2	0.351	2	0.382	2
		0.332	1	0.238	1	0.000	1
		0.915	3	0.525	4	0.837	3
(0.30,0.40,0.30)	(0.265,0.197,0.273,0.265)	1.000	3	0.531	3	1.000	4
		0.865	2	0.373	2	0.526	2
		0.556	1	0.258	1	0.000	1
		0.877	4	0.451	4	0.680	3

改变专家权重 $\lambda_k,k=1,2,\cdots,p$，研究专家权重对于系统的影响。其对于指标权重的影响较小，如表 1-8 所示，可以发现，最优解 A_3 具有稳定性，最优方案始终保持不变，但是随着参数的改变，即专家意见侧重度的改变，次优方案会发生变化，实验结果基本保持为 $A_3>A_2>A_4>A_1$，其中，当专家权重为(0.35，0.25，0.4)时，A_3 与 A_2 为妥协解。因此，备选方案 A_3 应为系统最优解，同时也验证了本书算法的适用性和稳定性。

综上所述，结合区间三角模糊数熵权与交叉熵的定义，通过对 VIKOR 算法进行拓展和改进，得出了针对区间三角模糊多属性群体决策的熵权-VIKOR 算法。通过算例进一步证明，该算法能够实现对于备选方案的优选决策，并具有一定的稳定性，可为区间三角模糊数形式的多属性决策提供一定的方法借鉴和支撑。

1.3　基于拓展的 TOPSIS 的区间三角模糊数多属性群体决策算法

属性权重和属性信息集结算子是群体决策中的重要组成部分，随着学术界研究的深入，不同形式的集结算子出现了，但是对于区间三角模糊数的信息集结算子的研究仍存在空白。此外，当前对于区间三角模糊数相似度的研究也较少。因此本节以属性信息集结为主要研究对象，结合 TOPSIS 模型框架，对区间三角模糊数形式的评价信息进行集结算子和群体决策方法研究。本节定义了区间三角模糊数的几类集结算子和拓展的区间相似度，进而提出了改进算法，并通过算例对照与灵敏度分析，对改进算法的适用性和稳定性进行了验证。

1.3.1　拓展的区间三角模糊数集结算子

属性权重与评价信息需要以集结算子作为纽带进行集结，WAA 算子、WGA 算子、OWA 算子、OWGA 算子为几类常用的集结算子，在此基础上，学者们针对不同形式的评价信息定义了多样化的拓展算子,但对于区间三角模糊数的集结算子的研究仍存在一定的不足,因此本节首先对经典属性集结算子进行了梳理,进而定义了区间三角模糊数的属性集结算子。

1. 经典属性集结算子

加权算术平均算子(Weighted Arithmetic Averaging Operator,WAA 算子):设 $WAA_{\omega}:\mathbf{R}^n\rightarrow\mathbf{R}$,定义 $WAA_{\omega}(a_1,a_2,\cdots,a_n)=\sum_{i=1}^{n}\omega_i a_i$ 为 n 维加权算术平均算子,其中,$\boldsymbol{\omega}=(\omega_1,\omega_2,\cdots,\omega_n)$,满足 $\omega_i\in[0,1]$,$\sum_{i=1}^{n}\omega_i=1$,为与 OWA 关联的加权向量。

有序加权平均算子(Ordered Weighted Averaging Operator,OWA 算子):设 $OWA_{\omega}:\mathbf{R}^n\rightarrow\mathbf{R}$,定义 $OWA_{\omega}(a_1,a_2,\cdots,a_n)=\sum_{j=1}^{n}\omega_j b_j$ 为 n 维有序加权算术算子,其中:$\boldsymbol{\omega}=(\omega_1,\omega_2,\cdots,\omega_m)$,满足

$$\omega_i\in[0,1],\sum_{i=1}^{n}\omega_i=1$$

为与 OWA_{ω} 关联的加权向量;$\boldsymbol{b}=(b_1,b_2,\cdots,b_n)$是有序数列,$b_j$ 为$(a_1,a_2,\cdots,a_n)$中排序第 j 大的元素。

几何平均算子(Geometric Averaging Operator,GA 算子):设 $GA_{\omega}:\mathbf{R}^n\rightarrow\mathbf{R}$,定义 $GA_{\omega}(a_1,a_2,\cdots,a_n)=(\prod_{i=1}^{n}a_i)^{1/n}$ 为 n 维几何平均算子。

加权几何平均算子(Weighted Geometric Averaging Operator,WGA 算子):设 $WGA_{\omega}:\mathbf{R}^n\rightarrow\mathbf{R}$,定义 $WGA_{\omega}(a_1,a_2,\cdots,a_n)=\prod_{i=1}^{n}a_i^{\omega_j}$ 为 n 维加权几何平均算子,其中

$$\omega_j\in[0,1],\sum_{i=1}^{n}\omega_j=1$$

组合加权算术平均算子(Combination Weighted Averaging Operator,CWAA 算子):设函数 $CWAA_{\omega}:\mathbf{R}^n\rightarrow\mathbf{R}$,定义 $CWAA_{\omega}(a_1,a_2,\cdots,a_n)=\sum_{i=1}^{n}\omega_i b_i$ 为 n 维组合加权算术平均算子。其中:$\boldsymbol{\omega}=(\omega_1,\omega_2,\cdots,\omega_m)$,满足

$$\omega_i\in[0,1],\sum_{i=1}^{n}\omega_i=1$$

为与 $CWAA_{\omega}$ 关联的加权向量;b_i 是$(n\vartheta_1 a_1,n\vartheta_2 a_2,\cdots,n\vartheta_n a_n)$中第 i 大的元素,$\boldsymbol{\vartheta}=(\vartheta_1,\vartheta_2,\cdots,\vartheta_n)$是向量$(a_1,a_2,\cdots,a_n)$的权重向量,$n$ 为平衡因子。

有序加权几何平均算子(Ordered Weighted Geometric Averaging Operator,OWGA 算子):设 $OWGA_{\omega}:\mathbf{R}^n\rightarrow\mathbf{R}$,定义 $OWGA_{\omega}(a_1,a_2,\cdots,a_n)=\sum_{j=1}^{n}\omega_j b_j$ 为 n 维有序加权几何平均算子,其中:$\boldsymbol{\omega}=(\omega_1,\omega_2,\cdots,\omega_m)$,满足

$$\omega_i\in[0,1],\sum_{i=1}^{n}\omega_i=1$$

为与 $OWGA_{\omega}$ 关联的加权向量;b_j 为$(a_1,a_2,\cdots,a_n)$中排序第 j 大的元素。

2. 区间三角模糊数的属性集结算子

从经典 WAA 算子出发,可以定义区间三角模糊数的加权算术平均算子(ITF-WAA 算子)。

定义 1-14　ITF-WAA 算子：设 $\boldsymbol{X}=\{\boldsymbol{x}_j, j=1,2,\cdots,m\}$，$\boldsymbol{x}_j=([x_{j,1}^{\mathrm{L}}, x_{j,3}^{\mathrm{L}}], x_{j,2}^{\mathrm{M}}, [x_{j,3}^{\mathrm{U}}, x_{j,1}^{\mathrm{U}}])$ 为区间三角模糊数的第 j 个属性，设 ITF-WAA$_\omega$：$\mathbf{R}^m \to \mathbf{R}$，定义

$$\text{ITF-WAA}_\omega(x_1,x_2,\cdots,x_n)=\sum_{j=1}^{m}\omega_j\boldsymbol{x}_j=\left(\left[\sum_{j=1}^{m}\omega_j x_{j,1}^{\mathrm{L}}, \sum_{j=1}^{m}\omega_j x_{j,3}^{\mathrm{L}}\right], \sum_{j=1}^{m}\omega_j x_{j,2}^{\mathrm{M}}, \left[\sum_{j=1}^{m}\omega_j x_{j,3}^{\mathrm{U}}, \sum_{j=1}^{m}\omega_j x_{j,1}^{\mathrm{U}}\right]\right)$$

$\boldsymbol{\omega}=\{\omega_1,\omega_2,\cdots,\omega_m\}$ 为与 $\boldsymbol{X}$ 相对应的属性权重，$\omega_j\in[0,1]$，$\sum_{i=1}^{n}\omega_j=1$。

容易证明，上述定义进行信息集结后仍为区间三角模糊数。

同理，从经典 WGA 算子出发，可以定义区间三角模糊数的加权几何平均算子（ITF-WGA 算子）。

定义 1-15　ITF-WGA 算子：设 $\boldsymbol{X}=\{\boldsymbol{x}_j, j=1,2,\cdots,m\}$，$\boldsymbol{x}_j=([x_{j,1}^{\mathrm{L}}, x_{j,3}^{\mathrm{L}}], x_{j,2}^{\mathrm{M}}, [x_{j,3}^{\mathrm{U}}, x_{j,1}^{\mathrm{U}}])$ 为区间三角模糊数的第 j 个属性，设 ITF-WGA$_\omega$：$\mathbf{R}^m \to \mathbf{R}$，定义

$$\text{ITF-WGA}_\omega(x_1,x_2,\cdots,x_n)=\prod_{i=1}^{n}\boldsymbol{x}_j^{\omega_j}=\left\{\left[\prod_{j=1}^{m}x_{j,1}^{\mathrm{L},\omega_j}, \prod_{j=1}^{m}x_{j,3}^{\mathrm{L},\omega_j}\right], \prod_{j=1}^{m}x_{j,2}^{\mathrm{M},\omega_j}, \left[\prod_{j=1}^{m}x_{j,3}^{\mathrm{U},\omega_j}, \prod_{j=1}^{m}x_{j,1}^{\mathrm{U},\omega_j}\right]\right\}$$

$\boldsymbol{\omega}=\{\omega_1,\omega_2,\cdots,\omega_m\}$ 为与 $\boldsymbol{X}$ 相对应的属性权重，满足 $\omega_j\in[0,1]$，$\sum_{i=1}^{n}\omega_j=1$。

显然，上述定义进行信息集结后的决策信息仍为区间三角模糊数。

同理，可拓展定义区间三角模糊数的有序加权平均算子。

定义 1-16　ITF-OWA 算子：设 $\boldsymbol{X}=\{\boldsymbol{x}_j, j=1,2,\cdots,m\}$ 为区间三角模糊数集，$\boldsymbol{x}_j$ 为第 j 个属性对应的属性值，$\boldsymbol{Y}=\{\boldsymbol{y}_j, j=1,2,\cdots,m\}$ 为 $\boldsymbol{X}$ 按照一定准则排序后的信息，其中 $\boldsymbol{y}_j$ 为第 j 大的元素，$\boldsymbol{\omega}=\{\omega_1,\omega_2,\cdots,\omega_m\}$ 为与 $\boldsymbol{X}$ 相对应的属性权重，设 ITF-OWA$_\omega$：$\mathbf{R}^m \to \mathbf{R}$，定义

$$\text{ITF-OWA}_\omega(x_1,x_2,\cdots,x_n)\sum_{j=1}^{m}\omega_j\boldsymbol{y}_j=\left[\sum_{j=1}^{m}\omega_j y_{j,1}^{\mathrm{L}}, \sum_{j=1}^{m}\omega_j y_{j,3}^{\mathrm{L}}\right], \sum_{j=1}^{m}\omega_j y_{j,2}^{\mathrm{M}}, \left[\sum_{j=1}^{m}\omega_j y_{j,3}^{\mathrm{U}}, \sum_{j=1}^{m}\omega_j y_{j,1}^{\mathrm{U}}\right]$$

$$\omega_j\in[0,1], \sum_{i=1}^{n}\omega_j=1$$

定义 1-17　ITF-OWGA 算子：设 $\boldsymbol{X}=\{\boldsymbol{x}_j, j=1,2,\cdots,m\}$ 为区间三角模糊数集，$\boldsymbol{x}_j$ 为第 j 个属性所对应的属性值，$\boldsymbol{Y}=\{\boldsymbol{y}_j, j=1,2,\cdots,m\}$ 为 $\boldsymbol{X}$ 按照一定准则排序后的信息，其中 $\boldsymbol{y}_j$ 为第 j 大的元素，$\boldsymbol{\omega}=\{\omega_1,\omega_2,\cdots,\omega_m\}$ 为与 $\boldsymbol{X}$ 相对应的属性权重，设 ITF-OWGA$_\omega$：$\mathbf{R}^m \to \mathbf{R}$，定义

$$\text{ITF-OWGA}_\omega(x_1,x_2,\cdots,x_n)=\prod_{i=1}^{n}\boldsymbol{y}_j^{\omega_j}=\left\{\left[\prod_{j=1}^{m}y_{j,1}^{\mathrm{L},\omega_j}, \prod_{j=1}^{m}y_{j,3}^{\mathrm{L},\omega_j}\right], \prod_{j=1}^{m}y_{j,2}^{\mathrm{M},\omega_j}, \left[\prod_{j=1}^{m}y_{j,3}^{\mathrm{U},\omega_j}, \prod_{j=1}^{m}y_{j,1}^{\mathrm{U},\omega_j}\right]\right\}$$

$$\omega_j\in[0,1], \sum_{i=1}^{n}\omega_j=1$$

显然，上述定义进行信息集结后的决策信息仍为区间三角模糊数。

1.3.2　基于交叉熵-TOPSIS 算法的区间三角模糊数多属性群体决策算法

TOPSIS 算法的主体思想是通过与正、负理想解之间的相似度来排序备选方案，该算法当前在多属性群体决策中已得到广泛的应用，并且人们在该算法的基础上延伸出多种拓展算法，如灰色关联-TOPSIS 算法、熵权-TOPSIS 算法、区间数-TOPSIS 算法等，但是对于以决策信息为区间三角模糊数的群体决策当前未有专门的算法提出。因此本小节对 TOPSIS 算法进行了拓展，将其应用于区间三角模糊型多属性群体决策中。本小节主要考虑两种区间三角模糊形

式下的改进的 TOPSIS 算法：第一类是基于熵权获得属性权重，并结合拓展的集结算子对决策信息进行集结，以交叉熵定义综合决策信息与正、负理想解之间的一致性，从而判定最优方案；第二类是通过定义广义的区间三角模糊数相似度/距离，进而得出方案决策结果。

基于交叉熵-TOPSIS 算法的区间三角模糊数多属性群体决策算法的整体架构如图 1-6 所示。

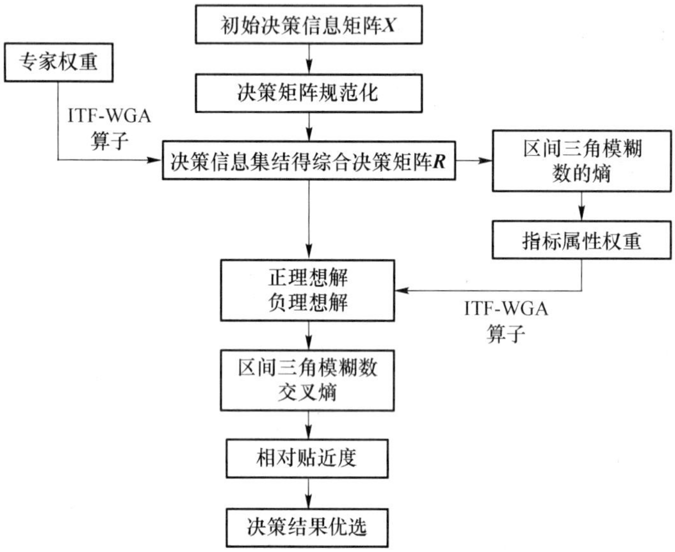

图 1-6　基于交叉熵-TOPSIS 算法的区间三角模糊数多属性群体决策算法的整体框架

步骤 1：决策信息收集与预处理。

由专家给出评价信息，形成初始决策信息矩阵 $\boldsymbol{X}=\{x_{ij}^{k}\}$，并对初始决策信息矩阵进行规范化。

对于效益型区间三角模糊数，规范化公式如下：

$$\tilde{\boldsymbol{x}}_{ij}^{k}=\left(\left(\frac{x_{1,ij}^{\mathrm{L},k}}{x_{ij}^{k,+}},\frac{x_{3,ij}^{\mathrm{L},k}}{x_{ij}^{k,+}}\right);\frac{x_{2,ij}^{\mathrm{M},k}}{x_{ij}^{k,+}};\left(\frac{x_{3,ij}^{\mathrm{U},k}}{x_{ij}^{k,+}},\frac{x_{1,ij}^{\mathrm{U},k}}{x_{ij}^{k,+}}\right)\right)$$

其中，$x_{ij}^{k,+}=\max\{x_{1,ij}^{\mathrm{U},k}\}$。

对于成本型区间三角模糊数，规范化公式如下：

$$\tilde{\boldsymbol{x}}_{ij}^{k}=\left(\left(\frac{x_{ij}^{k,-}}{x_{1,ij}^{\mathrm{U},k}},\frac{x_{ij}^{k,-}}{x_{3,ij}^{\mathrm{U},k}}\right);\frac{x_{ij}^{k,-}}{x_{2,ij}^{\mathrm{M},k}};\left(\frac{x_{ij}^{k,-}}{x_{3,ij}^{\mathrm{L},k}},\frac{x_{ij}^{k,-}}{x_{1,ij}^{\mathrm{L},k}}\right)\right)$$

其中，$x_{ij}^{k,-}=\min\{x_{1,ij}^{\mathrm{L},k}\}$。

步骤 2：决策信息集结得综合决策矩阵 $\boldsymbol{R}$。

以 ITF-WGA 算子对专家权重与评价信息进行集结，得 $\boldsymbol{R}=\{r_{ij}\}$，$r_{ij}=\sum_{k=1}^{p}\lambda_k\cdot\tilde{x}_{ij}^{k}$，$i=1,2,\cdots,n$，$j=1,2,\cdots,m$。

进一步以 ITF-WGA 算子对属性权重与决策信息进行集结，得 $\tilde{\boldsymbol{R}}=\{\tilde{r}_i\}$，$\tilde{r}_i=\prod_{j=1}^{m}r_{ij}^{\omega_j}$。

步骤 3：用熵权法确定指标属性权重。

首先确定专家权重 $\boldsymbol{\lambda}=(\lambda_1,\lambda_2,\cdots,\lambda_p)$ 与指标权重 $\boldsymbol{\omega}=(\omega_1,\omega_2,\cdots,\omega_m)$。指标权重可通过

定义的熵权占比来确定,即

$$\omega_j = \frac{1 - E(\boldsymbol{x})}{\sum_{i=1}^{n}(1 - E(\boldsymbol{x}))}$$

步骤 4:计算正理想解、负理想解。

正理想解的定义:

$$\boldsymbol{r}_i^+ = [(\max_j \tilde{r}_{ij} \mid i \in I_1), (\min_j \tilde{r}_{ij} \mid i \in I_2)], \forall i$$

负理想解的定义:

$$\boldsymbol{r}_i^- = [(\min_j \tilde{r}_{ij} \mid i \in I_1), (\max_j \tilde{r}_{ij} \mid i \in I_2)], \forall i$$

其中,i 为第 i 个指标/属性,j 为第 j 个备选方案,$\tilde{r}_{ij}$ 为评价值,I_1 为效益型指标集,I_2 为成本型指标集。

步骤 5:定义并计算各备选方案到正理想解和负理想解的相对贴近度:

$$\mathrm{CI}_i = \frac{\eta D^*(\boldsymbol{r}_i, \boldsymbol{r}^+)}{\eta D^*(\boldsymbol{r}_i, \boldsymbol{r}^+) + (1-\eta) D^*(\boldsymbol{r}_i, \boldsymbol{r}^-)} \tag{1-8}$$

其中,$D^*(\boldsymbol{r}_i, \boldsymbol{r}^+)$是各个备选方案与正理想解 $\boldsymbol{r}^+$ 之间的均衡加权交叉熵值,$D^*(\boldsymbol{r}_i, \boldsymbol{r}^-)$是各个备选方案与负理想解 $\boldsymbol{r}^-$ 之间的均衡加权交叉熵值,η 为决策参数。为与 VIKOR 算法形成一致的对照,不同于传统 TOPSIS 算法的定义,分子采用正理想解的均衡交叉熵,因此,CI_i 越小方案越优。

步骤 6:备选方案排序。

根据相对贴近度 CI_i 的大小排序备选方案,并得出相应的方案优选结果。

1.3.3 基于拓展的区间三角模糊数相似度的 TOPSIS 算法

常用的 TOPSIS 算法以相似度/距离为方案之间贴近度的度量,以区间模糊数为转化形式,以下给出了第二种改进的 TOPSIS 算法,用于区间三角模糊多属性群体决策的优化求解。

常用的相似度测度一般采用距离(欧氏距离、闵氏距离等)或相似度(皮尔逊相似度、余弦相似度等),对于任意区间三角模糊数 $\boldsymbol{x} = [(x_1^{\mathrm{L}}, x_3^{\mathrm{L}}); x_2^{\mathrm{M}}; (x_3^{\mathrm{U}}, x_1^{\mathrm{U}})]$ 可看作一个包含五个分量的向量,来定义其相似度/距离。

定义 1-18 区间三角模糊数广义余弦相似度:设任意两个规范化的区间三角模糊数 $\boldsymbol{x} = [(x_1^{\mathrm{L}}, x_3^{\mathrm{L}}); x_2^{\mathrm{M}}; (x_3^{\mathrm{U}}, x_1^{\mathrm{U}})]$ 与 $\boldsymbol{y} = [(y_1^{\mathrm{L}}, y_3^{\mathrm{L}}); y_2^{\mathrm{M}}; (y_3^{\mathrm{U}}, y_1^{\mathrm{U}})]$,结合向量夹角的定义:

$$R(\boldsymbol{x}, \boldsymbol{y}) = \frac{\sum \boldsymbol{xy}}{|\boldsymbol{x}| \cdot |\boldsymbol{y}|}$$

$$= \frac{x_1^{\mathrm{L}} y_1^{\mathrm{L}} + x_3^{\mathrm{L}} y_3^{\mathrm{L}} + 2 \cdot x_2^{\mathrm{M}} y_2^{\mathrm{M}} + x_3^{\mathrm{U}} y_3^{\mathrm{U}} + x_1^{\mathrm{U}} y_1^{\mathrm{U}}}{((x_1^{\mathrm{L}})^2 + (x_3^{\mathrm{L}})^2 + (x_2^{\mathrm{M}})^2 + (x_3^{\mathrm{U}})^2 + (x_1^{\mathrm{U}})^2)^{1/2} \cdot ((y_1^{\mathrm{L}})^2 + (y_3^{\mathrm{L}})^2 + (y_2^{\mathrm{M}})^2 + (y_3^{\mathrm{U}})^2 + (y_1^{\mathrm{U}})^2)^{1/2}}$$

则 $R(\boldsymbol{x}, \boldsymbol{y})$为区间三角模糊数的余弦相似度。

区间三角模糊数是一类特殊的区间模糊数,因此本小节将对区间模糊数的相似度进行拓展定义,将区间三角模糊数作为三维区间,可定义其区间相似度,由此提出广义的区间三角模糊数的相似度定义,具体如下。

定义 1-19 区间数的相似度:对于论域上任意区间数($[a^{\mathrm{L}}, a^{\mathrm{U}}]$, $[b^{\mathrm{L}}, b^{\mathrm{U}}]$),相似度可定义为

$$H(\boldsymbol{a},\boldsymbol{b})=\frac{(q_2-q_3)[1-\mathrm{sgn}(b^{\mathrm{L}}-a^{\mathrm{U}})][1-\mathrm{sgn}(a^{\mathrm{L}}-b^{\mathrm{U}})]/4}{(q_1-q_4)-(q_2-q_3)|\mathrm{sgn}(b^{\mathrm{L}}-a^{\mathrm{U}})-\mathrm{sgn}(a^{\mathrm{L}}-b^{\mathrm{U}})|/2}$$

其中,q_j 为($[a^{\mathrm{L}},a^{\mathrm{U}}]$,$[b^{\mathrm{L}},b^{\mathrm{U}}]$)中第 j 大的数,$\mathrm{sgn}(x)$为符号函数。

定义 1-20 三角模糊数的相似度:对于任意两个三角模糊数$[a^{\mathrm{L}},a^{\mathrm{M}},a^{\mathrm{U}}]$与$[b^{\mathrm{L}},b^{\mathrm{M}},b^{\mathrm{U}}]$,其相似度可定义为 $H(\boldsymbol{a},\boldsymbol{b})=1-\frac{|a^{\mathrm{L}}-b^{\mathrm{L}}|+|a^{\mathrm{M}}-b^{\mathrm{M}}|+|a^{\mathrm{U}}-b^{\mathrm{U}}|}{3}$。

定义 1-21 区间三角模糊数的广义相似度:对于任意区间三角模糊数 $\boldsymbol{x}=[(x_1^{\mathrm{L}},x_3^{\mathrm{L}});x_2^{\mathrm{M}};(x_3^{\mathrm{U}},x_1^{\mathrm{U}})]$与 $\boldsymbol{y}=[(y_1^{\mathrm{L}},y_3^{\mathrm{L}});y_2^{\mathrm{M}};(y_3^{\mathrm{U}},y_1^{\mathrm{U}})]$,$\alpha,\beta\in[0,1]$为调节参数,定义其相似度为

$$H(\boldsymbol{x},\boldsymbol{y})=\alpha\left(\frac{x_2^{\mathrm{M}}}{y_2^{\mathrm{M}}}\right)+(1-\alpha)\beta h(x^{\mathrm{L}},y^{\mathrm{L}})+(1-\alpha)(1-\beta)h(x^{\mathrm{U}},y^{\mathrm{U}}) \tag{1-9}$$

其中

$$h(x^{\mathrm{L}},y^{\mathrm{L}})=\frac{(q_2-q_3)[1-\mathrm{sgn}(y_1^{\mathrm{L}}-x_3^{\mathrm{L}})][1-\mathrm{sgn}(x_1^{\mathrm{L}}-y_3^{\mathrm{L}})]/4}{(q_1-q_4)-(q_2-q_3)|\mathrm{sgn}(y_1^{\mathrm{L}}-x_3^{\mathrm{L}})-\mathrm{sgn}(x_1^{\mathrm{L}}-y_3^{\mathrm{L}})|/2}$$

$$h(x^{\mathrm{U}},y^{\mathrm{U}})=\frac{(q_2-q_3)[1-\mathrm{sgn}(y_3^{\mathrm{U}}-x_1^{\mathrm{U}})][1-\mathrm{sgn}(x_3^{\mathrm{U}}-y_1^{\mathrm{U}})]/4}{(q_1-q_4)-(q_2-q_3)|\mathrm{sgn}(y_3^{\mathrm{U}}-x_1^{\mathrm{U}})-\mathrm{sgn}(x_1^{\mathrm{U}}-y_3^{\mathrm{U}})|/2}$$

在此基础上,基于拓展的区间三角模糊数相似度的 TOPSIS 算法的整体架构如图 1-7 所示。

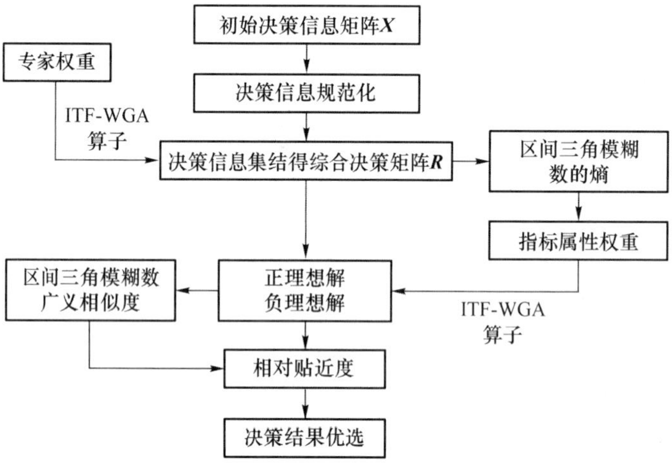

图 1-7 基于拓展的区间三角模糊数相似度的 TOPSIS 算法的整体架构

算法流程可表述如下。

步骤 1: 决策信息收集与预处理。

由专家给出评价信息,形成初始决策信息矩阵 $\boldsymbol{X}=\{x_{ij}^k\}$,并对初始决策信息矩阵进行规范化。

对于效益型区间三角模糊数,规范化公式如下:

$$\tilde{\boldsymbol{x}}_{ij}^k=\left(\left(\frac{x_{1,ij}^{\mathrm{L},k}}{x_{ij}^{k,+}},\frac{x_{3,ij}^{\mathrm{L},k}}{x_{ij}^{k,+}}\right);\frac{x_{2,ij}^{\mathrm{M},k}}{x_{ij}^{k,+}};\left(\frac{x_{3,ij}^{\mathrm{U},k}}{x_{ij}^{k,+}},\frac{x_{1,ij}^{\mathrm{U},k}}{x_{ij}^{k,+}}\right)\right)$$

其中,$x_{ij}^{k,+}=\max\{x_{1,ij}^{\mathrm{U},k}\}$。

对于成本型区间三角模糊数,规范化公式如下:

$$\tilde{\boldsymbol{x}}_{ij}^{k}=\left(\left(\frac{x_{ij}^{k,-}}{x_{1,ij}^{\mathrm{U},k}},\frac{x_{ij}^{k,-}}{x_{3,ij}^{\mathrm{U},k}}\right);\frac{x_{ij}^{k,-}}{x_{2,ij}^{\mathrm{M},k}};\left(\frac{x_{ij}^{k,-}}{x_{3,ij}^{\mathrm{L},k}},\frac{x_{ij}^{k,-}}{x_{1,ij}^{\mathrm{L},k}}\right)\right)$$

其中，$x_{ij}^{k,-}=\min\{x_{1,ij}^{\mathrm{L},k}\}$。

步骤 2：决策信息集结得综合决策矩阵。

以 ITF-WGA 算子对专家权重与评价信息进行集结，得 $\boldsymbol{R}=\{r_{ij}\}$，$r_{ij}=\sum_{k=1}^{p}\lambda_k\cdot\tilde{x}_{ij}^{k}$，$i=1,2,\cdots,n$，$j=1,2,\cdots,m$；以 ITF-WGA 算子对属性权重与决策信息进行二次集结，得 $\tilde{\boldsymbol{R}}=\{\tilde{r}_i\}$，$\tilde{r}_i=\prod_{j=1}^{m}r_{ij}^{\omega_j}$。

步骤 3：用熵权法确定指标属性权重。

首先确定专家权重 $\boldsymbol{\lambda}=(\lambda_1,\lambda_2,\cdots,\lambda_p)$ 与指标权重 $\boldsymbol{\omega}=(\omega_1,\omega_2,\cdots,\omega_m)$。指标权重可通过定义的熵权占比来确定，即 $\omega_j=\dfrac{1-E(\boldsymbol{x})}{\sum_{i=1}^{n}(1-E(\boldsymbol{x}))}$。

步骤 4：计算正理想解、负理想解。

正理想解的定义：

$$\boldsymbol{r}_i^{+}=[(\max_j\tilde{r}_{ij}\,|\,i\in I_1),(\min_j\tilde{r}_{ij}\,|\,i\in I_2)],\ \forall i$$

负理想解的定义：

$$\boldsymbol{r}_i^{-}=[(\min_j\tilde{r}_{ij}\,|\,i\in I_1),(\max_j\tilde{r}_{ij}\,|\,i\in I_2)],\ \forall i$$

其中，i 为第 i 个指标/属性，j 为第 j 个备选方案，$\tilde{r}_{ij}$ 为评价值，I_1 为效益型指标集，I_2 为成本型指标集。

步骤 5：区间三角模糊数转化。

根据定义 1-21 定义的区间三角模糊数的广义相似度进行不同方案之间相似度的测度：

$$H(\boldsymbol{x},\boldsymbol{y})=\alpha\left(\frac{x_2^{\mathrm{M}}}{y_2^{\mathrm{M}}}\right)+(1-\alpha)\beta h(x^{\mathrm{L}},y^{\mathrm{L}})+(1-\alpha)(1-\beta)h(x^{\mathrm{U}},y^{\mathrm{U}})$$

步骤 6：定义并计算各备选方案到正理想解和负理想解的相对贴近度，并据此进行方案的排序和优选。

$$\mathrm{CI}_t=\frac{\eta H(\boldsymbol{r}_i,\boldsymbol{r}^{+})}{\eta H(\boldsymbol{r}_t,\boldsymbol{r}^{+})+(1-\eta)H(\boldsymbol{r}_t,\boldsymbol{r}^{-})}\tag{1-10}$$

其中，$H(\boldsymbol{r}_i,\boldsymbol{r}^{+})$是各个备选方案与正理想解 $\boldsymbol{r}^{+}$之间的相似度，$H(\boldsymbol{r}_i,\boldsymbol{r}^{-})$是各个备选方案与负理想解 $\boldsymbol{r}^{-}$之间的相似度。

1.3.4　算例分析与对照

本节将上述算法分别进行算例验证与对照分析。基础数据仍采用 1.2 节中算例，以跨国石油集团公司企业为例，考虑战略因素 C_1、经济因素 C_2、环境因素 C_3、风险因素 C_4 4 个维度，结合上文方法体系进行案例分析与灵敏度分析，其中前三个因素为效益型指标，风险因素为成本型指标。考虑 4 个备选方案$\{A_1,A_2,A_3,A_4\}$，由 3 名专家分别给出决策意见，其中 3 名专家的权重已知，即 $\boldsymbol{\lambda}=(\lambda_1,\lambda_2,\lambda_3)=(0.25,0.3,0.4)$。

1. 基于交叉熵-TOPSIS算法的区间三角模糊数多属性群体决策算法算例分析

步骤1：初始决策信息矩阵如表1-9、表1-10和表1-11所示。

表1-9　专家 E_1 给出的初始决策信息矩阵

备选方案	C_1	C_2	C_3	C_4
A_1	[0.55,0.70,0.85] [0.65,0.70,0.75]	[0.70,0.80,0.90] [0.75,0.80,0.85]	[0.500,0.600,0.700] [0.550,0.600,0.650]	[0.200,0.300,0.450] [0.250,0.300,0.350]
A_2	[0.50,0.80,0.90] [0.70,0.80,0.88]	[0.70,0.90,0.99] [0.80,0.90,0.95]	[0.300,0.550,0.700] [0.350,0.550,0.650]	[0.300,0.350,0.450] [0.330,0.350,0.400]
A_3	[0.65,0.80,0.90] [0.75,0.80,0.82]	[0.80,0.88,0.95] [0.85,0.88,0.90]	[0.500,0.650,0.750] [0.600,0.650,0.700]	[0.400,0.500,0.540] [0.450,0.500,0.500]
A_4	[0.75,0.83,0.90] [0.80,0.83,0.85]	[0.83,0.95,1.00] [0.90,0.95,0.98]	[0.550,0.700,0.800] [0.650,0.700,0.750]	[0.350,0.420,0.500] [0.400,0.420,0.450]

表1-10　专家 E_2 给出的初始决策信息矩阵

备选方案	C_1	C_2	C_3	C_4
A_1	[0.55,0.80,0.90] [0.70,0.80,0.85]	[0.70,0.80,0.95] [0.75,0.80,0.90]	[0.300,0.450,0.650] [0.400,0.450,0.500]	[0.250,0.350,0.450] [0.300,0.350,0.400]
A_2	[0.60,0.85,0.95] [0.75,0.85,0.86]	[0.60,0.70,0.80] [0.65,0.70,0.75]	[0.250,0.350,0.500] [0.300,0.350,0.460]	[0.200,0.300,0.400] [0.250,0.300,0.350]
A_3	[0.60,0.80,0.90] [0.65,0.80,0.85]	[0.60,0.90,1.00] [0.80,0.90,0.95]	[0.450,0.600,0.750] [0.500,0.600,0.730]	[0.300,0.400,0.480] [0.350,0.400,0.450]
A_4	[0.65,0.90,0.95] [0.85,0.90,0.92]	[0.70,0.85,0.95] [0.80,0.85,0.92]	[0.400,0.550,0.800] [0.500,0.550,0.650]	[0.350,0.430,0.500] [0.400,0.430,0.470]

表1-11　专家 E_3 给出的初始决策信息矩阵

备选方案	C_1	C_2	C_3	C_4
A_1	[0.60,0.80,0.95] [0.75,0.80,0.85]	[0.60,0.75,0.85] [0.65,0.75,0.80]	[0.400,0.550,0.750] [0.450,0.550,0.600]	[0.350,0.430,0.500] [0.400,0.430,0.450]
A_2	[0.50,0.70,0.80] [0.60,0.70,0.75]	[0.70,0.80,0.95] [0.75,0.80,0.86]	[0.350,0.500,0.650] [0.400,0.500,0.600]	[0.200,0.300,0.400] [0.250,0.300,0.350]
A_3	[0.65,0.85,0.95] [0.70,0.85,0.90]	[0.75,0.90,1.00] [0.85,0.90,0.95]	[0.450,0.600,0.850] [0.550,0.600,0.700]	[0.350,0.450,0.500] [0.400,0.450,0.460]
A_4	[0.65,0.90,0.95] [0.85,0.90,0.92]	[0.70,0.85,0.95] [0.80,0.85,0.92]	[0.400,0.550,0.800] [0.500,0.550,0.650]	[0.350,0.430,0.500] [0.400,0.430,0.470]

步骤2：根据给定的专家权重，以ITF-WAA算子对初始决策信息矩阵进行信息集结并规范化，得到综合决策矩阵 $\boldsymbol{R}$（结果保留2位小数）：

$$R=\begin{bmatrix} [0.62,0.84,0.99] & [0.67,0.79,0.91] & [0.43,0.57,0.78] & [0.54,0.73,0.93] \\ [0.77,0.84,0.90] & [0.72,0.79,0.86] & [0.52,0.57,0.66] & [0.64,0.73,0.81] \\ [0.58,0.84,0.95] & [0.67,0.80,0.92] & [0.50,0.66,1.00] & [0.44,0.62,0.82] \\ [0.73,0.84,0.89] & [0.73,0.80,0.85] & [0.54,0.66,0.86] & [0.53,0.62,0.72] \\ [0.69,0.89,1.00] & [0.71,0.91,1.00] & [0.38,0.49,0.65] & [0.68,0.88,1.00] \\ [0.75,0.89,0.94] & [0.84,0.91,0.95] & [0.42,0.49,0.55] & [0.78,0.88,0.93] \\ [0.69,0.87,0.97] & [0.72,0.86,0.95] & [0.37,0.49,0.63] & [0.65,0.83,0.95] \\ [0.82,0.87,0.90] & [0.79,0.86,0.92] & [0.43,0.49,0.54] & [0.75,0.83,0.88] \end{bmatrix}$$

步骤 3：根据定义 1-12 和定义 1-13 计算各指标的熵，进而得到指标的熵权向量。

$$W=\begin{bmatrix} 0.1103 & 0.0769 & 0.1253 & 0.1260 \\ 0.1258 & 0.0748 & 0.1803 & 0.1329 \\ 0.1031 & 0.0843 & 0.1109 & 0.0958 \\ 0.0832 & 0.0724 & 0.1070 & 0.0892 \end{bmatrix}$$

熵权向量为 $\boldsymbol{\omega}=(\omega_1,\omega_2,\omega_3,\omega_4)=(0.262,0.197,0.275,0.266)$。

由此可知，熵权变化不大，均重视风险因素与战略因素，与跨国石油集团公司企业当前决策重点考虑因素相契合。

步骤 4：根据 ITF-WGA 算子，对初始决策信息矩阵进行二次集结，得综合决策矩阵 $\tilde{\boldsymbol{R}}$，进而确定相对正、负理想解 $\boldsymbol{r}^+,\boldsymbol{r}^-$，即

$$\tilde{R}=\begin{bmatrix} [(0.816,0.864);0.894;(0.924,0.962)] \\ [(0.812,0.852);0.896;(0.939,0.974)] \\ [(0.837,0.871);0.909;(0.930,0.959)] \\ [(0.832,0.873);0.900;(0.919,0.947)] \end{bmatrix}$$

$$\boldsymbol{r}^+=[(0.837,0.873),0.909,(0.939,0.974)]$$

$$\boldsymbol{r}^-=[(0.812,0.852),0.894,(0.919,0.947)]$$

步骤 5：结合定义计算各方案与理想解之间的均衡交叉熵，并将其作为相似度的度量，计算相对贴近度，如表 1-12 所示。

表 1-12　均衡交叉熵计算结果

备选方案	$D^*(\boldsymbol{A}_i,\boldsymbol{r}^+)$	$D^*(\boldsymbol{A}_i,\boldsymbol{r}^-)$	CI	排序
A_1	0.000	0.000	0.979	4
A_2	0.001	0.001	0.717	3
A_3	0.000	0.000	0.247	1
A_4	0.001	0.001	0.464	2

注：决策参数 η 为 0.5。

步骤 6：根据 CI 的值对方案进行排序。根据上述计算可得优化决策结果仍为方案 A_3，与改进的 VIKOR 算法结果一致，因此该算法的有效性得到验证。

2. 基于拓展的区间三角模糊数相似度的 TOPSIS 算法算例分析

首先，进行初始决策信息矩阵的集结和相关规范化，得到综合决策矩阵 $\tilde{\boldsymbol{R}}$：

$$\widetilde{\boldsymbol{R}}=\begin{bmatrix}[(0.816,0.864);0.894;(0.924,0.962)]\\ [(0.812,0.852);0.896;(0.939,0.974)]\\ [(0.837,0.871);0.909;(0.930,0.959)]\\ [(0.832,0.873];0.900;(0.919,0.947)]\end{bmatrix}$$

$$\boldsymbol{r}^{+}=[(0.837,0.873);0.909;(0.939,0.974)]$$

$$\boldsymbol{r}^{-}=[(0.812,0.852);0.894;(0.919,0.947)]$$

其次，根据式(1-9)中定义的区间三角模糊数的广义相似度计算相似度，并进一步根据式(1-10)计算相对相似度，以对备选方案进行决策。对于参数的取值采用折中态度，即 $\alpha=0.5$，$\beta=0.5$，$\eta=0.5$，后续可对参数灵敏度进行分析和验证。相似度结果如表 1-13 所示。

表 1-13　相似度结果对照

$h(\boldsymbol{r}^{L},\boldsymbol{r}^{+,L})$	$h(\boldsymbol{r}^{M},\boldsymbol{r}^{+,M})$	$h(\boldsymbol{r}^{U},\boldsymbol{r}^{+,U})$	$H(\boldsymbol{r},\boldsymbol{r}^{+})$	$h(\boldsymbol{r}^{L},\boldsymbol{r}^{-,L})$	$h(\boldsymbol{r}^{M},\boldsymbol{r}^{-,M})$	$h(\boldsymbol{r}^{U},\boldsymbol{r}^{-U})$	$H(\boldsymbol{r},\boldsymbol{r}^{-})$
0.468	0.941	0.593	0.736	0.595	0.941	0.664	0.786
0.198	0.938	1.000	0.768	1.000	0.938	0.331	0.802
0.990	1.000	0.786	0.944	0.199	1.000	0.410	0.652
0.896	0.968	0.331	0.791	0.266	0.968	1.000	0.800

综合得相对贴近度为 CI={0.516，0.511，0.409，0.503}。

因此方案排序为 $A_3>A_4>A_2>A_1$，A_3 为最优方案，与其他算法的结果一致。不同在于贴近度区别较小，对于方案的区分度较于其他算法相对较差，相较于采用交叉熵的算法，其优势在于更为直观地体现各个维度的相似度。

1.3.5　算法灵敏度分析

为进一步对算法进行深入分析，本小节将对不同方法进行算法对照，并就不同参数进行灵敏度分析。

1. 基于交叉熵-TOPSIS 算法的灵敏度分析

在上述算法中决策信息经历了两次集结，基于专家权重的算子集结以及基于属性权重的算子集结，不同的算子组合使用，得到的决策结果如表 1-14 所示。

表 1-14　各算法决策结果对照

ITF-WGA 算子 & ITF-WGA 算子		ITF-WGA 算子 & ITF-WAA 算子		ITF-WAA 算子 & ITF-WGA 算子		ITF-WAA 算子 & ITF-WAA 算子	
CI_i	排序	CI_i	排序	CI_i	排序	CI_i	排序
0.987	4	0.982	4	0.687	4	0.915	4
0.630	3	0.697	3	0.527	3	0.767	3
0.190	1	0.102	1	0.450	1	0.148	1
0.365	2	0.300	2	0.473	2	0.401	2

通过对比可以发现，不同的算子集结方法得出的优选结果一致，相似度的区别不大，因此交叉熵-TOPSIS 算法具有一定的稳定性和适应性，在实际应用过程中可根据不同的数据特

点，对算子进行灵活的选取。

2. 基于拓展的区间三角模糊数相似度的 TOPSIS 算法灵敏度分析

在基于拓展的区间三角模糊数相似度的 TOPSIS 算法框架下，采用基于余弦相似度测度的区间三角模糊数相似度得出的决策结果对照如表 1-15 所示。容易得出，当采用余弦相似度时，各个方案的贴近度 CI 区别度极小，最优方案优势性不明显，本节定义的拓展的区间相似度则能够很好地区分各个方案的优劣，具有更优的适用性。

表 1-15　相似度算法对照

区间相似度		余弦相似度	
CI_i	排序	CI_i	排序
0.516 4	4	0.384 46	3
0.510 6	3	0.384 59	4
0.408 6	1	0.384 41	2
0.503 0	2	0.384 35	1

进一步，可针对决策参数进行灵敏度分析。参数 α 代表决策者对于评价信息确定性与不确定性的侧重程度，当 $\alpha=0.5$ 时，代表决策者持折中态度，当 α 越大时，代表决策者越看重决策信息中的确定信息。参数 β 是决策者对于上下区间的重视程度，β 越大，代表决策者对于区间下界更为重视，反之则决策者更重视区间上界，如表 1-16 所示。

表 1-16　决策参数灵敏度分析

决策参数	$H(\boldsymbol{r},\boldsymbol{r}^{+})$	$H(\boldsymbol{r},\boldsymbol{r}^{-})$	CI_i	方案排序
$\alpha=0.5$ $\beta=0.5$	[0.735 8,0.768 4, 0.944 1,0.790 9]	[0.785 6,0.801 6, 0.652 3,0.800 4]	[0.516 4,0.510 6, 0.408 6,0.503 0]	$A_3>A_4>A_2>A_1$
$\alpha=0.7$ $\beta=0.5$	[0.723 3,0.688 2, 0.964 5,0.847 4]	[0.778 7,0.868 5, 0.631 2,0.727 0]	[0.518 4,0.557 9, 0.395 6,0.461 8]	$A_3>A_4>A_1>A_2$
$\alpha=0.5$ $\beta=0.3$	[0.748 3,0.848 6, 0.923 8,0.734 3]	[0.792 5,0.734 7, 0.673 3,0.873 9]	[0.514 3,0.464 0, 0.421 6,0.543 4]	$A_3>A_2>A_1>A_4$
$\alpha=0.8$ $\beta=0.5$	[0.859 2,0.870 0, 0.977 7,0.897 2]	[0.879 1,0.883 3, 0.860 9,0.901 0]	[0.505 7,0.503 8, 0.468 3,0.501 1]	$A_3>A_4>A_2>A_1$
$\alpha=0.2$ $\beta=0.5$	[0.612 5,0.666 8, 0.910 6,0.684 5]	[0.692 1,0.719 9, 0.443 7,0.699 8]	[0.530 5,0.519 1, 0.327 6,0.505 5]	$A_3>A_4>A_2>A_1$

通过上述分析可得，算法具有较好的稳定性，当改变决策参数 α 与 β 时，最优方案保持为方案 A_3，且当决策者更为注重不确定性信息和区间下界时，即 α 和 β 较大时，各个方案的区别度更大。

综上所述，以上算法通过对 TOSIS 算法的拓展和改进，并结合集结算子的定义，能够有效解决 TOSIS 算法中不同方案之间相似度/距离的合理度量，加之对于不同类型集结算子的使用，为区间三角模糊数形式的多属性决策提供了一定的方法借鉴，为跨国石油集团公司企业决策提供了有效的方法体系。

1.4 基于优先关系的区间三角模糊数多属性群体决策算法研究

在实际决策过程中,鉴于决策者对于指标/属性的偏好,使得属性之间除权重之外也存在一定优先(序)关系,因此本节从属性的优先关系出发,采用可能度和有序集结算子,综合考虑属性信息与属性之间的优先(序)关系,提出了基于优先关系的区间三角模糊数多属性群体决策算法,并结合算例验证了该算法的有效性。

1.4.1 属性关系与集结方法

属性之间的关系一般可归结为3种类型:支持关系、优先关系和关联关系。针对3类不同关系的属性可分别采用Power算子、Prioritized算子和Choquet积分算子进行信息的集结。

1. Power算子

Ronald R. Yager最早提出了Power算子,以对存在相互支持关系的算子进行集结,在此基础上,国内外学者进行了不同形式的拓展和深入研究,算术平均(PWA)、加权平均、有序加权平均、几何平均、加权几何平均、有序加权几何平均等算子形式出现了。

Power算术平均算子:对于参数集 $\boldsymbol{x}=(x_1,x_2,\cdots,x_m)$,Power算术平均算子定义为

$$\mathbf{R}^n \rightarrow \mathbf{R}$$

$$\mathrm{PA}(x_1,x_2,\cdots,x_m)=\frac{\sum_{j=1}^{m}(1+T(x_i))x_i}{\sum_{j=1}^{m}(1+T(x_i))}$$

其中 $T(x_i)=\sum_{i=1,i\neq j}^{m}\sup(x_i,x_j)$ 为 x_i 对 x_j 的支持度,并满足以下公理。

① 规范性:$\sup(x_i,x_j)\in[0,1]$。

② 对称性:$\sup(x_i,x_j)=\sup(x_j,x_i)$。

③ 单调性:$\sup(x_i,x_j)\leqslant\sup(x_j,x_i)$,若 $|x_j-x_i|\geqslant|x_j-x_i|$。

Power几何平均算子:对于参数集 $\boldsymbol{x}=(x_1,x_2,\cdots,x_m)$,Power几何平均算子定义为

$$\boldsymbol{R}^n \rightarrow \boldsymbol{R}$$

$$\mathrm{PG}(x_1,x_2,\cdots,x_m)=\prod_{j=1}^{m}x_i^{\frac{1+T(x_1)}{\sum_{j=1}^{m}(1+T(x_i))}}$$

其中 $T(x_i)=\sum_{i=1,i\neq j}^{m}\sup(x_i,x_j)$ 为 x_i 对 x_j 的支持度,并满足上述公理。

在此基础上,同理可定义Power有序加权算子和针对不同形式模糊数的Power集结算子。徐泽水于2010年定义了几何平均、加权几何平均和有序加权几何平均,并进一步提出了直觉模糊和区间直觉模糊的Power集结算子。Park等于2013年定义了诱导的Power算子。万树平于2013年针对梯形直觉模糊数形式的属性定义了Power平均算子。张植明等于2014年给出了二元语义的Power平均算子。周礼刚等于2012年定义了广义的Power算子和几何算子。卫贵武等于2013年针对区间形式模糊数,定义了区间值犹豫模糊数的

Power 集结算子。

2. Prioritized 算子

Prioritized 集成算子最早于 2008 年被提出，主要用于优先关系属性之间的信息集结。其主体思想在于对属性之间先按照一定的准则(>)进行优先级排序，类似于 OWA 算子，对于优先级靠前的算子赋予更高的权重，并基于排序后的属性序列进行集结。

Prioritized 集成算子：属性集 $C=\{C_1,C_2,\cdots,C_m\}$，属性之间根据一定的原则可进行排序，$C_1 \succ C_2 \succ \cdots \succ C_m$，$x_j\in[0,1]$为属性 C_j 对应的决策信息，则 $P(x_j)=\sum\limits_{j=1}^{m}\omega_j x_j$ 为 Prioritized 算术平均算子，其中

$$\omega_j=\frac{T_j}{\sum\limits_{j=1}^{m}T_j},T_j=\prod_{i=1}^{j-1}x_j,j=1,2,\cdots,m,T_1=1$$

在此基础上，针对不同形式的模糊数，学术界提出了不同形式的 Prioritized 算子。赵晓飞等于 2013 年定义了三角模糊数的 Prioritized 算子，UmaMaheswari 和 Kumari 于 2014 年提出了基于梯形模糊数的 Prioritized 算子，Chen 等于 2014 年定义了区间直觉模糊数的 Prioritized 算子，魏翠萍等于 2012 年定义了广义的 Prioritized 算子，Zhou 等于 2013 年针对不确定性语言变量定义了 Prioritized 加权平均算子。

3. Choquet 积分算子

传统多属性决策多设定属性指标之间是相互独立的，指标之间互不影响、互不交叉，具有一定的局限性，在实际决策过程中决策属性和专家权重之间都存在着一定的相关性，而 Choquet 积分算子能够有效地解决此类多属性问题。Choquet 于 1954 年提出了容度相关理论和 Choquet 积分，Sugeno 随后提出了模糊测度相关理论，为 Choquet 积分算子奠定了理论基础。

Choquet 积分算子为 $\int f\mathrm{d}\mu=\sum\limits_{i=1}^{\infty}(\mu(F_{\sigma(i)})-\mu(F_{\sigma(i-1)}))f(x_{\sigma(i)})$，令 $X=\{x_1,x_2,\cdots,x_n\}$ 为一个有限集，$P(X)$是 X 的幂集。集合的模糊测度函数 $\mu:P(X)\rightarrow[0,1]$满足以下公理：

① $\mu(\varnothing)=0,\mu(X)=1$；

② 如果 $A,B\in P(X)$且 $A\subseteq B$，那么 $\mu(A)\leqslant\mu(B)$；

③ 如果 $F_n\in P(X)$对于任意的 $1\leqslant n\leqslant\infty$且$\{F_n\}$单调，那么$\lim\limits_{n\to\infty}\mu\{F_n\}=\mu\{\lim\limits_{n\to\infty}F_n\}$。

Choquet 积分算子和模糊测度自被提出以来得到了广泛关注。Schmeidler 于 1986 年开创性地将 Choquet 积分算子应用到基于关联的决策分析中，随后 Choquet 积分的应用范围和形式不断被拓宽。Meyer 和 Roubens 于 2006 年将 Choquet 积分算子应用于多准则决策。杨蔚等于 2012 年将 Choquet 积分算子应用于基于二元语义的企业投资决策中。Merigó 和 Gil-Lafuente于 2013 年定义了诱导的 Choquet 积分算子。徐泽水于 2011 年定义了基于直觉模糊的广义 Choquet 积分算子。孟凡永等于 2014 年定义了基于不确定语义和直觉模糊环境的 Choquet 积分算子，并研究了其在教育管理决策中的应用。鞠彦兵等于 2014 年定义了对偶犹豫模糊 Choquet 积分算子，并将其应用于新兴技术商业化决策研究。

综合当前研究成果，对于 Power 算子、Prioritized 算子和 Choquet 积分算子在多属性决策中的应用多集中于对于常用模糊形式表达的属性信息的集结，针对新的模糊表达形式，以及混合模糊变量的适应性研究仍有待进一步的改进和拓展。

1.4.2 基于可能度的优先序关系

对于有序加权算子需先定义区间三角模糊数的排序原则,首先以区间三角模糊数的可能度为排序依据,可实现各个决策信息属性的优先序的计算,进而结合相关有序算子对决策信息进行集结与决策分析。

徐泽水等于2003年首先拓展了可能度的概念,提出了区间数的可能度计算公式,表述如下。

可能度的一般定义:当 a,b 均为实数时,定义 $p(a>b)=\begin{cases}1, a>b\\0, a\leqslant b\end{cases}$,称 $p(a>b)$ 为 $a>b$ 的可能度。

区间数的可能度:当 $\tilde{\boldsymbol{a}},\tilde{\boldsymbol{b}}$ 均为区间数或有一个为区间数时,设 $\tilde{\boldsymbol{a}}=[a^{l},a^{u}]$,$\tilde{\boldsymbol{b}}=[b^{l},b^{u}]$,且记 $j_a=a^{u}-a^{l}$,$j_b=b^{u}-b^{l}$,定义

$$p(a>b)=\frac{\min\{j_a+j_b,\max(a^{u}-b^{l},0)\}}{l_a+l_b}$$

则称 $p(a>b)$ 为 $\tilde{\boldsymbol{a}}\geqslant\tilde{\boldsymbol{b}}$ 的可能度。

在区间数可能度定义的基础上,要瑞璞等于2015年提出了针对区间三角模糊数的可能度计算公式,首先定义了区间三角模糊数的上、下区间均值 $M_*(\tilde{\boldsymbol{a}})$ 与 $M^*(\tilde{\boldsymbol{a}})$,如下所示。

定义 1-22 区间三角模糊数的区间均值:设 $\tilde{\boldsymbol{a}}=[(a_1^{L},a_2,a_1^{U}),(a_3^{L},a_2,a_3^{U})]$ 为一区间值三角模糊数,则有下述定义。

上界均值:

$$\begin{aligned}M_*(\tilde{\boldsymbol{a}})&=\int_0^1\alpha[a_1^{L}+(a_2-a_1^{L})\alpha]\,\mathrm{d}\alpha+\int_0^1\beta[a_3^{L}+(a_2-a_3^{L})\beta]\,\mathrm{d}\beta\\&=\frac{a_1^{L}+4a_2+a_3^{L}}{6}\end{aligned}\tag{1-11a}$$

下界均值:

$$\begin{aligned}M^*(\tilde{\boldsymbol{a}})&=\int_0^1\alpha[a_1^{U}+(a_2-a_1^{U})\alpha]\,\mathrm{d}\alpha+\int_0^1\beta[a_3^{U}+(a_2-a_3^{U})\beta]\,\mathrm{d}\beta\\&=\frac{a_1^{U}+4a_2+a_3^{U}}{6}\end{aligned}\tag{1-11b}$$

其中:$\alpha,\beta\in[0,1]$。由此得出区间值三角模糊数 $\tilde{\boldsymbol{a}}$ 的区间均值:

$$M(\tilde{\boldsymbol{a}})=[M_*(\tilde{\boldsymbol{a}}),M^*(\tilde{\boldsymbol{a}})]=[(a_1^{L}+4a_2+a_3^{L})/6,(a_1^{U}+4a_2+a_3^{U})/6]\tag{1-12}$$

进一步可拓展得到区间值三角模糊数的可能度计算公式,具体如下。

定义 1-23 区间三角模糊数的可能度:设任意两个区间三角模糊数分别表述为 $\tilde{\boldsymbol{a}}=[(a_1^{L},a_2,a_1^{U}),(a_3^{L},a_2,a_3^{U})]$,$\tilde{\boldsymbol{b}}=[(b_1^{L},b_2,b_1^{U}),(b_3^{L},b_2,b_3^{U})]$,则其上、下均值根据上述定义为 $M(\tilde{\boldsymbol{a}})=[M_*(\tilde{\boldsymbol{a}}),M^*(\tilde{\boldsymbol{a}})]$,$M(\tilde{\boldsymbol{b}})=[M_*(\tilde{\boldsymbol{b}}),M^*(\tilde{\boldsymbol{b}})]$,则 $\tilde{\boldsymbol{a}}$ 与 $\tilde{\boldsymbol{b}}$ 之间的可能度定义为

$$p(\tilde{\boldsymbol{a}}>\tilde{\boldsymbol{b}})=\min\left\{\max\left(\frac{M_*(\tilde{\boldsymbol{a}})-M_*(\tilde{\boldsymbol{b}})}{(M^*(\tilde{\boldsymbol{a}})-M_*(\tilde{\boldsymbol{a}}))+(M^*(\tilde{\boldsymbol{b}})-M_*(\tilde{\boldsymbol{b}}))},0\right),1\right\}\tag{1-13}$$

若 $p(\tilde{\boldsymbol{a}}>\tilde{\boldsymbol{b}})>\zeta$,则 $\tilde{\boldsymbol{a}}>\tilde{\boldsymbol{b}}$,反之 $\tilde{\boldsymbol{b}}>\tilde{\boldsymbol{a}}$。

通过选取不同的阈值 ζ,可实现 $\tilde{\boldsymbol{a}}$ 与 $\tilde{\boldsymbol{b}}$ 的排序。基于式(1-11)~式(1-13)可实现方案的

整体优先排序,但是该方法对于决策信息的不确定性考虑较少,因此本小节考虑将其用于属性重要度的排序,进而通过有序加权算子对属性信息进行有序集结,进一步结合与理想解的逼近程度实现对备选方案的优选。

在有序集成算子方面,可考虑采用 Prioritized 集成算子、ITF-OWA 算子与 ITF-OWGA 算子。

定义 1-24 区间三角模糊数的 Prioritized 集成算子:属性集 $C=\{C_1,C_2,\cdots,C_m\}$,属性之间根据一定的原则可进行排序,即 $C_1 > C_2 > \cdots > C_m$,$\boldsymbol{x}_j=[(x_{j,1}^{\mathrm{L}},x_{j,3}^{\mathrm{L}}),x_{j,2}^{\mathrm{M}},(x_{j,3}^{\mathrm{U}},x_{j,1}^{\mathrm{U}})]\in[0,1]$ 为属性 C_j 对应的决策信息,$Y=\{y_j,j=1,2,\cdots,m\}$ 为按照一定准则对属性进行排序后第 j 个属性信息,则 $P(x_j)=\sum_{j=1}^{m}\omega_j y_j$ 为 Prioritized 算术平均算子,其中,$\omega_j=\frac{T_j}{\sum_{j=1}^{m}T_j}$,$T_j=\prod_{l=1}^{j-1}y_j$,$j=1,2,\cdots,m$,特别地,$T_1=1$。

$$\text{ITF-OWA}_{\omega}(x_1,x_2,\cdots,x_n)\sum_{j=1}^{m}\omega_j y_j=\left\{\left[\sum_{j=1}^{m}\omega_j y_{j,1}^{\mathrm{L}},\sum_{j=1}^{m}\omega_j y_{j,3}^{\mathrm{L}}\right],\sum_{j=1}^{m}\omega_j y_{j,2}^{\mathrm{M}},\left[\sum_{j=1}^{m}\omega_j y_{j,3}^{\mathrm{U}},\sum_{j=1}^{m}\omega_j y_{j,1}^{\mathrm{U}}\right]\right\}$$

$$\text{ITF-OWGA}_{\omega}(x_1,x_2,\cdots,x_n)=\prod_{i=1}^{n}y_j^{\omega_j}=\left\{\left[\prod_{j=1}^{m}y_{j,1}^{\mathrm{L},\omega_j},\prod_{j=1}^{m}y_{j,3}^{\mathrm{L},\omega_j}\right],\prod_{j=1}^{m}y_{j,2}^{\mathrm{M},\omega_j},\left[\prod_{j=1}^{m}y_{j,3}^{\mathrm{U},\omega_j},\prod_{j=1}^{m}y_{j,1}^{\mathrm{U},\omega_j}\right]\right\}$$

其中

$$\omega_j\in[0,1],\sum_{i=1}^{n}\omega_j=1$$

显然上述几类定义集结后的综合决策信息仍为区间三角模糊数形式。

1.4.3 基于可能度排序的区间三角模糊数多属性群体决策算法

本小节提出的基于可能度排序的区间三角模糊数多属性群体决策算法的主体思想在于通过可能度实现区间三角模糊决策值的排序,进而通过有序集结算子实现属性权重与决策信息的加成,充分考虑属性信息与属性关系,形成综合决策结果。

算法主要步骤总结如下。

步骤 1:由专家给出评价信息,形成决策矩阵 $\boldsymbol{X}=\{x_{ij}^{k}\}$,并根据 1.2 节中标准化方法对决策矩阵进行标准化。

步骤 2:确定指标属性权重。首先确定专家权重 $\boldsymbol{\lambda}=(\lambda_1,\lambda_2,\cdots,\lambda_p)$ 与指标权重 $\boldsymbol{\omega}=(\omega_1,\omega_2,\cdots,\omega_m)$。指标权重可给定或通过 1.1 节中定义的熵权占比来确定。

步骤 3:决策信息集结得综合决策矩阵 $\boldsymbol{R}$。以 ITF-WAA 算子对专家权重与评价信息进行集结得 $\boldsymbol{R}=\{r_{ij}\}$,$r_{ij}=\sum_{k=1}^{p}\lambda_k\cdot\tilde{x}_{ij}^{k}$,$i=1,2,\cdots,n$,$j=1,2,\cdots,m$。

步骤 4:可能度计算。根据 1.3 节中的定义计算区间三角模糊数的可能度,按可能度对决策信息进行排序。

步骤 5:综合信息集结。以上文定义的 Prioritized 算术平均算子、ITF-OWA 有序算子、ITF-OWGA 算子进行信息集结,并进行备选方案的排序,得出决策结论。

基于有序集结算子的区间三角模糊数多属性群体决策算法如图 1-8 所示。

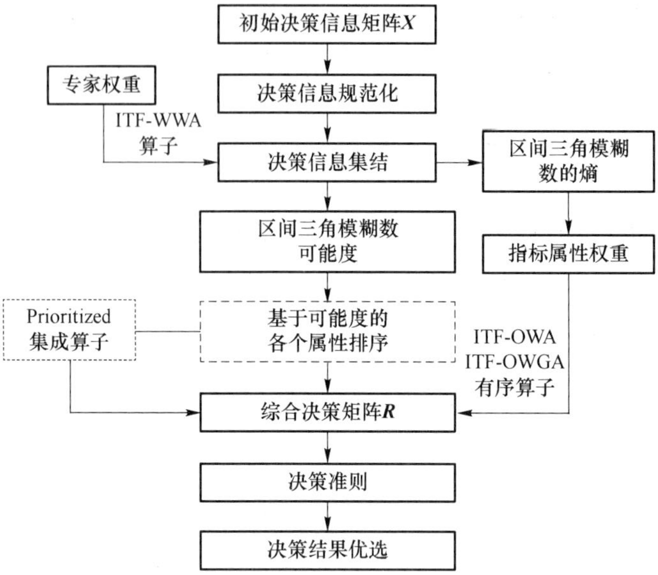

图 1-8　基于有序集结算子的区间三角模糊数多属性群体决策算法

1.4.4　算例对照分析

本节采用与 1.2 节中相同的算例,以形成对照。其中指标体系采用战略因素 C_1、经济因素 C_2、环境因素 C_3、风险因素 C_4 4 个维度,考虑 4 个备选方案$\{A_1,A_2,A_3,A_4\}$,由 3 名专家分别给出决策意见,其中 3 名专家权重已知,$\boldsymbol{\lambda}=(0.25,0.3,0.4)$,属性权重完全未知。

步骤 1:初始决策信息矩阵同上文表 1-1～表 1-3 所示。

步骤 2:根据给定的专家权重,以 ITF-WAA 算子对决策信息矩阵进行信息集结,并规范化得到综合决策矩阵 $\boldsymbol{R}$(结果保留 3 位小数)。

$$\boldsymbol{R}=\begin{bmatrix} [0.620,0.842,0.986] & [0.668,0.790,0.909] & [0.431,0.573,0.776] & [0.552,0.735,0.934] \\ [0.769,0.842,0.897] & [0.719,0.790,0.858] & [0.524,0.573,0.661] & [0.651,0.735,0.810] \\ [0.582,0.845,0.954] & [0.673,0.800,0.919] & [0.496,0.658,1.000] & [0.447,0.621,0.820] \\ [0.736,0.845,0.892] & [0.737,0.800,0.855] & [0.537,0.658,1.000] & [0.537,0.621,0.721] \\ [0.688,0.891,1.000] & [0.719,0.906,1.000] & [0.383,0.494,0.654] & [0.686,0.885,1.000] \\ [0.755,0.891,0.938] & [0.843,0.906,0.949] & [0.426,0.494,0.555] & [0.785,0.885,0.927] \\ [0.690,0.872,0.976] & [0.722,0.866,0.954] & [0.373,0.498,0.634] & [0.656,0.826,0.954] \\ [0.823,0.872,0.907] & [0.795,0.866,0.918] & [0.435,0.498,0.543] & [0.755,0.826,0.885] \end{bmatrix}$$

其中,熵权$\boldsymbol{\omega}=(\omega_1,\omega_2,\omega_3,\omega_4)=(0.264,0.197,0.276,0.263)$。

根据式(1-11a)和式(1-11b)得到区间三角模糊数的上界均值和下界均值,如表 1-17 所示。

表 1-17　区间均值

属性	C_1		C_2		C_3		C_4	
区间均值	$M_*(A_i)$	$M^*(A_i)$	$M_*(A_i)$	$M^*(A_i)$	$M_*(A_i)$	$M^*(A_i)$	$M_*(A_i)$	$M^*(A_i)$
A_1	0.814	0.854	0.781	0.798	0.564	0.599	0.717	0.754
A_2	0.809	0.845	0.788	0.809	0.664	0.695	0.609	0.640
A_3	0.865	0.887	0.882	0.911	0.486	0.509	0.859	0.887
A_4	0.848	0.881	0.851	0.869	0.484	0.510	0.807	0.836

根据式(1-13)可求得各个属性两两之间的可能度，进而得到各个属性的优先序，如表 1-18 所示。

表 1-18　属性优先序

备选方案	优先序
A_1	$A_1 \succ A_2 \succ A_4 \succ A_3$
A_2	$A_2 \succ A_1 \succ A_3 \succ A_4$
A_3	$A_2 \succ A_4 \succ A_1 \succ A_3$
A_4	$A_2 \succ A_1 \succ A_4 \succ A_3$

在此优先序排列下，可分别采用 ITF-OWA 算子、ITF-OWGA 算子及 Prioritized 算术平均算子进行信息的二次集结，集结后可得综合决策矩阵：

$$\boldsymbol{R}_{\text{ITF-OWA}}=\begin{bmatrix}(0.592\,3,0.693\,6),0.764\,7,(0.832\,5,0.921\,1)\\(0.576\,4,0.666\,7),0.758\,2,(0.846\,6,0.930\,8)\\(0.652\,3,0.745\,6),0.835\,0,(0.881\,3,0.948\,1)\\(0.646\,7,0.741\,6),0.804\,6,(0.851\,9,0.912\,6)\end{bmatrix}$$

$$\boldsymbol{R}_{\text{ITF-OWGA}}=\begin{bmatrix}(0.586\,4,0.688\,2),0.758\,9,(0.828\,5,0.918\,4)\\(0.563\,0,0.659\,3),0.752\,8,(0.883\,9,0.921\,7)\\(0.637\,9,0.721\,9),0.818\,6,(0.868\,0,0.938\,3)\\(0.631\,2,0.727\,8),0.791\,5,(0.838\,7,0.904\,4)\end{bmatrix}$$

$$\boldsymbol{R}_{\text{Prioritized}}=\begin{bmatrix}(0.592\,4,0.689\,3),0.750\,9,(0.814\,9,0.902\,1)\\(0.595\,8,0.671\,8),0.752\,2,(0.838\,5,0.923\,4)\\(0.658\,9,0.738\,1),0.811\,0,(0.851\,8,0.913\,5)\\(0.655\,1,0.733\,4),0.787\,6,(0.828\,0,0.884\,2)\end{bmatrix}$$

在基于 Prioritized 算子的算法中，针对属性排序后的 T_j，ω_j 如下。

$$\boldsymbol{T}_j=\begin{bmatrix}[(1.000,1.000),1.000,(1.000,1.000)], & [(0.620,0.769),0.842,(0.897,0.986)], & [(0.414,0.553),0.665,(0.770,0.897)], & [(0.178,0.290),0.382,(0.509,0.695)]\\ [(0.673,0.737),0.800,(0.855,0.919)], & [(1.000,1.000),1.000,(1.000,1.000)], & [(0.392,0.543),0.676,(0.763,0.877)], & [(0.194,0.291),0.445,(0.655,0.877)]\\ [(0.493,0.662),0.802,(0.880,1.000)], & [(1.000,1.000),1.000,(1.000,1.000)], & [(0.339,0.500),0.715,(0.825,1.000)], & [(0.719,0.843),0.906,(0.949,1.000)]\\ [(0.722,0.795),0.866,(0.918,0.954)], & [(1.000,1.000),1.000,(1.000,1.000)], & [(0.327,0.494),0.624,(0.737,0.889),], & [(0.498,0.655),0.755,(0.833,0.931)]\end{bmatrix}$$

$$\boldsymbol{\omega}_j=\begin{bmatrix}[(0.452,0.383),0.346,(0.315,0.279)], & [(0.280,0.294),0.292,(0.282,0.276)], & [(0.187,0.212),0.230,(0.242,0.251)], & [(0.081,0.111),0.132,(0.160,0.194)]\\ [(0.298,0.287),0.274,(0.261,0.250)], & [(0.443,0.389),0.342,(0.306,0.272)], & [(0.173,0.211),0.231,(0.233,0.239)], & [(0.086,0.113),0.152,(0.200,0.239)]\\ [(0.193,0.220),0.234,(0.241,0.250)], & [(0.392,0.333),0.292,(0.274,0.250)], & [(0.133,0.166),0.209,(0.226,0.250)], & [(0.282,0.281),0.265,(0.260,0.250)]\\ [(0.283,0.270),0.267,(0.263,0.253)], & [(0.393,0.340),0.308,(0.287,0.265)], & [(0.128,0.168),0.192,(0.211,0.235)], & [(0.196,0.222),0.233,(0.239,0.247)]\end{bmatrix}$$

最后,对 3 种算法的有序集结结果进行对照,如表 1-19 所示。对照结果表明,3 种算子的结果具有一致性,且相较于 ITF-WAA 算子和 ITF-WAGA 算子,基于 Prioritized 算子得到的各个方案的一致性偏差更为明显,对于方案的择选更为有利,因此对于决策信息比较相近的决策问题,上述基于优先排序的群体决策算法适用性更佳。

表 1-19 有序集结算法结果对照

算子	ITF-OWA 相对贴近度	ITF-OWGA 相对贴近度	Prioritized 算子相对贴近度
A_1	0.545 0	0.434 5	0.961 9
A_2	0.883 9	0.909 3	0.750 7
A_3	0.000 0	0.005 6	0.028 5
A_4	0.191 8	0.171 3	0.218 3
综合排序	$A_3 > A_4 > A_1 > A_2$	$A_3 > A_4 > A_1 > A_2$	$A_3 > A_4 > A_1 > A_2$

第 2 章　基于集对理论的混合多属性群体决策研究

在跨国石油集团公司企业群体决策过程中，不仅涉及专家，而且涉及的指标较多，因此，群体决策指标体系含多种不同类型的指标；同时，不同的专家也会给出不同的指标评价形式，常见的决策偏好信息一般包括三大类，一类是精确数，二类是以区间数、直觉模糊数、三角模糊数、区间三角模糊数等来表示的模糊数，三类是模糊语义，由此形成了混合型多属性决策问题。

此外，在决策过程中常存在模糊性和不确定性，通过不同形式的模糊信息进行表述，但是，决策形式转化或模糊信息集结过程会造成不确定性信息的丢失，无法实现柔性决策的要求。因此，如何对指标体系进行统一化，并形成规范化的指标体系，实现更科学、快捷的群体意见的集结和优化结果的排序亟待进一步研究。

集对理论的优势在于同时考虑决策信息的确定性和不确定性，将两者作为一个系统进行考量，可实现对决策过程中模糊性、随机性和不确定性等问题进行综合处理。同时，集对分析的信息表达形式简单明晰，便于操作和理解，鉴于此本章考虑基于集对理论分析混合多属性群体决策。

基于不同形式的评价信息在权重确定及矩阵计算等方面的复杂性，本章以不确定多属性群体决策理论与集对理论为基本模型，结合统计学相关理论，对混合型指标体系与决策进行研究与分析，将混合型指标体系统一为二元联系数形式，结合 TOSIS 方法框架，进行决策优化求解，并对模型的可行性进行验证。

2.1　集对理论

集对理论因其解决不确定信息决策的优势性和便捷性，受到学术界的广泛关注，但是二元联系数形式的群体决策问题的相关算法仍有待完善和补充。本节首先引入集对分析的相关理论，定义了二元联系数的相关运算，以支撑后续拓展算法的建立。

2.1.1　集对理论相关概念

集对分析（Set Pair Analysis，SPA）相关概念最早由我国学者赵克勤于 1989 年提出，是一种处理不确定性问题的有效方法，鉴于其便于理解与计算，当前已在多属性决策中得到较好应用。

研究领域对于二元联系数的分析主要体现在两个方面，首先是对二元联系数相关理论的拓展，其次是对于二元联系数与其他形式决策信息之间的转化与应用研究。

在理论研究方面，赵克勤于 2008 年拓展了二元联系数的相关运算，提出了基于主值原则的二元联系数排序方法，同时阐述了二元联系数在人工智能中的应用前景。汪新凡等于 2013

年陆续提出了二元联系数的几类集结算子，分别定义了二元联系数加权算术平均（Binary Connection Number Weighted Arithmetic Average，BCNWAA）算子、二元联系数加权几何平均（Binary Connection Number Weighted Geometric Average，BCNWGA）算子、二元联系数有序加权几何平均（Binary Connection Number Ordered Weighted Geometric Average，BCNOWGA）算子和二元联系数混合几何平均（Binary Connection Number Hybrid Geometric Average，BCNHGA）算子等，并提出了基于二元联系数期望和方差的备选方案排序方法。杨雷等于 2017 年则进一步开展拓展研究，分析了属性、权重信息均为二元联系数的群体决策问题。

在信息形式转化与应用研究方面，胡凌云于 2015 年研究了三角模糊数与二元联系数之间的相互转化。吴群等于 2016 年将区间二元语义与二元联系数的结合用于不确定语言多属性决策的研究。江文奇等于 2017 年以二元联系数为基础分析了区间直觉模糊数形式的群体决策。王骏等于 2016 年基于二元联系数的位置信息，提出了 UCNK-Means 聚类算法，充分考虑了信息的不确定性，并提升了聚类算法的效率。

经典集对分析一般以三元联系数的形式给出，定义如下。

定义 2-1 三元联系数：设 $\mathbf{R}^+$ 为正实数集，$a,b,c\in\mathbf{R}^+$，$\mathrm{i}\in[-1,1]$，$\mathrm{j}=-1$，那么 $\boldsymbol{\mu}=a+b\mathrm{i}+c\mathrm{j}$ 为同异反三元联系数，简称联系数，其中，参数 a 为联系数的同一度，b 为差异度/不确定度，c 为对立度，表示对立程度，i 为不确定量标记。当满足 $a+b+c=1$ 时，$\boldsymbol{\mu}=a+b\mathrm{i}+c\mathrm{j}$ 为归一化的同异反三元联系数。

定义 2-2 二元联系数：$\boldsymbol{\mu}=a+b\mathrm{i}+c\mathrm{j}$ 为任意同异反三元联系数，当 $c=0$ 时，$\boldsymbol{\mu}=a+b\mathrm{i}$ 为同异型二元联系数。

性质：$\mathrm{i}\in[-1,1]$，$\mu\in[-1,1]$，若 $a>b$，则 $\boldsymbol{\mu}>0$。

其中，在群体决策过程中，a 为确定量的度量，b 为不确定性的度量，i 代表决策者的风险态度。若决策者的风险态度较为乐观，则 $\mathrm{i}\to1$，代表此时决策者对于系统的不确定性持有乐观的态度；若决策者对于风险持悲观态度，则 $\mathrm{i}\to0$，表示决策者主要倾向于系统的确定性因素 a；若决策者风险态度中性，则 $\mathrm{i}=1/2$，此时，$\mu=a+\frac{b}{2}$ 表示决策者更倾向于中间评价信息。本章研究以同异型二元联系数为决策信息表达形式，如图 2-1 和图 2-2 所示。

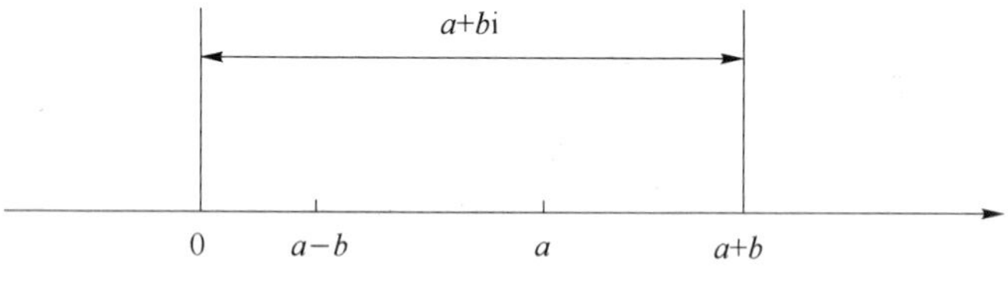

图 2-1 二元联系数在数轴上的表示（$a>b$）

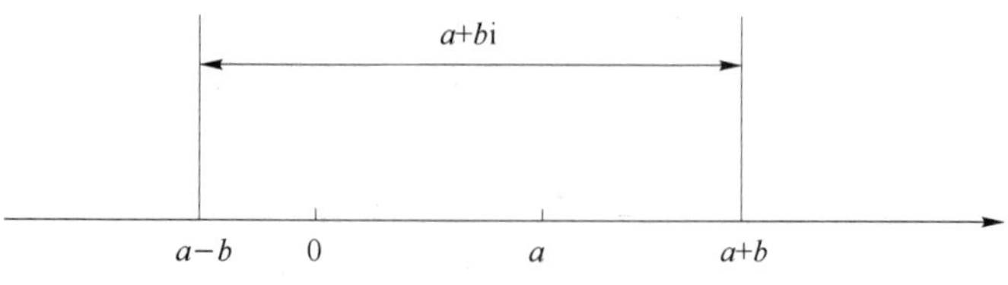

图 2-2 二元联系数在数轴上的表示（$a<b$）

2.1.2　二元联系数的相关运算

二元联系数与复数形式类似，相应地可定义其基本运算与模。

设任意两个同异型二元联系数 $\boldsymbol{\mu}_1=a_1+b_1\mathrm{i}$ 与 $\boldsymbol{\mu}_2=a_2+b_2\mathrm{i}$，则有如下基本运算。

加法运算：$\boldsymbol{\mu}=\boldsymbol{\mu}_1+\boldsymbol{\mu}_2=(a_1+a_2)+(b_2+b_1)\mathrm{i}$。

减法运算：$\boldsymbol{\mu}=\boldsymbol{\mu}_1-\boldsymbol{\mu}_2=(a_1-a_2)+(b_2-b_1)\mathrm{i}$。

乘法运算：$\boldsymbol{\mu}=\boldsymbol{\mu}_1\cdot\boldsymbol{\mu}_2=(a_1a_2)+(a_1b_2+b_1b_2+a_2b_1)\mathrm{i}$。

除法运算：$\boldsymbol{\mu}=\dfrac{\boldsymbol{\mu}_1}{\boldsymbol{\mu}_2}=\dfrac{a_1}{a_2}+\left(\dfrac{a_2b_1-a_1b_2}{a_2(a_2+b_2)}\right)\mathrm{i}$。

由乘法运算，可通过数学归纳法延伸出二元联系数的乘方运算：$\boldsymbol{\mu}^{\lambda}=a^{\lambda}+[(a+b)^{\lambda}-a^{\lambda}]\mathrm{i}$。

定义 2-3　二元联系数的距离：设任意两个同异型二元联系数 $\boldsymbol{\mu}_1=a_1+b_1\mathrm{i}$ 与 $\boldsymbol{\mu}_2=a_2+b_2\mathrm{i}$，$\mathrm{i}\in[-1,1]$，定义 $d(\boldsymbol{\mu}_1,\boldsymbol{\mu}_2)=\dfrac{1}{2}(|a_1-a_2|+|(b_1-a_1)-(b_2-a_2)|)\mathrm{i}$ 为二元联系数的距离。

定义 2-4　二元联系数的模：设任意同异型二元联系数 $\boldsymbol{\mu}=a+b\mathrm{i}$，定义 $f:\boldsymbol{\mu}\rightarrow\mathbf{R}$，将二元联系数映射到实数域，$|\boldsymbol{\mu}|=\sqrt{a^2+b^2}$。

对于二元联系数形式的决策信息 $\boldsymbol{\mu}=a+b\mathrm{i}$，形成了二维确定-不确定空间（D-U 空间），在信息集结过程中，需综合考虑确定性与不确定性。首先本节给出了二元联系数的集结算子。

定义 2-5　BCNWAA 算子：设二元同异型联系数向量 $\boldsymbol{\mu}_k=a_k+b_k\mathrm{i}$，$k=1,2,\cdots,n$，$\mathrm{i}\in[-1,1]$。$\Omega^n\rightarrow\Omega$，$\mathrm{BCNWAA}(\boldsymbol{\mu})=\sum\limits_{k=1}^{n}\boldsymbol{\omega}_k a_k+\sum\limits_{k=1}^{n}\boldsymbol{\omega}_k b_k$，其中 $\boldsymbol{\omega}_k\in[0,1]$ 为权重向量，则 BCNWAA 为二元联系数的加权算术平均算子。

再结合二元联系数乘方运算，可定义二元联系数加权几何平均算子。

定义 2-6　BCNWGA 算子：$\mathrm{BCNWGA}(\boldsymbol{\mu})=\prod\limits_{k=1}^{n}\mu_k^{\boldsymbol{\omega}_k}=\prod\limits_{k=1}^{n}a_k^{\boldsymbol{\omega}_k}+\prod\limits_{k=1}^{n}((a_k+b_k)^{\boldsymbol{\omega}_k}-a_k^{\boldsymbol{\omega}_k})$，其中，$\boldsymbol{\omega}_k\in[0,1]$ 为权重向量。

对于有序向量，考虑其位置信息可定义有序加权算子。

定义 2-7　BCNOWA 算子：设任意规范化的二元同异型联系数向量 $\boldsymbol{\mu}_k=a_k+b_k\mathrm{i}$，$k=1,2,\cdots,n$，$\mathrm{i}\in[-1,1]$。$\tilde{\boldsymbol{\mu}}_k=\tilde{a}_k+b_k\mathrm{i}$ 为 $\boldsymbol{\mu}_k$ 按照一定原则排序后的向量序列中第 k 大的元素，$\tilde{\boldsymbol{\omega}}_k\in[0,1]$ 为与 $\tilde{\boldsymbol{\mu}}_k$ 相对应的权重向量，则 BCNOWA：$\Omega^n\rightarrow\Omega$，$\mathrm{BCNOWA}(\boldsymbol{\mu})=\sum\limits_{k=1}^{n}\tilde{\boldsymbol{\omega}}_k\tilde{a}_k+\sum\limits_{k=1}^{n}\tilde{\boldsymbol{\omega}}_k\tilde{b}_k$ 为二元联系数 $\boldsymbol{\mu}$ 的有序加权算术平均算子。

定义 2-8　BCNOWGA 算子：$\mathrm{BCNOWGA}(\boldsymbol{\mu})=\prod\limits_{k=1}^{n}\tilde{\mu}_k^{\boldsymbol{\omega}_k}=\prod\limits_{k=1}^{n}\tilde{a}_k^{\boldsymbol{\omega}_k}+\prod\limits_{k=1}^{n}((\tilde{a}_k+\tilde{b}_k)^{\tilde{\boldsymbol{\omega}}_k}-\tilde{a}_k^{\tilde{\boldsymbol{\omega}}_k})$，其中，$\tilde{\boldsymbol{\omega}}_k\in[0,1]$ 为权重向量，则 BCNOWGA 为有序加权几何平均算子。

同时考虑位置与元素自身的重要性，可定义二元联系数混合集结算子。

定义 2-9　BCNMOWAA 算法：设任意规范化的二元同异型联系数 $\boldsymbol{\mu}_k=a_k+b_k\mathrm{i}$，$k=1,2,\cdots,n$，$\mathrm{i}\in[-1,1]$。定义 $\mathrm{BCNMOWAA}(\boldsymbol{\mu})=\sum\limits_{k=1}^{n}\tilde{\boldsymbol{\omega}}_k\tilde{a}_k+\sum\limits_{k=1}^{n}\tilde{\boldsymbol{\omega}}_k\tilde{b}_k$，其中，$\tilde{\boldsymbol{\mu}}_k=\tilde{a}_k+\tilde{b}_k\mathrm{i}$ 为

$\boldsymbol{\mu}'_k$ 按照一定原则排序后的向量序列中第 k 大的元素，$\tilde{\boldsymbol{\omega}}_k \in [0,1]$ 为与 $\tilde{\boldsymbol{\mu}}_k$ 相对应的权重向量，n 为平衡因子，其中，$\boldsymbol{\vartheta}_k$ 为 $\boldsymbol{\mu}'_k$ 所对应的权重向量，$\boldsymbol{\mu}'_k$ 为 $\boldsymbol{\mu}_k$ 与权重 $\boldsymbol{\vartheta}_k$ 以 BCNWAA 进行集结后的元素，则 BCNMWAA 为二元联系数的混合算术平均集结算子。

定义 2-10 BCNMWGA 算子：设任意规范化的二元同异型联系数 $\boldsymbol{\mu}_k = a_k + b_k\mathrm{i}, k = 1,2,\cdots,n, \mathrm{i} \in [-1,1], \Omega^n \to \Omega$, $\mathrm{BCNMWGA}(\boldsymbol{\mu}) = \prod_{k=1}^{n} \tilde{\boldsymbol{\mu}}_k^{\boldsymbol{\omega}_k} = \prod_{k=1}^{n} \tilde{a}_k^{\boldsymbol{\omega}_k} + \prod_{k=1}^{n} ((\tilde{a}_k + \tilde{b}_k)^{\tilde{\boldsymbol{\omega}}_k} - \tilde{a}_k^{\tilde{\boldsymbol{\omega}}_k})$，其中，$\tilde{\boldsymbol{\mu}}_k = \tilde{a}_k + \tilde{b}_k\mathrm{i}$ 为 $\boldsymbol{\mu}'_k$ 按照一定原则排序后的向量序列中第 k 大的元素，$\tilde{\boldsymbol{\omega}}_k \in [0,1]$ 为与 $\tilde{\boldsymbol{\mu}}_k$ 相对应的权重向量，n 为平衡因子，其中，$\boldsymbol{\vartheta}_k$ 为 $\boldsymbol{\mu}'_k$ 所对应的权重向量，$\boldsymbol{\mu}'_k$ 为 $\boldsymbol{\mu}_k$ 与权重 $\boldsymbol{\vartheta}_k$ 以 BCNWGA 进行集结后的元素，则 BCNMWGA 为二元联系数的混合几何平均集结算子。

2.1.3 二元联系数的熵与交叉熵

熵是信息不确定性的度量，对于区间数、三角模糊数等熵的定义都比较完备，本书第 4 章对于区间三角模糊数的熵与交叉熵给出了相关定义，受直觉模糊集交叉熵启发，本小节将对二元联系数形式的决策信息的熵与交叉熵进行定义。

定义 2-11 二元联系数的熵：设任意规范化的同异型二元联系数 $\boldsymbol{\mu} = a + b\mathrm{i}$，定义 $e(\boldsymbol{\mu}) = 1 - D(\boldsymbol{\mu})$，其中 $D(\boldsymbol{\mu}) = \sqrt{|a^2 - b^2|}$。进而可根据属性信息求得属性的熵权，设 e_j 为给定问题中的决策属性 C_j 的属性熵，则在决策判断矩阵 $\mathbf{A}$ 下的属性 C_j 的熵权可定义如下：

$$w_j = \frac{1 - e_j}{\sum_{i=1}^{n} (1 - e_j)}, j \in n$$

其中，$0 < w_j \leqslant 1$，且满足 $\sum_{j=1}^{n} w_j = 1$。

容易证明上述定义满足熵权的 4 条公理。

定义 2-12 二元联系数的交叉熵：设任意两个同异型二元联系数 $\boldsymbol{\mu}_1 = a_1 + b_1\mathrm{i}$ 与 $\boldsymbol{\mu}_2 = a_2 + b_2\mathrm{i}$，交叉熵定义为

$$D(\boldsymbol{\mu}_1, \boldsymbol{\mu}_2) = \ln\left(\frac{a_1 + 1 - b_1}{2}\right) + \left(1 - \frac{a_1 + 1 - b_1}{2}\right)\ln\frac{2(1 + b_1 - a_1)}{(1 + b_1 - a_1) + (1 + b_2 - a_2)}$$

均衡交叉熵为 $D^*(\boldsymbol{\mu}_1, \boldsymbol{\mu}_2) = D(\boldsymbol{\mu}_1, \boldsymbol{\mu}_2) + D(\boldsymbol{\mu}_2, \boldsymbol{\mu}_1)$。

以熵权和交叉熵为基础，可对二元联系数形式的决策信息进行集结与决策判断。

2.2 混合多属性群体决策评价体系

在跨国石油集团公司企业投资决策过程中，鉴于专家偏好的不同，加之不同指标/属性的特点，决策信息将以不同的形式给出，形成混合型多属性决策信息。因此，本节首先对混合型评价体系进行阐述与分析，再以二元联系数为主要载体形式，定义了不同类型评价信息与二元联系数之间的相互转化形式，由此消除决策信息表达形式对决策结果的影响，并保留信息的不确定性，以形成规范化的统一决策信息，用于决策结果的优选。

2.2.1　混合型多属性决策体系

由于常用的决策信息体现形式分为精确数、模糊数和模糊语义等3类。因此，本小节重点以三者作为研究对象，研究混合型决策信息的规范化处理。

1. 精确数

定量指标常见于投资决策过程中经济指标的度量，一般以精确数形式给出，需结合项目/方案的实际经济数据进行指标的定量分析。集团公司项目一般盈利周期较长，在同一生产阶段内项目各年的经济数据均具有一定的经济参考价值，需综合考量。鉴于此，形成了离散型定量数据对经济指标进行衡量。在计算过程中，期望是常用的数学变量。

期望(mean，又称均值)E：对数列平均取值的度量。根据大数定律，随着重复次数接近无穷大，数值的算术平均值几乎肯定地收敛于其期望。因此期望可以作为数列确定性的一种度量。对于离散型数据，$E(X)=x_k \cdot p_k$，其中，x_k 为数据序列，p_k 为相应的概率。

方差(variance)S：对数据离散程度的一种度量，也是对不确定程度的一种表述。对于离散型数据，$S=\frac{1}{n-1}\sum(x_k-\tilde{x})^2$，其中 x_k 为数据序列，$\tilde{x}$ 为样本数据的均值。

2. 模糊数

模糊数自提出以来，得到不断的推广和拓展，在群体决策领域得到了广泛的应用，常用的模糊数形式主要包括直觉模糊数、区间数、三角模糊数和区间三角模糊数等。

3. 模糊语义

模糊语义是群体决策过程中常用的一种评价形式，相对于精确语义一般具有较强的概括性和相对灵活性，相对于含糊语义又具有一定的明确性。语义型集合的表示方式为 $S=\{s_1,s_2,\cdots,s_n\}$，一般来说 g 为偶数，常取 $g=\{2,4,6,8,10,12,14\}$，常用的为 $g=6$ 和 $g=8$，具体的语义描述形式如{极强，很强，强，较强，中等，弱，很弱}等，模糊语义因其表达简便，因此在企业决策中应用较为广泛。

上述3类决策信息组成了混合型决策信息体系，数学表述如下。

假设属性值是精确数、区间三角模糊数和语义变量时，对应的决策属性子集分别表示为 C^{R}、C^{I} 和 C^{L}，为不失一般性假设属性值为非负，具体描述如下。

① 对于属性 $c_j \in C^{\mathrm{R}}$，属性值 $\boldsymbol{f}_{ij}$ 为正精确数。

② 对于属性 $c_j \in C^{\mathrm{I}}$，属性值 $\boldsymbol{f}_{ij}$ 为区间三角模糊数，表示为 $\boldsymbol{f}_{ij}=[(f_{ij,1}^{\mathrm{L}},f_{ij,3}^{\mathrm{L}});f_{ij,2}^{\mathrm{U}};(f_{ij,3}^{\mathrm{U}},f_{ij,1}^{\mathrm{U}})]$，且 $0\leqslant f_{ij,1}^{\mathrm{L}}\leqslant f_{ij,3}^{\mathrm{L}}\leqslant f_{ij,2}^{\mathrm{U}}\leqslant f_{ij,3}^{\mathrm{U}}\leqslant f_{ij,1}^{\mathrm{U}}\leqslant 1$。

③ 对于属性 $c_j \in C^{\mathrm{L}}$，属性值 $\boldsymbol{f}_{ij}$ 为模糊语义变量。语义变量通常取值于预先定义的语义变量集，可记为 $L=\{l_t \mid t=0,1,\cdots,T\}$，$l_t$ 表示 L 中第 $t+1$ 个语义值，一般 T 为偶数，如 $T=6$ 时，$L=\{l_0,l_1,l_2,l_3,l_4,l_5,l_6\}=$ {最低，很低，低，平均，高，很高，最高}。L 满足有序性，如果 $t\geqslant r$，则 $l_t\geqslant l_r$，其中"$\geqslant$"表示"优于或等于"。

2.2.2　混合多属性决策信息的统一化

结合跨国石油集团公司项目自身特点与特殊性，本小节针对混合型多属性群体决策进行讨论与研究。集对理论是一种新的解决不确定多属性决策的思路,其综合考虑了决策信息的相对性与模糊性。集对理论的主体思路是将客观事物的确定性测度和不确定性测度作为整体进行综合分析,进而整体处理决策信息中存在的模糊、随机、不确定等因素。当前集对理论已在模糊综合评价中得到了很好的应用,但是针对区间三角模糊数的多属性决策的研究与应用仍然较少,因此本小节以集对理论为切入点,重点考虑将各种类型指标体系(定性+定量)统一转换为二元联系数形式 $\boldsymbol{x}=a+b\mathrm{i}$,其中 a 为确定性度量,b 为不确定性度量。

1. 精确数与二元联系数的转化

跨国石油集团公司的投资项目一般具有时间上的连续性,对于同一阶段内的项目,收益、风险等因素也具有时间上的相关性、不确定性,因此单一考虑当年收益并不能科学地度量定量指标,鉴于此本小节考虑以阶段内历史数据为基础,通过期望(确定性)与方差(不确定性)等,将定量指标以二元联系数形式给出。

具体定义:设数列 $\tilde{\boldsymbol{x}}=\{x_1,x_2,\cdots,x_n\}$ 为给定的决策信息,其中 $x_i\in\mathbf{R}$,定义

$$a=\frac{1}{n}\sum_{i=1}^{n}x_i$$

$$b=\frac{1}{n-1}\sum_{i=1}^{n}(x_i-a)^2$$

则

$$\boldsymbol{\mu}=a+b\mathrm{i}=\frac{1}{n}\sum_{i=1}^{n}x_i+\frac{1}{n-1}\sum_{i=1}^{n}(x_i-a)^2$$

为 $\tilde{\boldsymbol{x}}$ 的二元联系数。

特别地,对于元素个数唯一的决策信息 $\tilde{\boldsymbol{x}}$,$\boldsymbol{\mu}=a+b\mathrm{i}=\tilde{\boldsymbol{x}}+0\mathrm{i}$,即不确定性为 0。

2. 模糊数与二元联系数的转化

鉴于定性评价的不确定性和模糊性,当前应用较为广泛的为模糊数、区间模糊数、直觉模糊数、区间三角模糊数等形式,下面分别定义不同类型的模糊数与二元联系数之间的转化。

(1) 三角模糊数与二元联系数的转换

定义 2-13 设任意规范化的三角模糊数 $\tilde{\boldsymbol{x}}=[x^{\mathrm{L}},x^{\mathrm{M}},x^{\mathrm{U}}]$,定义 $a=\dfrac{x^{\mathrm{L}}+x^{\mathrm{M}}+x^{\mathrm{U}}}{3}$,$b=((x^{\mathrm{L}}-x^{\mathrm{M}})^2+(x^{\mathrm{U}}-x^{\mathrm{M}})^2)^{1/2}$,则 $\boldsymbol{\mu}=\dfrac{x^{\mathrm{L}}+x^{\mathrm{M}}+x^{\mathrm{U}}}{3}+((x^{\mathrm{L}}-x^{\mathrm{M}})^2+(x^{\mathrm{U}}-x^{\mathrm{M}})^2)^{1/2}\mathrm{i}$ 为三角模糊数 $\tilde{\boldsymbol{x}}$ 的二元联系数形式。

(2) 区间数与二元联系数的转换

常用的区间数与二元联系数的转换有以下几种形式。

定义 2-14 设任意规范化的区间数 $\tilde{\boldsymbol{x}}=[x^{\mathrm{L}},x^{\mathrm{U}}]$,其中 x^{L} 为区间下界,x^{U} 为区间上界,其完美值为[1,1],由区间数 $\tilde{\boldsymbol{x}}$ 与完美值 1 组成的集对为 $\boldsymbol{H}=(\tilde{\boldsymbol{x}},1)$,定义 $a=x^{\mathrm{L}}$,$b=x^{\mathrm{U}}-x^{\mathrm{L}}$,$c=1-x^{\mathrm{U}}$,则 $\boldsymbol{\mu}=a+b\mathrm{i}+c\mathrm{j}=x^{\mathrm{L}}+(x^{\mathrm{U}}-x^{\mathrm{L}})\mathrm{i}+(1-x^{\mathrm{U}})\mathrm{j}$ 为 $\tilde{\boldsymbol{x}}$ 对应的三元联系数;当 $c=0$ 时,$\boldsymbol{\mu}=x^{\mathrm{L}}+(x^{\mathrm{U}}-x^{\mathrm{L}})\mathrm{i}$ 为二元联系数。

定义 2-15 设任意规范化的区间数 $\tilde{\boldsymbol{x}}=[x^{\mathrm{L}},x^{\mathrm{U}}]$,则区间数的中点为 $a=\dfrac{x^{\mathrm{L}}+x^{\mathrm{U}}}{2}$,区间数的半径为 $b=\dfrac{x^{\mathrm{U}}-x^{\mathrm{L}}}{2}$,则定义 $\boldsymbol{\mu}=\dfrac{x^{\mathrm{L}}+x^{\mathrm{U}}}{2}+\dfrac{x^{\mathrm{U}}-x^{\mathrm{L}}}{2}\mathrm{i}$ 为区间数 $\tilde{\boldsymbol{x}}$ 的二元联系数形式。

定义 2-16　设任意规范化的区间数 $\tilde{x}=[x^L,x^U]$，定义 $a=\frac{x^L+1}{2}$，$b=\frac{x^U-x^L}{2}$，则 $\boldsymbol{\mu}=\frac{x^L+1}{2}+\frac{(x^U-x^L)}{2}\mathrm{i}$ 为区间数 $\tilde{x}$ 的二元联系数形式。

对比上述 3 种定义，定义 2-14 对于确定性的度量更倾向于决策信息的区间下界，定义 2-15 倾向于区间信息的均值，定义 2-16 则倾向于上界信息，体现了不同观点的决策态度。本书算例主要采用定义 2-15 的形式进行决策信息的转化，在实际应用中可根据决策侧重点，进行合理的选择。

(3) 区间三角模糊数与二元联系数的转换

结合区间数与三角模糊数的转化，本节提出了区间三角模糊数与二元联系数之间的转化，定义如下。

定义 2-17　设任意规范化的区间三角模糊数 $\tilde{x}=\begin{cases}(x_1^L,x_2^M,x_1^U)\\(x_3^L,x_2^M,x_3^U)\end{cases}$，其中，$0<x_1^L\leqslant x_3^L\leqslant x_2^M\leqslant x_3^U\leqslant x_1^U$，则定义同一度 $a=\frac{x_1^L+x_1^U+2x_2^M+x_3^L+x_3^U}{6}$，差异度 $b=\frac{\sqrt{(x^M-x^L)^2+(x^M-x^U)^2}}{2}$，则 $\boldsymbol{\mu}=a+b\mathrm{i}=x^M+\frac{\sqrt{(x^M-x^L)^2+(x^M-x^U)^2}}{2}\mathrm{i}$ 为区间三角模糊数 $\tilde{x}$ 转换后的同异型二元联系数。

3. 模糊语义与二元联系数的转化

步骤 1：语义型指标与模糊数的转换。

对于语义型指标可先将其转化为模糊数形式，以三角模糊数为例，转化如下定义。

设自然语义型集合描述为 $S=\{s_1,s_2,\cdots,s_n\}$，一般来说 $2\leqslant g\leqslant 14$，且 g 的取值为偶数，定义语义型评价值与三角模糊数之间的转化如下，即 $S_i=(a_i,b_i,c_i)$，其中：

$$a_i=\frac{i-1}{g}(1\leqslant i\leqslant g),b_i=\frac{i}{g}(0\leqslant i\leqslant g),c_i=\frac{i+1}{g}(0\leqslant i\leqslant g-1)$$

特别地，$a_0=0$，$c_g=1$。因此，基数为 7 的自然语义集合用三角模糊数可以表示为

$S_0=$N=非常差=(0,0,0.17)，$S_1=$VL=很差=(0,0.17,0.33)，

$S_2=$L=差=(0.17,0.33,0.5)，$S_3=$M=一般=(0.33,0.5,0.67)

$S_4=$H=好=(0.5,0.67,0.83)，$S_5=$VH=很好=(0.67,0.83,1)

$S_6=$P=非常好=(0.83,1,1)

基数为 9 的自然语义集合用三角模糊数可以表示为

$S_0=$N=绝对差=(0,0,0.125)，$S_1=$PL=非常差=(0,0.125,0.25)

$S_2=$VL=很差=(0.125,0.25,0.375)，$S_3=$L=差=(0.25,0.375,0.5)

$S_4=$M=差不多=(0.375,0.5,0.625)，$S_5=$H=好=(0.5,0.625,0.75)

$S_6=$VH=很好=(0.625,0.75,0.875)，$S_7=$PH=非常好=(0.75,0.875,1)

$S_8=$P=绝对好=(0.875,1,1)

模糊语义与其他形式的模糊数之间的转化定义如表 2-1 和表 2-2 所示。

表 2-1 模糊语义与直觉模糊数之间的转化

模糊语义	标度	隶属度	非隶属度
非常好	1	1	0
很好	2	0.9	0.05
好	3	0.8	0.1
一般	4	0.7	0.15
差	5	0.5	0.3
很差	6	0.2	0.7
非常差	7	0.1	0.85

表 2-2 模糊语义与区间三角模糊数之间的转化

模糊语义	标度	区间三角模糊数
非常好	1	[(8.5,9.5);10;(10,10)]
很好	2	[(5.5,7.5);9;(9.5,10)]
好	3	[(4.5,5.5);7;(8,9.5)]
一般	4	[(2.5,3.5);5;(6.5,7.5)]
差	5	[(0,1.5);3;(4.5,5.5)]
很差	6	[(0,0.5);1;(2.5,3.5)]
非常差	7	[(0,0);0;(1,1.5)]

步骤 2：二元联系数转换。

结合上述模糊数与二元联系数的转化定义，可将语义型评价统一为二元联系数形式，从而便于探讨模糊语义信息中体现的确定性与不确定性。

综上所述，针对混合多属性决策体系，可将多种表达类型的决策信息统一转化为二元联系数形式，形成规范化的决策体系，一方面二元联系数形式能够较好地保存信息中的不确定性，且表达形式简洁易懂、便于计算；另一方面，可消除因信息表达形式带来的差异，规范化的决策表达更利于指标/属性权重的科学化计算，为企业决策的科学性、高效性奠定基础。

2.3 基于集对理论的混合多属性群体决策模型

传统多属性群体决策大多将不确定信息转化为确定信息，再进行信息的集结与决策分析，未形成针对群体决策不确定性与模糊性的柔性决策。本节根据上文定义的混合多属性决策体系与二元联系数之间的转化，充分考虑决策信息中的确定性测度与不确定性测度，将多种不同类型的决策信息统一为二元联系数决策体系，进而再结合二元联系数的熵权、拓展的 TOPSIS 等模型框架，提出基于集对理论的混合多属性群体算法，进行综合决策，如图 2-3 所示。

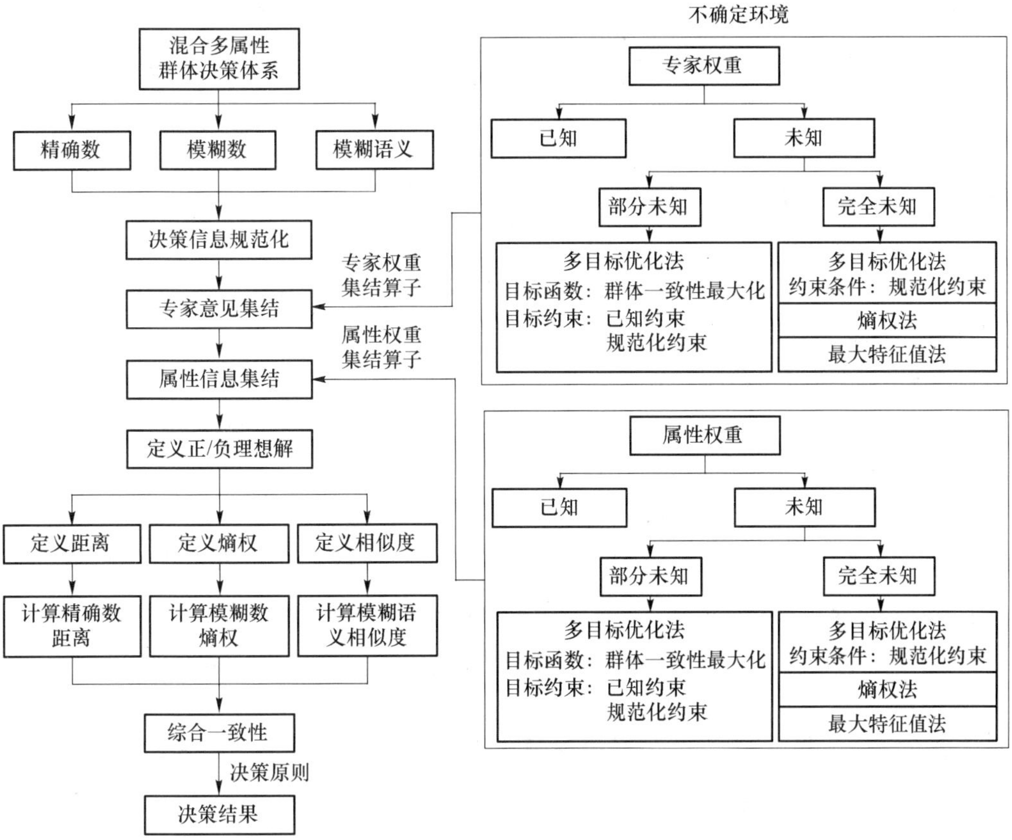

图 2-3 传统混合多属性群体决策框架

2.3.1 基于二元联系数的混合多属性群体决策算法

在保证信息完整的情况下,如何科学地确定权重信息是决策中需系统分析的部分,本节重点对专家权重已知,属性权重未知的情况进行分析。对于属性信息采用 2.1 节中的熵权定义进行测度,进一步结合交叉熵与集结算子的定义,对决策信息进行综合集结与决策,具体步骤如下。

步骤 1:专家群体给定混合决策信息与决策矩阵。

$\boldsymbol{X}=\{x_{ij}^k\}$,其中 $i=1,2,\cdots,n$ 表示第 i 个备选方案,$j=1,2,\cdots,n$ 表示第 j 个属性/指标,$k=1,2,\cdots,p$ 表示第 k 名专家。x_{ij}^k 为评价值,本节算法中选用精确数、区间数、区间三角模糊数、语义 4 种混合形式给出。

① 当 $j\in N_1$ 时,评价值 x_{ij}^k 为正精确数,$x_{ij}^k\in\mathbf{R}$。

② 当 $j\in N_2$ 时,评价信息 x_{ij}^k 为区间数,表示为$[x_{ij}^{\mathrm{L},k},x_{ij}^{\mathrm{U},k}]$。

③ 当 $j\in N_3$ 时,评价值 x_{ij}^k 为区间三角模糊数,表示为 $\boldsymbol{X}=\{\boldsymbol{x}_{ij}^k\}$,$\boldsymbol{x}_{ij}^k=([x_{1,ij}^{\mathrm{L},k},x_{3,ij}^{\mathrm{L},k}],x_{2,ij}^{\mathrm{M},k},[x_{3,ij}^{\mathrm{U},k},x_{1,ij}^{\mathrm{U},k}])$,满足 $0\leqslant x_{1,ij}^{\mathrm{L},k}\leqslant x_{3,ij}^{\mathrm{L},k}\leqslant x_{2,ij}^{\mathrm{M},k}\leqslant x_{3,ij}^{\mathrm{U},k}\leqslant x_{1,ij}^{\mathrm{U},k}\leqslant 1$。

④ 当 $j\in N_4$ 时,评价值 x_{ij}^k 为模糊语义变量 $S=\{s_1,s_2,\cdots,s_n\}$。

步骤 2: 决策矩阵规范化。

针对不同的数据表达形式与不同的数据类型分别进行矩阵的规范化处理。

(1) 精确数据

$$\text{成本型}: \tilde{x}_{ij}^{k} = \frac{x_{ij}^{k} - \min_i x_{ij}^{k}}{\max_i x_{ij}^{k} - \min_i x_{ij}^{k}}$$

$$\text{效益型}: \tilde{x}_{ij}^{k} = \frac{\max_i x_{ij}^{k} - x_{ij}^{k}}{\max_i x_{ij}^{k} - \min_i x_{ij}^{k}}$$

(2) 模糊数规范方法

① 区间模糊数的规范化。

$$\text{成本型}: \tilde{x}_{ij}^{k,\mathrm{L}} = \frac{x_{ij}^{k,\mathrm{R}} - \min_i x_{ij}^{k,\mathrm{L}}}{\max_i x_{ij}^{k,\mathrm{L}} - \min_i x_{ij}^{k,\mathrm{L}}}, \tilde{x}_{ij}^{k,\mathrm{R}} = \frac{x_{ij}^{k,\mathrm{L}} - \min_i x_{ij}^{k,\mathrm{R}}}{\max_i x_{ij}^{k,\mathrm{R}} - \min_i x_{ij}^{k,\mathrm{R}}}$$

$$\text{效益型}: \tilde{x}_{ij}^{k,\mathrm{L}} = \frac{\max_i x_{ij}^{k,\mathrm{L}} - x_{ij}^{k,\mathrm{R}}}{\max_i x_{ij}^{k,\mathrm{L}} - \min_i x_{ij}^{k,\mathrm{L}}}, \tilde{x}_{ij}^{k,\mathrm{R}} = \frac{x_{ij}^{k,\mathrm{L}} - \min_i x_{ij}^{k,\mathrm{R}}}{\max_i x_{ij}^{k,\mathrm{L}} - \min_i x_{ij}^{k,\mathrm{L}}}$$

② 区间三角模糊数的规范化。对于效益型区间三角模糊数,规范化公式如下:

$$\tilde{\boldsymbol{x}}_{ij}^{k} = \left(\left(\frac{x_{1,ij}^{\mathrm{L},k}}{x_{ij}^{k,+}}, \frac{x_{3,ij}^{\mathrm{L},k}}{x_{ij}^{k,+}}\right), \frac{x_{2,ij}^{\mathrm{M},k}}{x_{ij}^{k,+}}, \left(\frac{x_{3,ij}^{\mathrm{U},k}}{x_{ij}^{k,+}}, \frac{x_{1,ij}^{\mathrm{U},k}}{x_{ij}^{k,+}}\right)\right)$$

其中,$x_{ij}^{k,+} = \max\{x_{1,ij}^{\mathrm{U},k}\}$。对于成本型区间三角模糊数,规范化公式如下:

$$\tilde{\boldsymbol{x}}_{ij}^{k} = \left(\left(\frac{x_{ij}^{k,-}}{x_{1,ij}^{\mathrm{U},k}}, \frac{x_{ij}^{k,-}}{x_{3,ij}^{\mathrm{U},k}}\right), \frac{x_{ij}^{k,-}}{x_{2,ij}^{\mathrm{M},k}}, \left(\frac{x_{ij}^{k,-}}{x_{3,ij}^{\mathrm{L},k}}, \frac{x_{ij}^{k,-}}{x_{1,ij}^{\mathrm{L},k}}\right)\right)$$

其中,$x_{ij}^{k,-} = \min\{x_{1,ij}^{\mathrm{L},k}\}$。

(3) 模糊语义

模糊语义根据 2.2 节中的定义首先将其转化为模糊数形式,再根据(2)中规范化方法进行相应的规范化处理。

步骤 3: 决策矩阵集成$\{\boldsymbol{r}_{ij}\} = \{\lambda_k\} \cdot \{\tilde{x}_{ij}^{k}\}$。

本节考虑专家权重已知的决策情况,设专家权重向量 $\boldsymbol{\lambda} = (\lambda_1, \lambda_2, \cdots, \lambda_p)$,根据定义 2-5 至定义 2-10 中的集结算子,可实现对专家决策信息矩阵的集结。

步骤 4: 决策矩阵转换。

不同类型属性/指标体系,根据定义的转化公式分别进行转换,统一为二元联系数 $\boldsymbol{\mu} = a + b\mathrm{i}$ 形式的专家决策信息矩阵 $\boldsymbol{U} = \{\tilde{\boldsymbol{\mu}}_{ij}\}$。

步骤 5: 确定属性权重并综合集成$\{\tilde{\boldsymbol{\mu}}_{ij}\} = \{\boldsymbol{\omega}_j\} \otimes \{\boldsymbol{\mu}_{ij}\}$。

针对规范化的综合专家决策信息矩阵,结合属性权重的确定方法,进行属性权重的计算。本节主要采用 2.1 节中定义 2-11 的熵权法进行属性权重的求解。对属性/指标权重 $\boldsymbol{\omega} = (\omega_1, \omega_2, \cdots, \omega_m)$与决策信息进行进一步的集结,形成综合决策矩阵 $\tilde{\boldsymbol{U}} = \{\tilde{\boldsymbol{\mu}}_{ij}\}$。

步骤 6: 方案优选。

根据综合集成信息,结合相应决策判断准则,进行备选方案优劣的排序与优选。

对于决策方案的优选,根据判断准则的不同,主要考虑以下几类算法。

算法一:拓展的熵权-TOPSIS 算法

鉴于 TOPSIS 算法计算简洁且易于理解,因此本章主要以 TOPSIS 框架为基础,结合熵权与交叉熵，以正负理想解的相对逼近度判断备选方案的优劣。

步骤 7：确定二元联系数的理想解。

（1）二元联系数的相对理想解（与决策方案相关）

$$\text{相对正理想解}：\boldsymbol{\mu}_l^+ = \max(a_{lj}) + \min(b_{lj})\mathrm{i}$$

$$\text{相对负理想解}：\boldsymbol{\mu}_l^- = \min(a_{lj}) + \max(b_{lj})\mathrm{i}$$

（2）二元联系数的绝对理想解

$$\text{绝对正理想解}：\boldsymbol{\mu}^+ = 1 + 0\mathrm{i}$$

$$\text{绝对负理想解}：\boldsymbol{\mu}^- = 0 + 1\mathrm{i}$$

步骤 8：交叉熵与相对贴近度计算。

以定义 2-11 进行交叉熵的计算，并定义二元联系数综合决策信息与理想解之间的相对贴近度为

$$\mathrm{CI}_i = \frac{\eta D^*(\boldsymbol{\mu}_i, \boldsymbol{\mu}^-)}{\eta D^*(\boldsymbol{\mu}_i, \boldsymbol{\mu}^+) + (1-\eta) D^*(\boldsymbol{\mu}_i, \boldsymbol{\mu}^-)} \tag{2-1}$$

其中，η 为决策参数，在此定义下，相对贴近度 CI_i 越大，代表备选方案越优。

算法二：主值准则

主值准则以二元联系数的模为基础，首先对综合决策矩阵中的联系数做模运算，将决策信息的模与属性权重模的综合集成作为该算法的综合主值，即

$$Z_i = \sum_{j=1}^{m} |\boldsymbol{\mu}_{ij}| \cdot |\boldsymbol{\omega}_j|, |\boldsymbol{\mu}_{ij}| = \sqrt{a^2 + b^2} \tag{2-2}$$

以主值 Z_i 的大小作为方案排序的依据，Z_i 越大，备选方案 i 越优。

算法三：综合决策值准则

综合决策值准则以二元联系数形式进行信息的集结，并以比例取值原则对不确定标量 i 进行测度，表达式为

$$Y_i = \sum_{j=1}^{m} \boldsymbol{\mu}_{ij} \cdot \boldsymbol{\omega}_j = a' + b'\mathrm{i} \tag{2-3}$$

其中，$\mathrm{i} = \frac{a'}{a' + b'}$。根据 Y_i 的大小对备选方案进行判断，Y_i 越大，代表方案的综合确定性越大，方案越优。

算法四：基于余弦相似度的 TOPSIS 算法

同算法一的决策框架一致，将二元联系数看作二维向量，可采用余弦相似度对决策信息与理想解之间的相似性进行测度，由此得到基于余弦相似度的二元联系数 TOPSIS 算法。对于任意两个同异型二元联系数 $\boldsymbol{\mu}_1 = a_1 + b_1\mathrm{i}$ 与 $\boldsymbol{\mu}_2 = a_2 + b_2\mathrm{i}$，定义二元联系数的余弦相似度为

$$\cos\mu = \frac{\boldsymbol{\mu}_1 \cdot \boldsymbol{\mu}_2}{|\boldsymbol{\mu}_1| \cdot |\boldsymbol{\mu}_2|} = \frac{a_1 a_2 + b_1 b_2}{\sqrt{a_1^2 + b_1^2} \cdot \sqrt{a_2^2 + b_2^2}}$$

以上述定义为基础，可计算各个决策信息与正、负理想解之间的相对相似度为 $\mathrm{CI}_i = \frac{h\cos(m, m^-)}{h\cos(m, m^+) + (1-h)\cos(m, m^-)}$，$\mathrm{CI}_i$ 越大代表相似度越大，方案越优。

2.3.2 算例分析与算法对照

结合上文定义与算法分析,基于二元联系数的混合多属性群体决策算法框架如图 2-4 所示。

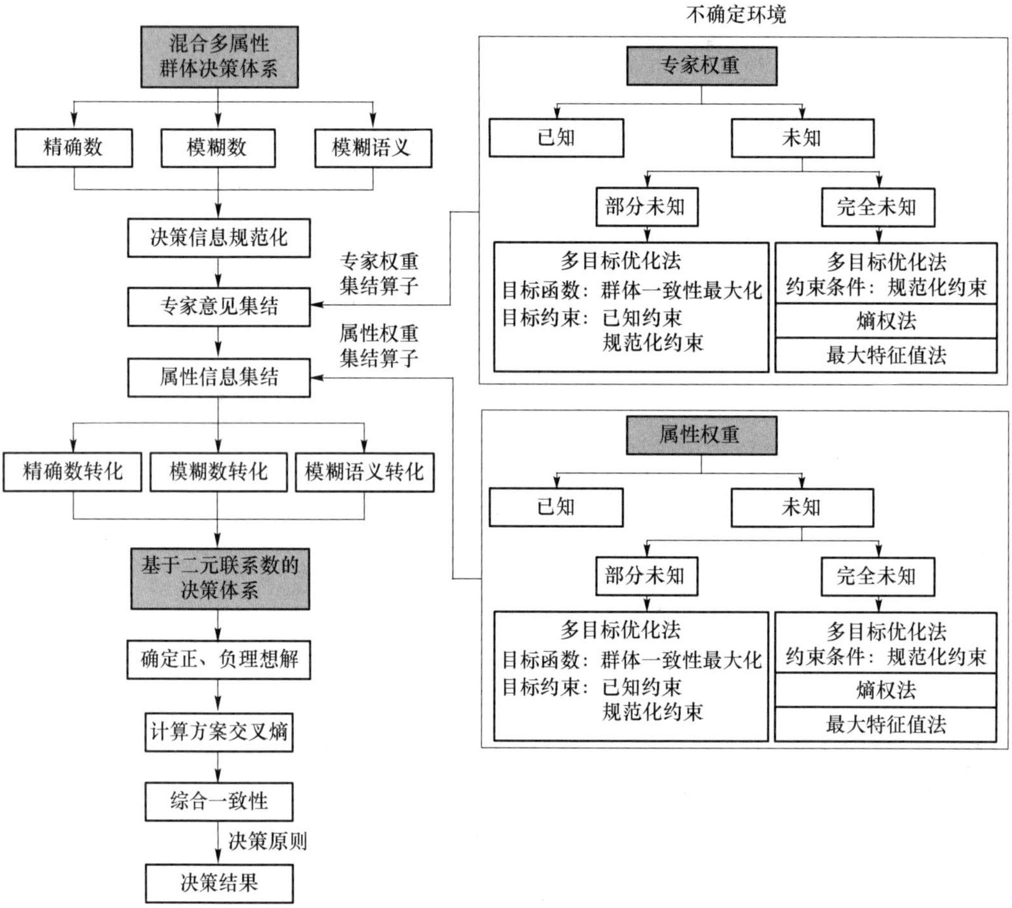

图 2-4 基于二元联系数的混合多属性群体决策算法框架

对于混合多属性算法的处理,一般可分为两类,一类是对不同形式决策信息分别进行集结与分析,再采用一致性评价算子,对信息进行综合决策;另一类则是首先将决策信息规范化为统一的表达形式,再对决策信息进行统一的权重求解与综合集成。该算法可以消除不同表达形式造成的决策不一致,并形成更为科学的权重。因此,本书采用第二类计算流程,以二元联系数为规范化后的表达形式,进行混合多属性群体决策,用以支撑跨国石油集团公司企业投资决策。

1. 基于拓展的 TOPSIS 的混合多属性决策

以跨国石油集团公司投资项目群体决策为例,从备选方案集{A_1,A_2,A_3,A_4}中选取最优投资方案。本节算例中选取经济指标、战略指标、风险指标和环境指标 4 个指标,分别采用精确数(E_1～E_3)、区间数(E_4～E_6)、区间三角模糊数(E_7～E_9)和模糊语义(E_{10}～E_{12})的形式来表示,3 名专家的权重向量为 $\boldsymbol{\omega}=(\omega_1,\omega_2,\omega_3)=(0.35,0.25,0.4)$。

步骤 1：各专家给定决策信息，如表 2-3、表 2-4 和表 2-5 所示。

表 2-3　专家 1 决策矩阵 X_1

备选方案		A_1	A_2	A_3	A_4
精确数型指标	E_1	2	4	5	7
	E_2	5	3	6	6
	E_3	3	3	5	5
区间数型指标	E_4	[0.3,0.5]	[0.4,0.55]	[0.5,0.6]	[0.75,0.9]
	E_5	[0.2,0.4]	[0.3,0.5]	[0.7,0.9]	[0.5,0.8]
	E_6	[0.3,0.4]	[0.3,0.6]	[0.65,0.8]	[0.6,0.8]
区间三角模糊数型指标	E_7	[(0.60,0.65),0.70,(0.75,0.80)]	[(0.75,0.80),0.85,(0.90,0.95)]	[(0.30,0.35),0.40,(0.45,0.50)]	[(0.60,0.65),0.70,(0.75,0.80)]
	E_8	[(0.75,0.85),0.90,(0.95,1.00)]	[(0.65,0.75),0.80,(0.85,0.95)]	[(0.30,0.40),0.50,(0.60,0.70)]	[(0.75,0.85),0.90,(0.95,1.00)]
	E_9	[(0.70,0.75),0.80,(0.85,0.90)]	[(0.60,0.70),0.75,(0.80,0.85)]	[(0.50,0.60),0.70,(0.80,0.90)]	[(0.70,0.75),0.80,(0.85,0.90)]
模糊语义型指标	E_{10}	一般	差	较好	较好
	E_{11}	好	一般	好	较好
	E_{12}	一般	较差	一般	非常好

表 2-4　专家 2 决策矩阵 X_2

备选方案		A_1	A_2	A_3	A_4
精确数型指标	E_1	4	3	8	9
	E_2	5	4	6	8
	E_3	3	3	6	6
区间数型指标	E_4	[0.4,0.5]	[0.45,0.7]	[0.6,0.8]	[0.8,0.9]
	E_5	[0.4,0.5]	[0.3,0.5]	[0.7,0.8]	[0.5,0.8]
	E_6	[0.3,0.5]	[0.5,0.6]	[0.65,0.8]	[0.6,0.75]
区间三角模糊数型指标	E_7	[(0.65,0.80),0.85,(0.90,0.95)]	[(0.60,0.65),0.75,(0.80,0.85)]	[(0.35,0.40),0.45,(0.50,0.55)]	[(0.65,0.80),0.85,(0.90,0.95)]
	E_8	[(0.65,0.70),0.80,(0.88,0.90)]	[(0.60,0.65),0.70,(0.75,0.85)]	[(0.26,0.30),0.35,(0.40,0.45)]	[(0.65,0.70),0.80,(0.88,0.90)]
	E_9	[(0.70,0.75),0.80,(0.85,0.96)]	[(0.80,0.85),0.85,(0.90,1.00)]	[(0.45,0.50),0.60,(0.70,0.85)]	[(0.70,0.75),0.80,(0.85,0.96)]
模糊语义型指标	E_{10}	一般	一般	非常好	非常好
	E_{11}	好	差	好	较好
	E_{12}	一般	较好	较好	非常好

表 2-5 专家 3 决策矩阵 X_3

备选方案		A_1	A_2	A_3	A_4
精确数型指标	E_1	4	4	8	9
	E_2	5	4	6	8
	E_3	6	3	7	6
区间数型指标	E_4	[0.2,0.4]	[0.4,0.5]	[0.5,0.8]	[0.7,0.9]
	E_5	[0.4,0.5]	[0.35,0.5]	[0.6,0.8]	[0.4,0.8]
	E_6	[0.4,0.5]	[0.6,0.7]	[0.6,0.8]	[0.5,0.75]
区间三角模糊数型指标	E_7	[(0.75,0.85),0.90,(0.95,1.00)]	[(0.70,0.80),0.85,(0.90,1.00)]	[(0.40,0.45),0.55,(0.60,0.70)]	[(0.75,0.85),0.90,(0.95,1.00)]
	E_8	[(0.65,0.80),0.85,(0.90,0.95)]	[(0.50,0.60),0.70,(0.75,0.80)]	[(0.35,0.40),0.50,(0.55,0.60)]	[(0.65,0.80),0.85,(0.90,0.95)]
	E_9	[(0.80,0.85),0.90,(0.95,1.00)]	[(0.70,0.75),0.80,(0.85,0.95)]	[(0.65,0.60),0.70,(0.70,0.80)]	[(0.80,0.85),0.90,(0.95,1.00)]
模糊语义型指标	E_{10}	一般	差	好	好
	E_{11}	好	好	一般	差
	E_{12}	较好	一般	较好	非常好

步骤 2：决策信息标准化。结合 2.2 节中不同类型混合多属性信息的标准化方法，对决策信息进行标准化处理。

步骤 3：决策信息统一化。将决策信息统一为二元联系数形式，形成统一的规范化综合决策矩阵 $\boldsymbol{U}$。

步骤 4：专家权重信息集结。根据给定的专家权重信息，采用定义 2-5 的 BCNWAA 集结算子对专家权重与决策信息进行集结，集结后的决策信息仍为二元联系数形式，如表 2-6 所示。

表 2-6 综合决策矩阵 $\boldsymbol{R}$

$\boldsymbol{U}=\{\boldsymbol{\mu}_{ij}\}$		A_1	A_2	A_3	A_4
精确数型指标	E_1	0.483+0i	0.417+0i	0.772+0i	0.922+0i
	E_2	0.633+0i	0.406+0i	0.667+0i	0.811+0i
	E_3	0.544+0i	0.333+0i	0.672+0i	0.656+0i
区间数型指标	E_4	0.414+0.097i	0.544+0.086i	0.731+0.081i	0.913+0.088i
	E_5	0.457+0.105i	0.493+0.108i	0.905+0.095i	0.850+0.111i
	E_6	0.491+0.091i	0.670+0.130i	0.894+0.106i	0.855+0.105i
区间三角模糊数型指标	E_7	0.810+0.190i	0.843+0.214i	0.843+0.168i	0.828+0.173i
	E_8	0.821+0.196i	0.727+0.222i	0.802+0.182i	0.883+0.153i
	E_9	0.521+0.211i	0.507+0.257i	0.751+0.278i	0.576+0.199i
模糊语义型指标	E_{10}	0.420+0.090i	0.350+0.143i	0.565+0.018i	0.565+0.018i
	E_{11}	0.480+0.060i	0.370+0.112 8i	0.480+0.060i	0.540+0.030i
	E_{12}	0.420+0.090i	0.290+0.258 5i	0.470+0.065i	0.600+0i

步骤 5：结合熵权法可得，属性熵权向量为

$\omega=(0.089,0.086,0.075,0.111,0.107,0.072,0.088,0.091,0.098,0.064,0.063,0.056)$

步骤 6：相对理想解为 $\mu^{+}=(0.922,0.000)$，$\mu^{-}=(0.295,0.299)$。

步骤 7：根据式(2-1)可求得备选方案与理想解之间的交叉熵与相对贴近度，其中 $CI_i=\dfrac{\eta D^{*}(\mu_i,\mu^{-})}{\eta D^{*}(\mu_i,\mu^{+})+(1-\eta)D^{*}(\mu_i,\mu^{-})}$，决策者采用折中态度，决策参数选取 $\eta=0.5$，如表 2-7 所示。

表 2-7　交叉熵与相对贴近度

交叉熵	$D(r_i,r^{+})$	$D(r^{+},r_i)$	$D^{*}(r_i,r^{+})$	$D(r_i,r^{-})$	$D(r^{-},r_i)$	$D^{*}(r_i,r^{-})$	CI_i
A_1	0.087 1	0.139 0	0.226 1	0.065 8	0.061 0	0.126 7	0.359
A_2	0.098 7	0.158 5	0.257 2	0.053 6	0.050 4	0.104 1	0.288
A_3	0.046 4	0.070 5	0.116 9	0.131 3	0.112 6	0.243 9	0.676
A_4	0.039 9	0.059 7	0.099 6	0.146 9	0.123 7	0.270 6	0.731
综合排序	$A_4>A_3>A_1>A_2$						

综上，在拓展的 TOPSIS 框架下，备选方案 A_4 为最优方案。

2. 基于主值原则的混合多属性决策

与上文相同，给定相同决策矩阵，步骤 1～步骤 5 相同，通过决策信息规范化与专家权重信息进行集结，得综合决策矩阵 **R**，如表 2-8 所示。

表 2-8　综合决策矩阵 R

$U=\{\mu_{ij}\}$		A_1	A_2	A_3	A_4
精确数型指标	E_1	0.483+0i	0.417+0i	0.772+0i	0.922+0i
	E_2	0.633+0i	0.406+0i	0.667+0i	0.811+0i
	E_3	0.544+0i	0.333+0i	0.672+0i	0.656+0i
区间数型指标	E_4	0.414+0.097i	0.544+0.086i	0.731+0.081i	0.913+0.088i
	E_5	0.457+0.105i	0.493+0.108i	0.905+0.095i	0.850+0.111i
	E_6	0.491+0.091i	0.670+0.130i	0.894+0.106i	0.855+0.105i
区间三角模糊数型指标	E_7	0.810+0.190i	0.843+0.214i	0.843+0.168i	0.828+0.173i
	E_8	0.821+0.196i	0.727+0.222i	0.802+0.182i	0.883+0.153i
	E_9	0.521+0.211i	0.507+0.257i	0.751+0.278i	0.576+0.199i
模糊语义型指标	E_{10}	0.420+0.090i	0.350+0.143i	0.565+0.018i	0.565+0.018i
	E_{11}	0.480+0.060i	0.370+0.112 8i	0.480+0.060i	0.540+0.030i
	E_{12}	0.420+0.090i	0.290+0.258 5i	0.470+0.065i	0.600+0i

步骤 6：根据主值原则式(2-2)分别计算决策信息的模与属性权重的模，如表 2-9 所示。

表 2-9　$|r_{ij}|$ 与 $|\omega_j|$

		E_1	E_2	E_3	E_4	E_5	E_6	E_7	E_8	E_9	E_{10}	E_{11}	E_{12}
$\|r_{ij}\|$	A_1	0.483	0.633	0.544	0.425	0.469	0.499	0.832	0.844	0.563	0.430	0.484	0.430
	A_2	0.417	0.406	0.333	0.551	0.505	0.683	0.869	0.760	0.568	0.378	0.391	0.392
	A_3	0.772	0.667	0.672	0.735	0.910	0.900	0.859	0.822	0.801	0.565	0.484	0.474
	A_4	0.922	0.811	0.656	0.917	0.858	0.861	0.846	0.896	0.649	0.565	0.541	0.600
$\|\omega_j\|$		0.089	0.089	0.089	0.089	0.089	0.089	0.088	0.091	0.098	0.064	0.063	0.056

步骤 7:结合主值原则进行方案的选择,进而得 4 个备选方案的主值分别为 $Z_1=0.573$,$Z_2=0.548$,$Z_3=0.747$,$Z_4=0.785$。根据主值排序原则,备选方案排序为 $A_4>A_3>A_1>A_2$,最优方案为 A_4。基于主值原则得到的决策结果与交叉熵算法具有一致性。

3. 基于综合决策值原则的混合多属性决策

综合决策值原则算法的主要思想在于对 i 的估计,基于上文算法的介绍与步骤,采用相同的原始数据,步骤 1~步骤 5 与上文算法相同,得到综合决策矩阵 $\boldsymbol{R}$。

步骤 6:属性信息集结。以 BCNWAA 对决策信息进行综合集结,并以比例取值原则测度不确定标量 i。

步骤 7:计算综合决策值。

结合式(2-3)计算综合决策值 Y_i,并根据 Y_i 的大小对方案进行排序,可得最优方案排序为 $A_4>A_3>A_1>A_2$,如表 2-10 所示。

表 2-10　综合决策值

综合决策值	$\tilde{r}_i$	i	Y_i
A_1	0.560+0.099i	0.850	0.644
A_2	0.526+0.128i	0.805	0.628
A_3	0.737+0.098i	0.888	0.819
A_4	0.774+0.088i	0.898	0.853
综合排序	$A_4>A_3>A_1>A_2$		

综合上文分析,最优决策方案仍为方案 A_4,说明上述算法具有一定的稳定性。而且方案排序固定为 $A_4>A_3>A_1>A_2$,说明优选结果具有一致性。

4. 基于余弦相似度的混合多属性决策

与上文算例相同,对于综合集成后的决策矩阵 $\tilde{\boldsymbol{R}}$ 进行相似度分析,如表 2-11 所示。

表 2-11　综合决策值

综合决策值	$\tilde{\boldsymbol{\mu}}_i$	$\cos(\tilde{\boldsymbol{\mu}}_i,\boldsymbol{\mu}^+)$	$\cos(\tilde{\boldsymbol{\mu}}_i,\boldsymbol{r}^+)$	CI_i
A_1	0.560+0.099i	0.985	0.815	0.547
A_2	0.526+0.128i	0.972	0.850	0.533
A_3	0.737+0.098i	0.992	0.786	0.558
A_4	0.774+0.088i	0.994	0.778	0.561
综合排序	$A_4>A_3>A_1>A_2$			

上述算法的最优方案仍为 A_4,但是方案之间相似度差异性较小。

综上,本书提出的基于二元联系数的各个拓展 TOPSIS 算法结果具有一致性,而且方案优化排序具有稳定性。此外,与其他算法相比,尽管计算简洁,但是余弦相似度的 TOSIS 算法对于方案的区别度较差,而交叉熵 TOPSIS 算法的区别度最好。在决策实践中,可根据项目特点和决策信息特点进行择优使用,以形成更为直观的决策方案。

2.4　混合多属性群体决策动态研究

现有群体决策多从静态角度出发,而在实际决策过程中,随着专家对方案熟悉程度的提升与专家之间的交互影响,会出现意见的转移和改变,并形成多阶段的反馈与调整,以形成最优决策方案。本节以群体决策的动态研究为主,将时间维度引入群体决策系统中,综合考虑时间权重与信息熵权,进行动态的多阶段群体决策研究。

在实际决策过程中,一方面涉及较多的专家群体,既有领导层,又有行业专业和部门负责人等,使得专家之间具有层级结构,随着决策的不断推进,参与专家的层级不断提升;另一方面,随着事件的推移,决策信息逐渐趋于完备。此外,在实际决策过程中,每个阶段评估的信息重点并不一致,因此综合多个阶段的信息,形成最终的集结意见,更具有客观性。

2.4.1　动态决策权重研究

以 T_t 表示第 t 个决策阶段的时间权重,一般来说,随着 t 的增大,决策信息趋于完备,决策者掌握的信息逐渐完善,决策更具有参考性,时间权重应随着 k 的增大而增大。因此时间序列权重 $\{T_t\}, t=1,2,\cdots,q$ 为递增序列,满足非负性,且 $T_t>0$ 与规范性为 $\sum\limits_{t=1}^{q} T_t = 1$。

定义 2-18　动态加权算子:Xu 等于 2014 年提出了以指数型衰减模型来定义时间权重算子,Zhang 等于 2014 年提出了离散时间状态下第 t 个阶段的时间权重为 $T_t=\dfrac{e^{\lambda t}(1-e^{\lambda})}{e^{\lambda}(1-e^{\lambda q})}$,其中 λ 为衰减系数,q 为总的阶段数。

基于此,本节提出了综合阶段权重用于多阶段动态决策的研究,认为阶段权重应由两部分组成,一部分是时间权重,为 $T_t=\dfrac{e^{\lambda t}(1-e^{\lambda})}{e^{\lambda}(1-e^{\lambda q})}, t=1,2,\cdots,q$,另一部分是决策信息自身的信息权重 P_t,本书以信息熵的形式进行度量,由此形成综合的阶段权重,定义为 $F_t=\tau P_t+(1-\tau)T_t$,其中 τ 为决策参数,当 $\tau>0.5$ 时,表示决策者更看重决策信息自身的权重信息;当 $\tau<0.5$ 时,则表示决策者更重视时间权重。

2.4.2　基于二元联系数的混合多阶段动态群体决策算法

结合上文提出的混合多属性群体决策系统,以二元联系数为统一的决策信息形式,进行多阶段动态群体决策研究,算法步骤如下。

步骤 1:专家群体给定混合决策信息。

形成初始决策矩阵 $\boldsymbol{X}$,$\boldsymbol{X}=\{x_{ij}^{k}\}$,其中 $i=1,2,\cdots,n$,表示第 i 个备选方案,$j=1,2,\cdots,n$,表示第 j 个属性/指标,$k=1,2,\cdots,p$,表示第 k 名专家。

步骤 2:决策矩阵规范化。

针对不同的数据表达形式与不同的数据类型分别进行矩阵的规范化处理,并根据 2.2 节中的定义统一转化为二元联系数 $\boldsymbol{\mu}=a+b\mathrm{i}$ 的形式。

步骤 3:单阶段决策信息集结。

确定专家权重 $\boldsymbol{\lambda}=(\lambda_1,\lambda_2,\cdots,\lambda_p)$ 与属性权重 $\boldsymbol{\omega}=(\omega_1,\omega_2,\cdots,\omega_m)$,根据定义 2-5 至定义 2-10 中的集结算子,对专家决策信息进行综合集结,形成单阶段的综合决策矩阵 $\widetilde{\boldsymbol{U}}^t=\{\widetilde{\mu}_i^t\}$,集成后的决策矩阵仍为二元联系数形式。

步骤 4:确定多阶段的阶段综合权重 F_t。

根据上文定义分别求各个阶段的时间权重($T_t=\dfrac{\mathrm{e}^{\lambda t}(1-\mathrm{e}^{\lambda})}{\mathrm{e}^{\lambda}(1-\mathrm{e}^{\lambda q})}$)和决策信息的信息权重($P_t=\dfrac{1-\omega_t}{\sum\limits_{t=1}^{q}(1-\omega_t)}$),并给定决策参数 τ 的取值,由此形成综合的阶段权重。定义为

$$F_t=\tau P_t+(1-\tau)T_t$$

其中,τ 为决策参数,当 $\tau>0.5$ 时,表示决策者更看重决策信息自身的权重信息,当 $\tau<0.5$ 时,则表示决策者更重视时间权重。

步骤 5:多阶段动态决策信息集结。

定义基于二元联系数的多阶段信息的动态集结算子(DBCNWAA)。

$\mathrm{DBCNWAA}(\mu)=\sum\limits_{t=1}^{q}F_t\widetilde{a}_i^t+\sum\limits_{t=1}^{q}F_t\widetilde{b}_i^tI$,其中 $t=1,2,\cdots,q$ 为阶段数,F_t 为第 t 阶段的综合时间权重,集结后仍为二元联系数形式。

步骤 6:根据综合决策矩阵与给定排序原则,形成决策结论。

根据步骤 5 中综合集成的决策信息,确定正、负理想解,进一步结合 TOPSIS 相似度定义与排序原则,对备选方案进行排序,形成决策优选结果。

2.4.3 混合多属性动态群体决策算例分析

跨国石油集团公司对多个备选项目进行投资分析,为从 4 个备选方案中选取最佳投资方案,进行了多轮的群体决策,在决策过程中制订了经济指标、战略指标、风险指标、管理指标与环境指标等 5 项评估指标,其中风险指标为成本型,其他为效益型,由决策者对各个阶段的属性进行评价,给出决策矩阵。

结合上文算法的步骤 1~步骤 3,首先形成单阶段综合决策矩阵,如表 2-12 至表 2-14 所示。

表 2-12 第一阶段规范化的综合决策矩阵

μ_{ij}^1	C_1	C_2	C_3	C_4	C_5
A_1	0.581+0.121i	0.678+0.296i	0.445+0.155i	0.508+0.233i	0.491+0.354i
A_2	0.566+0.149i	0.620+0.222i	0.774+0.306i	0.592+0.281i	0.470+0.225i
A_3	0.843+0.493i	0.745+0.228i	0.905+0.435i	0.454+0.164i	0.894+0.247i
A_4	0.828+0.457i	0.869+0.308i	0.850+0.435i	0.701+0.395i	0.855+0.209i

表 2-13　第二阶段规范化的综合决策矩阵

μ_{ij}^2	C_1	C_2	C_3	C_4	C_5
A_1	0.568+0.224i	0.765+0.187i	0.498+0.211i	0.414+0.196i	0.518+0.191i
A_2	0.518+0.225i	0.750+0.233i	0.750+0.227i	0.544+0.222i	0.518+0.165i
A_3	0.527+0.247i	0.784+0.117i	0.823+0.224i	0.731+0.182i	0.568+0.106i
A_4	0.530+0.249i	0.815+0.116i	0.778+0.180i	0.913+0.153i	0.630+0.105i

表 2-14　第三阶段规范化的综合决策矩阵

μ_{ij}^3	C_1	C_2	C_3	C_4	C_5
A_1	0.445+0.109i	0.641+0.160i	0.565+0.186i	0.821+0.097i	0.420+0.090i
A_2	0.465+0.016i	0.848+0.078i	0.565+0.127i	0.727+0.086i	0.295+0.158i
A_3	0.681+0.065i	0.878+0.122i	0.900+0.270i	0.802+0.081i	0.670+0.130i
A_4	0.843+0.157i	0.930+0.100i	0.784+0.144i	0.883+0.088i	0.600+0.000i

根据熵权法可求得各个阶段的属性权重分别为 $\boldsymbol{\omega}_1=(0.203,0.221,0.216,0.161,0.199)$,$\boldsymbol{\omega}_2=(0.156,0.247,0.221,0.201,0.175)$,$\boldsymbol{\omega}_3=(0.178,0.241,0.201,0.238,0.142)$,根据属性熵权值可对各个阶段内的决策信息进行集结,如表 2-15 所示。

表 2-15　规范化的综合决策矩阵

$\tilde{\mu}_i^t$	阶段 1	阶段 2	阶段 3
A_1	0.543+0.231i	0.561+0.201i	0.602+0.131i
A_2	0.608+0.236i	0.632+0.216i	0.616+0.090i
A_3	0.782+0.320i	0.704+0.172i	0.800+0.133i
A_4	0.827+0.360i	0.749+0.156i	0.827+0.102i

根据式(2-3)可分别求得时间权重与信息权重,取决策参数为 0.5:

$$时间权重:\boldsymbol{T}=(0.239\,7,\ 0.323\,6,\ 0.436\,8)$$

$$信息熵权:\boldsymbol{P}=(0.319\,8,\ 0.322\,7,\ 0.3575\ )$$

综合阶段权重为 $\boldsymbol{F}=(0.303\,7,\ 0.322\,9,\ 0.373\,4)$。

根据综合决策值原则,决策结果如下:$Y_1=0.710$,$Y_2=0.755$,$Y_3=0.923$,$Y_4=0.961$。因此,备选方案排序为 $A_4>A_3>A_2>A_1$。

上文验证了算法的可行性,针对决策参数,可进行灵敏度分析,以研究模型稳定性。

进一步可通过灵敏度分析,对决策参数的影响进行定量分析。当决策参数 τ 取不同的值时,代表决策者不同的态度与理念。特别地,当 $\tau=0$ 时,仅考虑信息熵权;当 $\tau=1$ 时,仅考虑时间权重,算法变为传统的动态多属性群体决策算法,如表 2-16 所示。

表 2-16　综合决策结果对照

综合决策值	$\tau=0$	$\tau=0.2$	$\tau=0.5$	$\tau=0.8$	$\tau=1$
A_1	0.710 4	0.710 5	0.710 5	0.710 4	0.710 2
A_2	0.753 2	0.749 9	0.751 2	0.753 2	0.755 1

续表

综合决策值	$\tau=0$	$\tau=0.2$	$\tau=0.5$	$\tau=0.8$	$\tau=1$
A_3	0.920 9	0.916 9	0.918 5	0.920 9	0.923 3
A_4	0.956 5	0.949 7	0.952 5	0.956 5	0.960 6
决策结果	$A_4>A_3>A_2>A_1$	$A_4>A_3>A_2>A_1$	$A_4>A_3>A_2>A_1$	$A_4>A_3>A_2>A_1$	$A_4>A_3>A_2>A_1$

综合各个参数设定下的决策结果,可以发现决策结果一致,即该算法具有稳定性,在实际应用中,可根据决策策略确定适当的参数,且本书提出的基于二元联系数的混合多属性决策算法计算简便易懂,在企业群体决策中具有一定的适用性。

第 3 章　跨国石油集团公司大群体决策与群体意见交互动态研究

专家系统是决策系统的重要一环。一方面，随着企业决策项目复杂度的提升，涉及的决策参与人员也随之增多，需要大群体的参与，同时企业人员之间具有不同的关联关系与层级结构，也会对决策的制定产生影响；另一方面，专家群体之间存在着意见的交互与迁移，随着信息技术的发展，信息与意见的沟通更为便捷、快速和频繁，群体意见之间的动态交互应重点考虑。

因此，本章以大群体为研究对象，基于聚类算法、复杂网络、意见传播模型等理论，主要针对专家群体的聚类、专家分层权重的确定，以及群体意见的动态交互进行研究，提出拓展的方法体系，为跨国石油集团公司决策中的专家管理与动态决策提供理论支撑。

3.1　大群体专家聚类分析

由于跨国石油集团公司项目的复杂性，往往涉及决策者与各个领域的技术专家、风控专家、经济评价专家等，因此，进行决策之前需要对专家群体进行判断是否为大群体（≥10），对于大群体需先进行聚类，分别确定群聚类权重和群内权重。若否，则只需计算各专家权重即可。因此，本节首先针对大群体的聚类进行分析。

3.1.1　聚类相关理论

1. 相似性的度量(similarity measurement)

(1) 距离度量

设任意两点 $\boldsymbol{x}=(x_1,x_2,\cdots,x_n)$ 和 $\boldsymbol{y}=(y_1,y_2,\cdots,y_n)$，常用距离测度根据形式的不同，主要有以下几类。

① 欧氏距离(Euclidean distance)：应用最为广泛的距离测度之一，一般定义为 $d=\sqrt{\sum_{i=1}^{n}(x_i-y_i)^2}$。

② 标准化欧氏距离(standard Euclidean distance)：$d=\sqrt{\sum_{i=1}^{n}((x_i-y_i)/s)^2}$，当 s 为标准差时，上式定义为标准化欧氏距离；当 s 为权重时，上式定义为加权欧氏距离。

③ 马氏距离(曼哈顿距离，Manhattan distance)：以二维为例，是指两个点在标准坐标系上的绝对轴距的和为 $d=\sum_{i=1}^{2}|x_i-y_i|$。

④ 切比雪夫距离(Chebychev distance):相应坐标数值差的最大值,以二维数值为例,定义为 $d=\max(|x_1-x_2|,|y_1-y_2|)$。

⑤ 闵氏距离(闵可夫斯基距离,Minkowski distance):定义为 $d=\left(\sum_{i=1}^{n}|x_i-y_i|^p\right)^{\frac{1}{p}}$,其中,当 $p=1$ 时,为马氏距离;当 $p=2$ 时,上式定义为欧氏距离;当 $p\to\infty$ 时,上式定义为切比雪夫距离。

⑥ 汉明距离(Hamming distance):两个等长字符串对应位置的字符不同的个数。

(2) 相似系数

常用相似系数主要有以下几类。

① 杰卡德相似系数(Jaccard coefficient):多用于类间相似度之间的计算,它以两个类 A 和 B 中相同元素的占比来度量类间的相似性,定义为 $J(A,B)=|A\cap B|/|A\cup B|$。可定义杰卡德距离,其与相似度的含义相反,是对两个类区别度的度量,因此,杰卡德距离定义为类 A 和 B 中不相同元素个数的占比:$D(A,B)=1-J(A,B)=1-|A\cap B|/|A\cup B|$。

② 斯皮尔曼相关性系数(Spearman correlation coefficient):是一类针对元素排序的相似度度量方法,定义为

$$r_{xy}=1-\frac{6\sum_{i=1}^{n}d_i^2}{n(n^2-1)}$$

其中,n 为元素个数,d_i 为 x_i 与 y_i 之间的位置差。

③ 肯德尔相关性系数(Kendall correlation coefficient):可处理有序分类变量相似度,定义为 $r_{xy}=(U-V)\dfrac{2}{n(n-1)}$,其中,$U$ 为一致的分量数量,V 为不一致的分量数量,参数 n 为样本总数。

④ 皮尔逊相似系数(Pearson correlation coefficient):是统计学中一类常用的相似系数度量方法,它以协方差为基础,定义为

$$r_{xy}=\frac{\mathrm{COV}(\boldsymbol{X},\boldsymbol{Y})}{\sqrt{D(\boldsymbol{X})}\cdot\sqrt{D(\boldsymbol{Y})}}=\frac{\sum_i(x_i-\bar{x})(y_i-\bar{y})}{\sqrt{\sum_i(x_i-\bar{x})^2\sum_i(y_i-\bar{y})^2}}$$

⑤ 余弦相似度:将向量之间夹角的概念引入决策分析,以样本之间夹角的余弦作为相似度的度量,定义为

$$\cos\theta=\frac{\sum_{i=1}^{n}x_i\cdot y_i}{\sqrt[2]{\sum_{i=1}^{n}x_i^2}\cdot\sqrt[2]{\sum_{i=1}^{n}y_i^2}}$$

2. 类间距离计算原则

设任意两个类 G_A 与 G_B 之间的距离为 D_{AB},$d(x_i,x_j)$ 为任意两点 $x_i\in G_A$ 和 $x_j\in G_B$ 之间的距离。

① 最短距离法(nearest neighbor):以类中距离最小的两个元素的距离为度量,定义 $D_{AB}=\min d(x_i,x_j)$。

② 最长距离法(furthest neighbor):以类中距离最大的两个元素的距离为度量,定义 $D_{AB}=$

$\max d(x_i, x_j)$。

③ 类平均法（within-group linkage）：以两个类中全部样本距离的平均值作为度量，定义为 $D_{AB} = \frac{1}{n_1 n_2}\sum_{x_i \in G_p}\sum_{x_j \in G_q} d(x_i, x_j)$。

④ 重心法（centroid clustering）：以两组中心点之间的距离为度量，即 $D_{AB} = \min d(\bar{x}_p, \bar{x}_q)$。

⑤ 离差平方和（sum of squares of deviations）：

$$D_1 = \sum_{x_i \in G_A}(x_i - \bar{x}_A)'(x_i - \bar{x}_A), D_2 = \sum_{x_j \in G_B}(x_j - \bar{x}_B)'(x_j - \bar{x}_B)$$

$$D_{1+2} = \sum_{x_k \in G_A \cup G_B}(x_k - \bar{x})'(x_i - \bar{x}) \Rightarrow D_{AB} = D_{1+2} - D_1 - D_2$$

3. 聚类分析

聚类算法（cluster analysis）常应用于市场细分（market segmentation）、社交圈分析（social network analysis）、集群计算（organize computing clusters）和天体数据分析（astronomical data analysis）等领域。

（1）*K*-means 算法

K-means 算法是常用聚类算法之一，又称为快速聚类算法，该算法需提前设定分类数量 k，通过随机生成初始聚类中心，根据距离测度，选择类的中心点（均值）进行迭代，进而根据给定的阈值，确定最终聚类结果。

（2）分层聚类

分层聚类（hierarchical cluster）的优势在于不需要提前给定类别数，其根据聚类方式的不同又可分为分裂法和凝聚法。其中凝聚法以总个体数量为初始分类数，通过距离相近点的不断集合与迭代，从而形成聚类。分裂法则反之，起始以所有的个体为一个大类，通过距离的判断分裂出新的类，结合给定阈值，迭代得到最终聚类。两类算法的具体步骤如下。

① 分裂法（自上而下）

步骤 1：将所有的样本数据 $\{x_i\}$ 定义为一个类簇 C。

步骤 2：在同一个类簇中计算各个样本两两之间的距离。

步骤 3：选取簇中距离最大的两个样本 x_1 和 x_2，将其分别分配到不同的类 C_1 和 C_2 中。

步骤 4：分别计算 C 中样本 x 与 x_1，x_2 的距离 $d(x_1, x)$ 与 $d(x_2, x)$，若 $d(x_1, x) \leqslant d(x_2, x)$，则将 x 归入类 C_1 中，反之，则归入类 C_2 中。

步骤 5：重复上述过程，至聚类的数目满足，或达到给定的阈值则终止。

步骤 6：形成并输出最终的聚类。

② 凝聚法（自下而上）

步骤 1：将每一个样本数据 $\{x_i\}$ 都定义为一个类簇 C_i。

步骤 2：计算各个类簇 C_i 两两之间的距离 $d(C_i, C_j)$。

步骤 3：选取簇中距离最小的两个类 C_i 和 C_j，将其合并为同一个类 C_k。

步骤 4：重复上述过程，至聚类的数目满足，或达到给定的阈值则终止。

步骤 5：形成并输出最终的聚类。

阈值的选取对于分层聚类具有较大的影响。通常而言，对于凝聚法分层聚类算法，阈值越大得到的类的数量越少，单个类中可能包含过多信息，内部一致性较低；阈值过小得到的类的数量较多，将导致聚类效果较差。分裂法分层聚类算法反之。因此，在实际运用过程中需灵活确定阈值 γ。

3.1.2 拓展的专家聚类

针对大群体决策中专家的个体特点,本小节将以凝聚法为基本框架,以类平均法定义两个类之间的距离,结合 K-means 算法进行专家的群体聚类,以凝聚法首先形成 K-means 的聚类数量 K 与起始聚类中心 G_0,进而以 K-means 聚类算法形成不同的专家组,并分别计算组内与组间专家权重。

1. 算法步骤

步骤 1:将初始每一个专家$\{e_k\}$作为一个单独的类簇 G_k,$k=1,2,\cdots,p$。

步骤 2:计算类间元素 e_i,e_j 之间的距离。距离采用专家评价信息之间的余弦相似度计算:

$$d(e_i,e_j)=\frac{\sum_{i=1}^{n}x_i\cdot y_i}{2\sqrt{\sum_{i=1}^{n}x_i^2}\cdot 2\sqrt{\sum_{i=1}^{n}y_i^2}}。$$

步骤 3:计算两个类间的聚类。G_i 和 G_j 之间的聚类采用重心法定义,即 $d(G_i,G_j)=\sum_{e_i\in G_i,e_j\in G_j}\frac{d(e_i,e_j)}{N}$,其中 N 为 G_i 和 G_j 之间元素两两组合个数。

步骤 4:选取所有簇中距离最小的两个类 G_i 和 G_j,将其合并为同一个类 G_k。

步骤 5:重复上述过程,至聚类的数目满足,或达到给定的阈值则终止。

步骤 6:根据凝聚层次法确定最优的决策分类数 K 与初始聚类中心,进而以 K-means 算法进行快速聚类,以形成最终决策结果。

2. 风险评估案例分析

在跨国石油集团公司投资项目群体决策过程中,对于定性指标往往需要大群体进行评估,本小节以投资项目风险评估为例,针对投资项目风险评价,从技术风险 C_1、组织风险 C_2 和商业风险 C_3 3 个维度给出决策信息,以二元联系数为信息承载形式,采用由 15 名专家组成的大群体,结合项目信息给出下述规范化的评价信息矩阵 $\boldsymbol{X}$,如表 3-1 所示。

表 3-1 规范化的大群体意见矩阵 *X*

专家群体	C_1	C_2	C_3
E_1	0.543+0.311i	0.494+0.077i	0.360+0.135i
E_2	0.512+0.229i	0.496+0.108i	0.700+0.150i
E_3	0.299+0.261i	0.399+0.326i	0.421+0.131i
E_4	0.509+0.172i	0.760+0.406i	0.820+0.189i
E_5	0.406+0.081i	0.563+0.063i	0.840+0.226i
E_6	0.700+0.400i	0.531+0.394i	0.755+0.294i
E_7	0.894+0.106i	0.875+0.125i	0.465+0.163i
E_8	0.828+0.128i	0.528+0.212i	0.506+0.252i
E_9	0.702+0.479i	0.506+0.352i	0.700+0.410i
E_{10}	0.644+0.161i	0.700+0.312i	0.556+0.298i
E_{11}	0.954+0.079i	0.556+0.098i	0.644+0.061i

续表

专家群体	C_1	C_2	C_3
E_{12}	0.880+0.120i	0.750+0.075i	0.770+0.191i
E_{13}	0.731+0.319i	0.518+0.382i	0.855+0.122i
E_{14}	0.667+0.333i	0.855+0.427i	0.563+0.063i
E_{15}	0.848+0.148i	0.731+0.022i	0.929+0.117i

本小节案例以凝聚法为基础，采用余弦相似度与重心法作为群间相似度的测度。

最终专家群体聚类结果为 $G_1=\{3,4,5\}$，$G_2=\{6,9,13\}$，$G_3=\{1,2,78,10,11,12,14,15\}$。其中，以树图形式表述的专家群体聚类过程如图 3-1 所示。

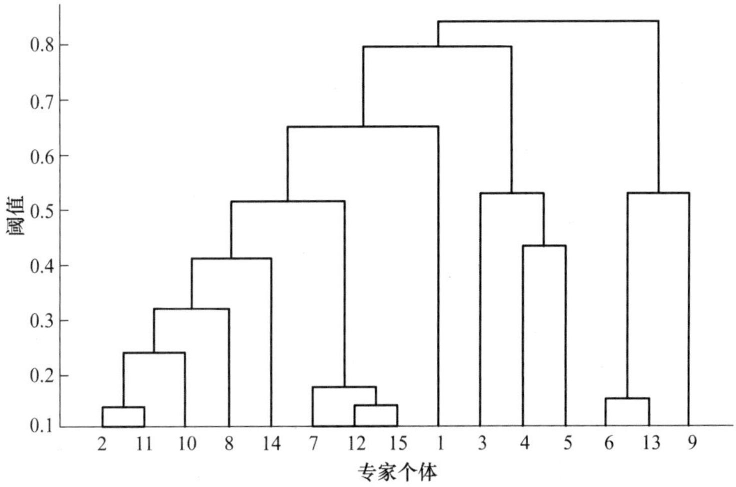

图 3-1　专家聚类算法树图表示

3.1.3　以决策信息为基础的专家权重确定方法

通过聚类分析，可将群体成员分为 $z<p$ 个不同的群组，根据专家分组，可进一步确定其组内权重与组外权重。常用专家权重确定方法主要有两种。

1. 基于群体一致性的专家权重确定方法

群体一致性是对专家所给出的评价意见的一致性测度，反映了专家间的共识程度。一般而言，一致性程度越高，决策效果越好，因此对于权重求解的目标函数一般使群体一致性最大化，即个体意见 x 与群体意见 $\tilde{x}$ 之间的偏差最小化。

群体一致性通常分为软一致性与硬一致性。硬一致性即群体一致性满足 0-1 分布，当专家意见完全一致时，测度为 1；当一致性为 0 时，专家意见完全不一致。鉴于实践中专家群体的有限理性，以及信息的不完备性，一般无法达到完全一致的状态，因此多采用软一致性测度，即群体一致性程度介于(0,1)之间。

专家权重优化模型可以转化为多目标规划问题，一般采用的目标函数为单个专家决策矩阵与综合决策矩阵的差异度最小化，即各个专家的个体意见与综合意见之间的偏差最小化，也即所求权重使得意见集结后群体意见一致性最大化。约束条件一般为权重满足非负性和规范性。

对于任意决策矩阵 $\mathbf{A}=\{a_{ij}^k\}, k=1,2,\cdots,p$,基于偏差最小化的专家权重优化模型可表述为

$$\min\sum_{k=1}^{p}\sum_{i=1}^{n}d\left(a_{ij}^k-\sum_{k=1}^{p}\lambda_k a_{ij}^k\right)$$

$$\text{s. t.}\begin{cases}\sum_{k=1}^{p}\lambda_k=1\\ \lambda_k\geqslant 0, k=1,2,\cdots,p\end{cases}$$

通常,$d\left(a_{ij}^k-\sum_{k=1}^{p}\lambda_k a_{ij}^k\right)=\left|a_{ij}^k-\sum_{k=1}^{p}\lambda_k a_{ij}^k\right|$。

对于二元联系数评价形式下的群体一致性度量,在当前的群体决策研究中未见相关成果,因此,本小节提出了基于二元联系数评价形式的群体一致性方法,以进行群组内专家权重的确定。

基于二元联系数形式评价信息的专家个体权重优化模型定义如下:

$$\min_{k}\sum_{j=1}^{m}\sum_{i=1}^{n}d\left(x_{ij}^k-\sum_{k=1}^{p}\lambda_k x_{ij}^k\right)$$

$$\text{s. t.}\begin{cases}\sum_{k=1}^{p}\lambda_k^2=1\\ \lambda_k\geqslant 0, k=1,2,\cdots,p\end{cases}$$

其中,集结算子采用 BCNWAA 算子,$\text{BCNWAA}_\lambda(x_{ij})=\sum_{k=1}^{p}\lambda_k a_{ij}^k+\sum_{k=1}^{p}\lambda_k b_{ij}^k i'$。

拉格朗日函数为

$$L=\sum_{j=1}^{m}\sum_{i=1}^{n}d\left(x_{ij}^k-\sum_{k=1}^{p}\lambda_k x_{ij}^k\right)+\frac{1}{2}\xi\left(\sum_{k=1}^{p}\lambda_k^2-1\right)$$

通过一阶偏导求其最优化条件:

$$\begin{cases}\dfrac{\partial L}{\partial\lambda_k}=-\left(\sum_{j=1}^{m}\sum_{i=1}^{n}a_{jj}^k+\sum_{j=1}^{m}\sum_{i=1}^{n}b_{ij}^k i'\right)+2\,\xi\lambda_k=0\\ \dfrac{\partial L}{\partial\xi}=\sum_{k=1}^{p}\lambda_k^2-1=0\end{cases}$$

可得最优解为

$$\lambda_k^*=\frac{\sum_{j=1}^{m}\sum_{i=1}^{n}a_{ij}^k+\sum_{j=1}^{m}\sum_{i=1}^{n}b_{ij}^k i'}{\sqrt{\sum_{k=1}^{p}\sum_{j=1}^{m}\sum_{i=1}^{n}a_{ij}^k+\sum_{k=1}^{p}\sum_{j=1}^{m}\sum_{i=1}^{n}b_{ij}^k i'}}$$

对权重进行归一化:

$$\lambda_k^*=\frac{\lambda_k^*}{\sum_{k=1}^{p}\lambda_k^*}$$

2. 基于熵权法的专家权重确定方法

熵权法是一种以指标信息的不确定性来度量其重要程度的算法。首先对信息熵进行定义,信息熵 E_j 越小,代表其可提供越多的信息量,因此其在综合评价中整体的作用更大,权重赋值应较大,反之权重赋值应较小。

鉴于群内专家意见的相似性,通常在大群体决策算法中,将群内专家赋予相同的权重值。群间根据群体决策的多数原则,通常人数越多的群组具有越大的权重,反之权重越小。在此原则下,设聚类 G_i 中成员个数为n_i,组内成员权重为 $\lambda_{n_i}=\alpha^* n_i$,则 λ_{n_i} 满足 $\lambda_{n_i}\geqslant 0$,$\sum_{i=1}^{z}\lambda_{n_i}=1$,即 $\sum_{i=1}^{z}\lambda_{r_i}n_i=\sum_{i=1}^{z}(\alpha^* n_i)n_i=1$,由此可得 $\alpha=1\Big/\sum_{i=1}^{z}n_i^2$,进而可得群组 G_i 中成员的权重为 $\lambda_{r_i}=n_i\Big/\sum_{i=1}^{z}n_i^2$,则群组 G_i 的整体权重为 $\lambda_i=n_i^2\Big/\sum_{i=1}^{z}n_i^2$。

但是,该方法使得群体内专家的个性和重要程度无法得到有效的体现,因此本小节以熵权确定个体的权重,以群体成员数量获取群组权重的群内、群间双层结构体系,进行综合定权,即群内各个专家的个体权重定义为

$$\lambda_i=\frac{1-e_i}{\sum_{i=1}^{n}(1-e_i)}$$

其中二元联系数的熵为

$$e_i=1-\sqrt{a_i^2-b_i^2}$$

群间权重:群组 G_i 的权重为 $\lambda_i=n_i^2/\sum_{i=1}^{z}n_i^2$。

根据上述算法与定义,可分别计算聚类后的个体权重与群体权重,进而可形成群体的综合意见。结合上一小节案例,群体权重为 $\lambda_{G_i}=\{0.091,0.818,0.091\}$,其中群组 2 为主意见群体,个体权重可根据熵权进一步计算。

综上分析,可将群体决策过程中专家群体的权重与集结整体流程总结为如图 3-2 所示。

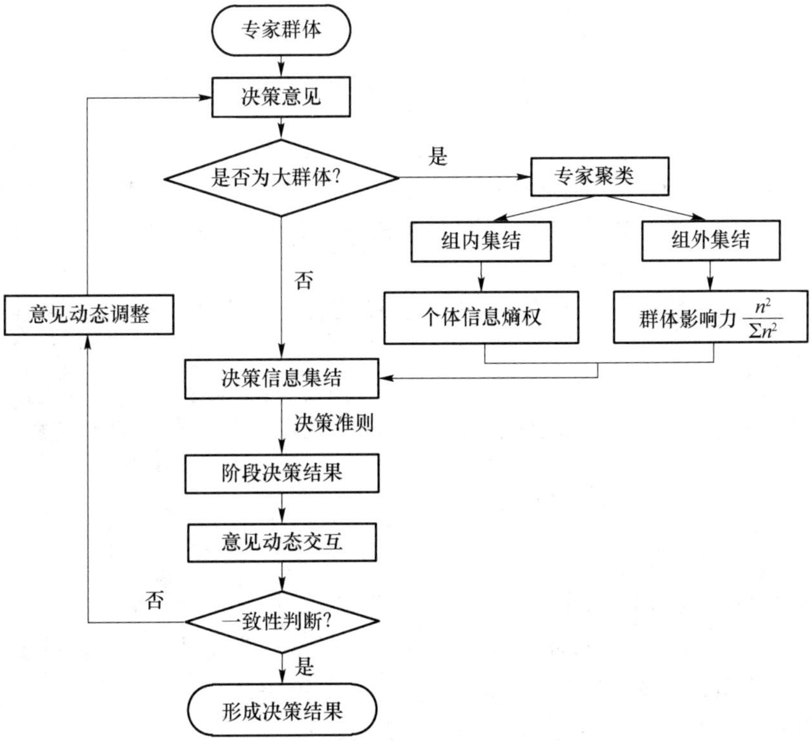

图 3-2　专家群体聚类与意见交互流程

3.2 基于 Digraph-DEMATEL 方法的专家权重算法研究

传统专家权重的确定方法大多仅考虑了专家决策信息中体现的重要性,或仅考虑了专家在决策系统中的影响度,并未对专家之间的相关性与专家影响力进行综合考虑。但是在群体决策过程中专家之间并非独立个体,因此在权重确定时不能单一地考虑专家意见的影响力,对于专家之间的相关性和影响力也应进行综合权衡。决策系统内专家之间的沟通和关联构成一个社会网络,而如何确定每一个节点的重要性,找到核心节点是决策的关键。此外,在跨国石油集团公司决策过程中,专家的层级、领导力也极大地影响着决策意见的偏向,需综合考量。因此,本节以有向图为基础,结合图论相关理论和矩阵计算,进行专家权重综合求解模型构建。

本节方法主要是基于已有网络节点重要性计算方法,结合加权有向图网络刻画专家之间的相互关联,并通过综合节点的点权(专家属性特征)和边权(专家之间的相互联系),提出拓展的 DEMATEL 权重算法,对专家权重进行综合评定。

3.2.1 图论相关理论

1. 社会网络

社会网络是社会关系的一种表述方式,它以社会个体成员(social actor)为节点,以社会成员之间的互动为关联,由此形成社会结构。1908 年社会学家齐美尔首次提出了“网络”的概念,“弱关系”理论进一步推动了社会网络的深入研究,当前已在各个领域得到广泛应用。

2. 有向图

有向图 G 由有序三元组($V(G),A(G),\varphi(G)$)组成,其中 $V(G)$ 为点集,$A(G)$ 为有向边集,$\varphi(G)$ 为关联函数,将 $A(G)$ 中的每一个元素与 $V(G)$ 中的有序元素对一一对应。

3. 加权网络

任意有向图表示为 $G=\{V,E\}$,其中,$V=\{v_1,v_2,\cdots,v_n\}$ 为点集,$E=\{e_1,e_2,\cdots,e_m\}\in V\times V$ 为边集,$\omega_{ij}\in[0,\pm x]$,$x\in\mathbf{R}$ 表示节点 v_i 与节点 v_j 之间的边权,则 $G=\{V,(E:\omega_{ij})\}$ 为加权图。

HD 算法是一种传统的以节点的度为标准的重要性度量方法,其节点重要性计算公式定义为 $R=k_i\Big/\sum\limits_{i=1}^{n}k_i$。

在传统加权图中,节点 v_i 的节点强度定义为与 v_i 相关联的所有边的权值之和,即 v_i 的节点强度为 $S_i=\sum\limits_{j\neq i}^{n}\omega_{ij}$,相对强度为 $s_i=S_i\Big/\sum\limits_{j=1}^{n}S_j$。

4. 节点加权的加权网络

在加权网络 G 的基础上,可考虑对每个节点赋权,并进一步可对节点进行多维赋权,假设节点 v_i 有 l 个属性值 λ_{ik},则可定义 $\lambda_i=\{\lambda_{i1},\lambda_{i2},\cdots,\lambda_{il}\}$ 为节点 v_i 的多维点权,则 $G=\{V:\lambda_i,(E:\omega_{ij})\}$ 为节点加权的加权网络。

在节点加权的加权网络中可定义节点的度与强度等。

定义 3-1 节点的度 $k_i,i=1,2,\cdots,n$:有向图 G 中任意节点 v_i 的度 k_i 为与该节点相连接

的边数。进而可定义节点的重要程度为

$$K_i = k_i \Big/ \sum_{i=1}^{n} k_i$$

定义 3-2　最短路径:定义从节点 v_i 到达 v_j 所需的最短路径的范数为距离 d_{ij}。

定义 3-3　节点的强度 S_i:$G=\{V:\lambda_i,(E:\omega_{ij})\}$为节点加权的加权网络,则对于任一节点 v_i 的节点强度可定义为 $S_i = \ln(\lambda_i + 1)\sum_{j\neq i}^{n}\omega_{ij}$。

定义 3-4　节点的中心度 C_i:$G=\{V:\lambda_i,(E:\omega_{ij})\}$为节点加权的加权网络,则对于任一节点 v_i 的节点的中心度可定义为 $C_i = S_i \Big/ \sum_{j\neq i}^{n} S_i$。

以图论理论为侧重点,杨学南等于 2017 年基于专家知识水平,研究了基于一维点权($l=1$)加权网络的个体影响力。然而,在实际决策过程中,对于专家能力的综合判定,往往不仅仅涉及专家的知识水平,也需考虑专家的职级、影响力,以及其与其他专家之间的关联关系,尤其是在大型决策过程中,涉及各个部门的管理者和决策者,单以知识水平无法衡量专家的权重,因此本书的研究考虑多维点权与边权相结合的专家/领导影响力综合评定方法。

3.2.2　DEMATEL 方法

DEMATEL(Decision Making Trial and Evaluation Laboratory,决策试验与评价实验室)方法是一种指标判断方法,它是由美国学者于 1971 年提出的,以图论理论为基础,进行构造图的矩阵计算,从而进行复杂因素的综合分析。其优势在于可以充分利用专家自身经验和知识,其尤其适用于要素关系存在不确定性的系统或社会问题。本书在算法拓展的基础上,将其应用于专家群体权重的确定,以及核心个体的研究中,并开展各决策者的领导力研究。算法实现步骤如下。

步骤 1:构造有向结构图。确定各系统要素之间的关系,构造系统要素的联系图,直观表示要素之间的关系。以节点表示系统内各个要素,连线上的数字是对要素关系强弱的度量,数值越大代表关系越紧密,如图 3-3 所示。

步骤 2:构造直接影响矩阵 $\boldsymbol{X}^{\mathrm{D}}$。将有向结构图转化为矩阵形式,矩阵元素表示系统要素之间的关系强弱。

图 3-3 所示的有向结构图可转化为矩阵 $\boldsymbol{X}^{\mathrm{D}}=\{x_{ij}^{\mathrm{D}}\}$,$i,j=1,2,\cdots,n$,其中,$x_{ij}=0$。具体表述如表 3-2 所示。

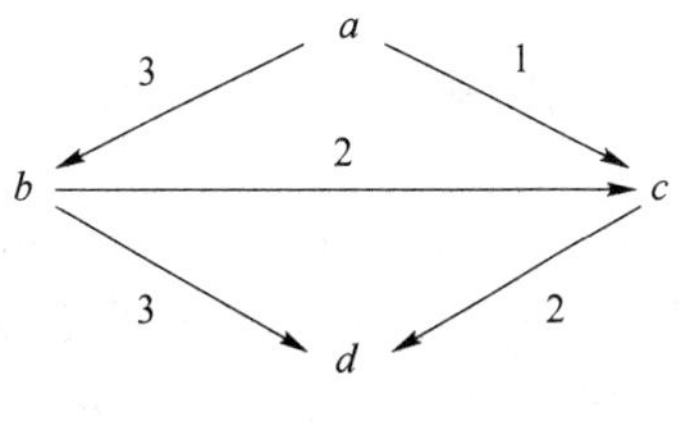

图 3-3　有向结构图

表 3-2　有向结构图矩阵

$\boldsymbol{X}^{\mathrm{D}}=\{x_{ij}^{\mathrm{D}}\}$	x_1	x_2	x_3	x_4
x_1	0.0	3.0	1.0	0.0
x_2	0.0	0.0	2.0	3.0
x_3	0.0	0.0	0.0	2.0
x_4	0.0	0.0	0.0	0.0

进一步可对直接影响矩阵 $\boldsymbol{X}^{\mathrm{D}}$ 进行规范化处理，即 $x_{ij}=x_{ij}^{\mathrm{D}}\Big/\max\limits_{i}\Big(\sum\limits_{j=1}^{n}x_{ij}^{\mathrm{D}}\Big)$，得到正规化影响矩阵 $\boldsymbol{X}$。

步骤 3:计算综合影响矩阵 $\widetilde{\boldsymbol{X}}$。综合集成计算公式为 $\widetilde{\boldsymbol{X}}=\boldsymbol{X}\cdot(1-\boldsymbol{X})^{-1}$，由此得上述示例的综合影响矩阵为 $\widetilde{\boldsymbol{X}}$。

步骤 4:计算元素之间的相关度。

① 影响度:矩阵 $\widetilde{\boldsymbol{X}}$ 的各行和 $A_i=\sum\limits_{j=1}^{n}x_{ij}$ 为元素 x_i 对其他元素 x_j 的综合影响度。

② 被影响度:矩阵 $\widetilde{\boldsymbol{X}}$ 的各列和 $B_j=\sum\limits_{i=1}^{n}x_{ij}$ 为元素 x_j 被其他元素的综合影响程度。

③ 中心度:元素所在行影响度 A_i 与列被影响度 B_i 之和，即 $C_i=A_i+B_i$ 为该元素的中心度，表示其在系统中作用的大小。

④ 原因度:元素所在行影响度 A_i 与列被影响度 B_i 之差，即 $D_i=A_i-B_i$ 为该元素的原因度。其中:当 $D_i>0$ 时，元素 i 为系统中的原因要素;反之，元素 i 为结果要素，见表 3-3。

表 3-3 经典 DEMATEL 方法矩阵

$\widetilde{\boldsymbol{X}}=\{\widetilde{x}_{ij}\}$	x_1	x_2	x_3	x_4	行和	中心度	原因度
x_1	0	0.6	0.44	0.536	1.576	1.576	1.576
x_2	0	0	0.4	0.76	1.16	1.76	0.56
x_3	0	0	0	0.4	0.4	1.24	−0.44
x_4	0	0	0	0	0	1.696	−1.696
列和	0	0.6	0.84	1.696			

因此，按中心度对示例中的各节点进行排序，即各个元素在系统内的作用排序为 $x_2>x_3>x_1>x_4$。其中，x_1 和 x_2 为原因因素，x_3 和 x_4 为结果要素。

3.2.3 拓展的 DEMATEL 权重算法

DEMATEL 方法多用于指标的筛选，并得出系统的关键影响因素。在跨国石油集团公司的群体决策过程中，关键指标与关键决策者对于系统均具有重要的影响，因此，本小节将 DEMATEL 权重算法用于专家权重的确定，以 DEMATEL 方法为基础，进行二维拓展，提出拓展的 DEMATEL 权重算法，从专家之间的联系(边权)与专家决策水平(点权)两个维度出发，研究专家的重要度，以科学制定专家权重。为满足一致性，本小节以 1～9 标度对专家加权图之间的边权和点权进行量化。

为更好地阐述该算法，本小节以 P. Singh 于 2014 年发表的文献中的加权图为基础，结合 DEMATEL 方法框架，将其拓展为有向加权图，采用群体个数为 20 的加权网络，并将无向图改为有向图，进行决策算例分析。专家群体有向加权网络关系图如图 3-4 所示。

首先对专家之间的意见影响因素进行分析。总的来说，影响专家权重，即专家在决策系统中重要性的因素可以概括为以下几个类别。

① 专家自身因素。鉴于跨国石油集团公司决策的特殊性，决策层和企业管理人员的参与

使得专家自身职级因素会影响专家的重要性判定，因此本小节考虑的专家自身属性一方面包括专家自身的知识水平和能力因素，这可体现专家的综合能力；另一方面将专家自身所在层级或担任的职务信息等纳入考虑，作为专家领导力的衡量。在节点赋权的加权图 $G=\{V:\lambda_i,(E:\omega_{ij})\}$ 中，以多维点权 λ_i 的形式来反映每个专家的自身属性。

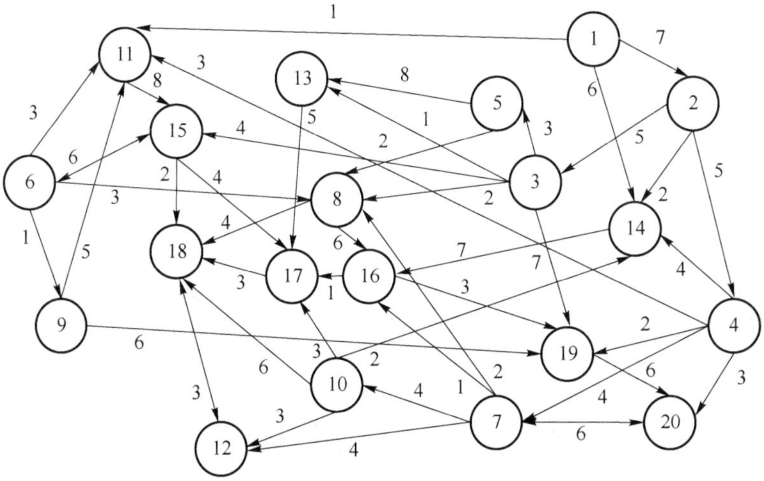

图 3-4　专家群体有向加权网络关系图

② 专家间相互关系因素。不同专家之间的相互关联会影响专家之间意见的交互，并产生意见导向等影响。加权图中的边权反映两节点的联系紧密度，因此可以加权图中节点 v_i 的邻接边权来综合度量该节点对于整个系统内其他节点的影响程度。

③ 专家在系统中的位置。专家在系统中的位置即节点的中心度也制约专家的影响力。在加权图中，可以节点的联系度来度量。

基于此，本书提出了拓展的 DEMATEL 权重算法用于专家权重与影响力的分析，相关拓展的定义与具体的算法流程如下。

步骤 1：图与矩阵的转化。

首先，将有向加权图中点权、边权及关联关系转化为矩阵形式，如表 3-4 所示。

表 3-4　加权网络的关系矩阵与权重

		1	2	3	4	5	6	7	8	9	10	11	12	13	14	15	16	17	18	19	20
边权 ω_{ij}	1	0	7	0	0	0	0	0	0	0	0	1	0	0	6	0	0	0	0	0	0
	2	0	0	5	5	0	0	0	0	0	0	0	0	0	2	0	0	0	0	0	0
	3	0	0	0	0	3	0	0	2	0	0	0	0	1	0	4	0	0	0	7	0
	4	0	0	0	0	0	0	4	0	0	0	3	0	0	4	0	0	0	0	2	3
	5	0	0	0	0	0	0	0	2	0	0	0	0	8	0	0	0	0	0	0	0
	6	0	0	0	0	0	0	0	3	1	0	3	0	0	0	6	0	0	0	0	0
	7	0	0	0	0	0	0	0	2	0	4	0	4	0	0	0	1	0	0	0	6
	8	0	0	0	0	0	0	0	0	0	0	0	0	0	0	0	6	0	4	0	0
	9	0	0	0	0	0	0	0	0	0	0	5	0	0	0	0	0	0	0	6	0

续 表

		1	2	3	4	5	6	7	8	9	10	11	12	13	14	15	16	17	18	19	20
边权 ω_{ij}	10	0	0	0	0	0	0	0	0	0	0	0	3	0	2	0	0	3	6	0	0
	11	0	0	0	0	0	0	0	0	0	0	0	0	0	0	8	0	0	0	0	0
	12	0	0	0	0	0	0	0	0	0	0	0	0	0	0	0	0	0	3	0	0
	13	0	0	0	0	0	0	0	0	0	0	0	0	0	0	0	0	5	0	0	0
	14	0	0	0	0	0	0	0	0	0	0	0	0	0	0	0	7	0	0	0	0
	15	0	0	0	0	0	0	0	0	0	0	0	0	0	0	0	0	4	2	0	0
	16	0	0	0	0	0	0	0	0	0	0	0	0	0	0	0	0	1	0	3	0
	17	0	0	0	0	0	0	0	0	0	0	0	0	0	0	0	0	0	3	0	0
	18	0	0	0	0	0	0	0	0	0	0	0	0	0	0	0	0	0	0	0	0
	19	0	0	0	0	0	0	0	0	0	0	0	0	0	0	0	0	0	0	0	6
	20	0	0	0	0	0	0	0	0	0	0	0	0	0	0	0	0	0	0	0	0
点权 λ_i^1		2	7	6	4	4	2	7	5	7	2	3	5	8	6	3	5	1	6	3	7
点权 λ_i^2		3	3	3	2	2	2	2	2	1	1	1	1	1	1	1	1	1	1	1	1
节点度		3	4	6	6	3	4	6	6	3	5	5	3	3	5	5	5	5	5	5	3

其中,专家成员序号 1~3 为决策层,序号 4~8 为部门管理层,其他为专家层,根据所在级别可赋予职级系数 $\lambda_i^2 \in [1,3]$。点权 $\lambda_i^1 \in [1,9]$为专家知识水平和专业能力的测度。节点的度衡量了各个节点与其他节点的联系程度。边权 ω_{ij} 则体现了不同决策个体之间的相互影响程度。

步骤 2:基于 DEMATEL 框架的中心度、影响度与综合权重的计算。

与 DEMATEL 算法相同,定义各个节点的相对影响度 $\vec{S}_i = \sum_{j \neq i}^{n} \omega_{ij}$,无关联节点之间的边权设为 $\omega_{ij} = 0$,相对的被影响度可定义为 $\widetilde{S}_j = \sum_{i=1}^{n} \omega_{ij}$。

定义 3-5 综合点权:定义 $\lambda_i = \xi\lambda_i^1 + (1-\xi)\lambda_i^2$,将专家层级与专家知识水平相集结,形成综合点权。其中,ξ 为调节系数,ξ 越大代表决策过程中专家知识水平与专业能力的影响力越大。

定义 3-6 综合强度:定义 $S_i = k_i \ln(\lambda_i + 1) \sum_{j \neq i}^{n} \omega_{ij}$ 为节点 i 的综合强度,以综合强度作为节点在系统中综合影响力的衡量标准。

定义 3-7 综合中心度:定义 $C_i = S_i \Big/ \sum_{j \neq i}^{n} S_i$ 为节点 i 的综合强度,以体现节点在系统中的作用,并以此作为节点赋权的依据。综合权重如表 3-5 所示。

表 3-5 综合权重

边权 ω_{ij}	影响度 $\vec{S}_i$	被影响度 $\widetilde{S}_i$	联系度 k_i	原因度 r_i	综合中心度 S_i(规范化)	综合权重 C_i(规范化)
1	14	0	3	14	0.303	0.042
2	12	7	4	5	0.495	0.069
3	17	5	6	12	1.000	0.139

续表

边权 ω_{ij}	影响度 $\vec{S}_i$	被影响度 $\widetilde{S}_i$	联系度 k_i	原因度 r_i	综合中心度 S_i(规范化)	综合权重 C_i(规范化)
4	16	5	6	21	0.765	0.107
5	10	3	3	7	0.239	0.033
6	13	0	4	13	0.329	0.046
7	17	4	6	13	1.000	0.139
8	10	9	6	1	0.519	0.072
9	11	1	3	10	0.305	0.043
10	14	4	5	10	0.369	0.051
11	8	12	5	−4	0.253	0.035
12	3	7	3	−4	0.072	0.010
13	5	9	3	−4	0.147	0.020
14	7	14	5	−7	0.303	0.042
15	6	18	5	−12	0.379	0.053
16	4	14	5	−10	0.159	0.022
17	3	13	5	−10	0.060	0.008
18	0	18	5	−18	0.130	0.018
19	6	18	5	−12	0.190	0.026
20	0	15	3	−15	0.167	0.023

针对上述案例,结合拓展的 DEMATEL 权重算法,计算结果如表 3-5 所示,容易得出,权重最高的个体为 E_3 与 E_7,即 E_3 与 E_7 在决策系统中的影响力最大,E_4 次之,是决策系统的意见中心,即核心节点,应予以重视。

此外,根据 DEMATEL 权重算法原则,$E_1 \sim E_{10}$ 为系统中的原因要素,对系统的结果起着重要的影响,其他为结果要素,因此,在决策过程中 $E_1 \sim E_{10}$ 应被赋予较大的权重,这与综合权重 C_i 相一致,证明本书提出的拓展的 DEMATEL 权重算法具有有效性。

拓展的 DEMATEL 权重算法将专家之间的相互影响引入权重的计算中,综合考虑专家层级、专家知识水平与能力、专家间相互影响等因素,一方面能够形成综合性的专家权重,另一方面能够发现系统核心节点,为决策意见的导向和领导力研究提供基础。因此,本书提出的算法为群体决策中专家权重的研究提供了很好的理论支撑。

3.3　基于改进 SIR 模型的专家群体意见动态竞争演化研究

在群体决策体系中不同的专家共同构成了一个专家群体社会网络,信息与意见的沟通交流是专家群体网络的重要内容,而网络与信息技术的发展,以及多样化的移动媒体,使得专家与专家之间的信息和意见交流变得更为密切与频繁,同时也使专家群体网络更为紧密繁杂,多意见的交互更为频繁。专家在对投资项目进行评价的过程中,将形成不同的意见、各异的立场、多样化的意见表达,不同的意见在专家之间不断交互,形成了社会专家群体网络中的复杂联系,对专家本身的意见会造成较大影响。而当前对于多样化意见的动态竞争演化研究仍有所不足。此外企业在实际决策过程中涉及的专家层次更为复杂,一方面受专家之间相互联系的影响,另一方面随着信息的不断完备,专家之间的意见呈现不断的交互与动态调整,因此对于群体决策系统中专家之间意见的动态交互研究需求更为迫切。

不同意见及意见主体之间的竞争客观存在,当前对于意见的动态传播与竞争演化的研究仍有所缺失,有待进一步的探究和完善。本节主要从专家群体意见竞争机制出发,以 SIR 模型为基础,进行模型改进,提出专家群体意见竞争演化模型 SI_nR 用于群体决策过程中的意见动态交互研究。

3.3.1 意见传播模型研究现状

自 18 世纪起,SIR 模型开始应用于传染病的传播演化研究,至今已经在模型改进,以及模型多领域应用等方面形成了较多研究成果。在理论研究方面,主要集中于模型的改进,针对模型形式,延伸出了 SIS 模型、SIER 模型、SIRS 模型和 SIERS 模型;针对系统改进,引入了输入、输出机制。在实践应用方面,由于人群意见、风险等传播机制与传染病的传播模式的高度相似性,SIR 模型在突发事件演化、微博意见传播、风险传播等领域应用较多。

然而,当前绝大多数以 SIR 模型为基础的意见传播研究都以两类意见为研究对象,并未充分考虑在互联网时代意见的多样性特征。传统的 SIR 模型已经不适用于多意见竞争,同时,在多种意见并存传播的情况下,尽管可采用多个 SIR 模型同时进行描述,但鉴于多个模型间群体具有重叠性,而且不能很好地体现出群体间的交互和竞争,因此本书以 SIR 模型为基础,在改进模型的基础上,结合种群竞争和意见动力学等理论,提出了多意见专家竞争演化模型 SI_nR,将专家意见的并行传播与竞争融入同一个模型中进行综合考虑,以此对专家群体的多意见竞争演化机制进行分析。另外,鉴于微博意见传播与专家群体意见交互的相似性,本节结合社会热点实例,对意见竞争演化的机理进行了多情景分析和可视化演示,以验证模型的有效性。

3.3.2 改进的动态群体意见交互模型 SI_nR

在传统的 SIR 模型中,主要有 3 个参与者,其中:S(Susceptible)是易感染者,在传染病研究中就是容易被感染的人群,在意见的动态竞争演化研究中代表容易被他人意见影响的人群;I(Infective)是感染者,在传染病研究中是已经感染了传染病的人群,在意见竞争演化研究中代表意见的传播者;R(Removal)是免疫者,在意见竞争演化研究中代表不再受外来意见影响的人群或退出此次决策的人群。

1. 模型假设

假设 1:系统内样本人群总数保持恒定,不考虑新的输入与输出,即 $S(t)+R(t)+I(t)=N$,N 恒定不变,在计算时 N 通常采用单位 1。

假设 2:$S \rightarrow I$ 表示系统内易感人群 S 以一定的概率被感染者 I 传染。

假设 3:$I \rightarrow R$ 表示随着外界条件的变化和时间的推移,感染者 I 以一定的概率转变为免疫者 R,在一定时期内不会再次被感染。

2. 模型建立

(1) 经典 SIR 模型

在经典 SIR 系统研究中,以动态微分方程来描述 3 类人群的演化规律,以及相互的影响关系,模型如下:

$$\begin{cases}\dfrac{\mathrm{d}s(t)}{\mathrm{d}t}=-\beta s(t)i(t)\\ \dfrac{\mathrm{d}i(t)}{\mathrm{d}t}=\beta s(t)i(t)-\gamma i(t)\\ \dfrac{\mathrm{d}r(t)}{\mathrm{d}t}=\gamma i(t)\end{cases}\tag{3-1}$$

其中:$S(t)+R(t)+I(t)=1$,初始条件为 $I(0)=i_0$,$S(0)=s_0$;参数 β 为易感人群接触感染者后被传染而转变成新的感染者的概率;参数 γ 为感染者获得免疫而转变为免疫者的概率。经典 SIR 模型演化示意图如图 3-5 所示。

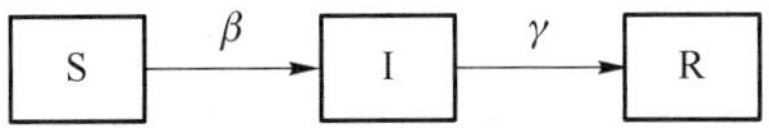

图 3-5 经典 SIR 模型演化示意图

传统的 SIR 模型通常被广泛应用于信息传播与交互机制的研究中,但该传统模型仅考虑了意见在不同状态的转变演化,并未充分考虑多意见群体的竞争机制,难以完全准确地表述现实情况中复杂多变的意见演化过程。

(2) 多专家意见动态竞争演化 $\mathrm{SI}_n\mathrm{R}$ 模型

以 SIR 模型为基本参考,综合研究多专家意见竞争演化模型。在实际情况中,领域不同、个人研究状态不同,导致不同专家的意见也各不相同,但是,由于各专家间存在着各种各样的沟通交流渠道,通过交流,不同的意见之间客观上存在着相互影响,很可能出现意见的多次变化。因此,直接引用 SIR 模型描述专家意见的传播演化具有一定的局限性,并不能完全体现出演化的实际过程和结果。专家意见之间的竞争和影响,使得感染者 I 的转化类型不仅局限于 $I\rightarrow R$,也造成了不同专家意见之间的相互转变,即专家群体 i 受其他专家群体的影响,将可能以一定的概率造成意见转变,使得专家群体从 I 分为 3 类,即坚持意见者 I_i,转变为意见者 I_j 或转变为免疫群体 R,如图 3-6 所示。

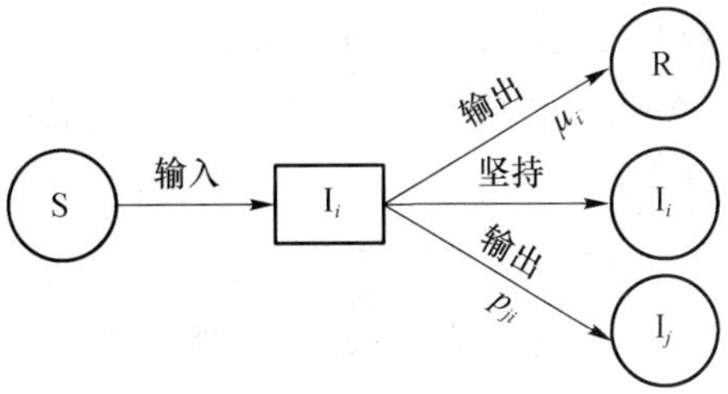

图 3-6 意见演化示意图

因此,本书结合专家意见的竞争影响与动态演化机制,对传统的 SIR 模型进行了改进和优化,引入各专家意见的动态交互影响,改进后的专家意见竞争演化模型($\mathrm{SI}_n\mathrm{R}$ 模型)如下。

$$\begin{cases}\dfrac{ds(t)}{dt}=-\gamma s(t)-\alpha_1 s(t)i_1(t)-\cdots-\alpha_l s(t)i_l(t)-\cdots-\alpha_n s(t)i_n(t)\\ \dfrac{di_1(t)}{dt}=\alpha_1 s(t)i_1(t)-u_1 i_1(t)-\sum_{k=1}^{n}p_{1k}i_1(t)+\sum_{k=1}^{n}p_{k1}i_k(t)\triangleq\alpha_1 s(t)i_1(t)-u_1 i_1(t)+f(1)\\ \vdots\\ \dfrac{di_l(t)}{dt}=\alpha_l s(t)i_l(t)-u_l i_l(t)-\sum_{k=1}^{n}p_{lk}i_l(t)+\sum_{k=1}^{n}p_{kl}i_k(t)\triangleq\alpha_l s(t)i_l(t)-u_l i_l(t)+f(l)\\ \dfrac{di_n(t)}{dt}=\alpha_n s(t)i_n(t)-u_n i_n(t)-\sum_{k=1}^{n}p_{nk}i_n(t)+\sum_{k=1}^{n}p_{kn}i_k(t)\triangleq\alpha_n s(t)i_n(t)-u_n i_n(t)+f(n)\\ \dfrac{dr(t)}{dt}=\gamma s(t)+u_1 i_1(t)+u_l i_l(t)+\cdots+u_n i_n(t)\end{cases}\tag{3-2}$$

其中:$S(t)+R(t)+I(t)=N$,初始条件为 $I(0)=i_0$,$S(0)=s_0$。

模型各参数说明如下。

S 为意见易变化专家群体,表示尚未因交流和讨论改变自己意见的专家群体,它可以概率(γ)向免疫者 R 或以概率(α_l)向不同意见的专家群体 I_l 发生转变,分别表示对交流的意见不关注或形成某种其他意见。其中 $i_l(t)$,$l=1,2,\cdots,n$ 为各不同意见群体的数量。

$f(l)$为交互影响函数,用于阐释专家群体 L 与其他专家群体之间的影响,L 会对其他专家群体意见产生抑制作用,并改变其他专家群体的意见取向,吸引部分专家转变至群体 L。且 L 群体越大,对其他专家群体意见取向的影响程度越高。$f(L)$的表达式为

$$\begin{aligned}f(l)&=-p_{l1}i_l(t)-\cdots-p_{ll-1}i_l(t)-p_{ll+1}i_l(t)-p_{1n}i_l(t)+p_{1l}i_k(t)+\cdots+\\&\quad p_{l-1l}i_k(t)+p_{l+1l}i_k(t)+\cdots+p_{nl}i_k(t)\\&=\left[-\sum_{k=1}^{n}p_{lk}i_l(t)+p_{ll}i_l(t)\right]+\left[\sum_{k=1}^{n}p_{ld}i_k(t)-p_{ll}i_l(t)\right]\\&=-\sum_{k=1}^{n}p_{lik}i_l(t)+\sum_{k=1}^{n}p_{kl}i_k(t)\end{aligned}\tag{3-3}$$

其中,p_{lk}代表专家群体 L 受专家群体 K 的影响系数。专家群体 L 中专家数量越多则对其他专家群体的影响程度越高,也就是说专家群体的影响力与专家数量呈正相关关系,因此,专家群体 L 对专家群体 K 的影响程度可用 $p_{lk}i_l(t)$来表示。

R 为免疫专家群体,即不会受其他专家意见的影响,或退出此次决策的专家。在专家群体 R 中,既包含意见尚未变化专家群体 S 直接转化的专家,也包含由不同意见专家群体 I_l 以一定概率(μ_l)转化而来的专家。当前,互联网技术发展越来越迅速,信息更新速度加快,微博、微信等交流平台的时效性更强,专家群体更容易被当天、当下的意见所吸引,关注度会随新意见的出现而产生转移,因此对某一种意见的免疫速度 μ_l 会相应提升。

N 表示专家意见传播所在群体的专家总体。

3. 模型分析

多意见主体之间的竞争演化模式具有高度的相似性,本书先以两类专家意见的竞争演化

(SI_2R 模型)为例,建立模型,得到如下两意见主体竞争演化模型:

$$\begin{cases}\dfrac{ds(t)}{dt}=-\gamma s(t)-\alpha s(t)i_1(t)-\beta s(t)i_2(t)\\ \dfrac{di_1(t)}{dt}=\alpha s(t)i_1(t)-u_1i_1(t)-p_{12}i_1(t)+p_{21}i_2(t)\\ \dfrac{di_2(t)}{dt}=\beta s(t)i_2(t)-u_2i_2(t)+p_{12}i_1(t)-p_{21}i_2(t)\\ \dfrac{dr(t)}{dt}=\gamma s(t)+u_1i_1(t)+u_2i_2(t)\end{cases} \tag{3-4}$$

系统守恒:$S(t)+R(t)+I(t)=N$。

初始条件为 $I(0)=i_0$,$S(0)=s_0$,如图 3-7 所示。

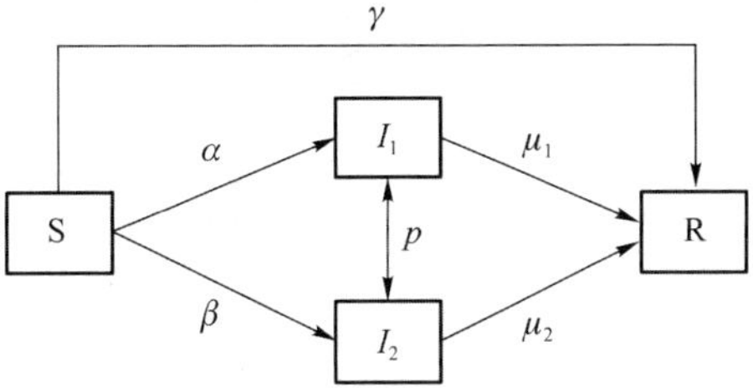

图 3-7　改进的 SIR 模型演化示意图

引入意见竞争机制后,新构建的 SI_nR 模型参数较传统的 SIR 模型增多,而各参数对于意见竞争演化系统的演化趋势具有极大的影响。在两意见主体竞争演化模型中,两个意见群体的相互影响主要体现在参数 p_{12} 与 p_{21} 上,参数值越大,则表示两个意见群体的影响程度越高。模型主要参数说明如表 3-6 所示。

表 3-6　模型主要参数说明

参数符号	参数释义	参数说明
α	意见易变化专家群体 S 转化为专家意见群体 I_1 的系数	同 SIR 模型
β	意见易变化专家群体 S 转化为专家意见群体 I_2 的系数	同 SIR 模型
γ	意见易变化专家群体 S 直接转化为免疫专家群体 R 的系数	同 SIR 模型
u_1	专家意见群体 I_1 演化为免疫专家群体 R 的系数	同 SIR 模型
u_2	专家意见群体 I_2 演化为免疫专家群体 R 的系数	同 SIR 模型
p_{12}	专家意见群体 I_1 转变为专家意见群体 I_2 的概率,即专家意见群体 I_2 对专家意见群体 I_1 的影响程度,为系统内关键系数之一	意见群体竞争机制
p_{21}	专家意见群体 I_2 转变为专家意见群体 I_1 的概率,即专家意见群体 I_1 对专家意见群体 I_2 的影响程度,为系统内关键参数之一	意见群体竞争机制

4. 平衡点分析

为进一步研究并掌握模型的特点,首先对系统的平衡点进行计算探讨,该模型的系统平衡点就是演化方程组(3-5)的解。

$$\begin{cases}\dfrac{ds(t)}{dt}=-\gamma s(t)-\alpha s(t)i_1(t)-\beta s(t)i_2(t)=0 & ①\\ \dfrac{di_1(t)}{dt}=\alpha s(t)i_1(t)-u_1i_1(t)-p_{12}i_1(t)+p_{21}i_2(t)=0 & ②\\ \dfrac{di_2(t)}{dt}=\beta s(t)i_2(t)-u_2i_2(t)+p_{12}i_1(t)-p_{21}i_2(t)=0 & ③\\ \dfrac{dr(t)}{dt}=\gamma s(t)+u_1i_1(t)+u_2i_2(t) & ④\end{cases} \tag{3-5}$$

因为方程①～③与 R 无关,因此该方程求解时可简化为

$$\begin{cases}-\gamma s(t)-\alpha s(t)i_1(t)-\beta s(t)i_2(t)=0 & ①\\ \alpha s(t)i_1(t)-u_1i_1(t)-p_{12}i_1(t)+p_{21}i_2(t)=0 & ②\\ \beta s(t)i_2(t)-u_2i_2(t)+p_{12}i_1(t)-p_{21}i_2(t)=0 & ③\end{cases} \tag{3-6}$$

当 $S=0$ 时,可推算出 $I_1=0$,且 $I_2=0$,因此不存在无病平衡点。当 $S\neq 0$ 时:

$$\begin{cases}-\gamma-\alpha i_1(t)-\beta i_2(t)=0\\ \alpha s(t)i_1(t)-u_1i_1(t)+\beta s(t)i_2(t)-u_2i_2(t)=0\end{cases} \tag{3-7}$$

由此解得

$$I_1=\frac{\gamma(u_2-\beta s(t))}{\beta u_1-\alpha u_2},I_2=\frac{\gamma(\alpha s(t)-u_1)}{\beta u_1-\alpha u_2}$$

代入化简得方程

$$\begin{aligned}&\alpha\beta s^2(t)+(\alpha p_{21}+\beta p_{12}-\beta u_1-\alpha u_2)s(t)+(u_1u_2-u_2p_{12}-u_1p_{21})=0\\ &\Delta=B^2-4AC\\ &\quad=(\alpha p_{21}+\beta p_{12}-\beta u_1-\alpha u_2)-4\alpha\beta(u_1u_2-u_2p_{12}-u_1p_{21})\\ &\quad=(\alpha p_{21}+\beta p_{12})^2+(\beta u_1+\alpha u_2)^2-2(\alpha p_{21}+\beta p_{12})(\beta u_1+\alpha u_2)\end{aligned} \tag{3-8}$$

通过实践得知,专家群体意见之间的竞争效应远小于群体的免疫效应,因此 $p_{lk}\leqslant\frac{1}{2}u_lp_{lk}\leqslant\frac{1}{2}u_l$ 成立。$\Delta\geqslant(\alpha p_{21}-\beta p_{12})^2>0$,因此该方程存在实解。

鉴于专家群体数量应满足可行性条件,即方程各变量为非负,而该方程的对称轴大于零,即该方程存在至少一个满足约束的正实解,解集为

$$s^*=\frac{-B+\sqrt{B^2-4}}{2A},I_1^*=\frac{\gamma(\mu_2-\beta s(t))}{\beta\mu_1-\alpha\mu_2},I_2^*=\frac{\gamma(\alpha s(t)-\mu_1)}{\beta\mu_1-\alpha\mu_2}$$

其中,$A=\alpha\beta$,$B=\alpha p_{21}+\beta p_{12}-\beta u_1-\alpha u_2$,$C=u_1u_2-u_2p_{12}-u_1p_{21}$,该解即两意见群体系统的平衡解,也是 SI_nR 模型的无病平衡点。

3.3.3 多意见竞争演化分析

鉴于实际中动态群体决策意见的采集难度较大,对于动态群体意见的传播一般采用随机数进行算法收敛性验证,但是随机数不能很好地体现群体意见传播的特点。为验证模型的正确性,本节将以微博意见的传播实例为基础,进行模型的仿真分析。这是因为一方面微博意见的传播与专家群体意见的交互具有一定的相似性,都能很好地体现群体的交互性和参与者的有限理性;另一方面微博平台中的意见群体更为庞大,更为多元化,信息量更为丰富,传播更为高效和广泛,使得对于微博意见传播的动态性分析更为直观化。因此,微博意见的传播扩散过

程能够很好地代表当前信息时代的意见传播与动态演化过程。

基于意见竞争演化的实际特点，根据所传播信息的初始条件，以及信息自身特点的不同，本书以微博平台为依托，划分多情景模式对改进的 SIR 模型进行数据分析与系统仿真，利用网络爬虫技术进行数据的收集，并结合 MATLAB 软件对不同的演化趋势进行可视化展示，揭示不同情景下系统的演化特征，同时探索系统内参数灵敏度，研究分析各参数对模型的影响，从而在实践中做到有的放矢，更有针对性地开展意见引导。在具体实践中，专家群体对不同类型的事件、不同的事件客体所形成的意见不相同，与之类似的是在微博信息传播过程中，人们对不同类型事件，以及不同的对象所形成的看法也不尽相同。因此，本书以事件类型为基础，对多意见群体的意见传播演化机制，开展多情景的分析与实例讨论。

情景 1：两类起始意见群体势均力敌。

在两类意见群体起始状态人数基本相同的情况下，意见群体对于敏感度较低的信息所持的意见与态度，在初始时，往往会较为均衡，而后随着意见的不断交互，群体意见出现多样化趋势，加之意见传播的时效性，信息可能在较短时间内失去关注度。因此，在此类竞争模型中，初始条件与传播参数的设置相似。本书在分析过程中设置主要参数值为 $\alpha=0.03$，$\beta=0.02$，$\gamma=0.01$，$p_{12}=0.02$，$p_{21}=0.01$，$\mu_1=0.05$，$\mu_2=0.03$，意见群体的初始值设为[800 100 100 0]，即 $I_1=I_2$ 代表两群体初始人数均为 100，样本总体为 1 000。根据上文所构建的改进的两群体竞争演化模型 SI_2R，利用 MATLAB 软件进行仿真分析，可以得到群体意见的演化趋势图，如图 3-8 所示。

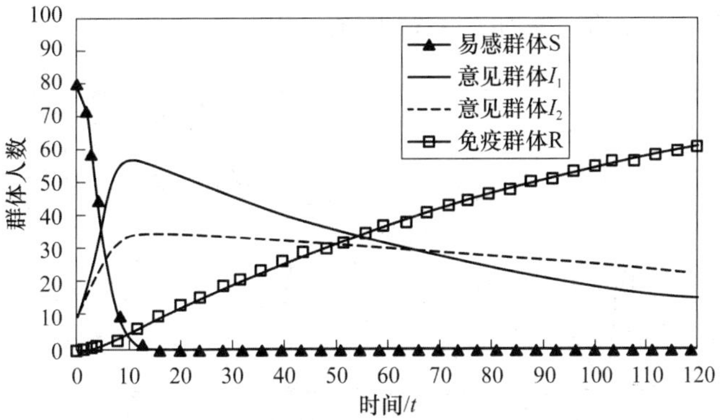

图 3-8　改进的 SIR 群体意见演化图

以 2017 年英国脱欧事件的意见传播为例，基于 2017 年 3 月 28 日至 3 月 30 日的微博发帖数据，通过数据筛选和分析梳理，得到英国脱欧事件微博数据多意见演化图，如图 3-9 所示。根据演化图可以发现，起始阶段人们关注更多的是脱欧的程序与相关法规条约等内容，随着脱欧事件的不断发展以及时间的推移，信息逐渐趋于完备，人们的关注点开始更多地转移到了英国脱欧后英国与其他国家的国际关系处理上，该演化发展趋势与上述构建的模型仿真基本一致。同时，随着事件的进一步向缓发展以及新的热点快速更新，人们的关注度逐渐下降，意见群体人数持续降低，逐渐转化为免疫者，退出该系统。

根据此前的分析计算与仿真，可以发现，事件发生之初，两类意见势均力敌，3 类意见群体的意见演化情况如下。

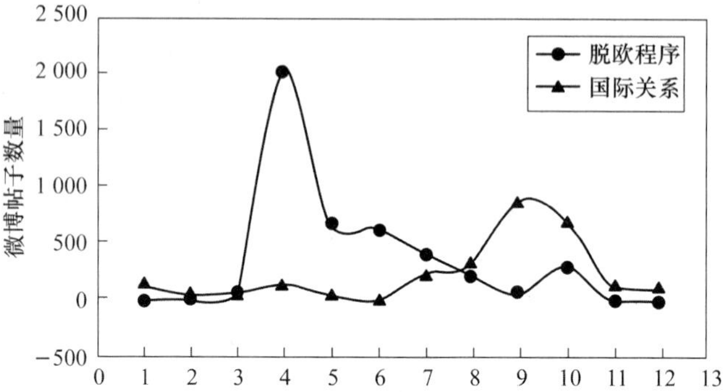

图 3-9 英国脱欧事件意见动态演化图

① 易感染者 S 较为迅速地转变为感染者 I,表示互联网用户在接触到英国脱欧的信息时,以较快的速度予以关注并提出意见,成为某一类意见的感染人群。

② 鉴于关注脱欧程序和关注国际关系两类意见的转变形式和参数相似,因此两意见群体 I_1 和 I_2 的演化趋势也基本一致。

③ 在互联网信息时代,随着信息更新的提速,不同意见群体最终都将对当前信息归于免疫状态。因此 R 群体保持持续上升趋势。据统计一条微博信息平均 6 小时就会被淹没,这也导致群体的免疫速率加快。

参数分析:在该情景下,起始群体规模相近,此时参数 p_{ij} 起到主导作用,在后续演化过程中 p_{ij} 越大,该类意见群体越能成为主流意见,引导后续舆论的走向。在相同的参数下,经典 SIR 模型的群体意见演化仿真结果如图 3-10 所示。

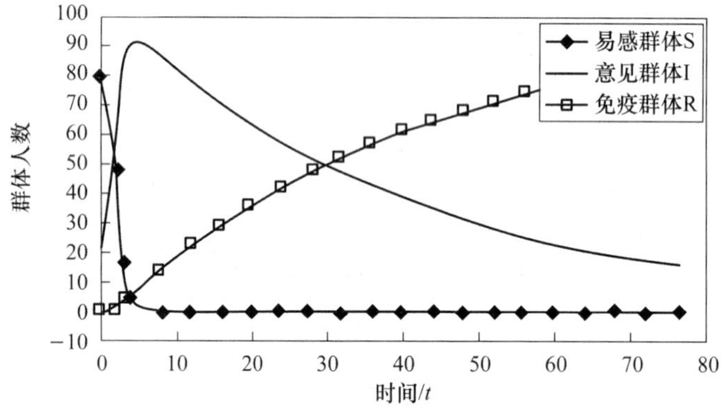

图 3-10 经典 SIR 模型的群体意见演化仿真结果

相较于本书改进的 SIR 模型,传统 SIR 模型中意见群体以更快的速度增长,未考虑其他意见的竞争与抑制作用。

其中,在图像交叉点,两意见群体人数达到一致,后续发展取决于各意见的竞争力参数。相较于传统 SIR 模型的演化速度取决于转化参数,SI_2R 模型因群间竞争的存在,导致演化相对平稳,因此交叉点在较低值处达到。

情景 2:两类起始意见群体相差悬殊。

对于与人们的切身利益息息相关,能够引起人们的共鸣的信息,因个人的损益或偏好等会产生多样化的意见群体分布,且意见的动态演化过程中多以一类主体意见为主导,后续也将呈现多样化、不确定化。

以两意见竞争为例进行仿真分析，当意见 1 的人数明显多于意见 2 时，意见的传播参数差异较大。意见 1 的传染性较强，对意见 2 的影响也较大。因此，参数设置为 $\alpha=0.03$，$\beta=0.02$，$\gamma=0.01$，$p_{12}=0.02$，$p_{21}=0.01$，$u_1=0.05$，$u_2=0.03$，系统初始值为[700 250 50 0]，即意见群体 I_1 的初始人数为 250，意见群体 I_2 的初始人数为 50，样本总体为 1 000。意见群体演化趋势如图 3-11 所示。

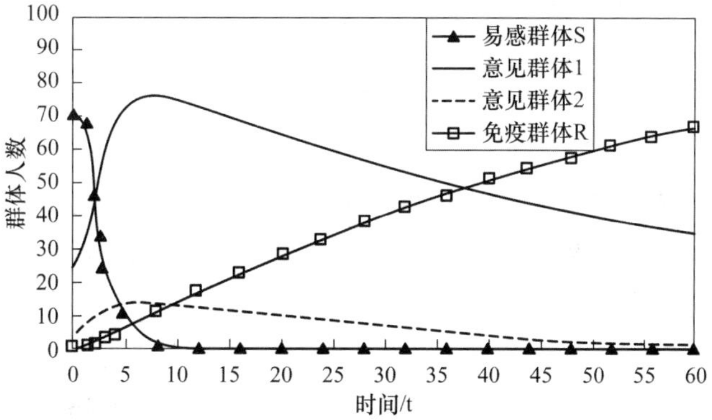

图 3-11　意见群体演化趋势

此处以 AlphaGo 与柯洁的对战为例，该事件的最大热点在于人工智能与顶尖棋手的对决，大部分人关注其中体现出的选手的高超棋技，同时也有部分群体更关注人工智能技术的进一步发展。但是两类意见区别悬殊，第一类意见始终占据主体地位。结合爬虫技术进行微博数据的抓取与分析，可发现两类意见的演化趋势与上述 SI_nR 仿真模型的趋势相一致，如图 3-12 所示。

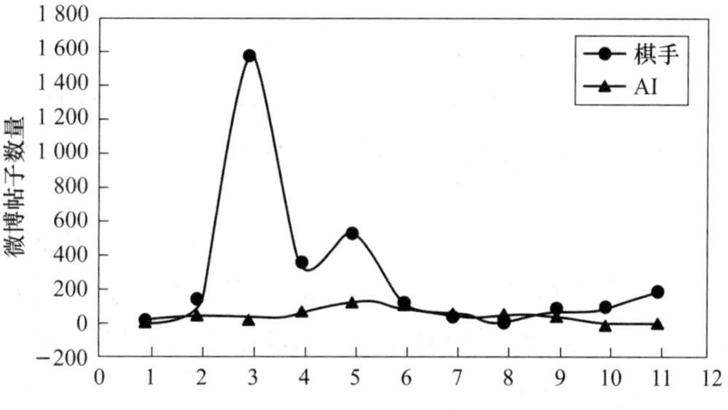

图 3-12　AlphaGo 事件意见演化趋势

情景 3：意见引导，后来居上。

专家/领导层的影响力较一般的参与者往往大很多，因此当有专家/领导层对意见进行引导时，将出现小意见群体的后来居上。而随着时间的推移，核心成员的意见将对整个群体产生导向作用。以魏则西事件为例，以腾讯新闻检测统计数据与微博意见为基础，初期意见集中于对莆田系医院的批判与不满，事件后期，加之其他医疗事件的激化，主体意见群体倾向于强调市场的监督管理不足。结合数据收集与仿真，其意见演化趋势如图 3-13 所示。

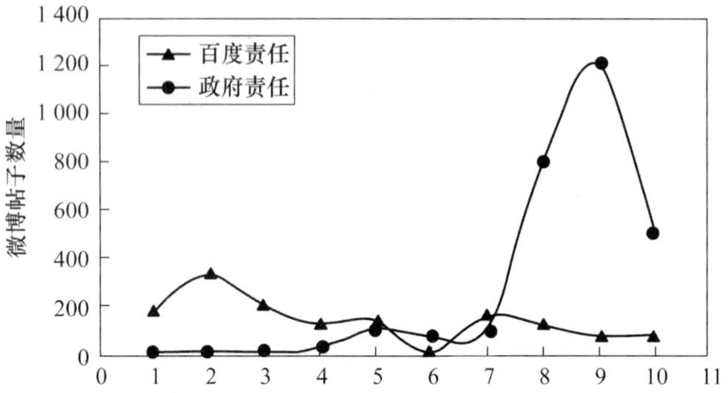

图 3-13　魏则西事件意见演化趋势

模型仿真分析:在此类情景下,令起始阶段其他参数不变,仅需改变两群体的初始值与影响参数,使得 $I_1<I_2$ 且意见影响参数 $P_{12}\gg P_{21}$,可得系统内意见群体演化趋势如图 3-14 所示。

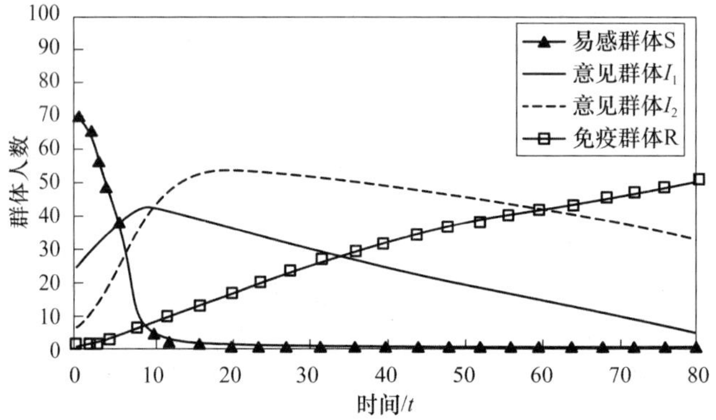

图 3-14　意见群体演化趋势

根据上述模型与仿真,当两意见群体起始相差悬殊时,占优群体的意见将在较大程度上抑制其他群体的增长,并吸收其他群体成员,且占优群体能在更短的时间内达到数量的迅速增长。在实践中应更为关注意见群体之间的交互,注意意见群体的正确引导和监督,实现良性意见的竞争演化,避免更大的风险损失。

参数灵敏度:情景 2 与情景 3 起始群体规模差异较大,此时尽管群体规模因素对系统起到了重要影响,但参数对系统的影响依然较大,当改变 p_{ij} 的区别度时,系统走向发生本质的改变,因此在群体决策过程中应注重对于关键群体与核心节点的把握,关注意见群体之间动态交互作用的强度,积极正确地进行系统意见的引导。

结合上述情景分析,该竞争演化模型能够较好地体现个体意见之间的动态竞争演化机制,在一定程度上补充了对于意见竞争演化机制的研究。

3.3.4　动态竞争演化模型分析

在互联网信息时代,随着决策平台的不断完善,沟通交流渠道日益便捷,使得信息的传播速度和广度、深度日益拓展,专家之间的沟通与意见交互更加充分和便捷,因此,对于跨国石油集团公司投资决策项目决策中的专家意见演化交互应加强重视。

目前在多意见竞争演化机制的研究方面尚存在很多空白。本书算法在传统 SIR 模型的基础上，引入多意见群体竞争机制，对传统 SIR 模型进行了改进和拓展，形成了新的 SI_nR 模型，从而能够表述和研究现实情况中，多专家意见群体在竞争机制的作用下对系统整体的影响。本书还创新性地以微博平台为支撑，利用 MATLAB 和网络爬虫等先进技术，对多情景下的实例进行了研究分析，并对意见演化情况进行了仿真，对新模型的实用性以及参数的灵敏度进行了检验，以此来模拟多专家意见群体在竞争机制作用下的演化进程，对后续各类意见演化机制的研究分析具有一定的参考价值。当然，随着互联网技术的快速发展，群体意见的交互以及各群体间的相互影响会产生新的变化，本书所建立的 SI_nR 模型对专家意见群体竞争机制演化的研究和探索还有待进一步优化和完善。

第4章　跨国石油集团公司投资项目群体决策体系与应用研究

跨国石油集团公司的投资过程具有高资本、高风险、长周期的特点，其决策与管理更为复杂，因此对科学化的群体决策系统的需求更为迫切。针对当前跨国石油集团公司投资项目群体决策体系研究的不足，以及在实践中对群体决策系统的应用难点，本章重点以跨国石油集团公司为研究对象，结合前文模型与算法研究，在行业特点分析和系统分析的基础上，有针对性地构建了跨国石油集团公司投资决策指标体系，并对其群体决策进行实例分析，进一步结合GDSS结构框架，对跨国石油集团公司投资项目群体决策系统进行设计与构建，从而为石油企业投资决策提供理论与结构支撑。

4.1　石油行业决策特点分析

不同于一般企业，跨国石油集团公司往往具有投资巨大、风险性高、规模较大、分布地域广泛等特点，这导致石油行业的投资决策具有复杂度高、科学性要求高等特性。因此，单一的决策方法已无法满足当前的决策需求。此外，在宏观方面，石油行业受国际环境及国家政策的影响巨大；在主观方面，专家的认识能力有限。因此，石油行业的投资决策问题具有多属性、不确定的特点，这些问题构成了混合的多属性群体决策问题。

4.1.1　行业现状

1. 行业整体现状

2014年国际油价开始呈现大幅下跌趋势，全球石油行业面临着困境。2015年国际油价呈现回暖趋势，2017年9月后，Brent近月端价格达60美金/桶，WTI达55美金/桶。在低油价的情况下如何把握有限的资金与项目投入、产出与风险之间的权衡，是当前跨国石油集团公司投资决策的重点。

2. 我国石油行业现状

油价因素是石油行业兴衰的晴雨表，跨国石油集团公司首先面临的是油价的不确定性，当下全球石油行业都在大幅削减资本支出。对跨国石油集团公司而言，国家政策因素是另一主要因素。在规模方面，我国油企优势明显，中石化和中石油分别居于世界500强的第3、4位。在市场需求方面，近年来，我国经济保持持续稳定增长，石油消费量稳步提升，年均增长率约为2%。

跨国石油集团公司在经营效益上相较于其他竞争对手仍有差距，尤其在ROE或者ROIC

中与国际同行的差距还是较为显著的，节流仍为资本开支减少的第一位。

此外，跨国石油集团公司面临着国企混改的大形势。中央经济工作会议明确的七大混改领域就包括石油和天然气，混改后涉及外部资金的引入、企业治理的重构、业务链条的拓展等，这使得企业决策与管理都面临着变革。世界500强中的中国石油企业如表4-1所示。

表4-1　世界500强中的中国石油企业

排名	2016年排名	公司名称（中文和英文）	营业收入/百万美元	利润/百万美元	企业性质
3	4	中国石油化工集团有限公司（SINOPEC GROUP）	267 518	1 257.9	央企
4	3	中国石油天然气集团有限公司（CHINA NATIONAL PETROLEUM CORPORATION）	262 572.6	1 867.5	央企
115	109	中国海洋石油集团有限公司（CHINA NATIONAL OFFSHORE OIL CORPORATION）	65 891.7	1 752.4	央企
143	139	中国中化集团有限公司（SINOCHEM GROUP）	59 532.6	468	央企
222	229	中国华信能源有限公司（CEFC CHINA ENERGY）	43 743.3	740.9	民企
326	325	陕西延长石油（集团）有限责任公司〔SHAANXI YANCHANG PETROLEUM（GROUP）〕	32 652.3	−22.6	国企

4.1.2　石油行业决策特点

① 决策指标选取。石油行业的决策不仅需要考虑EVA（经济增加值）与其他财务指标，还需要综合考虑企业战略、国家政策等因素，从而形成多维度、多属性决策体系，如何科学地选取决策指标是需要考虑的重点问题之一。

② 决策指标的性质。鉴于石油行业经营管理的复杂性，决策指标中既有定量的具体财务指标，又有定性的风险、战略等指标，需要综合考虑两类指标。而各类定性指标具有模糊性与不确定性，需要针对信息的统一化和不确定信息的表征等问题开展研究。

③ 指标属性权重。鉴于跨国石油集团公司项目评价指标的多样化，其属性权重具有差异性，而决策者的有效理性、客观的数据缺失等，会导致属性权重信息未知或部分未知的情况，因此，需要研究合适的、客观的属性定权方法。

④ 专家权重。在跨国石油集团公司管理中专家职位、经验、专业等方面的差异，将导致专家意见的采纳程度有所区别。此外，作为社会网络中的一环，各个专家之间具有相互的影响与意见交互，因此专家权重是一个重要的影响因素。

⑤ 决策信息集结。当前在企业决策中对于多属性、多专家的群体决策体系，以及专家决策信息的集结需要科学、高效的方法。

⑥ 领导力。决策者与专家在决策过程中往往带有一定的主观性意见，例如决策者的风险偏好、专家的有限理性等都将影响决策的科学性。

4.2 跨国石油集团公司投资决策指标体系设计

随着投资环境的改变,跨国石油集团公司在投资决策过程中并不再单单以经济目标为衡量标准,而是需要综合考量经济目标、战略目标和风险目标等,因此传统决策指标体系不再适用。

本节以跨国石油集团公司为主要研究对象,在分析当前决策体系存在的不足的基础上,针对跨国石油集团公司投资决策的指标体系进行分析,提出了经济因素、战略因素、风险因素与环境因素相结合的四维指标体系,并结合文献成果与企业决策经验进行了详细设计。

4.2.1 跨国石油集团公司投资决策指标体系现状

1. 常用决策指标

(1) 经济指标

通常从项目获利能力、投资效率、创汇能力等角度出发,获利能力方面采用财务内部收益率(FIRR)、财务净现值(FNPV)、投资预期收益等综合效益指标,投资效率方面则多采用风险现值率、投资回收期等指标,创汇能力方面则采用财务外汇净现值、新增投资创汇率等指标。石油投资项目决策经济评价指标如表 4-2 所示。

表 4-2 石油投资项目决策经济评价指标

经济评价类别	具体指标内容
项目获利能力	财务净现值
	投资预期收益
	财务内部收益率
项目投资效率	风险现值率
	购入成本率
	单位经济成本
	投资回收期
项目创汇能力	财务外汇净现值
	新增投资创汇率

(2) 风险指标

当前多从内因和外因两个角度出发考虑,内部系统风险主要涉及工程技术风险、管理风险等,外部系统风险则对资源国石油政策风险、自然风险、社会政治风险等进行考量。石油投资项目风险评估内容如表 4-3 所示。

表 4-3 石油投资项目风险评估内容

风险类别	具体指标内容
外部系统风险	自然风险
	社会政治风险
	资源国石油政策风险
	市场风险

续 表

风险类别	具体指标内容
内部系统风险	工程技术风险
	管理风险
	财务风险
	人力资源风险

注:指标来源为高新伟所著的《国际石油经济合作》,486 页。

(3) 其他指标

主要考虑企业自身的资金实力、技术实力、人才储备、创新能力等。

2. 常用决策方法

我国石油行业投资项目的决策管理方法的发展历程大致可以划分成以下几个阶段,如表 4-4 所示。

表 4-4　我国石油行业投资项目的决策管理方法发展阶段

时间	所处发展阶段	主要方法	特点
20 世纪 50 年代	萌芽阶段	静态分析方法	通过投资效益、投资回报期等指标,结合静态分析模型,得出决策结果
20 世纪 70 年代	起步阶段	可行性研究	可行性研究的相关理论和方法被引用至现代项目决策管理之中
20 世纪 80 年代	成熟阶段	以 1987 年版《建设项目经济评价方法》《建设项目经济评价参数》规范化指导文件	1987 年国家计委颁发了《建设项目经济评价方法》《建设项目经济评价参数》,从政府的层面提出了规范化的评价方法和评价参数,用于指导大中型建设项目评价
20 世纪 90 年代	发展阶段	1993 年版《建设项目经济评价方法》《建设项目经济评价参数》	1993 年国家计委、建设部颁发了《建设项目经济评价方法》《建设项目经济评价参数》,对建设项目的评价方法和评价参数进行了更新和完善
21 世纪初	发展改进	2006 年版《建设项目经济评价方法》《建设项目经济评价参数》	2006 年修改并颁发了《关于建设项目经济评价工作的若干规定》《建设项目经济评价方法》等,作为项目经济评价的新参考依据
当前	发展完善	风险评估和群体决策理论逐渐在项目决策管理中应用	随着风险管理理论和群体决策理论的发展和完善,项目投资管理决策的相关理论和方法体系逐渐趋于完善

在企业投资决策过程中,既涉及企业经济数据等客观数据,又需要专家专业的主观判断,同时需要科学的评价方法来支撑。企业投资决策方法体系如表 4-5 所示。

表 4-5　企业投资决策方法体系

方法类型	主要方法	特点
确定型决策	线性规划法 网络分析法 整数规划法	确定型决策方法主要以客观数据为基础,通过目标规划和客观约束条件,发掘投资决策项目

续 表

方法类型	主要方法	特点
风险型决策	多目标决策 灵敏度分析 树形解法 效用曲线法	风险型决策因素的度量多依赖于专家的主观判断,结合项目实际,进行综合性的评估,因此风险型决策多将风险和经济因素作为双目标进行多目标的决策,或是结合概率论与前景理论,进行问题的表述和求解
不确定型决策	期望值极大原理 极小极大值原理 悲观乐观指标 逻辑推理标准	不确定型决策多根据概率相关理论和逻辑推理,并综合决策者的风险态度进行决策分析
群体决策	主观方法与客观方法相结合	群体决策是对各类决策方法的有机结合,根据决策现实选择合理的决策方法,并对评价信息进行科学的集结

综合上述分析,在项目投资管理发展前期,主要侧重于对于各项经济指标的评价,以效益为先。然而随着企业投资项目复杂度的提升,对于项目投资管理决策的要求更高,需要科学化、高效化、公平化、全面化的指标体系来支撑决策。近年来,随着项目管理理念的转变,加之风险管理理论和群体决策理论的不断完善,综合型的指标体系和决策方法越来越多地用于项目的投资决策中。

4.2.2 现有跨国石油集团公司群体决策存在的问题

尽管跨国石油集团公司的投资决策方法日趋完善,但是随着实践的发展与新环境的变化,人们对于指标体系的科学性提出了更高的要求。跨国石油集团公司的投资管理过程受战略、政策等因素的影响较大,因此对于指标体系的适用性要求更为严格。

1. 项目决策目标不完整

在进行跨国石油集团公司投资项目决策时,科学而合理的决策目标的选取是科学决策的基础。当前我国石油企业在进行石油投资项目决策的过程中,大多仅将经济效益和规避风险作为主要的决策目标,而忽视了企业战略导向与绿色发展等因素,导致决策目标不完整。

2. 决策指标体系不完善

当前在企业决策指标体系设计中,经济类指标仍占主体部分,人们对于风险因素和战略因素等相关的指标重视度不足,新背景下的环境指标也未纳入其中,因此项目决策的科学性降低了,指标体系缺乏全面性,这并不符合当前企业尤其是跨国石油集团公司的决策现状。

3. 决策指标权重确定不科学

在现行的跨国石油集团公司项目决策中,人们对于经济效益相关指标的重视度高,其相应的权重也较高,而人们对于项目的风险重视度不足,此外忽略了企业战略的影响。这种传统的决策理念会导致指标体系的设置,尤其是指标权重的设定不合理,不利于指导企业的投资决策与资产管理,进而会造成资源的不合理分配和资金的浪费。

因此,本书将跨国石油集团公司投资项目的目标设置为经济效益目标、战略契合度目标、风险控制目标和环境友好度目标等 4 个。其中,经济效益目标是企业决策过程中投资者最为关注的内容，根据项目历年数据形成综合度量；战略契合度目标以企业宏观战略、国家战略等为指导，衡量项目与发展战略的契合程度；风险控制目标是针对当前国际油价以及宏观投资环境的起伏而提出的；环境友好度目标则结合绿色发展相关理念，对项目/方案的环境友好程度进行度量。各个目标之间相辅相成、缺一不可。由此本书进行了跨国石油集团公司投资决策指标体系的详细设计与分析，形成了经济因素、战略因素、风险因素与环境因素相结合的四维决策指标体系。

4.2.3　石油企业投资决策指标体系设计

本小节以跨国石油集团公司为对象，进行群体决策指标体系的设计。对于石油企业而言，除经济因素（营利性）外，企业的整体发展战略极大地制约着项目的投资方向；此外，鉴于跨国石油集团公司的盈利受国际环境、油价等因素影响较大，因此投资风险对决策的制定也影响较大。因此，结合当前研究领域成果和应用实践，本小节考虑从投资项目与公司战略的契合度、项目的经济价值、项目的风险系数，以及环境因素 4 个角度，以多维度、多指标并对其赋予值级和权重的形式对备选项目集进行评价，以便对多个不同阶段、不同区域、不同技术难度的开发项目进行直观比选，从而实现项目排序及优选。

对于具体指标的选取，遵循定性与定量相结合的原则。一类是经验指标，国际通用指标体系是在总结大量国内外研究与实践经验的基础上形成的经验型指标体系，具有重要的参考意义和价值；另一类是数据挖掘，数据中往往包含了大量的信息，也更能反映具体企业的具体实际和特殊性，且当前大数据环境下的企业管理已成为决策管理的重要背景。

针对石油企业的特点，本书构建跨国石油集团公司投资项目群体决策的主要指标体系如下。

1. 战略契合度

石油能源已成为关乎国家全面建设发展的一种重要战略资源，是国家经济体系赖以运转的血液，具有重要的战略地位。在石油投资项目的决策中，综合决策指标体系选择，以及各指标权重设定计算等要素，石油供给安全必须作为重点来考虑。石油项目资金投入多，决策失误将对企业造成不可挽回的重大经济损失。

① 投资战略契合度。投资战略契合度用于评价投资的业务和区域布局是否与国家和公司的整体发展战略一致。对于跨国石油集团公司，主要是结合企业发展战略，针对项目区域优先级、结构优先级等进行评价。

② 销售战略契合度。销售战略契合度用于评价销售的产品、行业、客户和区域是否与国家和公司的发展战略一致。对于跨国石油集团公司，主要结合企业战略，针对项目产品类型、销售受众等进行评价。

③ 资源充沛程度。资源充沛程度用于评价项目的技术可采储量及可采储量转换率情况是否与国家、公司的发展战略一致。对于跨国石油集团公司，主要根据油田可采储量评估，确定油田规模，以评定资源充沛程度。

2. 经济因素

一方面，经济因素是最能客观反映情况的因素，也是最能反映项目盈利性的因素，而项目投资的最终目标在于盈利，因此经济因素组成了项目决策指标体系的重要一环；另一方面，随着大数据、云平台等技术的发展，企业运营与财务等数据库基本完备，海量数据储备与云数据平台为项目评价和企业投资决策分析提供了数据基础。本书的研究主要从成本、收益、生产能力、投资回收期等因素出发，进行经济指标的构建。

① 单位经济成本。单位经济成本用CPUE来表示，主要反映投入资金的利用水平。按成本项目进行划分，石油开发成本应涵盖动力费、材料费、燃料费、维护费、作业费、工人工资以及职工福利费等各个方面，应进行综合测算。

② 投资回收期。在石油项目决策评价中投资回收期通常被分为静态投资回收期和动态投资回收期，它们的区别在于对资金的时间价值的考虑。静态投资回收期不考虑资金的时间价值，用项目净收益回收其全部投资所需要的时间作为投资回收期；动态投资回收期则指将投资项目各年的净现金流量按基准收益率折算成现值后，综合推算投资回收期。回收期的长短从长期来看对投资的影响不大，但该时间能间接地反映出项目风险的大小。

③ 生产贡献能力。生产贡献能力主要反映油田年均生产能力，以度量其对企业产量的贡献能力，需根据采收率来进行综合的定量评估。

④ 综合盈利能力。综合盈利能力是一个综合性指标，主要反映油田的投资增值能力。综合盈利能力是以大数据理论为支撑，结合企业理念的运营数据和财报等材料，对油田的综合盈利能力进行综合评估所得的结果，可细分为：

- 投资预期收益。投资预期收益是指在假设没有意外事件发生的条件下，根据已知信息预测的所能得到的收益。该指标是投资项目经济评价过程中最关键的定量指标。
- 期望利润率。期望利润率也称为期望收益率，又称为持有期收益率（HPR），反映项目可预计的收益率。该指标代表的是一种投资期望值，实际收益很有可能偏离该期望值。
- 财务净现值（NPV）。财务净现值是考察项目在计算期内盈利能力的动态评价指标。财务净现值越大项目越优，但是一般而言项目越大，财务净现值越大，因此在实际决策中常需综合判定。

3. 风险因素

跨国石油集团公司一般同时投资国内和海外项目。其海外项目的开发和建设受当地政治因素如地缘政策、种族冲突、地质风险、商业经济风险、资源国政治风险等影响较大；此外作业环境等因素对于项目进度的影响较大，可能造成工期的延误。因此在投资决策之前，需要评估整个项目的风险。主要风险指标如下。

① 政治风险。石油作为各国公认的重要战略资源，其竞争的实质通常都是国家间政治利益的冲突，进而导致市场竞争或经济损失。在跨国石油集团公司海外投资项目中政治风险尤为明显，如国内暴力冲突、他国干预等事件都会对海外投资项目造成冲击，进而造成企业的经济损失，例如南北苏丹间的政治变故导致苏丹投资项目的停滞。

② 社会经济风险。一方面，石油资源的需求主要由本国的经济发展水平决定，我国经济发展的稳定性与石油供应风险密切相关；另一方面，资源国关于国际石油合作的相关法律法规对投资项目的实施也存在重要影响和制约。

③ 商业经济风险。油价是商业经济风险的最主要风险，油价的变化通常具有难以预测、周期长等特点。当前我国所投资油田大多已处于产油量递减阶段，规模效益提升难度较大，使得油价的影响更为明显。此外，资源国对石油产业法律法规的调整也将对投资项目造成较大

的商业经济风险。

④ 工程技术风险。据统计目前世界石油勘探的平均成功率仅为3.03%，因此石油投资项目的高勘探成本与投资收益的不确定性也是重大风险。石油投资项目的开发技术难度、运输环境、人员管理等都是项目投资决策时必须考虑的工程技术因素。

⑤ 地质风险。油藏特征、断层特征等地质条件直接影响海外石油投资项目的最终收益。项目的地质条件优劣、开发难度、油品好坏都属于地质风险范围。当前深水油田仍是石油项目投资的热点，但是相应的技术难度高，风险也相对较高。

⑥ 管理风险。对于合作油田等开发合同中关于管理的规定、投资项目团队成员的个人素质、关于投资方工作人员的相关法律规定等，都会对石油投资项目的决策管理效率造成重要影响。

4. 环境因素

随着可持续发展和绿色低碳发展理念的深入，近年来，跨国石油集团公司加大污染减排实施及考核力度，力争提升环保管理水平，强化风险控制能力，实现企业与生态环境的和谐发展，因此本书认为环境友好度也应纳入指标体系中进行考量。

综上形成了本书跨国石油集团公司投资项目群体决策指标体系，其中，一级指标的权重以行业经验，结合企业决策者调研评估给出，具有一定的参考性；二级指标的权重以定量与定性相结合的方法确定。

① 定量指标。根据企业实际运营数据（年度报告、季度报告等），结合海量相关经济数据和企业数据平台，通过数据挖掘方法进行指标定权。

② 定性指标。根据具体宏观政策及企业战略的解读与现状分析、管理层及部门领导相关要求与建议、国内外行业先进的决策实践经验等综合确定权重。

AHP框架下的石油企业投资决策指标体系如图4-1所示。

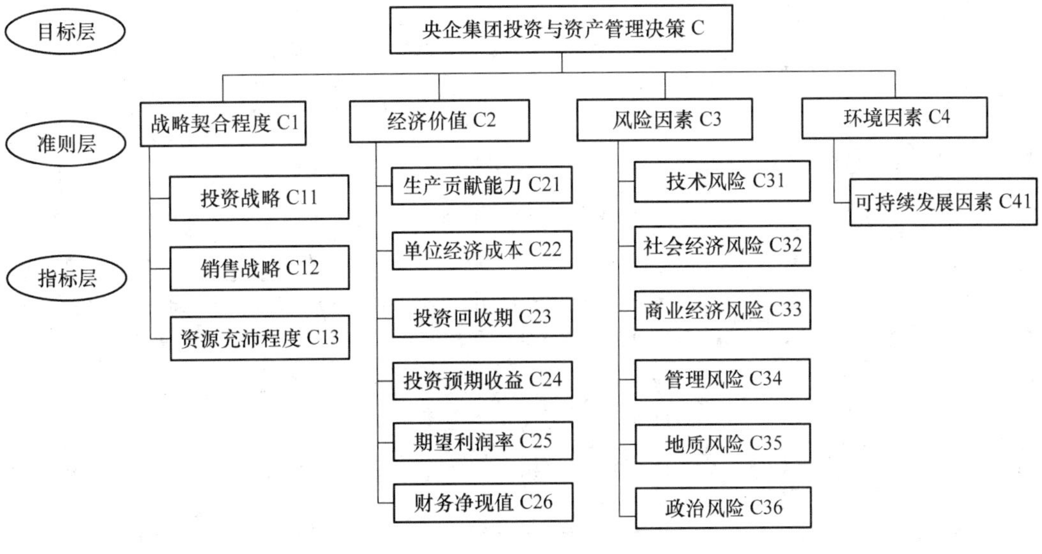

图4-1　AHP框架下的石油企业投资决策指标体系

以AHP结构框架为基础，对本书所建指标体系进行层级梳理，可形成如图4-1所示的决策体系框架。具体指标体系与指标说明如表4-6所示。

表 4-6　石油集团公司投资项目群体决策指标体系

一级指标	二级指标	指标类型	指标说明	评价依据
战略契合程度(30%)	投资战略契合度	综合评价指标	评价投资的业务和区域是否与战略一致	结合企业发展战略,针对项目区域优先级、结构优先级进行评分
	销售战略契合度	综合评价指标	评价销售的产品、行业/客户和区域是否与战略一致	结合企业战略,针对项目产品类型、销售受众等进行评价打分
	资源充沛程度	综合评价指标	评价技术可采储量及可采储量转换率是否与战略一致	根据油田可采储量评估,确定油田规模,从而进行可采资源充沛程度打分
经济价值(30%)	生产贡献能力	定量指标	从产能角度评价采收率与年均产量是否与企业发展战略一致	根据年均产量评估油田生产能力,同时根据采收率进行综合定量评估
	单位经济成本	定量指标	单位经济成本反映投入资金的利用水平	对项目成本类支出进行综合度量
	投资回收期	定量指标	投资回收期的长短在某些政策波动较大的资源国或者地区较为重要	在海外项目决策评价中被分为静态投资回收期和动态投资回收期
	投资预期收益	定量指标	从财务角度评价项目的经济性和盈利能力	结合企业财报等经济数据,对油田预期的盈利能力进行综合的定量评估
	期望利润率	定量指标	反映决策者对于项目可预计的收益率	结合运营数据与决策者期望等,对油田的期望利润率进行综合的定量评估
	财务净现值	定量指标	财务净现值是考察项目在计算期内盈利能力的动态评价指标	定量数据以经济评价中财务净现值指标为准,结合其他指标及资产投资的约束条件进行综合判断
风险因素(30%)	工程技术风险	定性指标	评价项目因技术因素而可能发生的风险	主要工程技术风险体现在地下油藏信息的不确定性,以及开发技术与设备的成熟度
	社会经济风险	定性指标	评价项目因社会经济因素而可能发生的风险	社会经济风险主要体现在石油供求关系、当地政策等方面
	商业经济风险	定性指标	评价项目因商业经济因素而可能发生的风险	商业经济风险主要体现在合同条款、工程进度、货币汇率等方面
	管理风险	定性指标	评价项目因项目管理而可能发生的风险	管理风险体现在与共同作业者的合作策略、组织结构、工作效率等方面
	地质风险	定性指标	评价项目因地质因素而可能发生的风险	地质风险体现在地质条件优劣、开发难度、油品好坏等方面
	政治风险	定性指标	评价项目因政治因素而可能发生的风险	政治风险体现在地缘政治、当地经济政策等方面
环境因素(10%)	可持续发展因素	定性指标	根据可持续发展理念,考虑项目可能存在的环境影响力	环境因素体现在项目潜在的环境影响,以及可持续因素等方面

根据动态决策原则,决策信息的完备度提升,以及决策者意见的动态交互影响,致使各个阶段的属性权重发生变化,这使得在实际决策过程中决策指标体系存在着动态的调整,从而可形成更为科学化的决策结果。

4.3　跨国石油集团公司投资项目动态群体决策算法与实证分析

在国际环境和市场环境的变化下，当前石油企业决策面临着更高的复杂度和更大的风险。本节以某跨国石油集团公司投资决策平台课题研究为支撑，结合石油企业特点与上文算法研究，对石油央企投资项目动态群体决策进行实证分析，根据制定的决策指标体系，对备选投资项目进行综合评价，结合上述算法分析，得出最优投资方案。

4.3.1　跨国石油集团公司投资项目动态群体决策算法体系

通过分析归纳，跨国石油集团公司投资项目动态群体决策算法体系可以表述如图 4-2 所示。

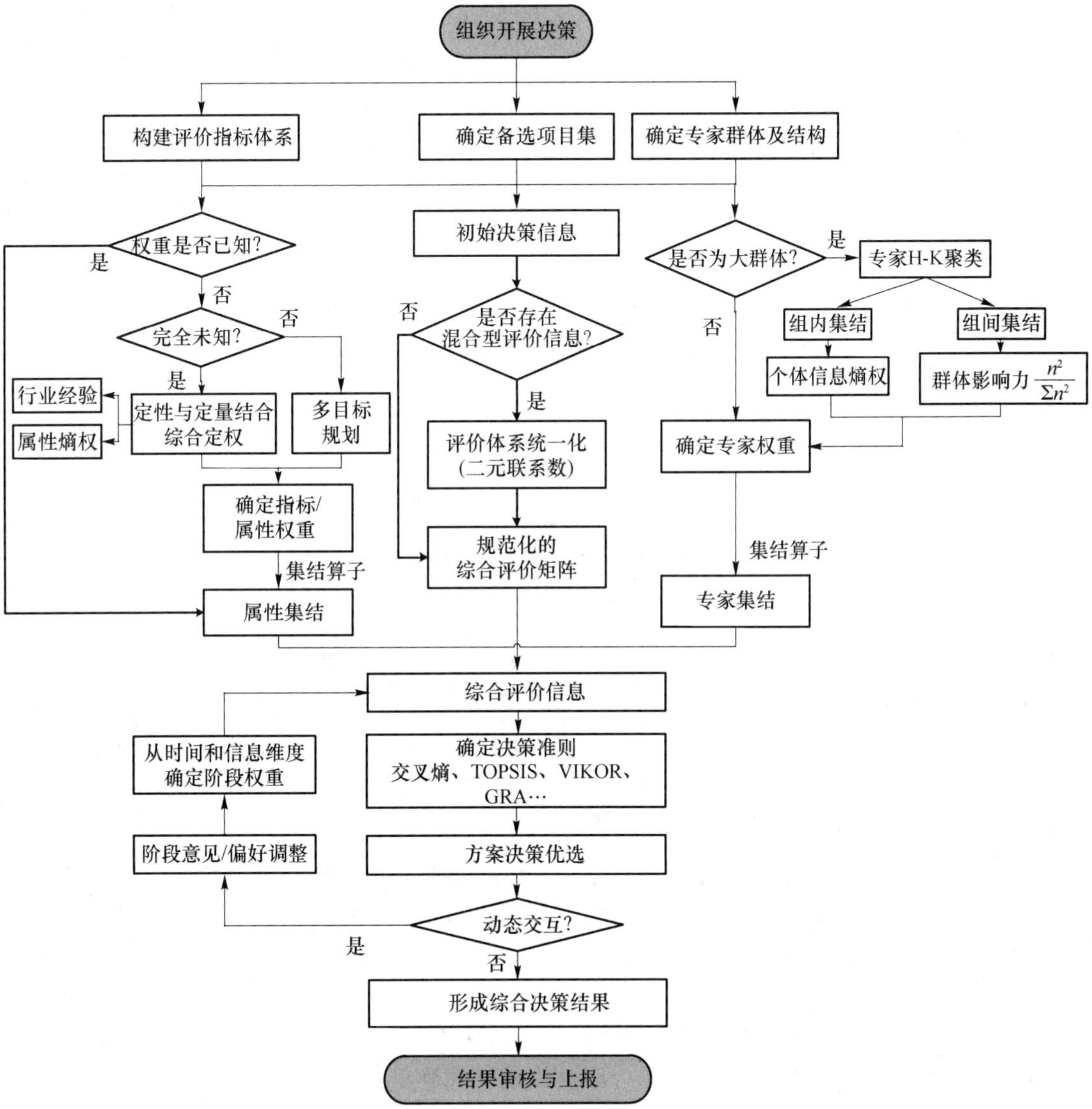

图 4-2　跨国石油集团公司投资项目动态群体决策算法体系

4.3.2 跨国石油集团公司投资项目动态群体决策算法实例分析

本小节以我国某跨国石油集团公司投资项目决策为例,选取5个油田投资项目作为研究对象,记为 $A=\{A_1,A_2,\cdots,A_5\}$,结合上文指标体系进行投资项目的群体决策分析。本章构建的指标体系为定性与定量相结合的指标体系,其中,定量指标以大数据理论为支撑,根据企业历年运营数据与财务数据进行度量;定性指标则邀请相应决策者与专家进行项目评价,形成综合的评价信息矩阵,并结合上述算法体系进行决策分析。具体算法步骤与实例分析如下。

步骤1:定量决策数据梳理与分析。

首先,根据指标体系中定量指标,结合企业年报、财报等数据,收集并整理备选油田项目的相应历史数据。结合混合多属性决策算法研究,对于定量属性数据,需综合考虑连续的数据特点,结合企业实际业务数据,而不能以单一年数据为准进行判断。其中对于当年的预测值可采用CM(1,1)等预测算法。因此,数据梳理如表4-7和表4-8所示。根据指标体系,可进一步将企业实际数据转化为定量决策信息。由此可得指标 $C_{11}\sim C_{26}$ 的评价值,以备选方案1的数据为例进行展示。

表4-7 备选方案1定量属性信息统计

国家区域	开发类别	平均水深	主要产品	业务类别	投产时间	合作方式	投资回收期	
国内	海上开发	浅水	油产品	油田	2001年	合作	5.5年	
年度	2013年	2014年	2015年	2016年	2017年	2018年预测	期望	方差
净产量	104.24	177.76	155.18	151.18	139.53	126.94	142.47	25.28
桶油成本	37.13	16.08	18.08	19.89	21.30	23.28	22.63	7.53
财务净现值	−19.50	190.38	155.94	169.80	167.40	135.60	133.27	76.97
投资预期收益	6 953.40	5 453.52	5 719.62	6 729.48	6 659.04	6 450.42	6 327.58	601.95
期望利润率	0.40	0.31	0.31	0.35	0.34	0.33	0.34	0.03

表4-8 规范化的综合评价信息矩阵

X_1	A_1	A_2	A_3	A_4	A_5
C_{11}	0.700+0.000i	0.600+0.000i	0.700+0.000i	0.900+0.000i	1.000+0.000i
C_{12}	0.800+0.000i	0.500+0.000i	0.700+0.000i	0.800+0.000i	0.600+0.000i
C_{13}	0.500+0.000i	0.300+0.000i	0.800+0.000i	0.300+0.000i	0.800+0.000i
C_{21}	0.766+0.136i	1.000+0.301i	0.087+0.078i	0.167+0.015i	0.054+0.059i
C_{22}	0.378+0.126i	0.004+0.206i	1.000+0.588i	0.495+0.153i	0.413+0.455i
C_{23}	0.909+0.000i	0.769+0.000i	1.000+0.000i	1.000+0.000i	0.833+0.000i
C_{24}	1.000+0.095i	0.139+0.059i	0.180+0.160i	0.179+0.071i	0.050+0.060i
C_{25}	1.000+0.096i	0.233+0.405i	0.025+0.131i	0.176+0.829i	0.064+0.128i
C_{26}	0.152+0.088i	0.016+0.031i	0.009+0.375i	0.001+0.041i	0.016+1.000i

根据上述分析,将精确数形式的信息转化为二元联系数,对于历史数据采用均值度量其确定性,采用方差度量其不确定性,从而综合度量信息中的确定性与历史数据体现的非确定性,由此形成指标体系经济维度和战略维度的规范化综合评价信息矩阵,如表4-8所示。

步骤 2：确定性决策信息。

组织专家组和领导层进行备选项目的评价，根据专家专业能力、知识经验、自身偏好等，并针对各个定性指标给出综合决策信息，其中信息评价以混合决策信息的形式给出，由此综合定量信息形成综合的决策信息矩阵 $\boldsymbol{X}=\{x_{ij}^{k}\}$。本章实例中定量评价信息相同，风险信息（成本型指标）以三角区间模糊数形式给出，环境指标（效益型指标）以模糊语义形式给出，因矩阵信息较多，本小节仅以专家 E_1 为例展示规范化后的决策信息矩阵，如表 4-9 所示。

表 4-9　专家 E_1 给出的决策信息矩阵

$\boldsymbol{X}$	A_1	A_2	A_3	A_4	A_5
C_{31}	[(0.80,0.85),0.85,(0.90,1.00)]	[(0.65,0.80),0.85,(0.90,0.95)]	[(0.35,0.40),0.50,(0.60,0.65)]	[(0.70,0.80),0.85,(0.90,1.00)]	[(0.65,0.70),0.80,(0.88,0.90)]
C_{32}	[(0.80,0.85),0.90,(0.95,0.98)]	[(0.65,0.70),0.80,(0.88,0.90)]	[(0.70,0.75),0.85,(0.86,0.95)]	[(0.50,0.60),0.70,(0.75,0.80)]	[(0.70,0.75),0.80,(0.85,0.96)]
C_{33}	[(0.70,0.75),0.80,(0.85,0.90)]	[(0.70,0.75),0.80,(0.85,0.96)]	[(0.60,0.70),0.75,(0.80,0.85)]	[(0.70,0.75),0.80,(0.85,0.96)]	[(0.67,0.70),0.75,(0.80,0.85)]
C_{34}	[(0.73,0.80),0.85,(0.90,0.95)]	[(0.40,0.45),0.55,(0.60,0.70)]	[(0.75,0.80),0.85,(0.90,0.95)]	[(0.67,0.70),0.75,(0.80,0.85)]	[(0.75,0.85),0.90,(0.95,1.00)]
C_{35}	[(0.45,0.50),0.60,(0.70,0.85)]	[(0.65,0.80),0.85,(0.90,0.95)]	[(0.70,0.75),0.80,(0.85,0.95)]	[(0.65,0.60),0.70,(0.70,0.80)]	[(0.65,0.80),0.85,(0.90,0.95)]
C_{36}	[(0.40,0.45),0.50,(0.55,0.70)]	[(0.65,0.60),0.70,(0.70,0.80)]	[(0.80,0.87),0.90,(0.95,1.00)]	[(0.35,0.40),0.50,(0.60,0.65)]	[(0.60,0.70),0.75,(0.80,0.85)]
C_{41}	好	一般	非常好	很好	一般

步骤 3：决策信息规范化。

根据混合多属性体系的研究，对决策信息进行标准化，并进一步结合各形式决策信息的转化定义，将混合决策信息统一为二元联系数形式，由此形成各个专家规范化的决策信息矩阵 $\boldsymbol{R}=\{r_{ij}^{k}\}$，如表 4-10 所示。

表 4-10　专家 E_1 规范化的决策信息矩阵

$\boldsymbol{R}$	A_1	A_2	A_3	A_4	A_5
C_{31}	0.733+0.342i	0.692+0.352i	0.417+0.305i	0.708+0.361i	0.655+0.336i
C_{32}	0.747+0.331i	0.655+0.336i	0.685+0.324i	0.558+0.317i	0.677+0.341i
C_{33}	0.667+0.310i	0.677+0.341i	0.617+0.309i	0.677+0.341i	0.628+0.292i
C_{34}	0.705+0.328i	0.450+0.296i	0.708+0.324i	0.628+0.292i	0.742+0.349i
C_{35}	0.517+0.387i	0.692+0.352i	0.675+0.335i	0.575+0.269i	0.692+0.352i
C_{36}	0.433+0.293i	0.575+0.269i	0.753+0.340i	0.417+0.305i	0.617+0.309i
C_{41}	0.900+0.050i	0.700+0.150i	1.000+0.000i	0.800+0.100i	0.700+0.150i

步骤 4：确定属性权重并集结。

准则层权重根据国内外决策经验和企业相关决策战略确定，权重为 $\boldsymbol{\omega}=(0.3,0.3,0.3,0.1)$，指标层的相关指标根据熵权法确定属性权重，如表 4-11 和表 4-12 所示。

表 4-11 属性权重

准则层	指标层	A_1	A_2	A_3	A_4	A_5
战略指标(0.3)	C_{11}	0.068	0.059	0.068	0.088	0.098
	C_{12}	0.078	0.049	0.068	0.078	0.059
	C_{13}	0.049	0.029	0.078	0.029	0.078
经济指标(0.3)	C_{21}	0.074	0.093	0.004	0.016	0.002
	C_{22}	0.035	0.020	0.079	0.046	0.019
	C_{23}	0.089	0.075	0.098	0.098	0.081
	C_{24}	0.097	0.012	0.008	0.016	0.003
	C_{25}	0.097	0.032	0.013	0.079	0.011
	C_{26}	0.012	0.003	0.037	0.004	0.098
风险指标(0.3)	C_{31}	0.063	0.058	0.028	0.060	0.055
	C_{32}	0.065	0.055	0.059	0.045	0.057
	C_{33}	0.058	0.057	0.052	0.057	0.054
	C_{34}	0.061	0.033	0.062	0.054	0.064
	C_{35}	0.034	0.058	0.057	0.050	0.058
	C_{36}	0.031	0.050	0.066	0.028	0.052
环境指标(0.1)	C_{41}	0.088	0.067	0.098	0.078	0.067

表 4-12 综合决策信息矩阵 $\tilde{\boldsymbol{R}}=\{\tilde{r}_i^k\}$

专家群体	A_1	A_2	A_3	A_4	A_5
E_1	0.761+0.148i	0.627+0.215i	0.724+0.208i	0.635+0.219i	0.638+0.276i
E_2	0.510+0.230i	0.700+0.150i	0.500+0.110i	0.560+0.060i	0.620+0.310i
E_3	0.300+0.260i	0.400+0.330i	0.420+0.130i	0.930+0.120i	0.710+0.320i
E_4	0.510+0.170i	0.760+0.410i	0.820+0.190i	0.680+0.340i	0.680+0.340i
E_5	0.410+0.080i	0.960+0.440i	0.840+0.230i	0.450+0.300i	0.750+0.340i
E_6	0.700+0.400i	0.530+0.390i	0.760+0.290i	0.690+0.350i	0.560+0.320i
E_7	0.890+0.110i	0.880+0.130i	0.870+0.160i	0.730+0.320i	0.680+0.340i
E_8	0.530+0.210i	0.830+0.130i	0.510+0.250i	0.670+0.330i	0.630+0.290i
E_9	0.700+0.480i	0.510+0.350i	0.700+0.410i	0.850+0.150i	0.580+0.270i
E_{10}	0.640+0.160i	0.700+0.310i	0.560+0.300i	0.520+0.380i	0.630+0.290i
E_{11}	0.560+0.100i	0.950+0.080i	0.640+0.060i	0.860+0.430i	0.740+0.350i
E_{12}	0.880+0.12i	0.750+0.080i	0.770+0.190i	0.730+0.020i	0.620+0.310i

综合指标的准则层权重与属性权重，对决策信息进行分层集结，形成综合决策信息矩阵 $\tilde{\boldsymbol{R}}=\{\tilde{r}_i^k\}$。

步骤 5：专家聚类与权重确定。

结合综合决策矩阵，并根据聚类算法框架，对专家进行聚类，形成决策群组，再根据决策信息熵权给定专家熵权，结合组内专家人数占比确定组间权重，如图 4-3 所示。

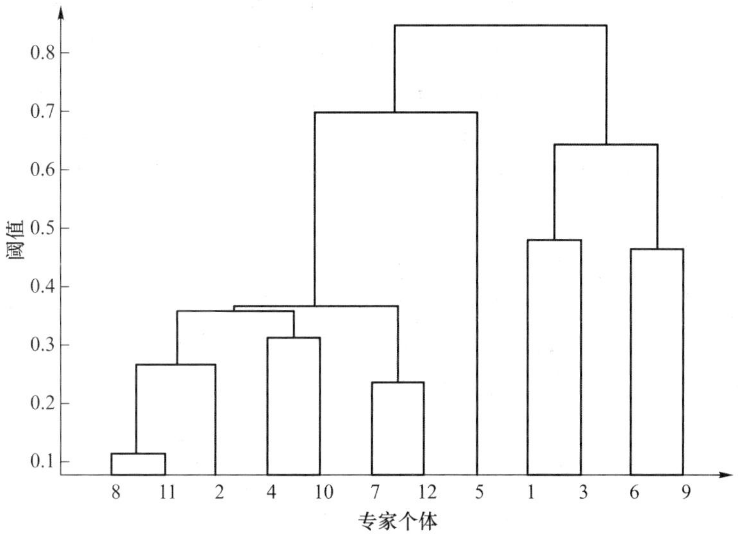

图 4-3　专家群体聚类结果

群体聚类形成 4 个群组，分别为 $G_1=\{6,9\}$，$G_2=\{1,2,3\}$，$G_3=\{4,5,10\}$，$G_4=\{7,8,11,12\}$。根据决策权重的计算方法，可计算出群组间的权重分别为 $\boldsymbol{l}_{G_i}=(0.105,0.237,0.237,0.421)$。结合熵权，可得各个群内的专家权重。

步骤 6：信息集结。

根据二元联系数集结算子，分别对群内和群间信息进行集结，形成综合决策信息矩阵 $\boldsymbol{R}'$，如表 4-13 所示。

表 4-13　综合决策信息矩阵 $\boldsymbol{R}'$

$\boldsymbol{R}'$	A_1	A_2	A_3	A_4	A_5
G_1	0.761+0.148i	0.627+0.215i	0.724+0.208i	0.635+0.219i	0.638+0.276i
G_2	0.510+0.230i	0.700+0.150i	0.500+0.110i	0.560+0.060i	0.620+0.310i
G_3	0.300+0.260i	0.400+0.330i	0.420+0.130i	0.930+0.120i	0.710+0.320i
G_4	0.510+0.170i	0.760+0.410i	0.820+0.190i	0.680+0.340i	0.680+0.340i

步骤 7：确定优选准则。

阶段优化结果如表 4-14 所示。

表 4-14　阶段优化结果

决策参数	$H(\boldsymbol{r},\boldsymbol{r}^+)$	$H(\boldsymbol{r},\boldsymbol{r}^-)$	CI_i	方案排序
A_1	0.921	0.390	0.702	4
A_2	0.923	0.385	0.705	3
A_3	0.946	0.323	0.745	2
A_4	0.961	0.277	0.776	1
A_5	0.898	0.440	0.671	5
方案排序	$A_4 \succ A_3 \succ A_2 \succ A_1 \succ A_5$			

本次实例采用交叉熵-TOPSIS 框架进行投资项目的优选,通过上述综合评价矩阵,确定正、负理想解,进一步根据二元联系数交叉熵的定义,以及各个方案与正、负理想解之间的均衡交叉熵,选取决策参数 $\alpha=0.5$,计算相对贴近度。

步骤 8:阶段最优解。

根据相对贴近度的排序,确定本阶段最优投资方案。其中方案排序为 $A_4 > A_3 > A_2 > A_1 > A_5$,可知项目 A_4 为最优投资项目。

步骤 9:动态多阶段群体决策。

验证决策满意度,确定是否进行下一阶段决策,若否则当前决策方案为最优方案。反之,进入下一阶段决策,补充定量数据信息,同时专家进行意见调整,并重复上述流程。综合各个阶段的决策信息,根据 5.4 节内容确定阶段权重,进行阶段间的信息综合集结,形成第 K 阶段的决策结果,判断满意度直至达到决策者与专家群体的期望。在本章实例中进行了 3 轮综合决策,以下仅对各阶段的综合决策信息矩阵进行展示。

第二阶段综合决策信息矩阵如表 4-15 所示。

表 4-15　第二阶段综合决策信息矩阵

R'	A_1	A_2	A_3	A_4	A_5
G_1	0.810+0.190i	0.568+0.324i	0.765+0.187i	0.821+0.196i	0.521+0.211i
G_2	0.843+0.214i	0.518+0.225i	0.750+0.233i	0.727+0.222i	0.507+0.257i
G_3	0.843+0.168i	0.527+0.247i	0.784+0.228i	0.802+0.182i	0.751+0.278i
G_4	0.828+0.173i	0.530+0.249i	0.815+0.208i	0.883+0.153i	0.576+0.299i

第三阶段综合决策信息矩阵如表 4-16 所示。

表 4-16　第三阶段综合决策信息矩阵

R'	A_1	A_2	A_3	A_4	A_5
G_1	0.614+0.187i	0.495+0.124i	0.791+0.191i	0.857+0.110i	0.360+0.018i
G_2	0.518+0.225i	0.530+0.124i	0.670+0.130i	0.931+0.108i	0.324+0.207i
G_3	0.527+0.247i	0.313+0.122i	0.794+0.106i	0.905+0.095i	0.105+0.010i
G_4	0.713+0.088i	0.568+0.148i	0.855+0.105i	0.850+0.111i	0.058+0.005i

根据阶段权重信息的确定原则,时间权重为 $\boldsymbol{T}=(0.240, 0.324, 0.437)$,信息熵权为 $\boldsymbol{P}=(0.325, 0.359, 0.316)$,将决策参数选为中立,则综合阶段权重为 $\boldsymbol{F}=(0.283, 0.341, 0.377)$,由此形成综合决策结果信息:

$$\boldsymbol{R}^{*}=\begin{bmatrix}0.697+0.200i\\0.554+0.213i\\0.758+0.187i\\0.819+0.163i\\0.439+0.196i\end{bmatrix}$$

步骤 10:形成决策结论。

根据动态多阶段决策形成决策结论,其中动态多阶段决策结果对照如表 4-17 所示。

结合上述决策结果,容易得到最优方案为 A_4。可以发现对于阶段单排序而言,随着时间的推进和阶段的动态演进,项目信息更为完备,专家对于项目更为熟悉,因此,最优方案与其他方案之间的区别度越加明显。综合上述分析,本章算法体系能够应用于跨国石油集团公司投资项目的群体决策过程中,且算法具有一定的稳定性。

表 4-17　动态多阶段决策结果对照

CI_i	第一阶段	第二阶段	第三阶段	动态集成
A_1	0.702	0.816	0.795	0.777
A_2	0.705	0.673	0.794	0.722
A_3	0.745	0.788	0.858	0.802
A_4	0.776	0.818	0.890	0.834
A_5	0.671	0.680	0.777	0.691
排序	$A_4 > A_3 > A_2 > A_1$	$A_4 > A_1 > A_3 > A_2$	$A_4 > A_3 > A_1 > A_2$	$A_4 > A_3 > A_1 > A_2$

第二部分

战略中观管理层面:世界一流跨国集团公司资产组合模型理论

第5章　跨国石油集团公司投资组合风险取值范围研究

跨国石油集团公司拥有着大量资产，导致集团公司领导对风险的把控能力大大减弱，也使集团公司领导投资决策的难度越来越大。那么，能不能找到风险取值范围？能不能对资产进行简单投资？本章将研究简单加权投资组合。关键问题是风险最小化简单加权组合的风险取值范围是什么。

本章将运用代数理论和矩阵理论，首先研究风险最小化简单加权组合风险的取值范围，其次推导简单加权投资组合有效性指标的取值范围，再次将简单二次方加权与简单加权投资组合进行比较研究，最后应用矩阵理论等，给出风险最小化简单加权和简单二次方加权投资组合为最优投资组合的充要条件及等价条件。

5.1　简单加权投资组合风险取值范围研究

5.1.1　问题描述

有 $n(n\geqslant 2)$ 种资产需要投资者进行投资，假定各项资产的投资额占总投资额的比例是 x_i，$i=1,2,\cdots,n$，并假定投资比例向量是 $\boldsymbol{x}=(x_1,x_2,\cdots,x_n)^{\mathrm{T}}$，且 x_i 须符合 $\sum\limits_{i=1}^{n}x_i=1$ 的条件。

假定 $R_i(i=1,2,\cdots,n)$ 是各单资产的投资收益。R_i 可以认为是随机变量，因为 R_i 的值是不确定的，r_i 和 σ_{ii} 分别是 R_i 的均值和方差。其中，r_i 代表资产盈利能力大小，$\boldsymbol{r}=(r_1,r_2,\cdots,r_n)^{\mathrm{T}}$ 是收益向量；而 σ_{ii} 代表资产风险大小。所以，r_i 越大越好，σ_{ii} 越小越好。

设组合资产收益为 R，则 $R=\sum\limits_{i=1}^{n}x_iR_i$，因 R_i 是一个随机变量，故 R 也是一个随机变量。$r=\sum\limits_{i=1}^{n}x_ir_i$ 是 R 的均值。再假定 R_i 和 R_j 的协方差是 σ_{ij}，$i,j=1,2,\cdots,n$，则 $\boldsymbol{V}=(\sigma_{ij})_{n\times n}=\begin{bmatrix}\sigma_{11} & \sigma_{12} & \cdots & \sigma_{1n}\\ \sigma_{21} & \sigma_{22} & \cdots & \sigma_{2n}\\ \vdots & \vdots & & \vdots\\ \sigma_{n1} & \sigma_{n2} & \cdots & \sigma_{nn}\end{bmatrix}$是它们的协方差矩阵。所以 $\sigma^2=\boldsymbol{x}^{\mathrm{T}}\boldsymbol{V}\boldsymbol{x}$ 是组合资产收益 $\boldsymbol{r}$ 的风险，这里，协方差矩阵 $\boldsymbol{V}$ 是对称正定阵（对称正定阵必为可逆阵），从而 $\boldsymbol{V}$ 是可逆阵。

存在的问题：当 $\sum\limits_{i=1}^{n}x_i=1$ 时，如何决定投资比例 $\boldsymbol{x}$，才能得到投资组合风险 σ^2 的最小值，

此时,在允许卖空的条件下,风险最小化模型为

$$\begin{cases}\min \sigma^2 = \boldsymbol{x}^{\mathrm{T}}\boldsymbol{V}\boldsymbol{x} \\ \text{s. t. } \sum_{i=1}^{n} x_i = 1\end{cases} \tag{5-1}$$

把 $\boldsymbol{x}_*$,$\boldsymbol{\sigma}_*^2$ 分别记作风险最小化投资比例系数向量和方差(或风险)。等权投资比例系数向量记为 $\boldsymbol{x}_{\mathrm{A}}=\left(\frac{1}{n},\frac{1}{n},\cdots,\frac{1}{n}\right)^{\mathrm{T}}=\frac{1}{n}(1,1,\cdots,1)^{\mathrm{T}}$,其对应的风险记作 σ_{A}^2。简单加权投资系数向量记为 $\boldsymbol{x}_{\mathrm{B}}=\frac{2}{n(n+1)}(1,2,\cdots,n)^{\mathrm{T}}$,其所对应的风险记作 σ_{B}^2。

假定 $\boldsymbol{V}$ 为正定矩阵,并假设其特征值为 $\lambda_1>\lambda_2>\cdots>\lambda_n>0$,记 $\lambda_{\max}=\lambda_1$,$\lambda_{\min}=\lambda_n$,$\sigma_{\max}=\max\{\sigma_{ii}\}$,$\sigma_{\min}=\min\{\sigma_{ii}\}$。那么,简单加权投资组合风险 σ_{B}^2 的取值范围表达式满足如下结论。

5.1.2 简单加权投资组合风险取值范围

定理 5-1 $\frac{2(2n+1)\lambda_{\min}}{3n(n+1)}\leqslant\sigma_{\mathrm{B}}^2\leqslant\frac{2(2n+1)\lambda_{\max}}{3n(n+1)}$。

证明:假设矩阵 $\boldsymbol{V}$ 为实正定对称矩阵,那么,应该存在一个正交变换 $\boldsymbol{x}=\boldsymbol{Q}\boldsymbol{y}$,其中 $\boldsymbol{y}=(y_1,y_2,\cdots,y_n)^{\mathrm{T}}$,满足

$$\sigma_{\mathrm{B}}^2=\boldsymbol{x}^{\mathrm{T}}\boldsymbol{V}\boldsymbol{x}=\lambda_1 y_1^2+\lambda_2 y_2^2+\cdots+\lambda_n y_n^2 \tag{5-2}$$

这里,$\boldsymbol{Q}$ 为一个正交矩阵,$\lambda_1,\lambda_2,\cdots,\lambda_n$ 为 $\boldsymbol{V}$ 的特征值,然后,假设 $\lambda_1>\lambda_2>\cdots>\lambda_n>0$,并记作 $\lambda_{\max}=\lambda_1$,$\lambda_{\min}=\lambda_n$,有

$$y_1^2+y_2^2+\cdots+y_n^2=(y_1,y_2,\cdots,y_n)\cdot\begin{bmatrix}y_1\\y_2\\\vdots\\y_n\end{bmatrix}=\boldsymbol{y}^{\mathrm{T}}\boldsymbol{y} \tag{5-3}$$

因此,对于任何投资比例系数向量 $\boldsymbol{x}$,应用式(5-2)和式(5-3),有

$$\lambda_1 y_1^2+\lambda_2 y_2^2+\cdots+\lambda_n y_n^2\geqslant\lambda_n y_1^2+\lambda_n y_2^2+\cdots+\lambda_n y_n^2=\lambda_n\boldsymbol{y}^{\mathrm{T}}\boldsymbol{y} \tag{5-4}$$

$$\lambda_1 y_1^2+\lambda_2 y_2^2+\cdots+\lambda_n y_n^2\geqslant\lambda_1 y_1^2+\lambda_1 y_2^2+\cdots+\lambda_1 y_n^2=\lambda_1\boldsymbol{y}^{\mathrm{T}}\boldsymbol{y} \tag{5-5}$$

则

$$\lambda_n\boldsymbol{y}^{\mathrm{T}}\boldsymbol{y}\leqslant\sigma_{\mathrm{B}}^2=\boldsymbol{x}^{\mathrm{T}}\boldsymbol{V}\boldsymbol{x}=\lambda_1 y_1^2+\lambda_2 y_2^2+\cdots+\lambda_n y_n^2\leqslant\lambda_1\boldsymbol{y}^{\mathrm{T}}\boldsymbol{y} \tag{5-6}$$

即

$$\lambda_{\min}\boldsymbol{y}^{\mathrm{T}}\boldsymbol{y}\leqslant\sigma_{\mathrm{B}}^2\leqslant\lambda_{\max}\boldsymbol{y}^{\mathrm{T}}\boldsymbol{y} \tag{5-7}$$

因为 $\boldsymbol{Q}$ 是一个正交矩阵,满足 $\boldsymbol{Q}^{\mathrm{T}}\boldsymbol{Q}=\boldsymbol{I}_n$(其中 $\boldsymbol{I}_n$ 是一个 $n\times n$ 阶单位矩阵),所以

$$\boldsymbol{x}^{\mathrm{T}}\boldsymbol{x}=(\boldsymbol{Q}\boldsymbol{y})^{\mathrm{T}}\boldsymbol{Q}\boldsymbol{y}=\boldsymbol{y}^{\mathrm{T}}\boldsymbol{Q}^{\mathrm{T}}\boldsymbol{Q}\boldsymbol{y}=\boldsymbol{y}^{\mathrm{T}}\boldsymbol{I}_n\boldsymbol{y}=\boldsymbol{y}^{\mathrm{T}}\boldsymbol{y} \tag{5-8}$$

进一步地,把式(5-8)代入式(5-7)中,有

$$\lambda_{\min}\boldsymbol{x}^{\mathrm{T}}\boldsymbol{x}\leqslant\sigma_{\mathrm{B}}^2=\boldsymbol{x}^{\mathrm{T}}\boldsymbol{V}\boldsymbol{x}\leqslant\lambda_{\max}\boldsymbol{x}^{\mathrm{T}}\boldsymbol{x} \tag{5-9}$$

当

$$x_{\mathrm{B}}=\left(\frac{2\times1}{n(n+1)},\frac{2\times2}{n(n+1)},\cdots,\frac{2\times n}{n(n+1)}\right)^{\mathrm{T}}=\frac{2}{n(n+1)}(1,2,\cdots,n)^{\mathrm{T}}$$

时,可得

$$\boldsymbol{x}^{\mathrm{T}}\boldsymbol{x}=\frac{4}{n^2(n+1)^2}(1^2+2^2+\cdots+n^2)=\frac{4}{n^2(n+1)^2}\cdot\frac{n(n+1)(2n+1)}{6}=\frac{2(2n+1)}{3n(n+1)} \tag{5-10}$$

则

$$\frac{2(2n+1)\lambda_{\min}}{3n(n+1)} \leqslant \sigma_B^2 = \boldsymbol{x}^{\mathrm{T}}\mathbf{V}\boldsymbol{x} \leqslant \frac{2(2n+1)\lambda_{\max}}{3n(n+1)} \tag{5-11}$$

从定理 5-1 可看出，若 **V** 为正定矩阵，通过矩阵知识可求出 $\lambda_{\min}$ 和 $\lambda_{\max}$，则简单加权投资组合 x_B 的风险应不大于 $\frac{2(2n+1)\lambda_{\min}}{3n(n+1)}$，也应不小于 $\frac{2(2n+1)\lambda_{\max}}{3n(n+1)}$。

1. 简单加权投资组合风险的上界

引理 5-1　一个矩阵 $\mathbf{A}=(a_{ij})_{n\times n}$ 的谱半径 $\rho(\mathbf{A})$ 不大于 $\mathbf{A}=(a_{ij})_{n\times n}$ 的范数 $\|\mathbf{A}\|_1$，即

$$\rho(\mathbf{A}) \leqslant \|\mathbf{A}\|_1 = m_{1\leqslant j\leqslant n}\left\{\sum_{i=1}^{n}|a_{ij}|\right\}$$

引理 5-2　Gerschgorin：λ 为矩阵 $\mathbf{A}=(a_{ij})_{n\times n}$ 的任何特征值，则至少存在一个 $i=\{1, 2,\cdots,n\}$，满足 $|\lambda - a_{ii}| \leqslant \sum_{\substack{j=1\\ j\neq i}}^{n}|a_{ij}|$。

定理 5-2　$\sigma_B^2 \leqslant \frac{2(2n+1)}{3(n+1)}\left(\sigma_{\max} - \frac{\sum_{i=1}^{n}\lambda_i}{n}\right)$。

证明：因为矩阵所有的特征值之和等于该矩阵的迹，所以 $\sum_{i=1}^{n}\lambda_i = \sum_{i=1}^{n}\sigma_{ii}$。

由定理 5-1 可得 $\sigma_B^2 \leqslant \frac{2(2n+1)\lambda_{\max}}{3n(n+1)}$ 和 $\sum_{i=1}^{n}\sigma_{ii} \leqslant n\sigma_{\max}$，有

$$\begin{aligned}
\sigma_B^2 &\leqslant \frac{2(2n+1)\lambda_{\max}}{3n(n+1)} = \frac{2(2n+1)\lambda_1}{3n(n+1)} = \frac{2(2n+1)}{3n(n+1)}\left(\sum_{i=1}^{n}\lambda_i - \sum_{i=2}^{n}\lambda_i\right) \\
&= \frac{2(2n+1)}{3n(n+1)}\left(\sum_{i=1}^{n}\sigma_{ii} - \sum_{i=2}^{n}\lambda_i\right) \leqslant \frac{2(2n+1)}{3n(n+1)}\left(n\sigma_{\max} - \sum_{i=2}^{n}\lambda_i\right) \\
&\leqslant \frac{2(2n+1)}{3(n+1)}\left(\sigma_{\max} - \frac{\sum_{i=2}^{n}\lambda_i}{n}\right)
\end{aligned}$$

定理 5-2 给出了风险最小化投资组合风险 σ_B^2 的上界 $\frac{2(2n+1)}{3(n+1)}\left(\sigma_{\max} - \frac{\sum_{i=1}^{n}\lambda_i}{n}\right)$。

推论 5-1　$\sigma_B^2 \leqslant \frac{2(2n+1)}{3(n+1)}\sigma_{\max}$。

证明：根据定理 5-2，有

$$\sigma_B^2 \leqslant \frac{2(2n+1)}{3(n+1)}\left(\sigma_{\max} - \frac{\sum_{i=1}^{n}\lambda_i}{n}\right) \tag{5-12}$$

并且为不失一般性，如上所述，假设 $\lambda_1 > \lambda_2 > \cdots > \lambda_n > 0$，必有

$$\sum_{i=2}^{n}\lambda_i > 0 \tag{5-13}$$

那么,根据式(5-12)和式(5-13),有 $\sigma_B^2 \leqslant \frac{2(2n+1)}{3(n+1)}\sigma_{\max}$。

推论 5-2 若矩阵 $\boldsymbol{V}$ 中主对角线元素满足 $\sigma_{11}=\sigma_{22}=\cdots=\sigma_{mm}=D$,$D$ 是一个固定常数,则有 $\sigma_B^2 \leqslant \frac{2(2n+1)}{3(n+1)}D$。

证明:由推论 5-1 可得,$\sigma_B^2 < \frac{2(2n+1)}{3(n+1)}\sigma_{\max}$,因为 $\sigma_{11}=\sigma_{22}=\cdots=\sigma_{mm}=D$,则 $\sigma_{\max}=D$,即 $\sigma_B^2 < \frac{2(2n+1)}{3(n+1)}D$。

定理 5-3 $\sigma_B^2 \leqslant \frac{2(2n+1)}{3n(n+1)}m_{1\leqslant j\leqslant n}\left\{\sum_{i=1}^{n}|a_{ij}|\right\}$。

证明:根据谱半径的定义 $\lambda_{\max}=|\lambda_{\max}|=\rho(\boldsymbol{A})$ 和引理 5-1,有

$$\lambda_{\max}=\rho(\boldsymbol{A})\leqslant\|\boldsymbol{A}\|_1=m_{1\leqslant j\leqslant n}\left\{\sum_{i=1}^{n}|a_{ij}|\right\} \tag{5-14}$$

再应用定理 5-1 的结论 $\sigma_B^2 \leqslant \frac{2(2n+1)\lambda_{\max}}{3n(n+1)}$ 和式(5-14),有

$$\sigma_B^2 \leqslant \frac{2(2n+1)\lambda_{\max}}{3n(n+1)} \leqslant \frac{2(2n+1)}{3n(n+1)}m_{1\leqslant j\leqslant n}\left\{\sum_{i=1}^{n}|a_{ij}|\right\}$$

定理 5-3 表明,风险最小化投资组合风险 σ_B^2 不大于 $\frac{2(2n+1)}{3n(n+1)}m_{1\leqslant j\leqslant n}\left\{\sum_{i=1}^{n}|a_{ij}|\right\}$。

2. 简单加权投资组合风险的下界

应用矩阵理论求出 σ_B^2 的一个下界。

定理 5-4 $\sigma_B^2 \geqslant \frac{2(2n+1)}{3(n+1)}\left(\sigma_{\min}-\frac{\sum_{i=1}^{n}\lambda_i}{n}\right)$。

证明:根据矩阵特征值和该矩阵的迹的关系,有

$$\sum_{i=1}^{n}\lambda_i=\sum_{i=1}^{n}\sigma_{ii}$$

又由定理 5-1 的结论 $\sigma_B^2 \geqslant \frac{2(2n+1)\lambda_{\min}}{3n(n+1)}$,同时有

$$\sum_{i=1}^{n}\sigma_{ii}\geqslant n\sigma_{\min}$$

故

$$\begin{aligned}\sigma_B^2 &\geqslant \frac{2(2n+1)\lambda_{\min}}{3n(n+1)}=\frac{2(2n+1)\lambda_n}{3n(n+1)}=\frac{2(2n+1)}{3n(n+1)}\left(\sum_{i=1}^{n}\lambda_i-\sum_{i=1}^{n-1}\lambda_i\right)\\&=\frac{2(2n+1)}{3n(n+1)}\left(\sum_{i=1}^{n}\sigma_{ii}-\sum_{i=1}^{n-1}\lambda_i\right)\geqslant\frac{2(2n+1)}{3n(n+1)}\left(n\sigma_{\min}-\sum_{i=1}^{n-1}\lambda_i\right)\\&\geqslant\frac{2(2n+1)}{3(n+1)}\left(\sigma_{\min}-\frac{\sum_{i=1}^{n}\lambda_i}{n}\right)\end{aligned}$$

推论 5-3　$\sigma_B^2 > \frac{2(2n+1)}{3(n+1)}\left(\sigma_{\min} - \frac{(n-1)\lambda_{\max}}{n}\right)$。

证明：$\lambda_1 > \lambda_2 > \cdots > \lambda_n > 0$，则

$$\sum_{i=1}^{n-1}\lambda_i < (n-1)\lambda_1 = (n-1)\lambda_{\max}$$

由定理 5-4 的结论可得

$$\sigma_B^2 \geqslant \frac{2(2n+1)}{3(n+1)}\left(\sigma_{\min} - \frac{\sum_{i=1}^{n-1}\lambda_i}{n}\right) > \frac{2(2n+1)}{3(n+1)}\left(\sigma_{\min} - \frac{(n-1)\lambda_{\max}}{n}\right)$$

定理 5-4 和推论 5-3 给出了风险最小化投资组合风险 σ_B^2 的两个下界：

$$\frac{2(2n+1)}{3(n+1)}\left(\sigma_{\min} - \frac{\sum_{i=1}^{n-1}\lambda_i}{n}\right) \text{和} \frac{2(2n+1)}{3(n+1)}\left(\sigma_{\min} - \frac{(n-1)\lambda_{\max}}{n}\right)$$

5.2　简单加权投资组合有效性指标取值范围研究

5.2.1　风险最小化简单加权投资组合有效性的定义

简单加权投资比例系数向量记为

$$\boldsymbol{x}_B = \left(\frac{2\times 1}{n(n+1)}, \frac{2\times 2}{n(n+1)}, \cdots, \frac{2\times n}{n(n+1)}\right)^T = \frac{2}{n(n+1)}(1,2,\cdots,n)^T$$

那么，简单加权投资组合相对于风险最小化投资组合是有效的吗？怎样量度简单加权投资组合的有效性？基于这些问题，在最小化风险时，植入简单加权投资组合有效性指标 $m_B = \frac{\sigma_B^2}{\sigma_*^2}$。其中，$\sigma_B^2$ 为简单加权组合风险，σ_*^2 为最优组合风险。用 m_B 的大小来衡量简单加权投资组合的有效性，由于 $\sigma_B^2 \geqslant \sigma_*^2$，显然 $m_B \geqslant 1$。

5.2.2　简单加权投资组合有效性指标的取值范围

在实际应用简单加权投资组合 $\boldsymbol{x}_B$ 时，需要了解 m_B 的最大值可达到多少。针对该问题，设 $\lambda_1, \lambda_2, \cdots, \lambda_n$ 是 $\mathbf{V}$ 的特征值，记作 $\lambda_{\min} = m_i\{\lambda_i\}\lambda_{\max} = m_i\{\lambda_i\}$。

引理 5-3　最优投资组合风险 σ_*^2 符合 $\frac{\lambda_{\min}}{n} \leqslant \sigma_*^2 \leqslant \frac{\lambda_{\max}}{n}$。

定理 5-5　简单加权投资组合有效性指标 m_B 满足 $m_B \leqslant \frac{2(2n+1)\lambda_{\max}}{3(n+1)\lambda_{\min}}$，其中 $\lambda_{\max}$ 和 $\lambda_{\min}$ 分别是正定矩阵 $\mathbf{V}$ 的最大和最小特征值。

证明：$\mathbf{V}$ 是正定阵，则 $\lambda_{\max}, \lambda_{\min} > 0$。由引理 5-3 和定理 5-1 的结论分别有

$$\frac{\lambda_{\min}}{n} \leqslant \sigma_*^2 \leqslant \frac{\lambda_{\max}}{n}$$

和

$$\frac{2(2n+1)\lambda_{\min}}{3n(n+1)}\leqslant\sigma_{\mathrm{B}}^2\leqslant\frac{2(2n+1)\lambda_{\max}}{3n(n+1)}$$

则

$$m_{\mathrm{B}}=\frac{\sigma_{\mathrm{B}}^2}{\sigma_*^2}\leqslant\frac{\dfrac{2(2n+1)\lambda_{\max}}{3n(n+1)}}{\dfrac{\lambda_{\min}}{n}}=\frac{2(2n+1)\lambda_{\max}}{3(n+1)\lambda_{\min}}$$

5.3 风险最小化简单二次方加权与简单加权投资组合的比较研究

5.3.1 简单二次方加权与简单加权投资组合风险的定义

记 $\boldsymbol{x}_{\mathrm{A}}=\left(\frac{1}{n},\frac{1}{n},\cdots,\frac{1}{n}\right)^{\mathrm{T}}=\frac{1}{n}(1,1,\cdots,1)^{\mathrm{T}}$ 是等权比例向量,其风险记为 σ_{A}^2,因计算方便记 $M_{\mathrm{A}}=\frac{1}{n}\sum_{i=1}^{n}\sigma_{ii}$。

简单加权投资向量是 $\boldsymbol{x}_{\mathrm{B}}=\frac{2}{n(n+1)}(1,2,\cdots,n)^{\mathrm{T}}$,其风险记为 σ_{B}^2,因计算方便记 $M_{\mathrm{B}}=\frac{2}{n(n+1)}\sum_{i=1}^{n}i\sigma_{ii}$。

简单二次方加权投资系数向量为 $\boldsymbol{x}_{\mathrm{C}}=\frac{6}{n(n+1)(2n+1)}(1^2,2^2,\cdots,n^2)^{\mathrm{T}}$。把 $\boldsymbol{x}_{\mathrm{C}}$ 所对应的风险记作 σ_{C}^2,同理,为计算方便记 $M_{\mathrm{C}}=\frac{n(n+1)(2n+1)}{6}\sum_{i=1}^{n}i^2\sigma_{ii}$。

5.3.2 风险最小化简单二次方加权与简单加权投资组合的比较

引理 5-4 设 $\boldsymbol{x}=(x_1,x_2,\cdots,x_n)^{\mathrm{T}}$ 为任一投资比例系数向量,其中,$x_1,x_2,\cdots,x_n>0$ 且 $x_1+x_2+\cdots+x_n=1$,则 $\sigma^2(x)=\boldsymbol{x}^{\mathrm{T}}\boldsymbol{V}\boldsymbol{x}<x_1\sigma_{11}+x_2\sigma_{22}+\cdots+x_n\sigma_{nn}$。

根据引理 5-4,求出 $\sigma_{\mathrm{A}}^2=\sigma^2(\boldsymbol{x}_{\mathrm{A}})<M_{\mathrm{A}}$,$\sigma_{\mathrm{B}}^2=\sigma^2(\boldsymbol{x}_{\mathrm{B}})<M_{\mathrm{B}}$,$\sigma_{\mathrm{C}}^2=\sigma^2(\boldsymbol{x}_{\mathrm{C}})<M_{\mathrm{C}}$,希望 σ_{A}^2,σ_{B}^2 和 σ_{C}^2 的上界较小,即 M_{A},M_{B} 及 M_{C} 较小。但是也需要关注 M_{A},M_{B} 和 M_{C} 之间的关系。

引理 5-5 $M_{\mathrm{A}}>M_{\mathrm{B}}$。

有如下的结论。

定理 5-6 $M_{\mathrm{B}}>M_{\mathrm{C}}$。

证明:因为

$$\begin{aligned}M_{\mathrm{B}}-M_{\mathrm{C}}&=\frac{2}{n(n+1)}\sum_{i=1}^{n}i\sigma_{ii}-\frac{6}{n(n+1)(2n+1)}\sum_{i=1}^{n}i^2\sigma_{ii}\\&=\frac{2}{n(n+1)(2n+1)}\sum_{i=1}^{n}[(2n+1)i-3i^2]\sigma_{ii}\end{aligned}$$

则

$$M_B > M_C \Leftrightarrow M_B - M_C > 0 \Leftrightarrow \sum_{i=1}^{n} [(2n+1)i - 3i^2]\sigma_{ii} (n \geqslant 2)$$

根据 $\sigma_{11} > \sigma_{22} > \cdots > \sigma_{nn}$,用数学归纳法来证明 $A_n = \sum_{i=1}^{n} [(2n+1)i - 3i^2]\sigma_{ii} > 0$。

① 当 $n=2$ 时:

$$\begin{aligned} A_2 &= \sum_{i=1}^{2} [(4+1)i - 3i^2]\sigma_{ii} = (5-3)\sigma_{11} + (10-12)\sigma_{22} \\ &= 2\sigma_{11} - 2\sigma_{22} = 2(\sigma_{11} - \sigma_{22}) > 0 \end{aligned}$$

则原命题成立。

② 当 $n=m$ 时,原命题成立,即

$$\begin{aligned} A_m &= \sum_{i=1}^{m} [(2m+1)i - 3i^2]\sigma_{ii} \\ &= [(2m+1)\cdot 1 - 3\times 1^2]\sigma_{11} + [(2m+1)\cdot 2 - 3\times 2^2]\sigma_{22} + \cdots + \\ &\quad [(2m+1)\cdot(m-1) - 3\cdot(m-1)^2]\sigma_{m-1,m-1} + [(2m+1)\cdot m - 3\cdot m^2]\sigma_{mm} \\ &> 0 \end{aligned}$$

③ 当 $n=m+1$ 时:

$$\begin{aligned} A_{m+1} &= \sum_{i=1}^{m+1} [(2m+3)i - 3i^2]\sigma_{ii} \\ &= [(2m+3)\cdot 1 - 3\times 1^2]\sigma_{11} + [(2m+3)\cdot 2 - 3\times 2^2]\sigma_{22} + \cdots + \\ &\quad [(2m+3)\cdot(m-1) - 3\cdot(m-D^2)]\sigma_{m-1,m-1} + [(2m+3)\cdot m - 3\cdot m^2]\sigma_{mm} + \\ &\quad [(2m+3)\cdot(m+1) - 3\cdot(m+1)^2]\sigma_{m+1,m+1} \\ &= \{[(2m+3)\cdot 1 - 3\times 1^2\sigma_{11} + [(2m+3)\cdot 2 - 3\times 2^2]\sigma_{22} + \cdots + \\ &\quad (2m+3)\cdot(m-1) - 3\cdot(m-1)^2]\sigma_{m-1,m-1} + [(2m+3)\cdot m - 3\cdot m^2]\sigma_{mm}\} - \\ &\quad [2\times 1\sigma_{11} + 2\times 2\sigma_{22} + \cdots + 2\cdot(m-1)\sigma_{m-1,m-1} + 2\cdot m\sigma_{mm}] + \\ &\quad [2\times 1\sigma_{11} + 2\times 2\sigma_{22} + \cdots + 2\cdot(m-1)\sigma_{m-1,m-1} + 2\cdot m\sigma_{mm}] + \\ &\quad [(2m+3)\cdot(m+1) - 3\cdot(m+1)^2]\sigma_{m+1,m+1} \\ &= \{[(2m+1)\cdot 1 - 3\times 1^2]\sigma_{11} + [(2m+1)\cdot 2 - 3\times 2^2]\sigma_{22} + \cdots + \\ &\quad [(2m+1)\cdot(m-1) - 3\cdot(m-1)^2]\sigma_{m-1,m-1} + [(2m+1)\cdot m - 3\cdot m^2]\sigma_{mm}\} + \\ &\quad [2\times 1\sigma_{11} + 2\times 2\sigma_{22} + \cdots + 2\cdot(m-1)\sigma_{m-1,m-1} + 2\cdot m\sigma_{mm}] + \\ &\quad [(2m+3)\cdot(m+1) - 3\cdot(m+1)^2]\sigma_{m+1,m+1} \\ &= A_m + 2[1\sigma_{11} + 2\sigma_{22} + \cdots + (m-1)\sigma_{m-1,m-1} + m\sigma_{mm}] - m(m+1)\sigma_{m+1,m+1} \\ &> 0 + 2[1\sigma_{11} + 2\sigma_{22} + \cdots + (m-1)\sigma_{m-1,m-1} + m\sigma_{mm}] - m(m+1)\sigma_{m+1,m+1} \end{aligned}$$

又因为

$$\sigma_{11} > \sigma_{22} > \cdots > \sigma_{mm} > \sigma_{m+1,m+1}$$

则

$$\begin{aligned} 1\sigma_{11} + 2\sigma_{22} + \cdots + (m-1)\sigma_{m-1,m-1} + m\sigma_{mm} &> 1\sigma_{m+1,m+1} + 2\sigma_{m+1,m+1} + \cdots + (m-1)\sigma_{m+1,m+1} + m\sigma_{m+1,m+1} \\ &= (1+2+\cdots+m)\sigma_{m+1,m+1} \\ &= \frac{m(m+1)}{2}\sigma_{m+1,m+1} \end{aligned}$$

即

$$\begin{aligned} A_{m+1} &> 0 + 2[1\sigma_{11} + 2\sigma_{22} + \cdots + (m-1)\sigma_{m-1,m-1} + m\sigma_{mm}] - m(m+1)\sigma_{m+1,m+1} \\ &> 2\cdot\frac{m(m+1)}{2}\sigma_{m+1,m+1} - m(m+1)\sigma_{m+1,m+1} \end{aligned}$$

$=m(m+1)\sigma_{m+1,m+1}-m(m+1)\sigma_{m+1,m+1}$

$=0$

由①、②和③可知

$$A_n=\sum_{i=1}^{n}[(2n+1)i-3i^2]\sigma_{ii}>0$$

即 $M_B>M_C$ 成立。

这里,$\sigma_C^2<M_C$,$\sigma_B^2<M_B$,$\sigma_A^2<M_A$,但 $M_C<M_B<M_A$。虽然不一定能够保证 $\sigma_C^2<\sigma_B^2<\sigma_A^2$,但根据加权原则,可以看出简单二次方加权组合 $\boldsymbol{x}_C$ 相比于简单加权组合 $\boldsymbol{x}_B$(或等权投资组合 $\boldsymbol{x}_A$)要好,因为简单二次方加权组合 $\boldsymbol{x}_C$ 的投资风险 σ_C^2 的上界 M_C 比较小。

实例分析

中海油跨国石油集团公司包括上游板块、专业服务和下游板块三大板块,基于中海油"油气产业链一体化研究"项目,收集到本节所需的上游板块、专业服务和下游板块数据,数据取值范围为 2011—2014 年,利润率=净利润/[(期初资产总计+期末资产总计)/2]。

净利润的协方差矩阵为 $\begin{bmatrix} 0.001\,825 & -0.000\,700 & 0.000\,473 \\ -0.000\,700 & 0.000\,298 & -0.000\,170 \\ 0.000\,473 & -0.000\,170 & 0.000\,168 \end{bmatrix}$。

结果如表 5-1 所示。

表 5-1 在不同组合下的风险值

几种特殊种类	权重	风险值
等权组合	$\boldsymbol{x}_A=\left(\frac{1}{3},\frac{1}{3},\frac{1}{3}\right)$	$\sigma_A^2=0.000\,166\,33$
简单加权组合	$\boldsymbol{x}_B=\left(\frac{1}{6},\frac{2}{6},\frac{3}{6}\right)$	$\sigma_B^2=0.000\,070\,194$
简单二次方加权组合	$\boldsymbol{x}_C=\left(\frac{1}{14},\frac{4}{14},\frac{9}{14}\right)$	$\sigma_C^2=0.000\,055\,485$

从表 5-1 可看出,简单二次方加权组合的风险比简单加权组合和等权组合的低。

5.4 风险最小化加权投资组合为最优投资组合的充要条件

5.4.1 简单加权组合和简单二次方加权组合为最优组合的充要条件

按常识风险较小资产应给予较大的系数。不妨设 $\sigma_{11}>\sigma_{22}>\cdots>\sigma_{nn}$,则相对应地要求投资比例系数 x_i 满足 $x_1<x_2<\cdots<x_n$。本章取 2 种简单加权投资组合。

第一种取简单加权系数为 $\boldsymbol{x}_i=\dfrac{i}{\sum\limits_{i=1}^{n}i}=\dfrac{2i}{n(n+1)}$,$i=1,2,\cdots,n$,记简单加权系数向量为 $\boldsymbol{x}_B=\left(\dfrac{2\times1}{n(n+1)},\dfrac{2\times2}{n(n+1)},\cdots,\dfrac{2\times n}{n(n+1)}\right)^{\mathrm{T}}=\dfrac{2}{n(n+1)}(1,2,\cdots,n)^{\mathrm{T}}$。

第二种取简单二次方加权系数为 $x_i=\dfrac{i^2}{\sum\limits_{i=1}^{n}i^2}=\dfrac{6i^2}{n(n+1)(2n+1)}$,$i=1,2,\cdots,n$,记简单加权系数向量为 $\boldsymbol{x}_C=\left(\dfrac{6\times1^2}{n(n+1)(2n+1)},\cdots,\dfrac{6\times n^2}{n(n+1)(2n+1)}\right)^{\mathrm{T}}=\dfrac{6}{n(n+1)(2n+1)}(1^2,2^2,\cdots,n^2)^{\mathrm{T}}$。

上述两种简单加权投资组合通常不是最优投资组合,但不能排除简单加权投资组合正好就是最优投资组合的可能性。关于这个问题,有如下定理。

引理 5-6　假定 $\boldsymbol{V}$ 为对称正定矩阵,$\boldsymbol{R}_n=(1,1,\cdots,1)^{\mathrm{T}}=n\times1$,则最优投资组合加权系数向量 $\boldsymbol{x}_*$ 满足 $\boldsymbol{x}_*=\dfrac{\boldsymbol{V}^{-1}\boldsymbol{R}_n}{\boldsymbol{R}_n^{\mathrm{T}}\boldsymbol{V}^{-1}\boldsymbol{R}_n}$。

定理 5-7　假定协方差矩阵 $\boldsymbol{V}$ 为正定矩阵,那么简单加权投资组合成为最优投资组合的充分必要条件是协方差矩阵 $\boldsymbol{V}$ 中的元素需要满足 $\sum\limits_{j=1}^{n} j\sigma_{ij}=c_{\mathrm{B}}(i=1,2,\cdots,n)$,且风险 $\sigma_{\mathrm{B}}^2=\sigma_*^2=\dfrac{2c_{\mathrm{B}}}{n(n+1)}$。

证明:① 首先证明充分性(⇐)。假定 $\boldsymbol{P}_n=(1,2,\cdots,n)^{\mathrm{T}}$,则有

$$(\sigma_{i1},\sigma_{i2},\cdots,\sigma_{in})\boldsymbol{P}_n=\boldsymbol{c}_{\mathrm{B}}(i=1,2,\cdots,n) \tag{5-15}$$

将式(5-6)写成矩阵形式,得

$$\boldsymbol{V}\boldsymbol{P}_n=\boldsymbol{c}_{\mathrm{B}}\boldsymbol{R}_n$$

即

$$\boldsymbol{V}^{-1}\boldsymbol{R}_n=\frac{\boldsymbol{P}_n}{\boldsymbol{c}_{\mathrm{B}}}$$

再由引理 5-6 可知,最优加权系数向量为

$$\boldsymbol{x}_*=\frac{\boldsymbol{V}^{-1}\boldsymbol{R}_n}{\boldsymbol{R}_n^{\mathrm{T}}\boldsymbol{V}^{-1}\boldsymbol{R}_n}=\frac{\dfrac{\boldsymbol{P}_n}{\boldsymbol{C}_{\mathrm{B}}}}{\boldsymbol{R}_n^{\mathrm{T}}\cdot\dfrac{\boldsymbol{P}_n}{\boldsymbol{c}_{\mathrm{B}}}}=\frac{\boldsymbol{P}_n}{\boldsymbol{R}_n^{\mathrm{T}}\boldsymbol{P}_n}=\frac{\boldsymbol{P}_n}{\dfrac{n(n+1)}{2}}=\frac{2}{n(n+1)}(1,2,\cdots,n)^{\mathrm{T}}=\boldsymbol{x}_{\mathrm{B}} \tag{5-16}$$

式(5-16)表明,简单加权投资组合为最优投资组合。充分性得证。

② 再证明必要性(⇒)。设简单加权投资组合为最优投资组合,则有

$$\boldsymbol{x}_{\mathrm{B}}=\frac{2}{n(n+1)}\boldsymbol{P}_n=\frac{\boldsymbol{V}^{-1}\boldsymbol{R}_n}{\boldsymbol{R}_n^{\mathrm{T}}\boldsymbol{V}^{-1}\boldsymbol{R}_n}$$

即

$$\boldsymbol{V}\boldsymbol{P}_n=\frac{n(n+1)}{2\boldsymbol{R}_n^{\mathrm{T}}\boldsymbol{V}^{-1}\boldsymbol{R}_n} \tag{5-17}$$

记 $\boldsymbol{c}_{\mathrm{B}}=\dfrac{n(n+1)}{2\boldsymbol{R}_n^{\mathrm{T}}\boldsymbol{V}^{-1}\boldsymbol{R}_n}$,则由式(5-17)可得 $\boldsymbol{V}\boldsymbol{P}_n=\boldsymbol{c}_{\mathrm{B}}\boldsymbol{R}_n$,也即

$$\sum_{j=1}^{n} j\sigma_{ij}=\boldsymbol{c}_{\mathrm{B}}(i=1,2,\cdots,n)$$

必要性得证。

此时:

$$\sigma_{\mathrm{B}}^2=\sigma_*^2=\frac{2}{n(n+1)}(1,2,\cdots,n)\cdot\begin{bmatrix}\sigma_{11} & \sigma_{12} & \cdots & \sigma_{1n}\\ \sigma_{21} & \sigma_{22} & \cdots & \sigma_{2n}\\ \vdots & \vdots & & \vdots\\ \sigma_{n1} & \sigma_{n2} & \cdots & \sigma_{nn}\end{bmatrix}\cdot\frac{2}{n(n+1)}\begin{pmatrix}1\\2\\\vdots\\n\end{pmatrix}$$

$$=\frac{4}{n^2\,(n+1)^2}\cdot[(1\sigma_{11}+2\sigma_{21}+\cdots+n\sigma_{n1}),\cdots,(1\sigma_{1n}+2\sigma_{2n}+\cdots+n\sigma_{nn})]\cdot\begin{pmatrix}1\\2\\\vdots\\n\end{pmatrix}$$

$$=\frac{4}{n^2(n+1)^2}\cdot[1\cdot(1\sigma_{11}+2\sigma_{21}+\cdots+n\sigma_{n1})+2\cdot(1\sigma_{12}+2\sigma_{22}+\cdots+n\sigma_{n2})+\cdots+$$
$$n\cdot(1\sigma_{1n}+2\sigma_{2n}+\cdots+n\sigma_{nn})]$$
$$=\frac{4}{n^2(n+1)^2}\cdot[1\cdot(1\sigma_{11}+2\sigma_{12}+\cdots+n\sigma_{1n})+2\cdot(1\sigma_{21}+2\sigma_{22}+\cdots+n\sigma_{2n})+\cdots+$$
$$n\cdot(1\sigma_{n1}+2\sigma_{n2}+\cdots+n\sigma_{nn})]$$
$$=\frac{4}{n^2(n+1)^2}\cdot[c_B+2c_B+\cdots+nc_B]=\frac{2c_B}{n(n+1)}$$

通过证明①和②,可以得定理 5-7 成立。

定理 5-8 设协方差阵 **V** 是正定阵,则简单二次方加权投资组合为最优投资组合的充要条件是协方差阵 **V** 的元素满足 $\sum_{j=1}^{n}j^2\sigma_{ij}=c_C(i=1,2,\cdots,n)$,且 $\sigma_C^2=\sigma_*^2=\frac{6c_C}{n(n+1)(2n+1)}$。

证明:① 先证明充分性(⇐)。设 $\boldsymbol{Q}_n=(1^2,2^2,\cdots,n^2)^T$,若 $\sigma_C^2=\sigma_*^2=\frac{6c_C}{n(n+1)(2n+1)}$成立,则有

$$(\sigma_{i1},\sigma_{i2},\cdots,\sigma_{in})\boldsymbol{Q}_n=c_C(i=1,2,\cdots,n) \tag{5-18}$$

将式(5-18)写成矩阵形式可得 $\boldsymbol{V}\boldsymbol{Q}_n=c_C\boldsymbol{R}_n$,即 $\boldsymbol{V}^{-1}\boldsymbol{R}_n=\frac{\boldsymbol{Q}_n}{c_C}$。再由引理 5-6 可知,最优加权系数向量为

$$\boldsymbol{x}_x=\frac{\boldsymbol{V}^{-1}\boldsymbol{R}_n}{\boldsymbol{R}_n^T\boldsymbol{V}^{-1}\boldsymbol{R}_n}=\frac{\frac{\boldsymbol{Q}_n}{c_C}}{\boldsymbol{R}_n^T\cdot\frac{\boldsymbol{Q}_n}{c_C}}=\frac{\boldsymbol{Q}_n}{\boldsymbol{R}_n^T\boldsymbol{Q}_n}=\frac{6}{n(n+1)(2n+1)}(1^2,2^2,\cdots,n^2)^T=\boldsymbol{x}_C \tag{5-19}$$

式(5-19)表明,简单二次方加权投资组合为最优投资组合。充分性得证。

② 再证明必要性(⇒)。设简单二次方加权投资组合为最优投资组合,则有

$$\boldsymbol{x}_C=\frac{6}{n(n+1)(2n+1)}\boldsymbol{Q}_n=\frac{\boldsymbol{V}^{-1}\boldsymbol{R}_n}{\boldsymbol{R}_n^T\boldsymbol{V}^{-1}\boldsymbol{R}_n}$$

即

$$\boldsymbol{V}\boldsymbol{Q}_n=\frac{n(n+1)(2n+1)}{6\boldsymbol{R}_n^T\boldsymbol{V}^{-1}\boldsymbol{R}_n}\boldsymbol{R}_n \tag{5-20}$$

记 $c_C=\frac{n(n+1)(2n+1)}{6\boldsymbol{R}_n^T\boldsymbol{V}^{-1}\boldsymbol{R}_n}$,则由式(5-20)可得 $\boldsymbol{V}\boldsymbol{Q}_n=c_C\boldsymbol{R}_n$,也即

$$\sum_{j=1}^{n}j^2\sigma_{ij}=c_C(i=1,2,\cdots,n)$$

必要性得证。

此时:

$$\sigma_C^2=\sigma_*^2=\frac{6}{n(n+1)(2n+1)}(1^2,2^2,\cdots,n^2)\cdot\begin{bmatrix}\sigma_{11}&\sigma_{12}&\cdots&\sigma_{1n}\\\sigma_{21}&\sigma_{22}&\cdots&\sigma_{2n}\\\vdots&\vdots&&\vdots\\\sigma_{n1}&\sigma_{n2}&\cdots&\sigma_{nn}\end{bmatrix}\cdot\frac{6}{n(n+1)(2n+1)}\begin{bmatrix}1^2\\2^2\\\vdots\\n^2\end{bmatrix}$$

$$=\frac{36}{n^2(n+1)^2(2n+1)^2}\cdot[(1^2\sigma_{11}+2^2\sigma_{21}+\cdots+n^2\sigma_{n1}),\cdots,(1^2\sigma_{1n}+2^2\sigma_{2n}+\cdots+n^2\sigma_{nn})]\cdot\begin{bmatrix}1^2\\2^2\\\vdots\\n^2\end{bmatrix}$$

$$=\frac{36}{n^2(n+1)^2(2n+1)^2}\cdot[1^2\cdot(1^2\sigma_{11}+2^2\sigma_{21}+\cdots+n^2\sigma_{n1})+2^2\cdot(1^2\sigma_{12}+2^2\sigma_{22}+\cdots+n^2\sigma_{n2})+\cdots+n^2\cdot(1^2\sigma_{1n}+2^2\sigma_{2n}+\cdots+n^2\sigma_{nn})]$$

$$=\frac{36}{n^2(n+1)^2(2n+1)^2}\cdot[1^2\cdot(1^2\sigma_{11}+2^2\sigma_{12}+\cdots+n^2\sigma_{1n})+2^2\cdot(1^2\sigma_{21}+2^2\sigma_{22}+\cdots+n^2\sigma_{2n})+\cdots+n^2\cdot(1^2\sigma_{n1}+2^2\sigma_{n2}+\cdots+n^2\sigma_{nn})]$$

$$=\frac{36}{n^2(n+1)^2(2n+1)^2}\cdot[1^2c_C+2^2c_C+\cdots+n^2c_C]$$

$$=\frac{6c_C}{n(n+1)(2n+1)}$$

通过证明①和②，可以得定理 5-8 成立。

5.4.2　简单加权组合和简单二次方加权组合为最优组合的等价条件

定理 5-9　简单加权组合 $\boldsymbol{x}_B$ 是最优投资组合 $\boldsymbol{x}_*$ 的几个等价条件。

① $\sigma_*^2=\sigma_B^2$。

② $m_B=1$。

③ $\boldsymbol{x}_B=\boldsymbol{x}$。

④ 协方差阵 $\mathbf{V}$ 中的元素满足 $\sum_{j=1}^{n} j\sigma_{ij}=c_B(i=1,2,\cdots,n)$。

⑤ 协方差阵 $\mathbf{V}$ 的可逆矩阵 $\mathbf{V}^{-1}=(\sigma_{ij}^{-1})_{n\times n}$中的元素满足

$$\frac{1}{i}d_i^{-1}=\frac{1}{i}\sum_{j=1}^{n}\sigma_{ij}^{-1*}=c_{B1}(i=1,2,\cdots,n)$$

⑥ 协方差阵 $\mathbf{V}$ 的伴随矩阵 $\mathbf{V}^*=(\sigma_{ij}^*)_{n\times n}$中的元素满足

$$\frac{1}{i}d_i^*=\frac{1}{i}\sum_{j=1}^{n}\sigma_{ij}^*=c_{B2}(i=1,2,\cdots,n)$$

⑦ $\sigma_B^2=\sigma_*^2=\dfrac{2c_B}{n(n+1)}$（$c_B$ 的含义同条件④）。

证明：

① 由简单加权组合的有效性定义 $m_B=\dfrac{\sigma_B^2}{\sigma_*^2}$可知，$m_B=1\Leftrightarrow\sigma_B^2=\sigma_*^2$，即②⇔①。

② 由投资组合风险的公式 $\sigma^2=\boldsymbol{x}^{\mathrm{T}}\mathbf{V}\boldsymbol{x}$ 可知，$\sigma_B^2=\sigma_*^2\Leftrightarrow\boldsymbol{x}_B=\boldsymbol{x}_*$，即①⇔③。

③ 由定理 5-7 可知

$$\boldsymbol{x}_B=\boldsymbol{x}_*\Leftrightarrow d_i=\sum_{j=1}^{n}j\sigma_{ij}=c_B(i=1,2,\cdots,n)$$

即③⇔④。

④ 一方面，从②和③可知①⇔④，即 $\sigma_B^2=\sigma_*^2\Leftrightarrow d_i=\sum_{j=1}^{n}j\sigma_{ij}=c_B$；另一方面，根据简单加权组合风险的基本公式有

$$\sigma_B^2=\boldsymbol{x}_B^{\mathrm{T}}\mathbf{V}\boldsymbol{x}_B=\frac{4}{n^2(n+1)^2}\sum_{i=1}^{n}\sum_{j=1}^{n}ij\sigma_{ij}=\frac{2c_B}{n(n+1)}$$

即

$$\sigma_B^2=\boldsymbol{x}_B^T\boldsymbol{V}\boldsymbol{x}_B=\frac{(1,2,\cdots,n)}{\frac{1}{2}n(n+1)}\cdot\boldsymbol{V}\cdot\frac{(1,2,\cdots,n)^T}{\frac{1}{2}n(n+1)}=\frac{2c_B}{n(n+1)}\Leftrightarrow d_i=\sum_{j=1}^{n}j\sigma_{ij}=c_B$$

$$d_i=\sum_{j=1}^{n}j\sigma_{ij}=c_B\Leftrightarrow\sigma_B^2=\sigma_*^2=\frac{2c_B}{n(n+1)}$$

即④⇔⑦。

⑤ 由题意知

$$1a_{i1}+2a_{i2}+\cdots+na_{in}=c_B(i=1,2,\cdots,n)$$

令列向量

$$\boldsymbol{X}=(1\quad 2\quad \cdots\quad n)^T$$

则由题意可知

$$\boldsymbol{AX}=\begin{bmatrix}a_{11}&a_{12}&\cdots&a_{1n}\\a_{21}&a_{22}&\cdots&a_{2n}\\\vdots&\vdots&&\vdots\\a_{n1}&a_{n2}&\cdots&a_{nn}\end{bmatrix}(1\quad 2\quad \cdots\quad n)^T=(c_B\quad c_B\quad \cdots\quad c_B)^T$$

上式两边都乘以 $\boldsymbol{A}^{-1}$ 可得

$$\boldsymbol{X}=\boldsymbol{A}^{-1}(c_B\quad c_B\quad \cdots\quad c_B)^T$$

两边都除以 c_B 可得

$$\frac{1}{c_B}\boldsymbol{X}=\boldsymbol{A}^{-1}(1\quad 1\quad \cdots\quad 1)^T$$

即

$$\frac{i}{c_B}=d_i^{-1}(i=1,2,\cdots,n)$$

则有

$$\frac{1}{i}d_i^{-1}=\frac{1}{i}\sum_{j=1}^{n}\sigma_{ij}^{-1}=c_{B1}(i=1,2,\cdots,n)$$

即④⇔⑤。

引理 5-7 假设 $\boldsymbol{A}=(a_{ij})_{n\times n}$ 为 n 阶方阵,则方阵行列式之值等于其任一行(列)元素与它的代数余子式乘积之和,也就是

$$|\boldsymbol{A}|=a_{i1}A_{i1}+a_{i2}A_{i2}+\cdots+a_{in}A_{in}=a_{1i}A_{1i}+a_{2i}A_{2i}+\cdots+a_{ni}A_{ni}(i=1,2,\cdots,n)$$

定理 5-10 设 n 阶方阵 $\boldsymbol{A}=(a_{ij})_{n\times n}$,若协方差阵 $\boldsymbol{A}$ 中的元素满足

$$\sum_{j=1}^{n}ja_{ij}=c_B(i=1,2,\cdots,n)$$

则 $\boldsymbol{A}$ 的伴随矩阵 $\boldsymbol{A}^*=(a_{ij}^*)_{n\times n}$ 中的元素满足 $a_i^*=\sum_{j=1}^{n}ja_{ij}^*=c_{B2}(i=1,2,\cdots,n)$。

证明:由题意知

$$1a_{i1}+2a_{i2}+\cdots+na_{in}=c_B(i=1,2,\cdots,n)$$

$$|\boldsymbol{A}|=\begin{vmatrix}a_{11}&a_{12}&\cdots&a_{1i}&\cdots&a_{1n}\\a_{21}&a_{22}&\cdots&a_{2i}&\cdots&a_{2n}\\\vdots&\vdots&&\vdots&&\vdots\\a_{n1}&a_{n2}&\cdots&a_{ni}&\cdots&a_{nn}\end{vmatrix}$$

$$=\frac{1}{1\times 2\times\cdots\times n}\begin{vmatrix}1a_{11} & 2a_{12} & \cdots & ia_{1i} & \cdots & na_{1n}\\1a_{21} & 2a_{22} & \cdots & ia_{2i} & \cdots & na_{2n}\\\vdots & \vdots & & \vdots & & \vdots\\1a_{n1} & 2a_{n2} & \cdots & ia_{ni} & \cdots & na_{nn}\end{vmatrix}$$

$$=\frac{1}{1\times 2\times\cdots\times n}\begin{vmatrix}1a_{11} & 2a_{12} & \cdots & c_B & \cdots & na_{1n}\\1a_{21} & 2a_{22} & \cdots & c_B & \cdots & na_{2n}\\\vdots & \vdots & & \vdots & & \vdots\\1a_{n1} & 2a_{n2} & \cdots & c_B & \cdots & na_{nn}\end{vmatrix}$$

$$=\frac{c_B}{1\times 2\times\cdots\times n}\begin{vmatrix}1a_{11} & 2a_{12} & \cdots & 1 & \cdots & na_{1n}\\1a_{21} & 2a_{22} & \cdots & 1 & \cdots & na_{2n}\\\vdots & \vdots & & \vdots & & \vdots\\1a_{n1} & 2a_{n2} & \cdots & 1 & \cdots & na_{nn}\end{vmatrix}$$

$$=\frac{c_B}{i}\begin{vmatrix}a_{11} & a_{12} & \cdots & 1 & \cdots & a_{1n}\\a_{21} & a_{22} & \cdots & 1 & \cdots & a_{2n}\\\vdots & \vdots & & \vdots & & \vdots\\a_{n1} & a_{n2} & \cdots & 1 & \cdots & a_{nn}\end{vmatrix}$$

$$=\frac{c_B}{i}(A_{1i}+A_{2i}+\cdots+A_{ni})$$

则有 $A_{1i}+A_{2i}+\cdots+A_{ni}=\frac{i}{c_B}|\mathbf{A}|$，即④⇔⑥。

综合①～⑥可得，①⇔②⇔③⇔④⇔⑤⇔⑥⇔⑦。

同理可得定理 5-11。

定理 5-11　简单二次方加权投资组合为最优投资组合的几个等价条件如下。

① $\sigma_C^2=\sigma_*^2$。

② $m_C=1$。

③ $\boldsymbol{x}_C=\boldsymbol{x}_n$。

④ 协方差阵 $\mathbf{V}$ 中的元素满足 $\sum_{j=1}^{n} j^2\sigma_{ij}=c_C(i=1,2,\cdots,n)$。

⑤ 协方差阵 $\mathbf{V}$ 的可逆矩阵 $\mathbf{V}^{-1}=(\sigma_{ij}^{-1})_{n\times n}$ 中的元素满足 $\frac{1}{i^2}d_i^{-1}=\frac{1}{i^2}\sum_{j=1}^{n}\sigma_{ij}^{-1}=c_{C1}(i=1,2,\cdots,n)$。

⑥ 协方差阵 $\mathbf{V}$ 的伴随矩阵 $\mathbf{V}^*=(\sigma_{ij}^*)_{n\times n}$ 中的元素满足 $\frac{1}{i^2}d_i^*=\frac{1}{i^2}\sum_{j=1}^{n}\sigma_{ij}^*=c_{C2}(i=1,2,\cdots,n)$。

⑦ $\sigma_C^2=\sigma_*^2=\frac{6c_C}{n(n+1)(2n+1)}$（$c_B$ 的含义同条件④）。

实例分析

假如对于跨国石油集团公司，投资者有 3 种资产 A，B，C 进行投资，并且这 3 种资产预期收益的协方差阵为 $\mathbf{V}=\begin{bmatrix}700 & 300 & 300\\300 & 650 & 200\\300 & 200 & 500\end{bmatrix}$，问题：

① 建立带非负投资比例系数向量的风险最小化投资组合选择模型。

② 验证定理 5-9 的结论。

解：① 首先，构建满足要求的模型（取 $\boldsymbol{x}=(x_1,x_2,x_3)^{\mathrm{T}}$）：

$$\begin{cases}\min \sigma^2=\boldsymbol{x}^{\mathrm{T}}\boldsymbol{V}\boldsymbol{x}\\ \text{s.t. } \boldsymbol{f}^{\mathrm{T}}\boldsymbol{x}=1\\ \boldsymbol{x}\geqslant 0\end{cases}$$

② 有如下计算结果：

步骤 1　基于上述模型，求解出的最优投资方差（风险）及比例系数为

$$\sigma_*^2=366.6667,\boldsymbol{x}_*=(0.1666667,0.3333333,0.5000000)^{\mathrm{T}}$$

然后依照定理 5-7，求得简单加权投资方差（风险）及比例系数为

$$\sigma_{\mathrm{B}}^2=\boldsymbol{x}_{\mathrm{A}}^{\mathrm{T}}\boldsymbol{V}\boldsymbol{x}_{\mathrm{A}}=366.6667,\boldsymbol{x}_{\mathrm{B}}=(0.1666667,0.3333333,0.5000000)^{\mathrm{T}}$$

很明显 $\boldsymbol{x}_{\mathrm{B}}=\boldsymbol{x}_*$，$\sigma_{\mathrm{B}}^2=\sigma_*^2$，并且

$$m_{\mathrm{B}}=\frac{\sigma_{\mathrm{B}}^2}{\sigma_*^2}=1$$

即①⇔②⇔③。

步骤 2　注意到

$$d_1=1\sigma_{11}+2\sigma_{12}+3\sigma_{13}=1\times700+2\times300+3\times300=2200$$

$$d_2=1\sigma_{21}+2\sigma_{22}+3\sigma_{23}=1\times300+2\times650+3\times200=2200$$

$$d_3=1\sigma_{31}+2\sigma_{32}+3\sigma_{33}=1\times300+2\times200+3\times500=2200$$

那么

$$d_1=d_2=d_3\equiv c_{\mathrm{B}}=2200$$

对于协方差矩阵，运用 Matlab，获得如下对应的可逆矩阵：

$$\boldsymbol{V}^{-1}=\begin{bmatrix}0.002159 & -0.00068 & -0.00102\\ -0.00068 & 0.00197 & -0.00038\\ -0.00102 & -0.00038 & 0.002765\end{bmatrix}$$

显然

$$\frac{1}{1}d_1^{-1}=\frac{1}{1}(\sigma_{11}^{-1}+\sigma_{12}^{-1}+\sigma_{13}^{-1})=\frac{1}{1}\times(0.002159-0.00068-0.00102)=0.000455$$

$$\frac{1}{2}d_2^{-1}=\frac{1}{2}(\sigma_{21}^{-1}+\sigma_{22}^{-1}+\sigma_{23}^{-1})=\frac{1}{2}\times(-0.00068+0.00197-0.00038)=0.000455$$

$$\frac{1}{3}d_3^{-1}=\frac{1}{3}(\sigma_{31}^{-1}+\sigma_{32}^{-1}+\sigma_{33}^{-1})=\frac{1}{3}\times(-0.00102-0.00038+0.002765)=0.000455$$

那么

$$\frac{1}{1}d_1^{-1}=\frac{1}{2}d_2^{-1}=\frac{1}{3}d_3^{-1}=c_{\mathrm{B1}}=0.000455$$

运用 Matlab，可得如下对应的伴随矩阵：

$$\boldsymbol{V}^*=\begin{bmatrix}285000 & -90000 & -135000\\ -90000 & 260000 & -50000\\ -135000 & -50000 & 365000\end{bmatrix}$$

显然

$$\frac{1}{1}d_1^* = \frac{1}{1}(\sigma_{11}^* + \sigma_{12}^* + \sigma_{13}^*) = \frac{1}{1}\times(285\,000 - 90\,000 - 135\,000) = 60\,000$$

$$\frac{1}{2}d_2^* = \frac{1}{2}(\sigma_{21}^* + \sigma_{22}^* + \sigma_{23}^*) = \frac{1}{2}\times(-90\,000 + 260\,000 - 50\,000) = 60\,000$$

$$\frac{1}{3}d_3^* = \frac{1}{3}(\sigma_{31}^* + \sigma_{32}^* + \sigma_{33}^*) = \frac{1}{3}\times(-135\,000 - 50\,000 + 365\,000) = 60\,000$$

那么

$$\frac{1}{1}d_1^* = \frac{1}{2}d_2^* = \frac{1}{3}d_3^* = c_{B2} = 60\,000$$

并且

$$\sigma_B^2 = \sigma_*^2 = \frac{2c_B}{n(n+1)} = \frac{2\times 2\,200}{3\times 4} = 366.666\,7$$

即①⇔④⇔⑤⇔⑥⇔⑦。

上面的计算验证了定理 5-9 的结论，下面举例并验证定理 5-11 的结论。

假如有 3 种资产 A,B,C 需要投资，且 3 种资产预期收益的协方差矩阵是

$$\mathbf{V} = \begin{bmatrix} 2\,300 & 700 & 300 \\ 700 & 1\,100 & 300 \\ 300 & 300 & 700 \end{bmatrix}$$

问题：

① 建立带非负投资比例系数向量的风险最小化投资组合选择模型。

② 验证定理 5-11 的结论。

解：① 首先，构建满足要求的模型(取 $\boldsymbol{x} = (x_1, x_2, x_3)^{\mathrm{T}}$)：

$$\begin{cases} \min \sigma^2 = \boldsymbol{x}^{\mathrm{T}}\mathbf{V}\boldsymbol{x} \\ \text{s.t. } \boldsymbol{f}^{\mathrm{T}}\boldsymbol{x} = 1 \\ \boldsymbol{x} \geqslant 0 \end{cases}$$

② 有如下的计算结果：

步骤 3　依据上述模型求解得到的最优投资方差(风险)及比例系数为

$$\sigma_*^2 = 557.142\,9, \boldsymbol{x}_* = (0.071\,429, 0.285\,714, 0.642\,857)^{\mathrm{T}}$$

然后，依据定理 5-8，得到的简单二次方加权投资方差(风险)及比例系数为

$$\sigma_C^2 = \frac{6c_C}{n(n+1)(2n+1)} = 557.142\,9, x_C = \left(\frac{1}{14}, \frac{4}{14}, \frac{9}{14}\right)^{\mathrm{T}} = (0.071\,429, 0.285\,714, 0.642\,857)^{\mathrm{T}}$$

很明显 $\boldsymbol{x}_C = \boldsymbol{x}_*$，$\sigma_C^2 = \sigma_*^2$，并且

$$m_C = \frac{\sigma_C^2}{\sigma_*^2} = 1$$

即①⇔②⇔③。

步骤 4　注意到

$$d_1 = 1^2\sigma_{11} + 2^2\sigma_{12} + 3^2\sigma_{13} = 1\times 2\,300 + 2\times 700 + 3\times 300 = 7\,800$$

$$d_2 = 1^2\sigma_{21} + 2^2\sigma_{22} + 3^2\sigma_{23} = 1\times 700 + 2\times 1\,100 + 3\times 300 = 7\,800$$

$$d_3 = 1^2\sigma_{31} + 2^2\sigma_{32} + 3^2\sigma_{33} = 1\times 300 + 2\times 300 + 3\times 700 = 7\,800$$

那么

$$d_1 = d_2 = d_3 \equiv c_C = 7\,800$$

对于协方差矩阵,运用 Matlab,获得如下对应的可逆矩阵:

$$\boldsymbol{V}^{-1}=\begin{bmatrix} 0.000\,545 & -0.000\,32 & -0.000\,10 \\ -0.000\,32 & 0.001\,218 & -0.000\,38 \\ -0.000\,10 & -0.000\,38 & 0.001\,635 \end{bmatrix}$$

显然

$$\frac{1}{1^2}d_1^{-1}=\frac{1}{1^2}(\sigma_{11}^{-1}+\sigma_{12}^{-1}+\sigma_{13}^{-1})=\frac{1}{1^2}\times(0.000\,545-0.000\,32-0.000\,10)=0.000\,455$$

$$\frac{1}{2^2}d_2^{-1}=\frac{1}{2^2}(\sigma_{21}^{-1}+\sigma_{22}^{-1}+\sigma_{23}^{-1})=\frac{1}{2^2}\times(-0.000\,32+0.001\,218-0.000\,38)=0.000\,455$$

$$\frac{1}{3^2}d_3^{-1}=\frac{1}{3^2}(\sigma_{31}^{-1}+\sigma_{32}^{-1}+\sigma_{33}^{-1})=\frac{1}{3^2}\times(-0.000\,10-0.000\,38+0.001\,635)=0.000\,455$$

那么

$$\frac{1}{1^2}d_1^{-1}=\frac{1}{2^2}d_2^{-1}=\frac{1}{3^2}d_3^{-1}=c_{C1}=0.000\,128$$

运用 Matlab,可得如下对应的伴随矩阵:

$$\boldsymbol{V}^{*}=\begin{bmatrix} 680\,000 & -400\,000 & -120\,000 \\ -400\,000 & 1\,520\,000 & -480\,000 \\ -120\,000 & -480\,000 & 2\,040\,000 \end{bmatrix}$$

显然

$$\frac{1}{1^2}d_1^{*}=\frac{1}{1^2}(\sigma_{11}^{*}+\sigma_{12}^{*}+\sigma_{13}^{*})=\frac{1}{1^2}\times(285\,000-90\,000-135\,000)=160\,000$$

$$\frac{1}{2^2}d_2^{*}=\frac{1}{2^2}(\sigma_{21}^{*}+\sigma_{22}^{*}+\sigma_{23}^{*})=\frac{1}{2^2}\times(-90\,000+260\,000-50\,000)=160\,000$$

$$\frac{1}{3^2}d_3^{*}=\frac{1}{3^2}(\sigma_{31}^{*}+\sigma_{32}^{*}+\sigma_{33}^{*})=\frac{1}{3^2}\times(-135\,000-50\,000+365\,000)=160\,000$$

那么

$$\frac{1}{1^2}d_1^{*}=\frac{1}{2^2}d_2^{*}=\frac{1}{3^2}d_3^{*}=c_{C2}=160\,000$$

并且

$$\sigma_C^2=\sigma_*^2=\frac{6c_C}{n(n+1)(2n+1)}=\frac{6\times 7\,800}{3\times 4\times 7}=557.142\,9$$

即①⇔④⇔⑤⇔⑥⇔⑦。

上面的计算验证了定理 5-11 的结论。

第6章　跨国石油集团公司二次效用函数单目标投资组合模型

传统跨国石油集团公司投资组合受主观性影响较大，需要构建投资组合模型进行科学合理的决策。本书从单目标投资组合模型视角展开研究。投资者对资产的选择基于对效用的比较，但是多种因素都会对资产的收益产生影响，这样效用就会具有不确定性。一般常用的效用函数有4种，本章研究了二次效用函数下的最优组合模型，并针对具有二次效用函数特征的风险厌恶型投资者，应用拉氏乘子法求解其期望效用最大化的最优投资组合。其中，6.1节对效用函数的理论基础进行了描述；6.2节推导出了二次效用函数下的最优投资组合；6.3节为实例分析。

6.1　效用函数理论

6.1.1　效用函数

在经济学中，效用是对某些商品和服务的偏好程度的衡量，其代表消费者从一个商品中得到满足体验。由于人们无法直接从一个商品或一项服务中衡量利益、满足或幸福，经济学家就用可计量的经济选择来代替和衡量效用。在最简单的意义上，经济学家认为效用是在人们愿意为不同商品支付不同数额的意愿中显现出来的。效用函数是将效用作为各种消费品的函数，被视为基数或序数，取决于它们是否被认为能提供更多的信息，而不是简单地对货物捆绑的偏好进行排序，例如信息偏好强度。每位投资者都有自己独特的效用函数，并通过期望效用最大化的原则来选取最优的投资组合。

6.1.2　常见风险厌恶型效用函数

常见风险厌恶型效用函数有如下几种。

1. 常系数相对风险厌恶型(CRRA)效用函数

$$U(x)=\frac{x^b}{b},b<1\text{ 且 }b\neq 0$$

对于CRRA效用函数而言，$U'(x)=x^{b-1}$，$U''(x)=(b-1)x^{b-2}$，则有

$$R_A=\frac{1-b}{x},R_R=1-b$$

在投资组合选择理论中，CRRA效用函数在投资组合选择理论中一个十分重要的应用为

当 $b \to 1$ 时,最优投资策略在 CRRA 效用函数下和在对数效用函数下是相同的。

2. 常系数绝对风险厌恶型(CARA)效用函数

$$U(x) = -\mathrm{e}^{-bx}, b > 0$$

对于 CARA 效用函数而言,$U'(x) = b\mathrm{e}^{-bx}$,$U''(x) = -b^2\mathrm{e}^{-bx}$,则有

$$R_{\mathrm{A}} = b, R_{\mathrm{R}} = bx$$

3. 对数效用函数

$$U(x) = \ln x$$

对于对数效用函数而言,$U'(x) = \frac{1}{x}$,$U''(x) = -\frac{1}{x^2}$,则有

$$R_{\mathrm{A}} = \frac{1}{x}, R_{\mathrm{R}} = 1$$

4. 二次效用函数

$$U(x) = x - bx^2, x < \frac{1}{2b} \text{且} b > 0$$

6.2 二次效用函数下最优投资组合

投资者通过资产组合来最大化其期望效用,根据金融数学理论,约定投资收益 R 分布是正态分布 $N(r, \sigma^2)$,这里,$r = \sum_{i=1}^{n} x_i r_i = \boldsymbol{r}^{\mathrm{T}} \boldsymbol{x}$,$\sigma^2 = \sum_{i=1}^{n} \sum_{j=1}^{n} x_i x_j \sigma_{ij}$。

众所周知,正态分布的密度函数是

$$f(x) = \frac{1}{\sqrt{2\pi}\sigma} \exp\left(-\frac{(x-r)^2}{2\sigma^2}\right)$$

所以二次效用函数 $U(x) = x - bx^2$ 的期望效用为

$$\mathrm{EU} = \int_{-\infty}^{+\infty} (x - bx^2) \frac{1}{\sqrt{2\pi}\sigma} \exp\left(-\frac{(x-r)^2}{2\sigma^2}\right) \mathrm{d}x$$

令 $\frac{x-r}{\sigma} = y$,则 $x = \sigma y + r$:

$$\begin{aligned}
\mathrm{EU} &= \frac{1}{\sqrt{2\pi}} \int_{-\infty}^{+\infty} [-b\sigma^2 y^2 + (1 - 2br)\sigma y + (r - br^2)] \exp\left(-\frac{1}{2}y^2\right) \mathrm{d}y \\
&= \frac{1}{\sqrt{2\pi}} \left[\int_{-\infty}^{+\infty} -b\sigma^2 y^2 \exp\left(-\frac{1}{2}y^2\right) \mathrm{d}y + \int_{-\infty}^{+\infty} (r - br^2) \exp\left(-\frac{1}{2}y^2\right) \mathrm{d}y\right] \\
&= \frac{1}{\sqrt{2\pi}} \left[-b\sigma^2 \int_{-\infty}^{+\infty} \exp\left(-\frac{1}{2}y^2\right) \mathrm{d}y + (r - br^2) \int_{-\infty}^{+\infty} \exp\left(-\frac{1}{2}y^2\right) \mathrm{d}y\right] \\
&= \frac{1}{\sqrt{2\pi}} (r - br^2 - b\sigma^2) \int_{-\infty}^{+\infty} \exp\left(-\frac{1}{2}y^2\right) \mathrm{d}y \\
&= r - br^2 - b\sigma^2
\end{aligned}$$

使期望效用最大化,即使 $\mathrm{EU} = r - br^2 - b\sigma^2$ 最大,就是使 $b\sigma^2 + br^2 - r$ 最小。转化为投资组合

问题为

$$\min(b\boldsymbol{x}'\boldsymbol{V}\boldsymbol{x}+b(\boldsymbol{x}'\boldsymbol{r})^2-\boldsymbol{x}'\boldsymbol{r})$$

$$\text{s. t. } \boldsymbol{x}'\boldsymbol{e}=1$$

利用拉式乘子法直接求解，定义

$$F=b\boldsymbol{x}'\boldsymbol{V}\boldsymbol{x}+b(\boldsymbol{x}'\boldsymbol{r})^2-\boldsymbol{x}'\boldsymbol{r}-\lambda(\boldsymbol{x}'\boldsymbol{e}-1)$$

令

$$\frac{\partial F'}{\partial x}=2b\boldsymbol{V}\boldsymbol{x}+2b\boldsymbol{r}\boldsymbol{r}'\boldsymbol{x}-\boldsymbol{r}-\lambda\boldsymbol{e}=0 \tag{6-1}$$

$$\frac{\partial F}{\partial \lambda}=\boldsymbol{x}\hat{\boldsymbol{e}}-1=0 \tag{6-2}$$

式(6-1)两边同时左乘 $\boldsymbol{e}'\boldsymbol{V}^{-1}$，结合式(6-2)得

$$2b\boldsymbol{B}\boldsymbol{r}'\boldsymbol{x}-\lambda\boldsymbol{A}+2b-\boldsymbol{B}=0$$

式(6-1)两边同时左乘 $\boldsymbol{r}'\boldsymbol{V}^{-1}$得

$$2b(1+\boldsymbol{C})\boldsymbol{r}'\boldsymbol{x}-\lambda\boldsymbol{B}-\boldsymbol{C}=0$$

$$\min(b\boldsymbol{x}'\boldsymbol{V}\boldsymbol{x}+b(\boldsymbol{x}'\boldsymbol{r})^2-\boldsymbol{x}'\boldsymbol{r})$$

$$\text{s. t. } \boldsymbol{x}\boldsymbol{e}=1$$

则

$$\lambda=\frac{2b\boldsymbol{C}+2b-\boldsymbol{B}}{\boldsymbol{A}+\boldsymbol{A}\boldsymbol{C}-\boldsymbol{B}^2} \tag{6-3}$$

将式(6-3)代入式(6-1)得最优解为

$$\boldsymbol{x}=\frac{(2b\boldsymbol{C}+2b-\boldsymbol{B})(\boldsymbol{V}+\boldsymbol{r}\boldsymbol{r}')^{-1}\boldsymbol{e}}{2b(\boldsymbol{A}+\boldsymbol{A}\boldsymbol{C}-\boldsymbol{B}^2)}+\frac{(\boldsymbol{V}+\boldsymbol{r}\boldsymbol{r}')^{-1}\boldsymbol{r}}{2b} \tag{6-4}$$

其中，$\boldsymbol{A}=\boldsymbol{e}\boldsymbol{V}^{-1}\boldsymbol{e}$，$\boldsymbol{B}=\boldsymbol{e}\boldsymbol{V}^{-1}\boldsymbol{r}=\boldsymbol{r}\boldsymbol{V}^{-1}\boldsymbol{e}$，$\boldsymbol{C}=\boldsymbol{r}'\boldsymbol{V}^{-1}\boldsymbol{r}$，并且 $\boldsymbol{x}$ 为向量，即二次效用函数下的最优投资比例。

6.3　实例分析

6.3.1　数据选取和正态性检验

基于中海油投资决策与统计分析项目的研究成果，从中海油总公司 IT 系统收集中海油天津分公司、深圳分公司、湛江分公司、上海分公司、国际公司和尼克森等共 576 个油田的资料。现选取中海油 3 个资产共 20 年的数据作为一个实际例子。收益＝(利润总额－所得税)/收入。再运用直方图来验证这些资产是否服从正态分布，结果如图 6-1 和表 6-1 所示。

表 6-1　3 个资产的正态性检验

资产名称	资产 1	资产 2	资产 3
Jarque-Bera(JB)	4.830 650	2.776 464	3.100 661
P 值	0.089 338	0.249 516	0.212 178

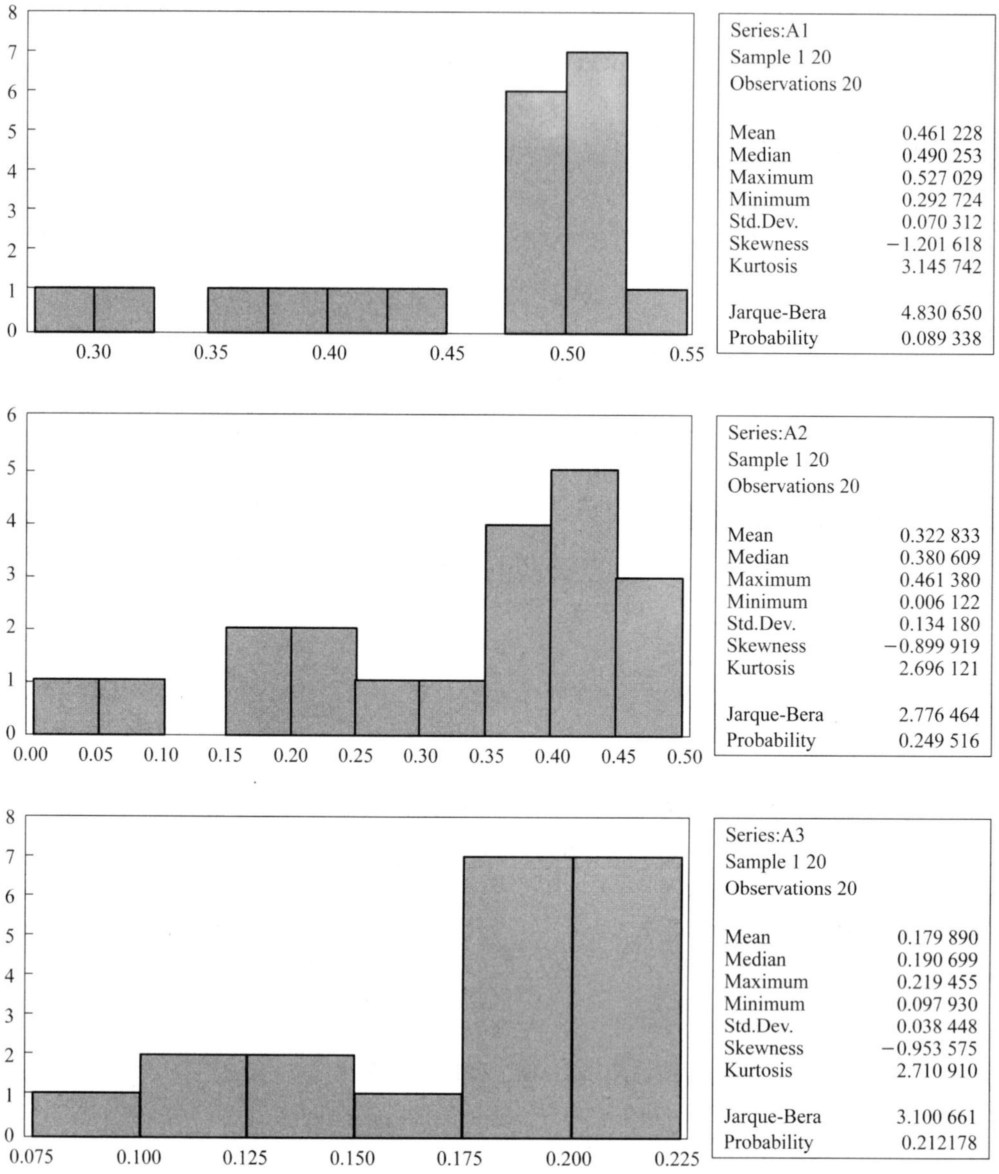

图 6-1　3 个资产序列的直方图

由表 6-1 中数据可知,所选的 3 个资产的收益均服从正态分布。

3 个资产的平均收益见表 6-2。

表 6-2　3 个资产的平均收益

资产名称	资产 1	资产 2	资产 3
平均收益	0.461 228	0.322 833	0.179 890

3 个资产的协方差矩阵为

$$\begin{bmatrix} 0.004\,697 & 0.007\,460 & 0.001\,841 \\ 0.007\,460 & 0.017\,104 & 0.002\,587 \\ 0.001\,841 & 0.002\,587 & 0.001\,404 \end{bmatrix}$$

6.3.2　结果分析

根据 b 的不同取值和式(6-4)，可得最优投资比例、收益、风险和期望值如表 6-3 所示。

表 6-3　3 个资产最优投资比例

b	资产 1	资产 2	资产 3	收益	风险	期望值
1.3	0.889 084	−0.344 058	0.454 974	0.380 843	0.002 144	0.189 502
1.5	0.678 912	−0.283 228	0.604 315	0.330 408	0.001 806	0.163 945
1.7	0.518 192	−0.236 710	0.718 518	0.291 841	0.001 605	0.144 321
1.9	0.391 308	−0.199 986	0.808 678	0.261 393	0.001 482	0.128 757
2.1	0.288 593	−0.170 257	0.881 664	0.236 745	0.001 405	0.116 092
2.3	0.203 741	−0.145 698	0.941 957	0.216 384	0.001 357	0.105 571
2.5	0.132 465	−0.125 068	0.992 603	0.199 280	0.001 328	0.096 679

从表 6-3 中数据(第五列和第六列)，可得到图 6-2 所示的收益随风险的变化。从表 6-3 中数据(第二列、第三列、第四列和第七列)，可以画出资产最优分配比例和期望值随风险厌恶系数 b 的变化，如图 6-3 所示。

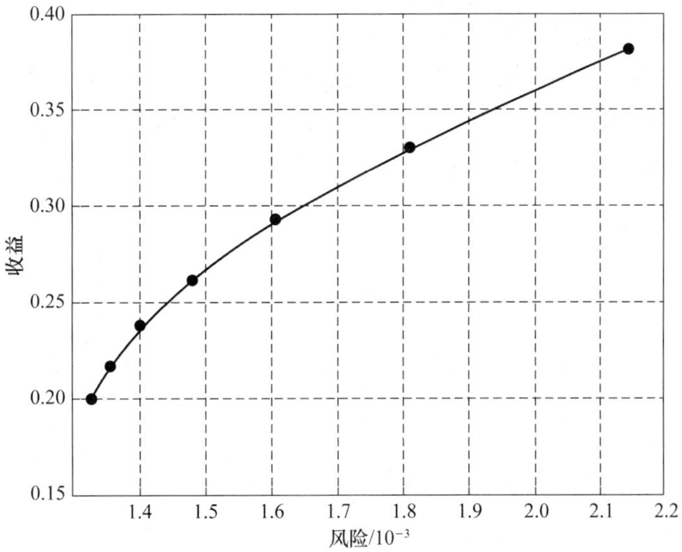

图 6-2　收益随风险的变化

从表 6-3 及图 6-2 可以看出：风险水平增高，收益也增高，这符合金融学原理，即高收益总伴随着高风险，从而表明本章所构建的模型是合理的。

① 资产 1 的投资比例是 b 的减函数，即由于资产 1 的收益最大，所以资产 1 的投资比例随着 b 的增加而减少。这表明当投资者降低风险规避要求时，期望收益大的资产投资比例有很大可能会降低。

② 资产 2 的投资比例为负值，主要由于资产 2 的风险太大，需要卖出资产 2 以减少风险。

③ 资产 3 的投资比例为 b 的增函数，即由于资产 3 的收益最小，所以资产 3 的投资比例随着 b 的增加而增加。这表明当投资者降低风险规避要求时，期望收益小的资产的投资比例有

很大可能会增加。

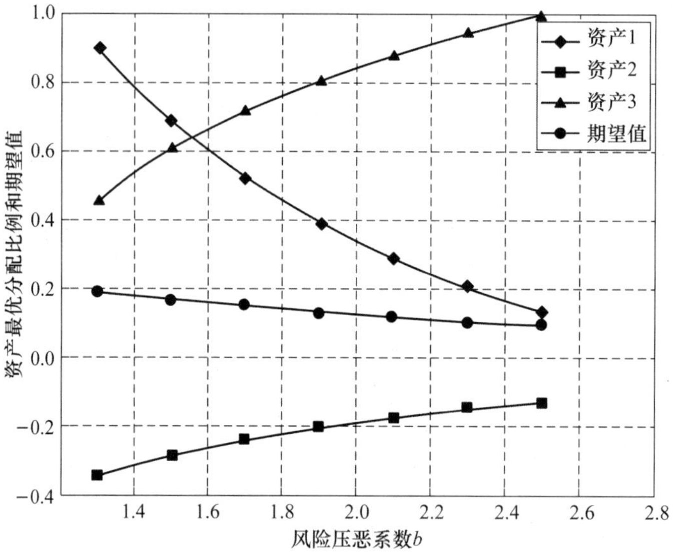

图 6-3　资产最优分配比例和期望值随风险厌恶系数 b 的变化

④ 期望值为 b 的减函数，即期望值随着 b 的增加而减少。这表明当投资者降低风险规避要求时，期望值有很大可能会降低。

因此，通过改变参数 b 的取值，该模型能满足不同风险偏好投资者的要求。该模型与投资者期望收益越大越好(风险越小越好)的心态相一致。这说明构建的模型和运用拉氏乘子法得到的最优组合投资比例是可行的。

第7章　两类跨国石油集团公司双目标投资组合模型

7.1　基于业务板块带有营业收入约束的均值-方差投资组合模型

跨国石油集团公司通常包含多个业务板块，增加了投资分配难度，其业务板块的投资组合基本凭经验主观分析，缺少科学依据，本节基于跨国石油集团公司领导的要求，建立基于业务板块的投资组合模型供领导者进行科学决策分析。本节主要结合均值和方差函数，应用均值-方差模型来解决跨国石油集团公司业务板块投资组合问题。7.1.1节介绍了分目标乘除法；7.1.2节根据收益最大化和风险最小化，建立了基于业务板块带有营业收入约束的3类投资组合模型；7.1.3节根据跨国石油集团公司业务板块数据和领导对营业收入约束的要求，进行实例分析，并将有无营业收入约束进行对比分析。

7.1.1　分目标乘除法

1. 分目标乘除法的基本思想

假设混合双目标模型如下：

$$\begin{cases}\max f_1(\boldsymbol{x})\\ \min f_2(\boldsymbol{x})\end{cases}$$

混合双目标中函数 $f_1(\boldsymbol{x})$ 极大化相当于 $1/f_1(\boldsymbol{x})$ 极小化，即求解混合双目标模型，可以归结为求解单目标 $\min \dfrac{f_2(\boldsymbol{x})}{f_1(\boldsymbol{x})}$ 的问题。

2. 分目标乘除法的计算步骤

步骤1:分目标乘除法。

如果各目标函数的值大于零，则进行步骤2；如果各目标函数的值小于等于零，就选取某实数 $M>0$，满足 $f_i(\boldsymbol{x})+M>0, i=1,2$，再定义 $f_i(\boldsymbol{x}):=f_i(\boldsymbol{x})+M(i=1,2)$，然后进行步骤2。

步骤2:极小化分目标乘除问题。

求解 $\min \frac{f_2(\boldsymbol{x})}{f_1(\boldsymbol{x})}$。

7.1.2 带有营业收入约束的均值-方差投资组合模型

假设跨国石油集团公司有 n 个业务板块,把每个业务板块都当成资产进行组合分析。r_i 为投资组合中第 i 个业务板块的期望收益,x_i 为业务板块 i 投资比例,r 为投资组合收益,σ_i^2 为第 i 个业务板块的方差,σ_{ij} 为两个业务板块之间的协方差。

1. 带有营业收入约束的均值-方差模型目标函数建立

基于业务板块的收益最大的均值-方差投资组合模型目标函数为

$$\max E(r) = \sum_{i=1}^{n} x_i r_i$$

基于业务板块的风险最小的均值-方差投资组合模型目标函数为

$$\min \sigma^2(r) = \sum_{i=1}^{n} \sigma_i^2 x_i^2 + \sum_{\substack{i,j=1 \\ i \neq j}}^{n} \sigma_{ij} x_i x_j$$

基于业务板块的收益最大和风险最小的均值-方差投资组合模型目标函数为

$$\max E(r) = \sum_{i=1}^{n} x_i r_i$$

$$\min \sigma^2(r) = \sum_{i=1}^{n} \sigma_i^2 x_i^2 + \sum_{\substack{i,j=1 \\ i \neq j}}^{n} \sigma_{ij} x_i x_j$$

2. 带有营业收入约束的均值-方差模型约束条件的建立

设 g_i 为投资组合中第 i 个业务板块的期望营业收入,如果跨国石油集团公司领导给定最小营业收入 g,则投资比例需要满足 $\sum_{i=1}^{n} x_i g_i \geqslant g$,还需要满足 $\sum_{i=1}^{n} x_i = 1, x_i \geqslant 0, i = 1,2,\cdots,n$。

3. 均值-方差模型的建立

按照投资者偏好,本节提出了下面 3 类投资组合模型。

模型 7-1 当给定最大方差(δ)时,构建如下基于业务板块的带有营业收入约束的收益最大化的投资组合模型:

$$\begin{cases} \max E(r) = \sum_{i=1}^{n} x_i r_i \\ \text{s.t. } \sigma^2(r) \leqslant \delta \\ \sum_{i=1}^{n} x_i g_i \geqslant g \\ \sum_{i=1}^{n} x_i = 1; x_i \geqslant 0, i = 1,2,\cdots,n \end{cases} \tag{7-1}$$

模型 7-2　当给定最小均值 e 时,构建如下基于业务板块的带有营业收入约束的风险最小化的投资组合模型:

$$\begin{cases} \min \sigma^2(r) = \sum_{i=1}^{n} \sigma_i^2 x_i^2 + \sum_{\substack{i,j=1 \\ i \neq j}}^{n} \sigma_{ij} x_i x_j \\ \text{s.t. } E(r) \geqslant e \\ \sum_{i=1}^{n} x_i g_i \geqslant g \\ \sum_{i=1}^{n} x_i = 1; x_i \geqslant 0, i = 1,2,\cdots,n \end{cases} \tag{7-2}$$

模型 7-3　构建如下基于业务板块的带有营业收入约束的收益最大化和风险最小化的投资组合模型:

$$\begin{cases} \max E(r) = \sum_{i=1}^{n} x_i r_i \\ \min \sigma^2(r) = \sum_{i=1}^{n} \sigma_i^2 x_i^2 + \sum_{\substack{i,j=1 \\ i \neq j}}^{n} \sigma_{ij} x_i x_j \\ \text{s.t. } \sum_{i=1}^{n} x_i g_i \geqslant g \\ \sum_{i=1}^{n} x_i = 1; x_i \geqslant 0, i = 1,2,\cdots,n \end{cases} \tag{7-3}$$

在模型 7-3 中双目标模型可以通过分目标乘除法构造如下单目标模型:

$$\begin{cases} \min \dfrac{\sigma^2(r)}{E(r)} = \dfrac{\sum_{i=1}^{n} \sigma_i^2 x_i^2 + \sum_{\substack{i,j=1 \\ i \neq j}}^{n} \sigma_{ij} x_i x_j}{\sum_{i=1}^{n} x_i r_i} \\ \text{s.t. } \sum_{i=1}^{n} x_i g_i \geqslant g \\ \sum_{i=1}^{n} x_i = 1; x_i \geqslant 0, i = 1,2,\cdots,n \end{cases} \tag{7-4}$$

7.1.3　实例分析

1. 数据选取

本小节选取中海油上游板块、专业服务和下游板块,数据来源于跨国石油集团公司 2010—2014 年的年度财务快报。其中,收益=利润总额/((期初总资产+期末总资产)/2)。

3 个板块的平均收益和平均营业收入如表 7-1 所示。

表 7-1 3 个板块的平均收益和平均营业收入

板块名称	上游板块	专业服务	下游板块
平均收益	0.135 562	0.073 992	0.049 413
平均营业收入	24 422 717	6 694 495	50 899 788

3 个板块的协方差矩阵为 $\begin{bmatrix} 0.001\,825 & -0.000\,70 & 0.000\,473 \\ -0.000\,70 & 0.000\,298 & -0.000\,17 \\ 0.000\,473 & -0.000\,17 & 0.000\,168 \end{bmatrix}$。

2. 带有营业收入约束的投资组合模型实例分析

当跨国石油集团公司领导者给定最小营业收入 $g=3\,000$ 万元时,结合相关数据,根据模型(7-1)、模型(7-2)、模型(7-3)可分别得最优投资比例及风险/收益,如表 7-2～表 7-4 所示。

表 7-2 3 个资产在模型(7-1)下的最优投资比例

δ	上游板块	专业服务	下游板块	风险/收益
0.000 2	0.325 0	0.278 1	0.396 9	0.002 4
0.000 4	0.451 8	0.202 2	0.346 0	0.004 3
0.000 6	0.546 5	0.145 4	0.308 0	0.006 0
0.000 8	0.626 2	0.097 7	0.276 1	0.007 6
0.001 0	0.696 3	0.055 7	0.248 0	0.009 0
0.001 2	0.759 3	0.018 0	0.222 7	0.010 4
0.001 4	0.789 4	0.000 0	0.210 6	0.011 9

表 7-3 3 个资产在模型(7-2)下的最优投资比例

e	上游板块	专业服务	下游板块	风险/收益
0.090	0.405 5	0.229 9	0.364 6	0.003 5
0.094	0.461 5	0.196 3	0.342 1	0.004 5
0.098	0.517 5	0.162 8	0.319 7	0.005 5
0.102	0.573 5	0.129 3	0.297 2	0.006 5
0.106	0.629 5	0.095 7	0.274 7	0.007 6
0.110	0.685 5	0.062 2	0.252 3	0.008 8
0.114	0.741 5	0.028 6	0.229 8	0.010 0

表 7-4 3 个资产在模型(7-3)下的最优投资比例

上游板块	专业服务	下游板块	风险/收益
0.057 2	0.438 5	0.504 3	0.000 4

通过表 7-2、表 7-3 和表 7-4 的数据可以观察到,3 个模型中的收益与其对应风险都符合收益越大风险越大的一般规律,即对于投资者而言,承受的风险水平越大,则最后的回报越丰厚。证明上述 3 种均值-方差模型是可行的。

3. 有无营业收入约束的投资组合模型的比较分析

假设模型(7-1)、模型(7-2)和模型(7-4)中无营业收入约束,即不存在 $\sum_{i=1}^{n} x_i g_i \geqslant g$ 约束条件,此时结合数据,按照模型(7-1)、模型(7-2)和模型(7-4)能够分别求得最优投资比例,如表7-5、表7-6和表7-7所示。

表7-5　3个资产在模型(7-1)下的最优投资比例

δ	上游板块	专业服务	下游板块	风险/收益
0.000 2	0.514 2	0.485 8	0.000 0	0.001 9
0.000 4	0.615 0	0.385 0	0.000 0	0.003 6
0.000 6	0.691 5	0.308 5	0.000 0	0.005 1
0.000 8	0.755 8	0.244 2	0.000 0	0.006 6
0.001 0	0.812 6	0.187 4	0.000 0	0.008 1
0.001 2	0.863 6	0.136 4	0.000 0	0.009 4
0.001 4	0.910 4	0.089 6	0.000 0	0.010 8

表7-6　3个资产在模型(7-2)下的最优投资比例

e	上游板块	专业服务	下游板块	风险/收益
0.090	0.283 9	0.716 1	0.000 0	0.000 1
0.094	0.325 0	0.675 0	0.000 0	0.000 2
0.098	0.389 9	0.610 1	0.000 0	0.000 5
0.102	0.454 9	0.545 1	0.000 0	0.001 1
0.106	0.519 9	0.480 1	0.000 0	0.002 0
0.110	0.584 8	0.415 2	0.000 0	0.003 0
0.114	0.649 8	0.350 2	0.000 0	0.004 3

表7-7　3个资产在模型(7-3)下的最优投资比例

上游板块	专业服务	下游板块	风险/收益
0.285 2	0.714 8	0.000 0	0.000 1

利用计算结果作者做出了有无营业收入约束的单目标模型的风险/收益对比图,通过该图能够更形象地看出有无营业收入约束对最佳投资组合的影响程度,如图7-1所示。

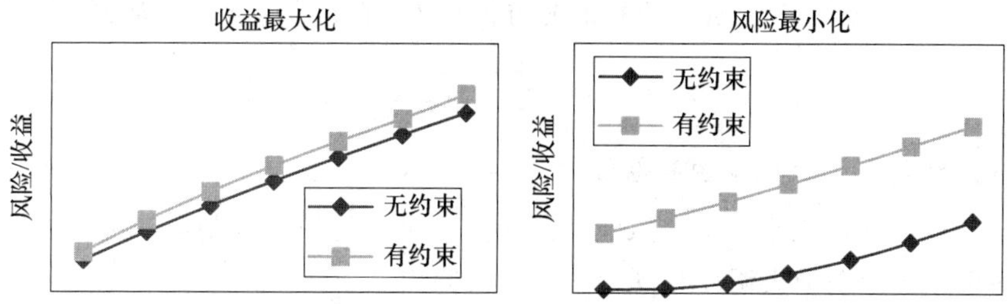

图7-1　单目标模型的有无营业收入约束的风险/收益的比较

显然,带有营业收入约束的风险/收益值比无营业收入约束的风险/收益值大,而风险/收益代表单位收益对应的风险,结果越小越好。从表 7-4 和表 7-7 可以得到相同特征。

以上内容说明在均值-方差模型中,领导者增加约束条件会使单位收益对应的风险变大。所以,跨国石油集团公司领导者在增加约束条件方面要谨慎,而不是约束条件越多越好。

7.2 基于存量和增量资产带比例界定的均值-VaR 投资组合模型

跨国石油集团公司存量资产是指在某一时点上其资产池所包含的资产,即其所拥有的全部可确指的资产。其增量资产是指跨国石油集团公司领导者决定是否要投资的资产,即其未来不确定资产。本节主要结合均值和 VaR 风险控制函数,将优化决策模型和投资组合模型结合起来,解决跨国石油集团公司存量和增量资产的问题。应用优化决策模型来决定选取增量资产的数量和资产池中剩余的全部资产总量。应用投资组合模型来确定资产池中剩余的全部资产总量的投资比例。7.2.1 节介绍了存量资产和增量资产的优化原理,包括存量资产和增量资产的全部组合收益和 VaR 风险控制原理;7.2.2 节根据存量资产与增量资产全部组合收益最大和 VaR 最小,建立了基于存量资产和增量资产的 3 类优化决策模型;7.2.3 节依据 7.2.2 节资产池中剩余全部资产组合收益最大和 VaR 最小,建立了基于存量资产和增量资产的带有比例界定的双目标投资组合模型;7.2.4 节用大型央企集团公司的具体算例表明了本节提出的模型是有效的,并将有无投资比例界定进行了对比分析。

7.2.1 存量和增量资产优化原理

1. 存量和增量资产的组合收益与风险

若跨国石油集团公司已经投放 n 个存量资产,此时又有 m 个增量资产,设 m 个增量资产和 $n+m$ 个全部资产的收益向量分别为

$$\boldsymbol{r}_{n+m}=(r_1,\cdots,r_n,r_{n+1},\cdots,r_{n+m})^{\mathrm{T}}$$

设跨国石油集团公司投放 $n+m$ 个全部资产的权重向量为

$$\boldsymbol{x}_{n+m}=(x_1,\cdots,x_n,x_{n+1},\cdots,x_{n+m})^{\mathrm{T}}$$

则 $n+m$ 个全部资产的组合收益为

$$E(\boldsymbol{r}_{n+m})=\sum_{i=1}^{n+m}x_i r_i$$

资产风险统计量是收益的方差 σ^2,它度量收益围绕其平均值的变化程度。设 $\boldsymbol{G}_{n+m}=(\sigma_{ij})_{(n+m)\times(n+m)}$ 为 $n+m$ 个全部资产收益的协方差矩阵,则全部组合的风险为

$$\sigma_{n+m}^2=\sum_{i=1}^{n+m}\sum_{j=1}^{n+m}x_i x_j\sigma_{ij}$$

2. 全部资产组合 VaR 风险控制原理

当组合收益一定时,最小化组合风险并不一定完全能将损失限制在一定范围区间内,还需要用 VaR 约束来将预期损失调控在既定的范围区间内。

定义 7-1 VaR 亦称“风险价值”,是指当市场正常波动时,当持有期 Δt 和置信水平 α 一定时,在未来资产价格变动下,资产组合需要面对的潜在损失额的最大值。其统计学表达式是

$$P(\nabla p > -\mathrm{VaR}) = \alpha$$

这里：∇p 指当时间范围 Δt 一定时，资产组合市场价值的损失；VaR 为风险价值，α 是置信水平，通常是给定的。

定义 7-2　VaR 风险控制函数：假设资产收益服从正态分布，且 $\|\cdot\|$ 为实数集 $\mathbf{R}$ 上的凸范数，则在置信水平 $\alpha(\alpha>50\%)$ 给定的情况下，$\boldsymbol{r}$ 的 VaR 风险控制函数的定义为 $V(x)=\sigma\Phi^{-1}(\alpha)$。其中，$\Phi^{-1}(\alpha)$ 是标准正态分布的分布函数。

7.2.2　基于存量和增量资产的优化决策模型

1. 决策模型目标函数的建立

基于存量资产与增量资产全部组合收益最大的优化决策模型目标函数为

$$\max E(\boldsymbol{r}_{n+m}) = \sum_{i=1}^{n+m} x_i r_i$$

基于存量资产与增量资产全部组合 VaR 最小的优化决策模型目标函数为

$$\min V(\boldsymbol{r}_{n+m}) = \sigma_{n+m}\Phi^{-1}(\alpha)$$

基于存量资产与增量资产全部组合收益最大和 VaR 最小的优化决策模型目标函数为

$$\max E(\boldsymbol{r}_{n+m}) = \sum_{i=1}^{n+m} x_i r_i$$

$$\min V(\boldsymbol{r}_{n+m}) = \sigma_{n+m}\Phi^{-1}(\alpha)$$

2. 决策模型约束条件的建立

本章通过 0-1 规划确定是否增加资产，因此 $x_i\ (i=n+1,\cdots,n+m)$ 应该满足

$$x_i = \begin{cases} 0, & \text{对第 } i \text{ 个资产进行投资} \\ 1, & \text{不对第 } i \text{ 个资产进行投资} \end{cases}$$

3. 优化决策模型的建立

在资产收益属于正态分布的条件下，通过决策模型目标函数和决策模型约束条件能够得到基于存量资产和增量资产的优化决策模型。按照投资者的偏好，本章提出了下面的优化决策模型。

模型 7-4　当资产收益服从正态分布和给定最大 VaR 时，构建基于存量资产和增量资产的全部组合收益最大化的优化决策模型。

$$\begin{cases} \max E(\boldsymbol{r}_{n+m}) = \sum_{i=1}^{n+m} x_i r_i \\ \text{s. t. } V(\boldsymbol{r}_{n+m}) \leqslant v \\ x_1,\cdots,x_n = 1; x_{n+1},\cdots,x_{n+m} = 0 \vee 1 \end{cases} \tag{7-5}$$

模型 7-5　当资产收益服从正态分布和给定最小均值时，构建基于存量资产和增量资产的全部组合 VaR 最小化的优化决策模型。

$$\begin{cases} \min V(\boldsymbol{r}_{n+m}) = \sigma_{n+m}\Phi^{-1}(\alpha) \\ \text{s. t. } E(\boldsymbol{r}_{n+m}) \geqslant e \\ x_1,\cdots,x_n = 1; x_{n+1},\cdots,x_{n+m} = 0 \vee 1 \end{cases} \tag{7-6}$$

模型 7-6　当资产收益服从正态分布时，构建基于存量资产和增量资产的全部组合收益最大化和 VaR 最小化的优化决策模型。

$$
\begin{cases}
\max E(\dot{\boldsymbol{r}}_{n+m}) = \sum_{i=1}^{n+m} x_i r_i \\
\min V(\boldsymbol{r}_{n+m}) = \sigma_{n+m}\Phi^{-1}(\alpha) \\
\text{s. t.}\ \ x_1, \cdots, x_n = 1; x_{n+1}, \cdots, x_{n+m} = 0 \vee 1
\end{cases}
\tag{7-7}
$$

式(7-7)的双目标模型可以通过线性加权构造单目标模型。

$$
\begin{cases}
\max \beta E(\boldsymbol{r}_{n+m}) - (1-\beta)V(r_{n+m}) \\
\text{s. t.}\ \ E(\boldsymbol{r}_{n+m}) = \sum_{i=1}^{n+m} x_i r_i \\
V(\boldsymbol{r}_{n+m}) = \sigma_{n+p}\Phi^{-1}(\alpha) \\
\text{s. t.}\ \ x_1, \cdots, x_n = 1; x_{n+1}, \cdots, x_{n+m} = 0 \vee 1
\end{cases}
\tag{7-8}
$$

其中 $\beta \in (0,1)$ 为相对权重,可通过加权平均法由企业参与人员共同确定。

7.2.3 基于存量和增量资产的投资组合模型

设经过上述优化决策模型的筛选,最后选择 $p(0 \leqslant p \leqslant m)$ 个增量资产,决策池中总共包含 $n+p$ 个资产。

1. 组合模型目标函数的建立

基于存量资产与增量资产全部组合收益最大的投资组合模型目标函数为

$$\max E(\boldsymbol{r}_{n+p}) = \sum_{i=1}^{n+p} x_i r_i$$

基于存量资产与增量资产全部组合 VaR 最小的投资组合模型目标函数为

$$\min V(\boldsymbol{r}_{n+p}) = \sigma_{n+p}\Phi^{-1}(\alpha)$$

基于存量资产与增量资产全部组合收益最大和 VaR 最小的投资组合模型目标函数为

$$\max E(\boldsymbol{r}_{n+p}) = \sum_{i=1}^{n+p} x_i r_i$$

$$\min V(\boldsymbol{r}_{n+p}) = \sigma_{n+p}\Phi^{-1}(\alpha)$$

2. 组合模型约束条件的建立

设 l 为投资比例向量的下限,u 为投资比例向量的上限,则投资比例需要满足 $0 \leqslant l_i \leqslant x_i \leqslant u_i \leqslant 1, i = 1, 2, \cdots, n+p$,且

$$\sum_{i=1}^{n+p} x_i = 1$$

3. 投资组合模型的建立

按照投资者的偏好,本章提出了下面的投资组合模型。

模型 7-7 当资产收益服从正态分布和给定最大 VaR 时,构建基于存量资产和增量资产的全部组合收益最大化的投资组合模型。

$$
\begin{cases}
\max E(\boldsymbol{r}_{n+p}) = \sum_{i=1}^{n+p} x_i r_i \\
\text{s. t.}\ \ V(\boldsymbol{r}_{n+p}) \leqslant v \\
\sum_{i=1}^{n+p} x_i = 1 \\
0 \leqslant l_i \leqslant x_i \leqslant u_i \leqslant 1, i = 1, 2, \cdots, n+p
\end{cases}
\tag{7-9}
$$

模型 7-8　当资产收益服从正态分布和给定最小均值时,构建基于存量资产和增量资产的全部组合 VaR 最小化的投资组合模型。

$$\begin{cases}\min V(\boldsymbol{r}_{n+p}) = \sigma_{n+p}\Phi^{-1}(\alpha) \\ \text{s. t.}\ \ E(\boldsymbol{r}_{n+p}) \geqslant e \\ \sum_{i=1}^{n+p} x_i = 1 \\ 0 \leqslant l_i \leqslant x_i \leqslant u_i \leqslant 1, i = 1,2,\cdots,n+p \end{cases} \tag{7-10}$$

模型 7-9　当资产收益服从正态分布时,构建基于存量资产和增量资产的全部组合收益最大化和 VaR 最小化的投资组合模型。

$$\begin{cases}\max E(\boldsymbol{r}_{n+p}) = \sum_{i=1}^{n+p} x_i r_i \\ \min V(r_{n+p}) = \sigma_{n+p}\Phi^{-1}(\alpha) \\ \text{s. t.}\ \ \sum_{i=1}^{n+p} x_i = 1 \\ 0 \leqslant l_i \leqslant x_i \leqslant u_i \leqslant 1, i = 1,2,\cdots,n+p \end{cases} \tag{7-11}$$

式(7-11)的双目标模型可以通过线性加权构造单目标模型。

$$\begin{cases}\max \beta E(\boldsymbol{r}_{n+p}) - (1-\beta)V(\boldsymbol{r}_{n+p}) \\ \text{s. t.}\ \ E(\boldsymbol{r}_{n+p}) = \sum_{i=1}^{n+p} x_i r_i \\ V(\boldsymbol{r}_{n+p}) = \sigma_{N+P}\Phi^{-1}(\alpha) \\ \sum_{i=1}^{n+p} x_i = 1 \\ 0 \leqslant l_i \leqslant x_i \leqslant u_i \leqslant 1, i = 1,2,\cdots,n+p \end{cases} \tag{7-12}$$

其中 $\beta \in (0,1)$为相对权重,可通过加权平均法由企业参与人员共同确定。

7.2.4　实例分析

1. 数据选取和正态性检验

本小节将中海油 6 个资产共 24 年的年度收益作为原始数据。收益=(利润总额−所得税)/收入。然后用直方图来检验这 6 个资产是否服从正态分布,结果如图 7-2 和表 7-8 所示。

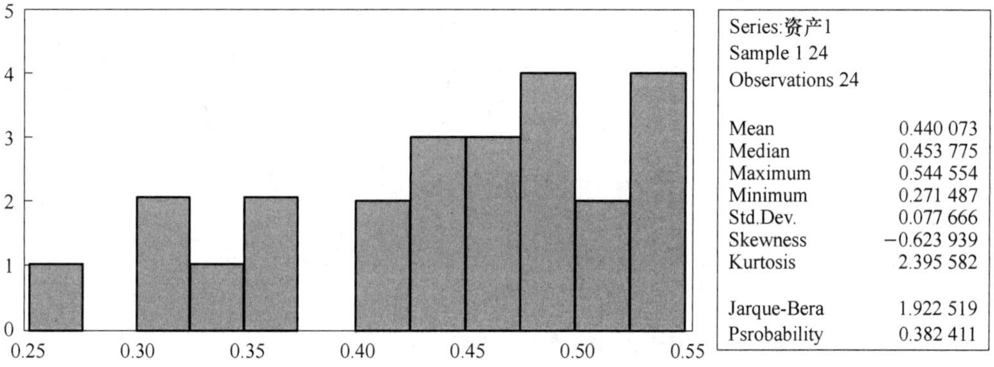

图 7-2　6 个资产序列的直方图

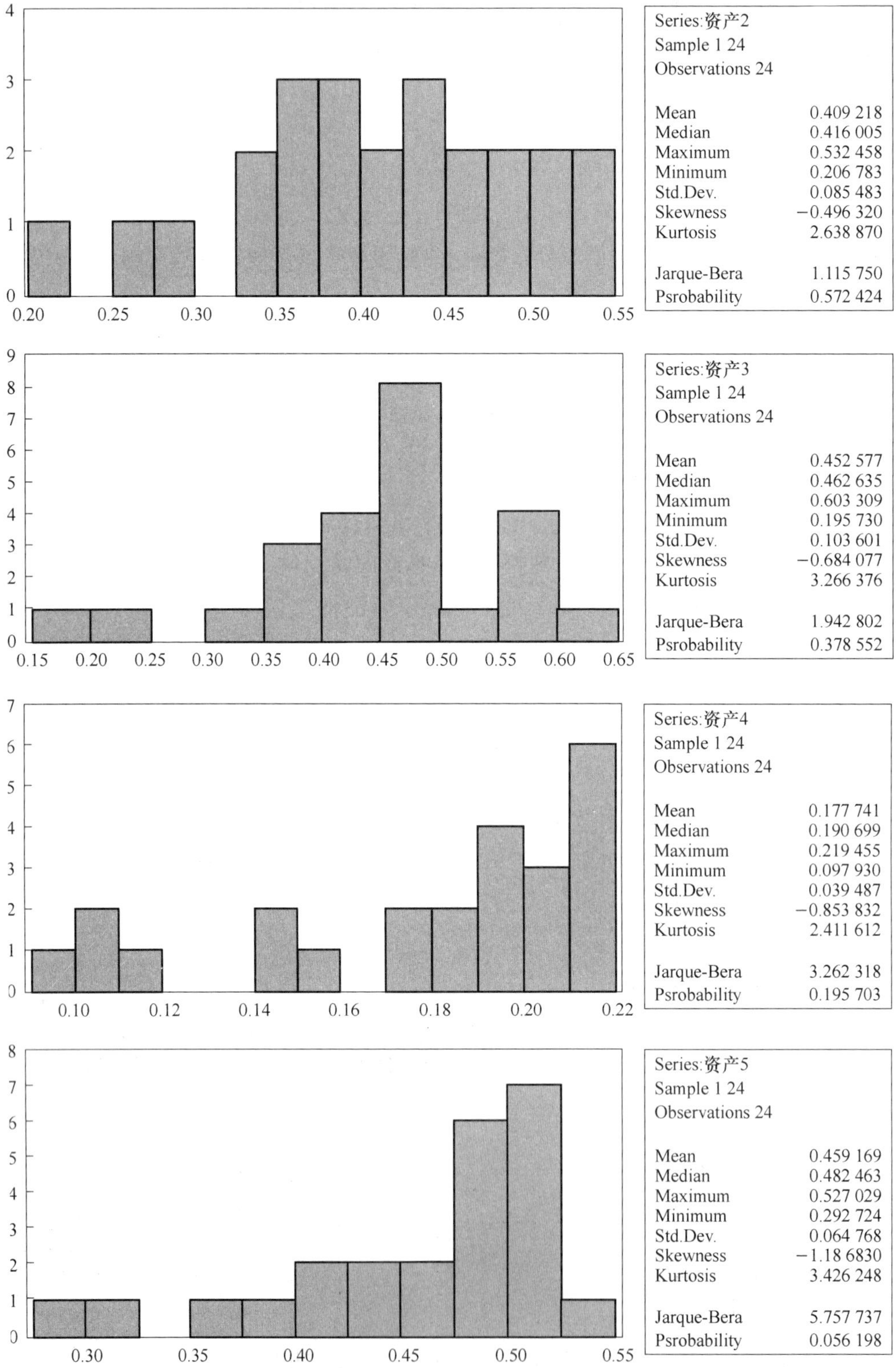

图 7-2　6 个资产序列的直方图（续图）

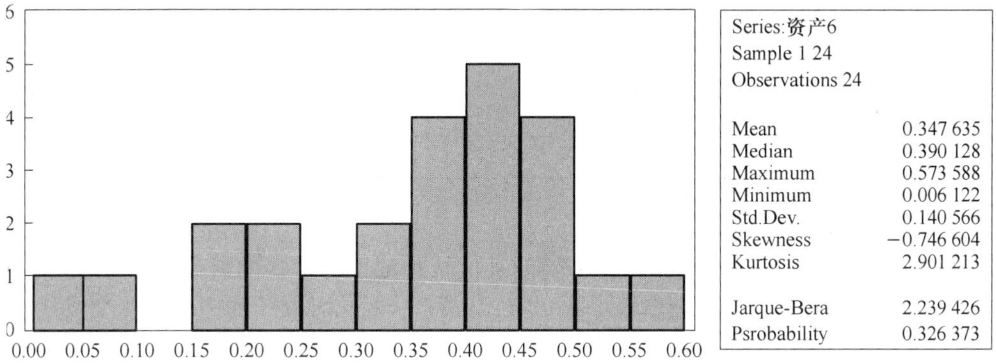

图 7-2　6 个资产序列的直方图(续图)

表 7-8　6 个资产的正态性检验

资产名称	资产 1	资产 2	资产 3	资产 4	资产 5	资产 6
Jarque-Bera(JB)	1.922 519	1.115 750	1.942 802	3.262 318	5.757 737	2.239 426
P 值	0.382 411	0.572 424	0.378 552	0.195 703	0.056 198	0.326 373

由表 7-8 中数据可知，所选的 6 个资产的收益均服从正态分布。

6 个资产的平均收益见表 7-9。

表 7-9　6 个资产的平均收益

资产名称	资产 1	资产 2	资产 3	资产 4	资产 5	资产 6
平均收益	0.440 073	0.409 218	0.452 577	0.177 741	0.459 169	0.347 635

6 个资产的协方差矩阵为

$$\begin{pmatrix} 0.005\,781 & -0.003\,28 & -0.002\,35 & -0.001\,06 & 0.000\,968 & 0.002\,957 \\ -0.003\,28 & 0.007\,003 & 0.001\,198 & -0.000\,11 & -0.001\,73 & -0.001\,17 \\ -0.002\,35 & 0.001\,198 & 0.010\,286 & 0.002\,074 & 0.001\,604 & 0.000\,602 \\ -0.001\,06 & -0.000\,11 & 0.002\,074 & 0.001\,494 & 0.001\,699 & 0.001\,459 \\ 0.000\,968 & -0.001\,73 & 0.001\,604 & 0.001\,699 & 0.004\,020 & 0.005\,770 \\ 0.002\,957 & -0.001\,17 & 0.000\,602 & 0.001\,459 & 0.005\,770 & 0.018\,936 \end{pmatrix}$$

2. 优化决策模型实例分析

假设资产池中包含 $n=3$ 个存量资产(资产 1、资产 2 和资产 3)、$m=3$ 个增量资产(资产 4、资产 5 和资产 6)。当给定置信水平 $\alpha=95\%$时，结合中海油 6 个资产的数据，根据模型(7-5)、模型(7-6)和模型(7-8)可得最优分配，如表 7-10、表 7-11 和表 7-12 所示。

表 7-10　模型(7-5)的最优分配

v	资产 1	资产 2	资产 3	资产 4	资产 5	资产 6
≤0.19						
[0.20,0.21]	1	1	1	0	0	0
[0.22,0.23]	1	1	1	1	0	0
[0.24,0.26]	1	1	1	0	1	0

续 表

v	资产 1	资产 2	资产 3	资产 4	资产 5	资产 6
[0.27,0.38]	1	1	1	1	1	0
[0.39,0.41]	1	1	1	0	1	1
≥0.42	1	1	1	1	1	1

从表 7-10 可看出：

① 当 $v \leqslant 0.21$ 时，3 个增量资产都不选取，此时资产池中包含 3 个资产；

② 当 $v \in [0.22, 0.23]$ 时，选取 1 个增量资产（资产 4），此时资产池中包含 4 个资产；

③ 当 $v \in [0.24, 0.26]$ 时，选取 1 个增量资产（资产 5），此时资产池中包含 4 个资产；

④ 当 $v \in [0.27, 0.38]$ 时，选取 2 个增量资产（资产 4 和资产 5），此时资产池中包含 5 个资产；

⑤ 当 $v \in [0.39, 0.41]$ 时，选取 2 个增量资产（资产 5 和资产 6），此时资产池中包含 5 个资产；

⑥ 当 $v \geqslant 0.42$ 时，选取 3 个增量资产，此时资产池中包含 6 个资产。

表 7-11　模型(7-6)的最优分配

e	资产 1	资产 2	资产 3	资产 4	资产 5	资产 6
≤1.3	1	1	1	0	0	0
1.4	1	1	1	1	0	0
[1.5,1.7]	1	1	1	0	1	0
[1.8,1.9]	1	1	1	1	1	0
[2.0,2.1]	1	1	1	0	1	1
2.2	1	1	1	1	1	1
≥2.3	没有可行解					

从表 7-11 可看出：

① 当 $e \leqslant 1.3$ 时，3 个增量资产都不选取，此时资产池中包含 3 个资产；

② 当 $e = 1.4$ 时，选取 1 个增量资产（资产 4），此时资产池中包含 4 个资产；

③ 当 $e \in [1.5, 1.7]$ 时，选取 1 个增量资产（资产 5），此时资产池中包含 4 个资产；

④ 当 $e \in [1.8, 1.9]$ 时，选取 2 个增量资产（资产 4 和资产 5），此时资产池中包含 5 个资产；

⑤ 当 $e \in [2.0, 2.1]$ 时，选取 2 个增量资产（资产 5 和资产 6），此时资产池中包含 5 个资产；

⑥ 当 $e = 2.2$ 时，选取 3 个增量资产，此时资产池中包含 6 个资产。

表 7-12　模型(7-8)的最优分配

β	资产 1	资产 2	资产 3	资产 4	资产 5	资产 6
(0.00,0.05]	1	1	1	0	0	0
[0.10,0.15]	1	1	1	0	1	0
[0.20,0.30]	1	1	1	1	1	0
[0.35,0.10)	1	1	1	1	1	1

从表 7-12 可看出：

① 当 $\beta\in(0.00,0.05]$时，3 个增量资产都不选取，此时资产池中包含 3 个资产；

② 当 $\beta\in[0.10,0.15]$时，选取 1 个增量资产（资产 5），此时资产池中包含 4 个资产；

③ 当 $\beta\in[0.20,0.30]$时，选取 2 个增量资产（资产 4 和资产 5），此时资产池中包含 5 个资产；

④ 当 $\beta\in[0.35,1.00)$时，选取 3 个增量资产，此时资产池中包含 6 个资产。

3. 投资组合模型实例分析

当取 $v\in[0.27,0.38]$或 $e\in[1.8,1.9]$或 $\beta\in[0.20,0.30]$时，资产池中包含 $n=3$ 个存量资产（资产 1、资产 2 和资产 3）和 $p=2$ 个增量资产（资产 4 和资产 5）。

假设这 5 个资产的投资区间如表 7-13 所示。

表 7-13　5 个资产的投资区间

资产名称	资产 1	资产 2	资产 3	资产 4	资产 5
下限	0.15	0.10	0.10	0.13	0.17
上限	0.75	0.84	0.78	0.89	0.87

当给定置信水平 $\alpha=95\%$时，结合中海油 6 个资产的数据，根据模型（7-9）、模型（7-10）和模型（7-12）可以分别得出最优投资比例，如表 7-14、表 7-15 和表 7-16 所示。

表 7-14　5 个资产在模型（7-9）下的最优投资比例

v	资产 1	资产 2	资产 3	资产 4	资产 5	收益
≤0.040	没有可行解					
0.045	0.326 4	0.266 4	0.100 0	0.130 0	0.177 2	0.402 4
0.050	0.283 9	0.189 5	0.100 0	0.130 0	0.296 6	0.407 0
0.055	0.263 2	0.143 4	0.111 7	0.130 0	0.351 7	0.409 7
0.060	0.246 3	0.104 8	0.122 7	0.130 0	0.396 3	0.411 8
0.065	0.175 1	0.100 0	0.102 1	0.130 0	0.492 8	0.413 6
≥0.07	0.150 0	0.100 0	0.100 0	0.130 0	0.520 0	0.414 1

表 7-15　5 个资产在模型（7-10）下的最优投资比例

e	资产 1	资产 2	资产 3	资产 4	资产 5	VaR
≤0.375	0.273 8	0.230 6	0.100 0	0.225 6	0.170 0	0.043 7
0.380	0.277 4	0.234 0	0.100 0	0.218 6	0.170 0	0.043 7
0.385	0.287 7	0.243 9	0.100 0	0.198 4	0.170 0	0.043 8
0.390	0.298 0	0.253 8	0.100 0	0.178 2	0.170 0	0.044 0
0.395	0.308 3	0.263 7	0.100 0	0.157 9	0.170 0	0.044 3
0.400	0.318 6	0.273 6	0.100 0	0.137 7	0.170 0	0.044 7
0.405	0.302 5	0.223 2	0.100 0	0.130 0	0.244 3	0.047 1
0.410	0.260 5	0.137 3	0.113 4	0.130 0	0.358 7	0.055 7
≥0.415	没有可行解					

表 7-16 5 个资产在模型(7-12)下的最优投资比例

β	资产 1	资产 2	资产 3	资产 4	资产 5	收益	VaR
0.1	0.322 9	0.277 1	0.100 0	0.130 0	0.170 0	0.401 9	0.044 8
0.2	0.326 6	0.273 4	0.100 0	0.130 0	0.170 0	0.402 0	0.044 9
0.3	0.326 3	0.266 2	0.100 0	0.130 0	0.177 5	0.402 4	0.045 0
0.4	0.319 0	0.252 9	0.100 0	0.130 0	0.198 1	0.403 2	0.045 4
0.5	0.308 3	0.233 5	0.100 0	0.130 0	0.228 2	0.404 4	0.046 4
0.6	0.290 3	0.201 1	0.100 0	0.130 0	0.278 6	0.406 3	0.048 9
0.7	0.252 4	0.118 8	0.118 7	0.130 0	0.380 2	0.411 0	0.058 1
0.8	0.150 0	0.100 0	0.100 0	0.130 0	0.520 0	0.414 1	0.066 8
0.9	0.150 0	0.100 0	0.100 0	0.130 0	0.520 0	0.414 1	0.066 8

通过表 7-14、表 7-15 和表 7-16 中的数据可观察到,3 个模型中收益与其对应风险都符合收益和 VaR 风险水平是同一变化方向的一般规律,即对一般投资者来说,愿意承担的风险水平越高,那么最后得到的回报就越多,所以可表明上述 3 个均值-VaR 模型是可行的。

为了直观了解收益与 VaR 风险水平的关系,同时比较 3 个模型之间的差异,依据表 7-14、表 7-15 和表 7-16 中数据对模型(7-9)、模型(7-10)和模型(7-12)中有效边界作了对比分析。数据的局限导致曲线的差异性不够明显,因此截取图像中比较明显的一部分,如图 7-3 所示。

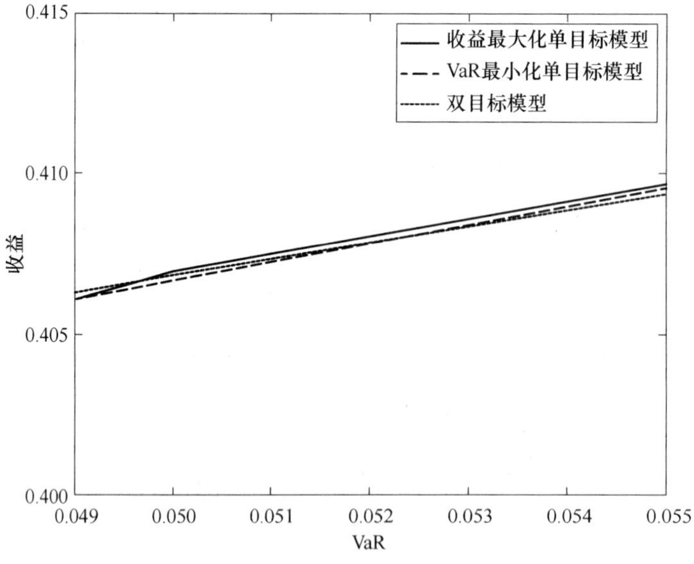

图 7-3 收益随 VaR 风险水平的变化

通过对比可看出,对于给定样本数据,3 个模型〔模型(7-9)、模型(7-10)和模型(7-12)〕的有效边界在相同的范围内几乎是重合的,但是不同的是取值范围。一般来说,两个单目标模型之间的投资结果不会有太大的差别,即当投资者关注一个目标时,因为另一个因素对其有限制,使最终的最优组合的差别不大。但是在该坐标系内,就有效边界而言,双目标模型明显平缓于单目标模型,这表明当投资者对获得的收益和承担的风险都关心时,就应该从双目标模型中选取一个中间点。

4. 有无比例界定的比较分析

当取 $v\in[0.27,0.38]$ 或 $e\in[1.8,1.9]$ 或 $\beta\in[0.20,0.30]$ 时，资产池中包含 $n=3$ 个存量资产（资产 1、资产 2 和资产 3）和 $p=2$ 个增量资产（资产 4 和资产 5）。

假设模型(7-9)、模型(7-10)和模型(7-12)中无固定投资比例约束，即 $l_i=0, u_i=1$，$i=1,2,\cdots,5$。当给定置信水平 $\alpha=95\%$ 时，结合中海油 6 个资产的数据，根据模型(7-9)、模型(7-10)及模型(7-12)，求得的最优投资比例分别如表 7-17、表 7-18 和表 7-19 所示。

表 7-17　5 个资产在模型(7-9)下的最优投资比例

v	资产 1	资产 2	资产 3	资产 4	资产 5	收益
0.045	0.329 6	0.298 0	0.071 2	0.113 7	0.187 4	0.405 5
0.050	0.314 3	0.284 2	0.099 0	0.000 0	0.302 5	0.438 3
0.055	0.281 4	0.209 1	0.120 3	0.000 0	0.389 2	0.442 6
0.060	0.260 6	0.161 6	0.133 8	0.000 0	0.444 0	0.445 2
0.065	0.243 2	0.121 8	0.145 1	0.000 0	0.489 9	0.447 5
0.070	0.227 6	0.086 1	0.155 2	0.000 0	0.531 1	0.449 5

表 7-18　5 个资产在模型(7-10)下的最优投资比例

e	资产 1	资产 2	资产 3	资产 4	资产 5	VaR
0.375	0.328 6	0.274 9	0.054 1	0.226 7	0.115 6	0.041 2
0.380	0.328 8	0.278 7	0.056 9	0.208 2	0.127 4	0.041 8
0.385	0.328 9	0.282 5	0.059 7	0.189 7	0.139 2	0.042 4
0.390	0.329 1	0.286 3	0.062 5	0.171 2	0.150 9	0.043 0
0.395	0.329 3	0.290 1	0.065 3	0.152 7	0.162 7	0.043 6
0.400	0.329 4	0.293 9	0.068 1	0.134 1	0.174 4	0.044 3
0.405	0.329 6	0.297 6	0.071 0	0.115 6	0.186 2	0.044 9
0.410	0.329 7	0.301 4	0.073 8	0.097 1	0.198 0	0.045 6

表 7-19　5 个资产在模型(7-12)下的最优投资比例

β	资产 1	资产 2	资产 3	资产 4	资产 5	收益	VaR
0.1	0.328 1	0.262 2	0.044 6	0.289 3	0.075 9	0.358 1	0.039 2
0.2	0.327 3	0.313 8	0.090 6	0.000 0	0.268 2	0.436 6	0.049 2
0.3	0.322 1	0.301 8	0.094 0	0.000 0	0.282 1	0.437 3	0.049 4
0.4	0.314 9	0.285 4	0.098 7	0.000 0	0.301 0	0.438 3	0.050 0
0.5	0.304 3	0.261 3	0.105 5	0.000 0	0.328 9	0.439 6	0.051 1
0.6	0.286 6	0.220 9	0.117 0	0.000 0	0.375 5	0.441 9	0.054 0
0.7	0.245 7	0.127 4	0.143 5	0.000 0	0.483 4	0.447 2	0.064 3
0.8	0.074 5	0.000 0	0.143 0	0.000 0	0.782 5	0.456 8	0.092 0
0.9	0.000 0	0.000 0	0.013 2	0.000 0	0.986 8	0.459 1	0.103 5

当没有投资比例限制时,高风险高收益资产就会在最优投资组合中有所增多,由理论层面来看,会影响到投资的收益和风险;从以上表格数据中亦能发现证据,如通过收益最大化的单目标模型,查看表 7-14 和表 7-17,当风险水平上限 v 一样时,对于最优投资组合的收益而言,无比例界定收益要大于有比例界定收益,该特点在风险最小化单目标模型和双目标模型中有相同的体现。

在计算结果的基础上,为了更形象地分析有无投资比例界定对最优投资组合的影响程度,画出有无投资比例界定的有效边界对比图,如图 7-4、图 7-5 和图 7-6 所示。

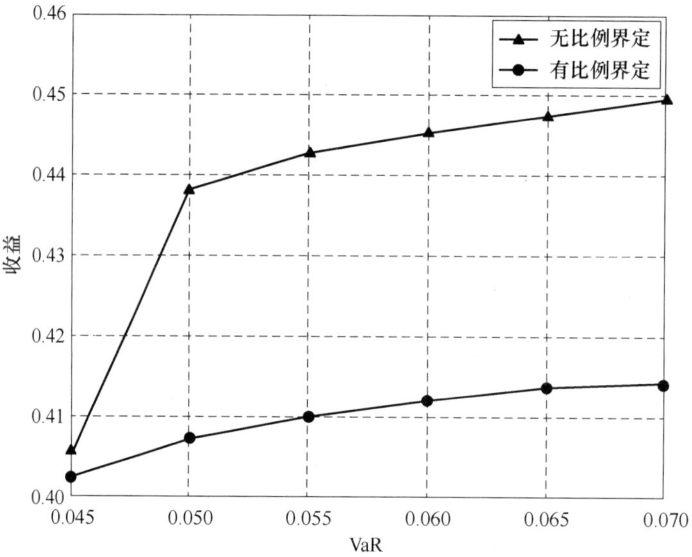

图 7-4　收益最大化单目标模型的有无比例界定的有效边界对比

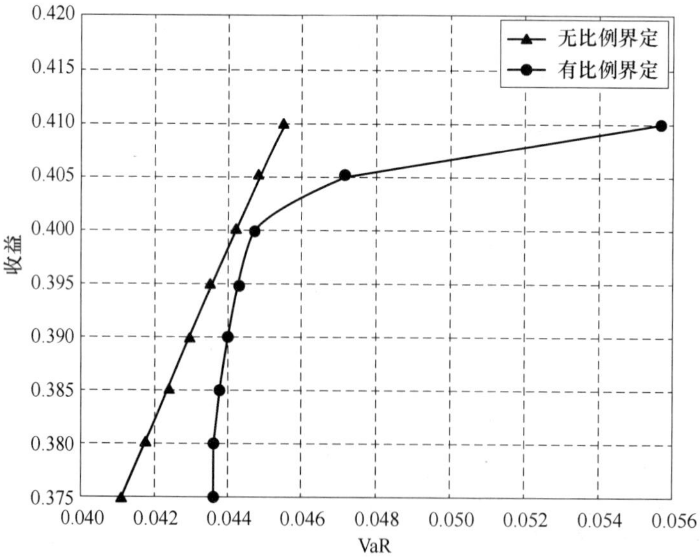

图 7-5　风险最小化单目标模型的有无比例界定的有效边界对比

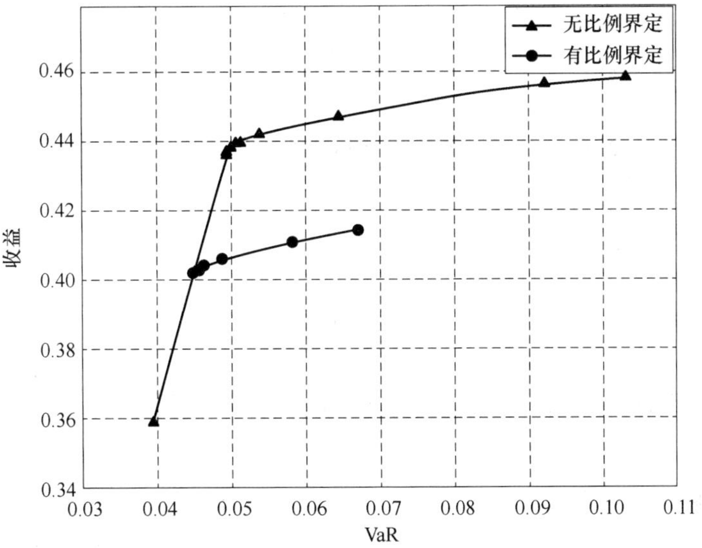

图 7-6　双目标模型的有无比例界定的有效边界对比

显然，有投资比例界定的有效边界一般更为平稳，即投资者在其他前提条件相同时，当对投资比例作出限制后，投资组合的总体收益将相对稳定。

第 8 章　三类跨国石油集团公司多目标投资组合模型

8.1　基于三元区间数的均值-标准差-偏度混合多目标投资组合模型

跨国石油集团公司通常包括多个目标函数,因此需要解决跨国石油集团公司多目标投资组合问题。本节从三元区间数视角,构造了基于三元区间数的均值-标准差-偏度混合多目标投资组合模型。8.1 节对三元区间数和本章所需符号进行了说明;8.2 节构造了基于三元区间数的均值-标准差-偏度混合多目标投资组合模型,然后根据投资者心态,以及投资者对收益、风险和偏度的喜好程度,通过线性加权构造了进取、稳健和谨慎 3 种投资组合模型;8.3 节为算例分析。

8.1.1　问题描述

1. 三元区间数和三元区间算术

用 3 个参数来代表区间数称为三元区间数,记 $\boldsymbol{A}=[a^-,a^*,a^+]$,$a^-\leqslant a^*\leqslant a^+$。其中:$a^+$ 表示区间的上限,称作三元区间数的大元;a^- 表示区间的下限,称作三元区间数的小元。

假设 $\boldsymbol{A}=[a^-,a^*,a^+]$ 和 $\boldsymbol{B}=[b^-,b^*,b^+]$ 为 2 个三元区间数,运算法则为

$$\boldsymbol{A}+\boldsymbol{B}=[a^-+b^-,a^*+b^*,a^++b^+]$$

$$\boldsymbol{A}-\boldsymbol{B}=[a^--b^+,a^*-b^*,a^+-b^-]$$

$$\boldsymbol{A}\pm k=[a^-\pm k,a^*\pm k,a^+\pm k],k\in\mathbf{R}$$

$$k\boldsymbol{A}=k[a^-,a^*,a^+]=\begin{cases}[ka^-,ka^*,ka^+],k\geqslant 0\\ [ka^-,ka^*,ka^-],k<0\end{cases},k\in\mathbf{R}$$

2. 符号说明

设定存在 $n(n\geqslant 2)$ 种风险资产可供投资者进行投资。下面介绍三元区间数的混合多目标投资组合模型的一些符号。

n:资产的数量。

r_i^-:资产 $i(i=1,2,\cdots,n)$ 的期望收益的下限。

r_i^*:资产 $i(i=1,2,\cdots,n)$ 的期望收益。

r_i^+:资产 $i(i=1,2,\cdots,n)$ 的期望收益的上限。

$\tilde{\boldsymbol{r}}_i=[r_i^-,r_i^*,r_i^+]$:资产 $i(i=1,2,\cdots,n)$ 的期望收益的三元区间。

σ_i^-:资产 $i(i=1,2,\cdots,n)$ 的标准差的下限。

σ_i^*:资产 $i(i=1,2,\cdots,n)$ 的标准差。

σ_i^+:资产 $i(i=1,2,\cdots,n)$ 的标准差的上限。

$\tilde{\boldsymbol{\sigma}}_i=[\sigma_i^-,\sigma_i^*,\sigma_i^+]$:资产 $i(i=1,2,\cdots,n)$的标准差的三元区间。

S_i^-:资产 $i(i=1,2,\cdots,n)$的偏度的下限。

S_i^*:资产 $i(i=1,2,\cdots,n)$的偏度。

S_i^+:资产 $i(i=1,2,\cdots,n)$的偏度的上限。

$\tilde{\boldsymbol{S}}_i=[S_i^-,S_i^*,S_i^+]$:资产 $i(i=1,2,\cdots,n)$的偏度的三元区间。

$\boldsymbol{x}$:n 维资产比例向量。

x_i:资产 $i(i=1,2,\cdots,n)$的资产比例。

l_i:资产 $i(i=1,2,\cdots,n)$的资产比例的下限。

μ_i:资产 $i(i=1,2,\cdots,n)$的资产比例的上限。

资产组合 $\boldsymbol{x}=(x_1\quad x_2\quad\cdots\quad x_n)^{\mathrm{T}}$ 的期望收益为 $\tilde{r}(\boldsymbol{x})=\sum_{i=1}^{n}\tilde{r}_i x_i$。

资产组合 $\boldsymbol{x}=(x_1\quad x_2\quad\cdots\quad x_n)^{\mathrm{T}}$ 的标准差为 $\tilde{\sigma}(\boldsymbol{x})=\sum_{i=1}^{n}\tilde{\sigma}_i x_i$。

资产组合 $\boldsymbol{x}=(x_1\quad x_2\quad\cdots\quad x_n)^{\mathrm{T}}$ 的偏度为 $\tilde{S}(\boldsymbol{x})=\sum_{i=1}^{n}\tilde{S}_i x_i^3$。

8.1.2　基于三元区间数的投资组合模型的构造

1. 多目标投资组合模型的构造

根据符号的含义,投资组合 $\boldsymbol{x}=(x_1\quad x_2\quad\cdots\quad x_n)^{\mathrm{T}}$ 的期望收益三元区间可表示为

$$\tilde{r}(\boldsymbol{x})=\sum_{i=1}^{n}\tilde{r}_i x_i=\left[\sum_{i=1}^{n}r_i^- x_i,\sum_{i=1}^{n}r_i^* x_i,\sum_{i=1}^{n}r_i^+ x_i\right]$$

投资组合 $\boldsymbol{x}=(x_1\quad x_2\quad\cdots\quad x_n)^{\mathrm{T}}$ 的风险损失率三元区间可以表示为

$$\tilde{\sigma}(\boldsymbol{x})=\sum_{i=1}^{n}\tilde{\sigma}_i x_i=\left[\sum_{i=1}^{n}\sigma_i^- x_i,\sum_{i=1}^{n}\sigma_i^* x_i,\sigma_i^+ x_i\right]$$

投资组合 $\boldsymbol{x}=(x_1\quad x_2\quad\cdots\quad x_n)^{\mathrm{T}}$ 的偏度三元区间可以表示为

$$\tilde{S}(\boldsymbol{x})=\sum_{i=1}^{n}\tilde{S}_i x_i^3=\left[\sum_{i=1}^{n}S_i^- x_i^3,\sum_{i=1}^{n}S_i^* x_i^3,\sum_{i=1}^{n}S_i^+ x_i^3\right]$$

偏度是分布函数偏斜程度的量度。假设 $\boldsymbol{x}$ 是收益类变量,如果 $S(\boldsymbol{x})>0$,盈利率就会增加;相反,如果 $S(\boldsymbol{x})<0$,损失率就会增加。

因此,依据收益最大、风险最小化和偏度最大,可得基于三元区间数的均值-标准差-偏度的多目标模型:

$$\begin{cases}\max\ \tilde{r}(\boldsymbol{x})=\sum_{i=1}^{n}\tilde{r}_i x_i\\ \min\ \tilde{\sigma}(\boldsymbol{x})=\sum_{i=1}^{n}\tilde{\sigma}_i x_i\\ \max\ \tilde{S}(\boldsymbol{x})=\sum_{i=1}^{n}\tilde{S}_i x_i^3\\ \text{s.t.}\ \sum_{i=1}^{n}x_i=1\\ 0\leqslant l_i\leqslant x_i\leqslant u_i\leqslant 1,i=1,2,\cdots,n\end{cases}$$

根据投资者或决策者看待收益(风险、偏度)的偏好,即谨慎、稳健和进取,及其心态,通过线性加权法可建立 3 个目标函数。

2. 谨慎、稳健和进取组合模型的建立

根据线性加权法建立目标函数。

$$\max F_{乐}(\boldsymbol{x})=\alpha_{乐}r^{+}(\boldsymbol{x})-\beta_{乐}\sigma^{-}(\boldsymbol{x})+\gamma_{乐}S^{+}(\boldsymbol{x})$$
$$\max F_{中}(\boldsymbol{x})=\alpha_{中}r^{*}(\boldsymbol{x})-\beta_{中}\sigma^{*}(\boldsymbol{x})+\gamma_{中}S^{*}(\boldsymbol{x})$$
$$\max F_{悲}(\boldsymbol{x})=\alpha_{悲}r^{-}(\boldsymbol{x})-\beta_{悲}\sigma^{+}(\boldsymbol{x})+\gamma_{悲}S^{-}(\boldsymbol{x})$$

其中,$\alpha_{乐}+\beta_{乐}+\gamma_{乐}=1$,$\alpha_{中}+\beta_{中}+\gamma_{中}=1$,$\alpha_{悲}+\beta_{悲}+\gamma_{悲}=1$,$\alpha_{乐}$,$\beta_{乐}$,$\gamma_{乐}$,$\alpha_{中}$,$\beta_{中}$,$\gamma_{中}$,$\alpha_{悲}$,$\beta_{悲}$,$\gamma_{悲}$ 为相对权重,可通过加权平均法由企业参与人员共同确定,基于 3 个目标函数,可构建以下 3 个模型。

模型 8-1

$$\begin{cases}\max F_{乐}(\boldsymbol{x})=\alpha_{乐}r^{+}(\boldsymbol{x})-\beta_{乐}\sigma^{-}(\boldsymbol{x})+\gamma_{乐}S^{+}(\boldsymbol{x})\\ \text{s. t. }\sum\limits_{i=1}^{n}x_i=1\\ 0\leqslant l_i\leqslant x_i\leqslant u_i\leqslant 1,i=1,2,\cdots,n\end{cases}$$

由 $F_{乐}(\boldsymbol{x})$可发现,投资者或决策者积极地看待投资收益(风险、偏度)。给定不同的 $\alpha_{乐}$,$\beta_{乐}$,$\gamma_{乐}$ 值,就能解出模型 8-1 的最优解及有效边界($\alpha_{乐}$,$\beta_{乐}$,$\gamma_{乐}\in[0,1]$,且 $\alpha_{乐}+\beta_{乐}+\gamma_{乐}=1$)。

模型 8-2

$$\begin{cases}\max F_{中}(\boldsymbol{x})=\alpha_{中}r^{*}(\boldsymbol{x})-\beta_{中}\sigma^{*}(\boldsymbol{x})+\gamma_{中}S^{*}(\boldsymbol{x})\\ \text{s. t. }\sum\limits_{i=1}^{n}x_i=1\\ 0\leqslant l_i\leqslant x_i\leqslant u_i\leqslant 1,i=1,2,\cdots,n\end{cases}$$

该模型表示投资者或决策者不积极也不谨慎地看待投资收益(风险、偏度),刻画了这种程度。与解模型 8-1 的方法相似,给定不同的 $\alpha_{中}$,$\beta_{中}$,$\gamma_{中}$ 值,就能解出模型 8-2 的最优解和有效边界($\alpha_{中}$,$\beta_{中}$,$\gamma_{中}\in[0,1]$,且 $\alpha_{中}+\beta_{中}+\gamma_{中}=1$)。

模型 8-3

$$\begin{cases}\max F_{悲}(\boldsymbol{x})=\alpha_{悲}r^{-}(\boldsymbol{x})-\beta_{悲}\sigma^{+}(\boldsymbol{x})+\gamma_{悲}S^{-}(\boldsymbol{x})\\ \text{s. t. }\sum\limits_{i=1}^{n}x_i=1\\ 0\leqslant l_i\leqslant x_i\leqslant u_i\leqslant 1,i=1,2,\cdots,n\end{cases}$$

该模型的含义是投资者或决策者谨慎地看待投资收益(风险、偏度),类似于解模型 8-1、模型 8-2,通过假设不同的 $\alpha_{悲}$,$\beta_{悲}$,$\gamma_{悲}$ 值,就能解出模型 8-3 的最优解和有效边界(其中,$\alpha_{悲}$,$\beta_{悲}$,$\gamma_{悲}\in[0,1]$,且 $\alpha_{悲}+\beta_{悲}+\gamma_{悲}=1$)。

8.1.3 实例分析

1. 数据处理结果

选取中海油跨国石油集团公司的 4 个资产作为实际例子,收益=(利润总额－所得税)/收入。

这 4 个资产的平均收益、标准差和偏度如表 8-1 所示。

表 8-1　4 个资产的平均收益、标准差和偏度

资产名称	资产 1	资产 2	资产 3	资产 4
平均收益	0.412 4	0.410 4	0.448 3	0.178 3
标准差	0.109 0	0.143 2	0.099 2	0.037 3
偏度	−0.963	−1.786	−0.626	−0.993

2. 收益区间、风险区间和偏度区间的确定

近年来，许多学者倾向于研究带有区间数的投资模型，仅有少量学者研究模型的实用性，特别是如何确定收益区间或者风险区间方面的研究更少。本章将根据现有文献，选取一种合理的科学方法来确定区间。

本章选择灰色 GM(1,1)模型、ARIMA 模型、NAR 神经网络和指数滑动平均预测资产的预期收益和范围，然后求其平均值，这样就会使预测的收益误差减小。经过计算，4 个资产的收益三元区间如表 8-2 所示。

表 8-2　4 个资产的收益三元区间

资产名称	收益（$\tilde{r}_i$）
资产 1	[−0.001 563，0.123 409，0.248 382]
资产 2	[−0.144 204，−0.042 722，0.058 760]
资产 3	[0.343 650，0.491 475，0.639 300]
资产 4	[0.116 579，0.177 732，0.238 884]

学者认定标准差 σ_i 也能衡量风险。然而现实中风险应该为三元区间数。因此，在基于三元区间数的投资模型中，参照表 8-1 中的标准差 σ_i，应用 $\sigma_i \pm 0.001$ 来估算出一个三元区间并将其作为风险三元区间，如表 8-3 所示。

表 8-3　4 个资产的风险三元区间

资产名称	标准差（$\tilde{\sigma}_i$）
资产 1	[0.105 916，0.106 916，0.107 916]
资产 2	[0.139 539，0.140 539，0.141 539]
资产 3	[0.096 381，0.097 381，0.098 381]
资产 4	[0.035 621，0.036 621，0.037 621]

当偏度系数的绝对值很大时，表示分布曲线某侧的拖尾就较长，故偏度系数越小越好。依据表 8-1 中的偏度 S 值，选取 $S \pm 0.001$ 估计出一个三元区间作为模型的偏度三元区间，如表 8-4 所示。

表 8-4　4 个资产的偏度三元区间

资产名称	偏度（$\tilde{S}_i$）
资产 1	[−0.963 552，−0.962 552，−0.961 552]
资产 2	[−1.787 440，−1.786 440，−1.785 440]
资产 3	[−0.627 401，−0.626 401，−0.625 401]
资产 4	[−0.994 487，−0.993 487，−0.992 487]

3. 进取、稳健、谨慎3种投资组合模型的建立

假如这4个资产的投资区间如表8-5所示。

表8-5　4个资产的投资区间

资产名称	资产1	资产2	资产3	资产4
下限	0.1	0.1	0.1	0.1
上限	0.3	0.3	0.7	0.8

假如投资者或决策者积极地看待资产投资收益、风险和偏度，通过模型8-1可以得出进取的最优策略。

$$\begin{cases}\max F_{乐}(\boldsymbol{x})=\alpha_{乐}(0.248\,382x_1+0.058\,760x_2+0.639\,300x_3+0.238\,884x_4)- \\ \qquad\qquad\beta_{乐}(0.105\,916x_1+0.139\,539x_2+0.096\,381x_3+0.035\,621x_4)+ \\ \qquad\qquad\gamma_{乐}(-0.961\,552x_1^3-1.785\,440x_2^3-0.625\,401x_3^3-0.992\,487x_4^3) \\ \text{s.t.}\ x_1+x_2+x_3+x_4=1 \\ 0.1\leqslant x_1\leqslant 0.3 \\ 0.1\leqslant x_2\leqslant 0.3 \\ 0.1\leqslant x_3\leqslant 0.7 \\ 0.1\leqslant x_4\leqslant 0.8\end{cases} \tag{8-1}$$

如果投资者对投资收益、风险和偏度的估计是介于前两者之间的，可以采用模型8-2得到稳健的最优策略。

$$\begin{cases}\max F_{中}(\boldsymbol{x})=\alpha_{中}(0.123\,409x_1-0.042\,722x_2+0.491\,475x_3+0.177\,732x_4) \\ \qquad\qquad\beta_{中}(0.106\,916x_1+0.140\,539x_2+0.097\,381x_3+0.036\,621x_4)+ \\ \qquad\qquad\gamma_{中}(-0.962\,552x_1^3-1.786\,440x_2^3-0.626\,401x_3^3-0.993\,487x_4^3) \\ \text{s.t.}\ x_1+x_2+x_3+x_4=1 \\ 0.1\leqslant x_1\leqslant 0.3 \\ 0.1\leqslant x_2\leqslant 0.3 \\ 0.1\leqslant x_3\leqslant 0.7 \\ 0.1\leqslant x_4\leqslant 0.8\end{cases} \tag{8-2}$$

假设投资者或决策者谨慎地看待资产投资收益、风险和偏度，通过模型8-3可以得出谨慎的最优策略。

$$\begin{cases}\max F_{悲}(\boldsymbol{x})=\alpha_{悲}(-0.001\,563x_1-0.144\,204x_2+0.343\,650x_3+0.116\,579x_4)- \\ \qquad\qquad\beta_{悲}(0.107\,916x_1+0.141\,539x_2+0.098\,381x_3+0.037\,621x_4)+ \\ \qquad\qquad\gamma_{悲}(-0.963\,552x_1^3-1.787\,440x_2^3-0.627\,401x_3^3-0.994\,487x_4^3) \\ \text{s.t.}\ x_1+x_2+x_3+x_4=1 \\ 0.1\leqslant x_1\leqslant 0.3 \\ 0.1\leqslant x_2\leqslant 0.3 \\ 0.1\leqslant x_3\leqslant 0.7 \\ 0.1\leqslant x_4\leqslant 0.8\end{cases} \tag{8-3}$$

其中，参数$\alpha_{乐},\beta_{乐},\gamma_{乐},\alpha_{中},\beta_{中},\gamma_{中},\alpha_{悲},\beta_{悲},\gamma_{悲}\in[0,1]$并且$\alpha_{乐}+\beta_{乐}+\gamma_{乐}=\alpha_{中}+\beta_{中}+\gamma_{中}=\alpha_{悲}+\beta_{悲}+\gamma_{悲}=1$。

4. 结果分析

对模型(8-1)～模型(8-3),依靠 LINGO 软件,能求出表 8-6、表 8-7 和表 8-8 所示的数据。

表 8-6　三元区间进取型投资模型(8-1)的最优解

$\alpha_乐$	$\beta_乐$	$\gamma_乐$	最优解 x	投资收益	投资风险
0.1	0.8	0.1	$x=(0.1,0.1,0.4,0.4)^T$	0.391 4	0.078 8
0.2	0.6	0.2	$x=(0.1,0.1,0.5,0.3)^T$	0.420 4	0.084 5
0.7	0.1	0.2	$x=(0.1,0.1,0.7,0.1)^T$	0.495 6	0.094 6

表 8-7　三元区间稳健型投资模型(8-2)的最优解

$\alpha_中$	$\beta_中$	$\gamma_中$	最优解 x	投资收益	投资风险
0.1	0.8	0.1	$x=(0.1,0.1,0.4,0.4)^T$	0.276 1	0.078 4
0.2	0.6	0.2	$x=(0.1,0.1,0.5,0.3)^T$	0.299 9	0.083 5
0.7	0.1	0.2	$x=(0.1,0.1,0.7,0.1)^T$	0.369 9	0.096 6

表 8-8　三元区间谨慎型投资模型(8-3)的最优解

$\alpha_悲$	$\beta_悲$	$\gamma_悲$	最优解 x	投资收益	投资风险
0.1	0.8	0.1	$x=(0.1,0.1,0.4,0.4)^T$	0.164 7	0.078 1
0.2	0.6	0.2	$x=(0.1,0.1,0.5,0.3)^T$	0.182 6	0.082 9
0.7	0.1	0.2	$x=(0.1,0.1,0.7,0.1)^T$	0.237 6	0.097 6

由表 8-6、表 8-7 和表 8-8 的数据,可以得到模型(8-1)、模型(8-2)、模型(8-3)的有效边界,如图 8-1 所示。

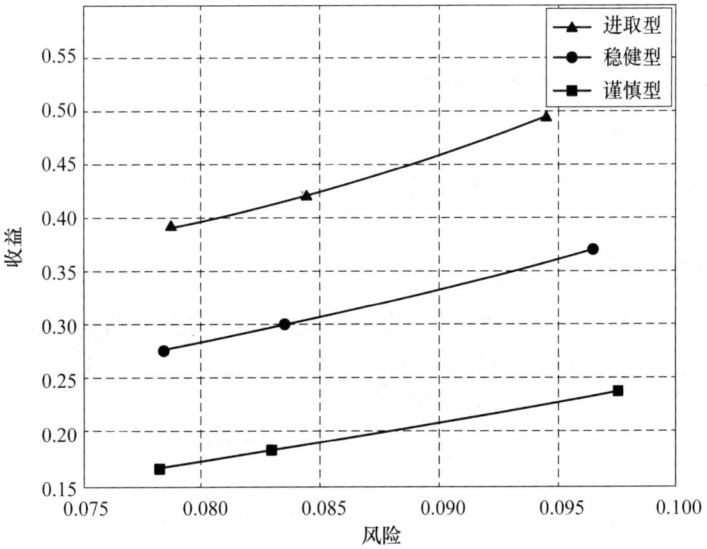

图 8-1　3 种模型的有效边界

图 8-1 表明 3 种模型的有效边界都是递增的曲线,风险随收益的增加而增大。另外,从图

8-1 可以看出,在风险一样的条件下,得到的收益大小为谨慎型小于稳健型,稳健型小于进取型,这刚好符合实际投资情况。本章模型能够让投资分析更加灵活,投资者应该按照对客观条件的判断,选择适合自己投资偏好的最优决策方案。

8.2 有比例界定的均值-方差-峰度混合多目标投资组合模型

为了解决跨国石油集团公司多目标投资组合模型和算法问题,本节结合均值、方差和峰度构造了有比例界定的均值-方差-峰度混合多目标投资组合模型,提出了一种新的算法。8.2.1 节根据资产组合收益最大、风险最小和峰度最小的原则,要求投资者的期望收益达到 u 以上,构建了有比例界定的均值-方差-峰度混合多目标投资组合模型;8.2.2 节提出了混合多目标投资组合模型的算法;8.2.3 节为实例分析。

8.2.1 混合多目标投资组合模型的建立

假如存在 $n(n\geqslant 2)$ 种风险资产可供投资者进行选择,记:

n:资产的数量。

μ:期望收益。

M:投资年份。

R_i:资产 $i(i=1,2,\cdots,n)$的收益。

R_t:$t(t=1,2,\cdots,M)$时刻的收益。

r_i:资产 $i(i=1,2,\cdots,n)$的平均收益。

R_{it}:$t(t=1,2,\cdots,M)$时刻资产 i 的收益。

x_i:资产 $i(i=1,2,\cdots,n)$的投资比例。

$\boldsymbol{x}$:n 维投资比例向量。

l_i:资产 $i(i=1,2,\cdots,n)$的投资比例下限。

μ_i:资产 $i(i=1,2,\cdots,n)$的投资比例上限。

$\mathbf{V}$:资产的协方差矩阵。

资产组合的期望收益为 $\boldsymbol{r}=\sum_{i=1}^{n}x_i r_i=\boldsymbol{r}^{\mathrm{T}}\boldsymbol{x}$。

资产组合的风险为 $\sigma^2=\sum_{i=1}^{n}\sum_{j=1}^{n}x_i x_j\sigma_{ij}$。

在同一标准差下,如果峰度系数越高,其分布就会存在越多极端值,其他值就会越集中分布于众数周围。峰度通常采用矩阵理论中的四阶中心距来表示,其表达式为

$$k(\boldsymbol{x})=\sum_{i=1}^{n}x_i^4 s_i^4+4\sum_{i=1}^{n}\sum_{\substack{j=1\\ j\neq i}}^{n}x_i^3 x_j s_{iiij}+3\sum_{i=1}^{n}\sum_{\substack{j=1\\ j\neq i}}^{n}x_i^2 x_j^2 s_{iijj}+$$
$$12\sum_{i=1}^{n}\sum_{\substack{j=1\\ j\neq i}}^{n}\sum_{\substack{k=1\\ k\neq j}}^{n}x_i^2 x_j x_k s_{iijk}+24\sum_{i=1}^{n}\sum_{\substack{j=1\\ j\neq i}}^{n}\sum_{\substack{k=1\\ k\neq j}}^{n}\sum_{\substack{m=1\\ m\neq k}}^{n}x_i x_j x_k x_m s_{ijkm}$$

其中

$$r_i=\frac{1}{M}\sum_{t=1}^{M}R_{it}$$

$$\sigma_{ij} = \frac{1}{M}\sum_{t=1}^{M}(R_{it} - r_i)(R_{jt} - r_j)$$

$$s_i^4 = E[(R_i - r_i)^4] = \frac{1}{M}\sum_{t=1}^{M}(R_{it} - r_i)^4$$

$$s_{iiij} = E[(R_i - r_i)^3(R_j - r_j)] = \frac{1}{M}\sum_{t=1}^{M}(R_{it} - r_i)^3(R_{jt} - r_j)$$

$$s_{iijj} = E[(R_i - r_i)^2(R_j - r_j)^2] = \frac{1}{M}\sum_{t=1}^{M}(R_{it} - r_i)^2(R_{jt} - r_j)^2$$

$$s_{iijk} = E[(R_i - r_i)^2(R_j - r_j)(R_k - r_k)] = \frac{1}{M}\sum_{t=1}^{M}(R_{it} - r_i)^2(R_{jt} - r_j)(R_{kt} - r_k)$$

$$\begin{aligned} s_{iikm} &= E[(R_i - r_i)(R_j - r_j)(R_k - r_k)(R_m - r_m)] \\ &= \frac{1}{M}\sum_{t=1}^{M}(R_{it} - r_i)(R_{jt} - r_j)(R_{kt} - r_k)(R_{mt} - r_m) \end{aligned}$$

传统均值-方差模型是当期望收益一定时最小化方差，或当方差一定时最大化期望收益。而峰度能够度量投资中赌博成分的高低。如果极端情况出现的概率高，则这项投资很像纯粹的赌博。所以，从长线投资者的角度，受许多因素影响后的综合结果是非常重要的，他们肯定希望在中期要避免重大亏损。为此，大多数投资者期望收益的峰度越低越好。所以，根据收益最大化、风险和峰度最小化的原则，要求投资者的期望收益达到 u 以上，本小节构建了有比例界定的均值-方差-峰度混合多目标投资组合模型。

$$\begin{cases} \max r(\boldsymbol{x}) = \boldsymbol{r}^{\mathrm{T}}\boldsymbol{x} \\ \min \sigma^2(\boldsymbol{x}) = \boldsymbol{x}^{\mathrm{T}}\mathbf{V}\boldsymbol{x} \\ \min k(\boldsymbol{x}) = E\left[\sum_{i=1}^{n} x_i(R_i - r_i)\right]^4 \\ \text{s. t. } \boldsymbol{r}^{\mathrm{T}}\boldsymbol{x} \geqslant u \\ \sum_{i=1}^{n} x_i = 1 \\ 0 \leqslant l_i \leqslant x_i \leqslant u_i, i = 1,2,\cdots,n \end{cases}$$

8.2.2　混合多目标投资组合模型的算法

首先将混合多目标函数化成同等阶数，其次根据重要性程度与一组权系数 λ_i 加权组合，将其化成一个单目标函数，再次在约束集内求出最优解，最后根据分目标乘除法将构造的混合双目标函数转化成单目标函数。

计算步骤：

步骤 1：设有 m 个最小化目标，将多个最小化目标函数进行统一化，构造处于同等阶数的最小化目标 $f_i(\boldsymbol{x}), i=1,2,\cdots,m$。

步骤 2：求出目标 $\min f_i(\boldsymbol{x}), i=1,2,\cdots,m$ 的最优解 x_i。

步骤 3：将步骤 2 的最优解代入目标函数中，得到目标函数值 f_i^j。

步骤 4：得到目标函数 f_i^j 的离差 δ_i^j。

步骤 5：计算 i 个目标的平均离差：$\mu_i = \dfrac{1}{m-1}\sum_{j=1}^{m}\delta_i^j, i = 1,2,\cdots,m$。

步骤 6:计算权系数:$\lambda_i = \dfrac{\mu_i}{\sum_{j=1}^{m}\mu_j}, i = 1,2,\cdots,m$。

步骤 7:构造新的最小化目标(较小的权系数与均差较大的目标函数相乘,并且较大的权系数与均差较小的目标函数相乘)。

步骤 8:根据步骤 1～7 建立最大化目标函数。

步骤 9:将构造的最小化目标函数与最大化目标函数相结合,组合成混合双目标函数。

步骤 10:根据分目标乘除法将构造的混合双目标函数转化成单目标函数。

8.2.3 实例分析

选取中海油跨国石油集团公司的 4 个资产作为实际例子,收益=(利润总额－所得税)/收入。

4 个资产的平均收益如表 8-9 所示。

表 8-9　4 个资产的平均收益

资产名称	资产 1	资产 2	资产 3	资产 4
平均收益	0.256 9	0.093 5	0.266 4	0.193 8

4 个资产的协方差矩阵为

$$\begin{pmatrix} 0.003\,921 & 0.001\,368 & -0.003\,47 & 0.000\,497 \\ 0.001\,368 & 0.008\,224 & -0.004\,28 & 0.004\,481 \\ -0.003\,47 & -0.004\,28 & 0.010\,835 & 0.000\,789 \\ 0.000\,497 & 0.004\,481 & 0.000\,789 & 0.008\,880 \end{pmatrix}$$

经过计算,$n=4$ 时的峰度函数为

$$\begin{aligned} E\left[\sum_{i=1}^{4} x_i(R_i-\bar{R}_i)\right]^4 = & \sum_{i=1}^{4} x_i^4 s_i^4 + 4\sum_{i=1}^{4}\sum_{\substack{j=1\\ j\neq i}}^{4} x_i^3 x_j s_{iiij} + 3\sum_{i=1}^{4}\sum_{\substack{j=1\\ j\neq i}}^{4} x_i^2 x_j^2 s_{iijj} + \\ & 12\sum_{i=1}^{4}\sum_{\substack{j=1\\ j\neq i}}^{4}\sum_{\substack{k=1\\ k\neq j}}^{4} x_i^2 x_j x_k s_{iijk} + 24\sum_{i=1}^{4}\sum_{\substack{j=1\\ j\neq i}}^{4}\sum_{\substack{k=1\\ k\neq j}}^{4}\sum_{\substack{m=1\\ m\neq k}}^{4} x_i x_j x_k x_m s_{ijkm} \\ = & \sum_{i=1}^{4} x_i^4 s_i^4 + 16\sum_{i=1}^{4}\sum_{\substack{j=1\\ j\neq i}}^{4} x_i^3 x_j s_{iiij} + 54\sum_{i=1}^{4}\sum_{j>i}^{4} x_i^2 x_j^2 s_{iijj} + \\ & 168\sum_{i=1}^{4}\sum_{\substack{j=1\\ j\neq i}}^{4}\sum_{\substack{k=1\\ k\neq i\\ k>j}}^{4} x_i^2 x_j x_k s_{iijk} + 576\sum_{i=1}^{4}\sum_{\substack{j=1\\ j>i}}^{4}\sum_{\substack{k=1\\ k>j}}^{4}\sum_{\substack{m=1\\ m>k}}^{4} x_i x_j x_k x_m s_{ijkm} \end{aligned}$$

4 个资产的峰度如表 8-10 所示。

表 8-10　4 个资产的峰度

s_{1111}	s_{2222}	s_{3333}	s_{4444}	s_{1112}
266.05	1 217.05	2 389.27	4 917.03	30.68
s_{1113}	s_{1114}	s_{2221}	s_{2223}	s_{2224}
－304.74	－45.04	160.47	－669.01	1 068.71
s_{1333}	s_{2333}	s_{4333}	s_{1444}	s_{2444}
－715.67	－695.70	528.56	792.41	2 739.30

续表

s_{3444}	s_{1122}	s_{1133}	s_{1144}	s_{2233}
−552.98	350.46	577.30	181.13	949.77
s_{2244}	s_{3344}	s_{1123}	s_{1124}	s_{1134}
1 660.74	1 584.18	−154.32	112.33	100.10
s_{2213}	s_{2214}	s_{2234}	s_{3312}	s_{3314}
−386.22	177.17	−512.05	422.76	204.89
s_{3324}	s_{4412}	s_{4413}	s_{4423}	s_{1234}
724.26	410.14	−23.56	−686.55	−95.09

假如4个资产的投资区间如表8-11所示。

表8-11 4个资产的投资区间

资产名称	资产1	资产2	资产3	资产4
下限	0.150	0.005	0.116	0.005
上限	0.866	0.095	0.850	0.250

根据上述步骤1～步骤9,将混合多目标投资组合模型变成混合双目标投资组合模型。

$$\begin{cases}\min f(\boldsymbol{x}) = 0.778\sigma^2(\boldsymbol{x}) + 0.222\sqrt{k(\boldsymbol{x})} \\ \max r(\boldsymbol{x}) = \boldsymbol{r}^{\mathrm{T}}\boldsymbol{x} \\ \text{s. t. } \boldsymbol{r}^{\mathrm{T}}\boldsymbol{x} \geqslant u \\ \sum_{i=1}^{n} x_i = 1 \\ 0 \leqslant l_i \leqslant x_i \leqslant u_i, i = 1,2,\cdots,n \end{cases}$$

其中,$f(\boldsymbol{x})$是关于方差和峰度开方的组合风险。

模型8-4 根据步骤10,将混合双目标投资组合模型变成单目标投资组合模型。

$$\begin{cases}\min \dfrac{f(\boldsymbol{x})}{r(\boldsymbol{x})} = \dfrac{0.778\sigma^2(\boldsymbol{x}) + 0.222\sqrt{k(\boldsymbol{x})}}{r(\boldsymbol{x})} \\ \text{s. t. } \boldsymbol{r}^{\mathrm{T}}\boldsymbol{x} \geqslant u \\ \sum_{i=1}^{n} x_i = 1 \\ 0 \leqslant l_i \leqslant x_i \leqslant u_i, i = 1,2,\cdots,n \end{cases} \tag{8-4}$$

当收益从0.241到0.265变化(每0.002变化一次)时,运用LINGO 7.0求解模型8-4,可得到最优投资比例和风险(方差、峰度开方和组合风险),如表8-12所示。

表8-12 最优投资比例和风险

收益	资产1	资产2	资产3	资产4	方差	峰度开方	组合风险	收益
≤0.241	0.77	0.10	0.13	0.01	0.002 0	0.002 8	0.008 9	0.242
0.243	0.77	0.09	0.13	0.01	0.002 0	0.002 8	0.008 9	0.243
0.245	0.79	0.08	0.13	0.01	0.002 1	0.002 6	0.009 0	0.245
0.247	0.81	0.07	0.12	0.01	0.002 2	0.002 5	0.009 0	0.247
0.249	0.82	0.05	0.12	0.01	0.002 2	0.002 4	0.009 1	0.249

续 表

收益	资产 1	资产 2	资产 3	资产 4	方差	峰度开方	组合风险	收益
0.251	0.84	0.04	0.12	0.01	0.002	0.002 5	0.009 3	0.251
0.253	0.85	0.03	0.12	0.01	0.002 3	0.002 6	0.009 4	0.253
0.255	0.86	0.02	0.12	0.01	0.002 3	0.002 9	0.009 7	0.255
0.257	0.86	0.01	0.13	0.01	0.002 3	0.003 4	0.009 9	0.257
0.259	0.65	0.01	0.34	0.01	0.001 4	0.009 4	0.012 2	0.259
0.261	0.44	0.01	0.55	0.01	0.002 3	0.010 3	0.015 7	0.261
0.263	0.23	0.01	0.76	0.01	0.005 2	0.007 8	0.022 0	0.263
≥0.265	没有可行解							

根据表 8-12 中的数据,可得模型 8-4 的有效边界,如图 8-2 所示。

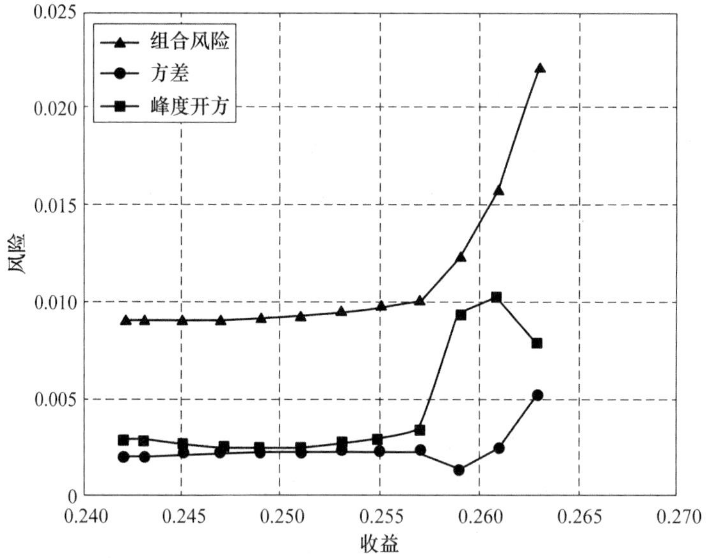

图 8-2　模型 8-4 的有效边界

根据表 8-12 中的数据,可得模型 8-4 各个资产的投资比例,如图 8-3 所示。

① 当 $\mu \leqslant 0.241$ 时,最优解及其收益和组合风险没变化,即约束条件 $\boldsymbol{r}^{\mathrm{T}} x \geqslant u$ 是多余的、无意义的。

② 当 $\mu \geqslant 0.265$ 时,没有可行解决方案。

③ 当 μ 在 0.242 和 0.263 之间取不同的值时,有不同最优解。

从图 8-2 可以看出:

① 当 μ 变大时,组合风险在变大,即组合风险是 μ 的增函数;当 μ 在 0.242 和 0.257 之间取值时,方差和峰度开方基本保持不变;当 μ 在 0.257 和 0.263 之间取值时,随着收益的增大,方差先减小后增大,但是峰度开方先增大后减小。

② 收益—组合风险的有效边界与左开的半根抛物线相似。

从图 8-2 可以看出:当 μ 在 0.242 和 0.263 之间取值时,x_4 达到了投资比例的下限;当 μ 在 0.257 和 0.263 之间取值时,x_2 达到了投资比例的下限;当 μ 在 0.242 和 0.263 之间取值时,x_1 的投资比例先增大后减小,而 x_2 的投资比例先减小后增大。

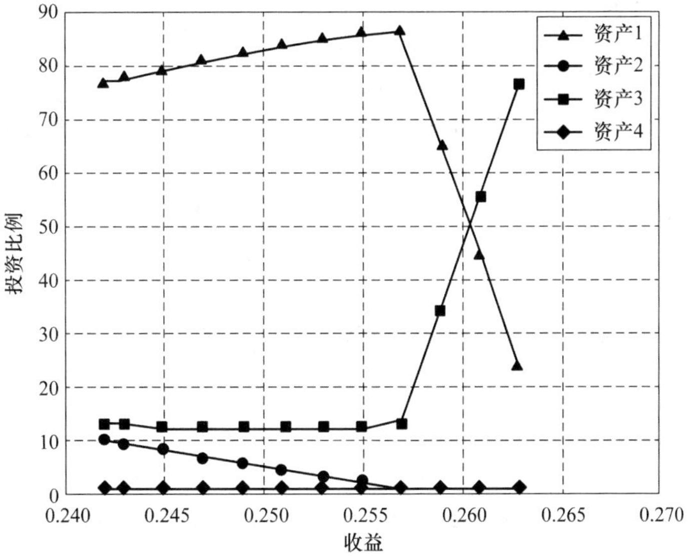

图 8-3 模型 8-4 各个资产的投资比例

8.3 基于三角模糊收益的均值-方差-VaR-偏度-半熵多目标投资组合模型

为解决跨国石油集团公司多目标投资组合问题,Rupak Bhattacharyya 等和蔡茹分别研究了交叉熵、混合熵,本节从半熵和三角模糊收益视角,最大限度地提高收益和偏度,以及尽量减小方差、VaR 和半熵,构造了基于三角模糊收益的均值-方差-VaR-偏度-半熵多目标投资组合模型。8.3.1 节对本节所需基本概念和原理进行了说明;8.3.2 节对可信性理论及应用进行了描述;8.3.3 节引入了新的模糊投资组合选择模型,以最大限度地提高收益和偏度,以及尽量减小方差、VaR 和半熵;8.3.4 节为数值算例;8.3.5 节将提出模型与以往模型进行了对比分析。

8.3.1 基本概念和原理

1. 收益的预测

$\tilde{r}_i$ 的隶属函数为

$$u(\boldsymbol{x})=\begin{cases}(x-a_i)/(r_i-a_i), & a_i\leqslant x\leqslant r_i\\(x-b_i)/(r_i-b_i), & r_i\leqslant x\leqslant b_i\\0, & \text{其他}\end{cases}$$

针对收益序列的突变性、非线性和随机性等变化规律,三层网络模型(如 BP 神经网络)对于非线性系统有较好的建模能力,所以选择 BP 神经网络来预测资产的三角模糊收益。

2. VaR 的基本原理与风险控制函数

定义 8-1 VaR 亦称风险价值,是指当市场正常波动时,当持有期 Δt 和置信水平 α 一定

时,在未来资产价格变动的情况下,资产组合需要面对的潜在损失额的最大值。其统计学表达式为

$$P(\nabla p > -\mathrm{Var}) = \alpha$$

这里,∇p 指当时期 Δt 一定时,资产组合市场价值的损失;VaR 为风险价值;α 是置信水平,通常是给定的。

定义 8-2 VaR 风险控制函数:假如$\|\cdot\|$是实数集 $\mathbf{R}$ 的凸范数,$\boldsymbol{r}=(r_1,r_2,\cdots,r_n)^{\mathrm{T}}$ 是收益向量,$\boldsymbol{x}=(x_1,x_2,\cdots,x_n)'$ 是组合向量,$R_{\mathrm{p}}=\sum_{j=1}^{n}x_j r_j$ 是组合收益,给定置信水平 α ($\alpha>50\%$),在风险资产收益服从正态分布的情况下,VaR 风险控制函数可定义为 $V(x)=\sigma_{\mathrm{p}}\Phi^{-1}(\alpha)W$。这里 W 是资产组合的价值,设 $W=1$。其中,$\sigma_p^2=\mathrm{var}[\boldsymbol{r}]=\boldsymbol{x}^{\mathrm{T}}\boldsymbol{V}\boldsymbol{x}$,$\boldsymbol{V}$ 为 $\boldsymbol{r}$ 的协方差矩阵,$\Phi(x)$为正态分布函数。

3. 偏度函数

偏度 $S(\boldsymbol{x})>0$,盈利的概率就会增大;相对地,$S(\boldsymbol{x})<0$,亏损的概率就会增大。偏度的定义如下:

$$S(\boldsymbol{x})=\frac{E\left[\sum_{i=1}^{n}x_i(r_i-\bar{r}_i)\right]^3}{\sigma_{\mathrm{p}}^3}$$

4. 信息熵

信息和熵组合在一起才会形成一个完整的信号源发射过程。过程中得到的信息如果逐渐增多,表明过程中逐渐减小了不确定性,相应地也逐渐减小了熵。在概率性空间中,离散型随机变量 P 的信息熵为

$$H_n(P)=-\sum_{i=1}^{n}p_i\ln p_i,\ \sum_{i=1}^{n}p_i=1,\ p_i\geqslant 0$$

假设连续型随机变量 x 的密度函数为 $f(x)$,则对应的熵为

$$H=-\int_{-\infty}^{+\infty}f(x)\ln f(x)\mathrm{d}x,\ \int_{-\infty}^{+\infty}f(x)\mathrm{d}x=1,\ f(x)\geqslant 0$$

8.3.2 可信性理论及应用

本部分将应用可信性理论得到模糊变量的均值、方差、VaR、偏度和熵。

假定 n 个事件$\{x_1,x_2,\cdots,x_n\}$存在于一个实验中,并且每次仅能发生一个事件,如果实验结果不能被 0 或 1 准确地解释,这就是模糊不确定性。设 $\mathbf{A}=\{x_1,x_2,\cdots,x_n\}$是一个有限模糊集合,且其概率集合 $\boldsymbol{P}=\{p_1,p_2,\cdots,p_n\}$。假定 ξ 是模糊变量,且服从隶属函数 u,定义可信性为

$$\mathrm{Cr}\{\boldsymbol{\xi}\in\mathbf{A}\}=\frac{1}{2}\left(\sup_{x\in\boldsymbol{A}}u(x)+1-\sup_{x\in\boldsymbol{A}^c}u(x)\right)$$

定义 8-3 模糊变量 $\boldsymbol{\xi}$ 的期望为

$$E(\boldsymbol{\xi})=\int_{0}^{+\infty}\mathrm{Cr}\{\xi\geqslant x\}\mathrm{d}x-\int_{-\infty}^{0}\mathrm{Cr}\{\boldsymbol{\xi}\leqslant x\}\mathrm{d}x$$

假设两个积分中至少有一个是有限的。

三角模糊变量 $\boldsymbol{\xi}=(a,b,c)$的可能性均值为

$$E(\xi)=\frac{a+2b+c}{4}$$

定义 8-4　模糊变量 ξ 的方差为

$$\sigma^2(\xi)=\int_0^{+\infty}\mathrm{Cr}\{(\xi-E(\xi))^2\geqslant x\}\mathrm{d}x$$

三角模糊变量 $\xi=(a,b,c)$ 的方差为

$$\sigma^2(\xi)=\frac{33\beta^3+21\beta^2\gamma+11\beta\gamma^2-\gamma^3}{384\beta}$$

其中 $\beta=\max\{b-a,c-b\}$，$\gamma=\min\{b-a,c-b\}$。

当 $b-a=c-b$ 时，三角模糊变量 $\xi=(a,b,c)$ 的方差为 $\sigma^2(\xi)=\frac{(b-a)^2}{6}$。

定义 8-5　当投资组合的收益服从正态分布时，定义 VaR 风险控制函数为 $V(x)=\sigma_p\Phi^{-1}(\alpha)W$。这里 W 是资产组合的价值，设 $W=1$。

当收益服从正态分布时，具有三角模糊变量 $\xi=(a,b,c)$ 的 VaR 为

$$V(\xi)=\Phi^{-1}(\alpha)((33\beta^3+21\beta^2\gamma+11\beta\gamma^2-\gamma^3)/(384\beta))^{1/2}$$

当 $b-a=c-b$ 时，三角模糊变量 $\xi=(a,b,c)$ 的 VaR 为

$$V(\xi)=\Phi^{-1}(\alpha)(b-a)/6^{1/2}$$

定义 8-6　模糊变量 ξ 的偏度为

$$S(\xi)=\frac{\int_0^{+\infty}\mathrm{Cr}\{(\xi-E(\xi))^3\geqslant x\}\mathrm{d}x-\int_{-\infty}^{0}\mathrm{Cr}\{(\xi-E(\xi))^3\leqslant x\}\mathrm{d}x}{\left(\int_0^{+\infty}\mathrm{Cr}\{(\xi-E(\xi))^2\geqslant x\}\mathrm{d}x\right)^{3/2}}$$

三角模糊变量 $\xi=(a,b,c)$ 的偏度为

$$S(\xi)=\frac{16\ (6\alpha)^{3/2}(c-a)^2(c-2b+a)}{(33\alpha^3+21\alpha^2\beta+11\alpha\beta^2-\beta^3)^{3/2}}$$

当 $b-a=c-b$ 时，三角模糊变量 $\xi=(a,b,c)$ 的偏度为 $S(\xi)=\frac{6^{3/2}(c-a)^2(c-2b+a)}{32\ (b-a)^3}$。

定义 8-7　模糊变量 ξ 的熵被定义为 $H(\xi)=\sum_{i=1}^{\infty}S(\mathrm{Cr}\{\xi=x_i\})$ 或 $H(\xi)=\int_{-\infty}^{+\infty}S(\mathrm{Cr}\{\xi=x\})\mathrm{d}x$。其中，$S(t)=-t\ln t-(1-t)\ln(1-t)$。

如果模糊变量 ξ 是连续的，那么半熵可以被定义为

$$S_h(\xi)=\begin{cases}(b-a)\rho-(b-a)\zeta(\rho), & E(\xi)<b\\(b-a)/2+(c-b)\zeta(\tau), & \text{其他}\end{cases}$$

其中，$\zeta(t)=t^2\ln t-(1-t)^2\ln(1-t)$，$\rho=(2b+c-3a)/(8(b-a))$，$\tau=(3c-2b-a)/(8(c-b))$。

当 $b-a=c-b$ 时，三角模糊变量 $\xi=(a,b,c)$ 的半熵为 $S_h(\xi)=(b-a)/2$。

8.3.3　模糊投资组合模型的构建

本小节将构建基于三角模糊收益的均值-方差-VaR-偏度-半熵多目标投资组合模型。

1. 目标函数的建立

按照 Zadeh 原理，若 $\tilde{\boldsymbol{r}}_i=(r_i^-,r_i,r_i^+)(i=1,2,\cdots,n)$ 全是三角模糊变量，那么 $\sum_{i=1}^{n}\tilde{\boldsymbol{r}}_i\boldsymbol{x}_i=$

$\left(\sum_{i=1}^{n} r_i^- x_i, \sum_{i=1}^{n} r_i x_i, \sum_{i=1}^{n} r_i^+ x_i\right)$也是一个三角模糊变量。

资产组合就是要达到收益和风险的平衡。在资产组合中,用均值衡量收益,用方差衡量风险。当均值和方差不变时投资者倾向于考虑偏度,而不是获得巨大回报的机会。半熵测量在给定的满意收益下,对收益歧视的水平。因此,需最大化预期收益以及偏度,并且最小化投资组合的方差、VaR 以及半熵,考虑以下目标函数:

$$\max E\left(\sum_{i=1}^{n} \tilde{\boldsymbol{r}}_i \boldsymbol{x}_i\right) = \frac{\sum_{i=1}^{n}(r_i^- + 2r_i + r_i^+)x_i}{4}$$

$$\min \sigma^2\left(\sum_{i=1}^{n} \tilde{\boldsymbol{r}}_i \boldsymbol{x}_i\right) = \frac{33\beta^3 + 21\beta^2\gamma + 11\beta\gamma^2 - \gamma^3}{384\beta}$$

$$\min V\left(\sum_{i=1}^{n} \tilde{\boldsymbol{r}}_i \boldsymbol{x}_i\right) = \Phi^{-1}(\alpha)\left((33\beta^3 + 21\beta^2\gamma + 11\beta\gamma^2 - \gamma^3)/(384\beta)\right)^{1/2}$$

$$\max S\left(\sum_{i=1}^{n} \tilde{\boldsymbol{r}}_i \boldsymbol{x}_i\right) = \frac{16\,(6\beta)^{3/2}\left(\sum_{i=1}^{n}(r_i^+ - r_i^-)x_i\right)^2\left(\sum_{i=1}^{n}(r_i^+ - 2r_i - r_i^-)x_i\right)}{(33\beta^3 + 21\beta^2\gamma + 11\beta\gamma^2 - \gamma^3)^{3/2}}$$

$$\min S_h\left(\sum_{i=1}^{n} \tilde{\boldsymbol{r}}_i \boldsymbol{x}_i\right) = \begin{cases}(b-a)\rho - (b-a)\zeta(\rho), & E(\xi) < b \\ (b-a)/2 + (c-b)\zeta(\tau), & \text{其他}\end{cases}$$

其中

$$\beta = \max\left\{\sum_{i=1}^{n}(r_i - r_i^-)x_i, \sum_{i=1}^{n}(r_i^+ - r_i)x_i\right\}$$

$$\gamma = \min\left\{\sum_{i=1}^{n}(r_i - r_i^-)x_i, \sum_{i=1}^{n}(r_i^+ - r_i)x_i\right\}$$

2. 约束条件的建立

这里不允许卖出资产,即要求 $x_i \geqslant 0$,众所周知的资本预算约束为 $\sum_{i=1}^{n} x_i = 1$。

3. 投资组合模型

按照投资者的偏好,本章提出了下面的投资组合选择模型。

模型 8-5 当给定最大方差、最大 VaR、最小偏度和最大半熵时,构建基于三角模糊收益的收益最大的投资组合模型。

$$\begin{cases}\max E(\tilde{\boldsymbol{r}}_1\boldsymbol{x}_1 + \tilde{\boldsymbol{r}}_2\boldsymbol{x}_2 + \cdots + \tilde{\boldsymbol{r}}_n\boldsymbol{x}_n) \\ \text{s.t. } \sigma^2(\tilde{\boldsymbol{r}}_1\boldsymbol{x}_1 + \tilde{\boldsymbol{r}}_2\boldsymbol{x}_2 + \cdots + \tilde{\boldsymbol{r}}_n\boldsymbol{x}_n) \leqslant \delta \\ V(\tilde{\boldsymbol{r}}_1\boldsymbol{x}_1 + \tilde{\boldsymbol{r}}_2\boldsymbol{x}_2 + \cdots + \tilde{\boldsymbol{r}}_n\boldsymbol{x}_n) \leqslant v \\ S(\tilde{\boldsymbol{r}}_1\boldsymbol{x}_1 + \tilde{\boldsymbol{r}}_2\boldsymbol{x}_2 + \cdots + \tilde{\boldsymbol{r}}_n\boldsymbol{x}_n) \geqslant s \\ S_h(\tilde{\boldsymbol{r}}_1\boldsymbol{x}_1 + \tilde{\boldsymbol{r}}_2\boldsymbol{x}_2 + \cdots + \tilde{\boldsymbol{r}}_n\boldsymbol{x}_n) \leqslant \text{sh} \\ \sum_{i=1}^{n} x_i = 1; x_i \geqslant 0\end{cases} \tag{8-5}$$

模型 8-6 当给定最小均值、最大 VaR、最小偏度和最大半熵时,构建基于三角模糊收益的方差最小的投资组合模型。

$$\begin{cases}\min \sigma^2(\tilde{\boldsymbol{r}}_1\boldsymbol{x}_1+\tilde{\boldsymbol{r}}_2\boldsymbol{x}_2+\cdots+\tilde{\boldsymbol{r}}_n\boldsymbol{x}_n)\\ \text{s.t. } E(\tilde{\boldsymbol{r}}_1\boldsymbol{x}_1+\tilde{\boldsymbol{r}}_2\boldsymbol{x}_2+\cdots+\tilde{\boldsymbol{r}}_n\boldsymbol{x}_n)\geqslant e\\ V(\tilde{\boldsymbol{r}}_1\boldsymbol{x}_1+\tilde{\boldsymbol{r}}_2\boldsymbol{x}_2+\cdots+\tilde{\boldsymbol{r}}_n\boldsymbol{x}_n)\leqslant v\\ S(\tilde{\boldsymbol{r}}_1\boldsymbol{x}_1+\tilde{\boldsymbol{r}}_2\boldsymbol{x}_2+\cdots+\tilde{\boldsymbol{r}}_n\boldsymbol{x}_n)\geqslant s\\ \mathrm{S_h}(\tilde{\boldsymbol{r}}_1\boldsymbol{x}_1+\tilde{\boldsymbol{r}}_2\boldsymbol{x}_2+\cdots+\tilde{\boldsymbol{r}}_n\boldsymbol{x}_n)\leqslant \mathrm{sh}\\ \sum_{i=1}^{n}x_i=1;x_i\geqslant 0\end{cases} \tag{8-6}$$

模型 8-7 当给定最小均值、最大方差、最小偏度和最大半熵时,构建基于三角模糊收益的 VaR 最小的投资组合模型。

$$\begin{cases}\min V(\tilde{\boldsymbol{r}}_1\boldsymbol{x}_1+\tilde{\boldsymbol{r}}_2\boldsymbol{x}_2+\cdots+\tilde{\boldsymbol{r}}_n\boldsymbol{x}_n)\\ \text{s.t. } E(\tilde{\boldsymbol{r}}_1\boldsymbol{x}_1+\tilde{\boldsymbol{r}}_2\boldsymbol{x}_2+\cdots+\tilde{\boldsymbol{r}}_n\boldsymbol{x}_n)\geqslant e\\ \sigma^2(\tilde{\boldsymbol{r}}_1\boldsymbol{x}_1+\tilde{\boldsymbol{r}}_2\boldsymbol{x}_2+\cdots+\tilde{\boldsymbol{r}}_n\boldsymbol{x}_n)\leqslant \delta\\ S(\tilde{\boldsymbol{r}}_1\boldsymbol{x}_1+\tilde{\boldsymbol{r}}_2\boldsymbol{x}_2+\cdots+\tilde{\boldsymbol{r}}_n\boldsymbol{x}_n)\geqslant s\\ \mathrm{S_h}(\tilde{\boldsymbol{r}}_1\boldsymbol{x}_1+\tilde{\boldsymbol{r}}_2\boldsymbol{x}_2+\cdots+\tilde{\boldsymbol{r}}_n\boldsymbol{x}_n)\leqslant \mathrm{sh}\\ \sum_{i=1}^{n}x_i=1;x_i\geqslant 0\end{cases} \tag{8-7}$$

模型 8-8 当给定最小均值、最大方差、最大 VaR 和最大半熵时,构建基于三角模糊收益的偏度最大的投资组合模型。

$$\begin{cases}\max S(\tilde{\boldsymbol{r}}_1\boldsymbol{x}_1+\tilde{\boldsymbol{r}}_2\boldsymbol{x}_2+\cdots+\tilde{\boldsymbol{r}}_n\boldsymbol{x}_n)\\ \text{s.t. } E(\tilde{\boldsymbol{r}}_1\boldsymbol{x}_1+\tilde{\boldsymbol{r}}_2\boldsymbol{x}_2+\cdots+\tilde{\boldsymbol{r}}_n\boldsymbol{x}_n)\geqslant e\\ \sigma^2(\tilde{\boldsymbol{r}}_1\boldsymbol{x}_1+\tilde{\boldsymbol{r}}_2\boldsymbol{x}_2+\cdots+\tilde{\boldsymbol{r}}_n\boldsymbol{x}_n)\leqslant \delta\\ V(\tilde{\boldsymbol{r}}_1\boldsymbol{x}_1+\tilde{\boldsymbol{r}}_2\boldsymbol{x}_2+\cdots+\tilde{\boldsymbol{r}}_n\boldsymbol{x}_n)\leqslant v\\ \mathrm{S_h}(\tilde{\boldsymbol{r}}_1\boldsymbol{x}_1+\tilde{\boldsymbol{r}}_2\boldsymbol{x}_2+\cdots+\tilde{\boldsymbol{r}}_n\boldsymbol{x}_n)\leqslant \mathrm{sh}\\ \sum_{i=1}^{n}x_i=1;x_i\geqslant 0\end{cases} \tag{8-8}$$

模型 8-9 当给定最小均值、最大方差、最大 VaR 和最小偏度时,构建基于三角模糊收益的半熵最小的投资组合模型。

$$\begin{cases}\min \mathrm{S_h}(\tilde{\boldsymbol{r}}_1\boldsymbol{x}_1+\tilde{\boldsymbol{r}}_2\boldsymbol{x}_2+\cdots+\tilde{\boldsymbol{r}}_n\boldsymbol{x}_n)\\ \text{s.t. } E(\tilde{\boldsymbol{r}}_1\boldsymbol{x}_1+\tilde{\boldsymbol{r}}_2\boldsymbol{x}_2+\cdots+\tilde{\boldsymbol{r}}_n\boldsymbol{x}_n)\geqslant e\\ \sigma^2(\tilde{\boldsymbol{r}}_1\boldsymbol{x}_1+\tilde{\boldsymbol{r}}_2\boldsymbol{x}_2+\cdots+\tilde{\boldsymbol{r}}_n\boldsymbol{x}_n)\leqslant \delta\\ V(\tilde{\boldsymbol{r}}_1\boldsymbol{x}_1+\tilde{\boldsymbol{r}}_2\boldsymbol{x}_2+\cdots+\tilde{\boldsymbol{r}}_n\boldsymbol{x}_n)\leqslant v\\ S(\tilde{\boldsymbol{r}}_1\boldsymbol{x}_1+\tilde{\boldsymbol{r}}_2\boldsymbol{x}_2+\cdots+\tilde{\boldsymbol{r}}_n\boldsymbol{x}_n)\geqslant s\\ \sum_{i=1}^{n}x_i=1;x_i\geqslant 0\end{cases} \tag{8-9}$$

模型 8-10 当最大化均值和偏度,同时最小化方差、VaR 和半熵时,构建基于三角模糊收益的五目标投资组合模型。

$$
\begin{cases}
\max E(\tilde{\boldsymbol{r}}_1 \boldsymbol{x}_1 + \tilde{\boldsymbol{r}}_2 \boldsymbol{x}_2 + \cdots + \tilde{\boldsymbol{r}}_n \boldsymbol{x}_n) \\
\min \sigma^2(\tilde{\boldsymbol{r}}_1 \boldsymbol{x}_1 + \tilde{\boldsymbol{r}}_2 \boldsymbol{x}_2 + \cdots + \tilde{\boldsymbol{r}}_n \boldsymbol{x}_n) \\
\min V(\tilde{\boldsymbol{r}}_1 \boldsymbol{x}_1 + \tilde{\boldsymbol{r}}_2 \boldsymbol{x}_2 + \cdots + \tilde{\boldsymbol{r}}_n \boldsymbol{x}_n) \\
\max S(\tilde{\boldsymbol{r}}_1 \boldsymbol{x}_1 + \tilde{\boldsymbol{r}}_2 \boldsymbol{x}_2 + \cdots + \tilde{\boldsymbol{r}}_n \boldsymbol{x}_n) \\
\min_{\mathrm{h}}(\tilde{\boldsymbol{r}}_1 \boldsymbol{x}_1 + \tilde{\boldsymbol{r}}_2 \boldsymbol{x}_2 + \cdots + \tilde{\boldsymbol{r}}_n \boldsymbol{x}_n) \\
\sum_{i=1}^{n} x_i = 1; x_i \geqslant 0
\end{cases}
\tag{8-10}
$$

Bhattacharyya 等提出的遗传算法用于求解模型 8-5～模型 8-9。Roy 等提出的多目标遗传算法用于求解模型 8-10。本章用模糊数学和遗传算法求解模型 8-10。在每一种情况下，迭代次数为 1 000。

8.3.4 数值算例

1. 数据选取和正态性检验

选取 2009—2023 年中海油跨国石油集团公司的 6 个资产 24 年的年度数据作为实际例子。其中，收益＝(利润总额－所得税)/收入。然后使用 Excel 的函数计算功能，依据收益公式计算出所选资产在观测期内的年收益，用直方图来检验这 6 个资产的收益序列是否服从正态分布，结果如图 8-4 和表 8-13 所示。

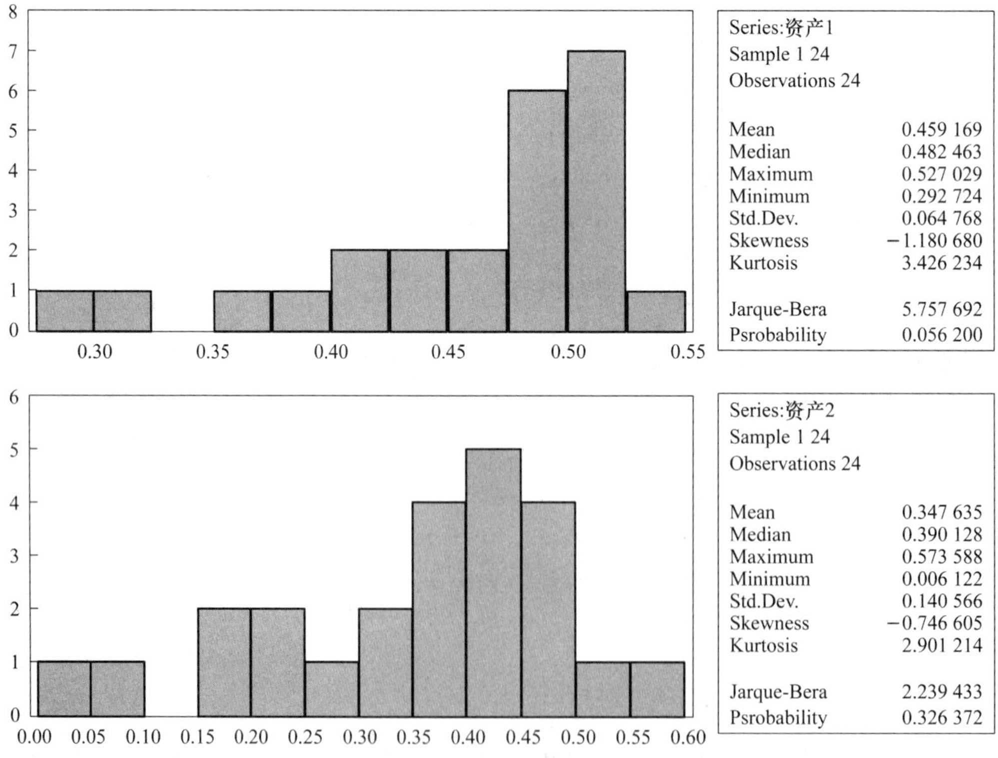

图 8-4　6 个资产序列的直方图

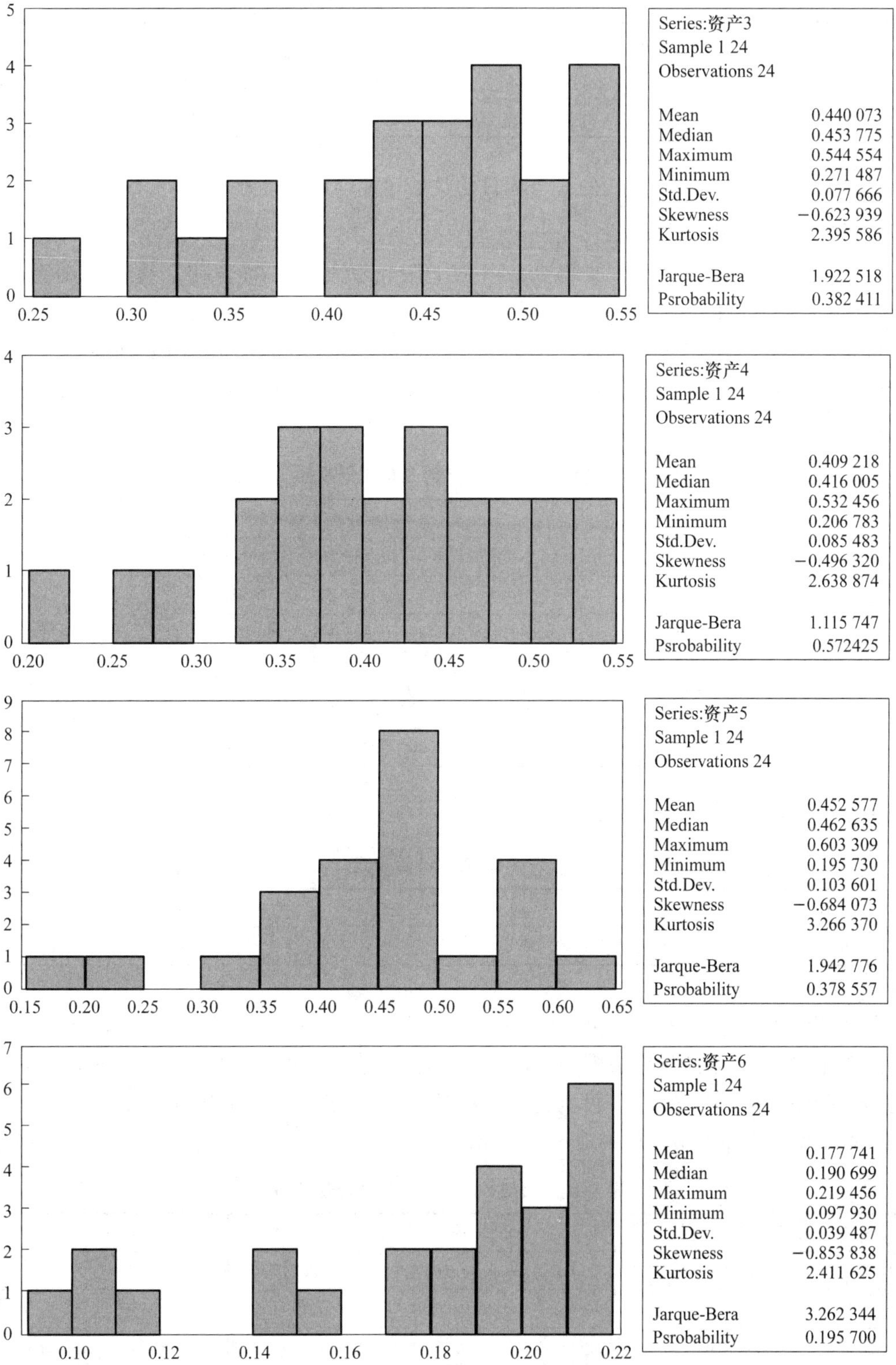

图 8-4　6 个资产序列的直方图(续图)

表 8-13　6 个资产的正态性检验

资产名称	资产 1	资产 2	资产 3	资产 4	资产 5	资产 6
Jarque-Bera(JB)	5.757 692	2.239 433	1.922 518	1.115 747	1.942 776	3.262 344
P 值	0.056 200	0.326 372	0.382 411	0.572 425	0.378 557	0.195 700

由表 8-13 中数据可知，所选的 6 个项目的收益序列均服从正态分布。

2．三角模糊收益的确定

本小节用 Shewhart 控制图来得到收益的上限和下限。用 3σ 原则来设计控制图，即以 $r_i \pm 3\sigma$ 作为上限和下限。

首先用 Excel 计算出这 6 个资产的标准差 σ_i（$i=1,2,\cdots,6$），然后用 BP 神经网络得到这 6 个资产的预测收益 r_i，这样就得到了三角模糊收益为 $\tilde{\boldsymbol{r}}_i=(r_i-3\sigma_i, r_i, r_i+3\sigma_i)$，如表 8-14 所示。

表 8-14　6 个资产的三角模糊收益

资产名称	模糊收益 $\tilde{\boldsymbol{r}}_i$
资产 1	[0.273 067，0.463 279，0.653 492]
资产 2	[−0.046 98，0.365 836，0.778 655]
资产 3	[0.137 918，0.366 009，0.594 100]
资产 4	[0.179 749，0.430 799，0.681 850]
资产 5	[0.134 973，0.439 233，0.743 492]
资产 6	[0.105 269，0.221 236，0.337 202]

设定模型参数如表 8-15 所示。

表 8-15 模型参数设定

参数名称	e	δ	v	s	sh
参数值	0.342 258	0.015 322	0.177 558	−2.428 27	0.132 196

3．结果分析

对于上述数据，用遗传算法模型 8-5～8-10，并设定迭代次数是 100。其中 x_1, x_2, x_3, x_4，x_5 和 x_6 分别表示这 6 个资产的投资比例。模型 8-5～模型 8-10 的最优解见表 8-16。均值、方差、VaR、偏度和半熵的最优值如表 8-17 所示。

表 8-16　模型 8-5～模型 8-10 的最优解

模型	资产 1	资产 2	资产 3	资产 4	资产 5	资产 6
模型 8-5	0.000 0	0.240 0	0.163 1	0.079 9	0.222 4	0.294 7
模型 8-6	0.029 5	0.012 3	0.205 4	0.190 5	0.195 0	0.367 0
模型 8-7	0.078 2	0.062 0	0.189 4	0.265 8	0.047 6	0.357 0
模型 8-8	0.275 7	0.000 0	0.374 9	0.000 0	0.000 0	0.349 3
模型 8-9	0.135 7	0.086 0	0.234 6	0.169 5	0.029 3	0.344 1
模型 8-10	0.133 6	0.114 9	0.204 1	0.163 6	0.205 2	0.177 9

表 8-17　均值、方差、VaR、偏度和半熵的最优值

模型	均值	方差	VaR	偏度	半熵
模型 8-5	0.344 8	0.011 1	0.173 4	−1.232 7	0.129 1
模型 8-6	0.342 3	0.007 2	0.139 2	−2.393 3	0.103 6
模型 8-7	0.342 6	0.007 1	0.138 5	−2.428 5	0.103 1
模型 8-8	0.342 2	0.005 3	0.119 8	−3.371 6	0.089 2
模型 8-9	0.342 2	0.007 1	0.138 5	−2.423 7	0.103 1
模型 8-10	0.378 6	0.009 9	0.009 9	0.009 9	0.121 8

表 8-16 所示的结果表明,在实施模型 8-9 中生成所需的输出结果,如图 8-5 所示,投资者必须投资总资本的 13.57%、8.6%、23.46%、16.95%、2.93%和 34.41%分别给资产 1～资产 6。类似地,可以解释其他模型。

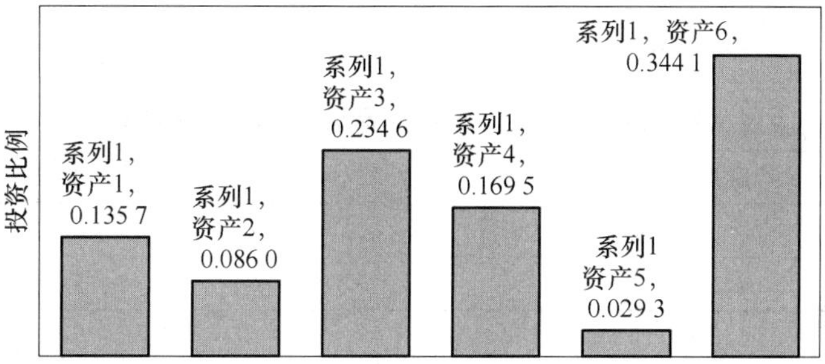

图 8-5　模型 8-9 的最佳投资组合柱形图

8.3.5　比较分析

本小节在表 8-18 中将所提出模型与其他已建模型进行了比较。

表 8-18　绩效矩阵

文章	均值	方差	VaR	偏度	半熵	遗传算法	算例分析	模糊
Bhattacharyya 和 Kar(2011)	√	√	×	√	×	√	√	√
Zhou 等(2016)	√	×	×	×	√	√	√	√
提出的文章	√	√	√	√	√	√	√	√

注:表 8-18 中的"√"表示能够求解该变量,"×"表示不能够求解该变量。

下文将表 8-16 和表 8-17 中的结果与其他结果进行了比较,以推断所提出模型与文献模型的优劣。沿用表 8-14 和表 8-15 中的数据求解这些模型。

1. Bhattacharyya 和 Kar(2011)模型

考虑模型

$$\begin{cases} \min \sigma^2(\tilde{\boldsymbol{r}}_1\boldsymbol{x}_1+\tilde{\boldsymbol{r}}_2\boldsymbol{x}_2+\cdots+\tilde{\boldsymbol{r}}_n\boldsymbol{x}_n) \\ E(\tilde{\boldsymbol{r}}_1\boldsymbol{x}_1+\tilde{\boldsymbol{r}}_2\boldsymbol{x}_2+\cdots+\tilde{\boldsymbol{r}}_n\boldsymbol{x}_n)\geqslant e \\ S(\tilde{\boldsymbol{r}}_1\boldsymbol{x}_1+\tilde{\boldsymbol{r}}_2\boldsymbol{x}_2+\cdots+\tilde{\boldsymbol{r}}_n\boldsymbol{x}_n)\geqslant s \\ \sum_{i=1}^{n} x_i=1;x_i\geqslant 0 \end{cases} \tag{8-11}$$

最优解和最优值分别如表 8-19 和表 8-20 所示。

2. Zhou 等(2016)模型

考虑模型

$$\begin{cases} \min S_h(\tilde{\boldsymbol{r}}_1\boldsymbol{x}_1+\tilde{\boldsymbol{r}}_2\boldsymbol{x}_2+\cdots+\tilde{\boldsymbol{r}}_n\boldsymbol{x}_n) \\ E(\tilde{\boldsymbol{r}}_1\boldsymbol{x}_1+\tilde{\boldsymbol{r}}_2\boldsymbol{x}_2+\cdots+\tilde{\boldsymbol{r}}_n\boldsymbol{x}_n)\geqslant e \\ \sum_{i=1}^{n}x_i=1;x_i\geqslant 0 \end{cases} \tag{8-12}$$

最优解和最优值分别如表 8-19 和表 8-20 所示。

表 8-19 模型 8-11～模型 8-12 的最优解

模型	资产 1	资产 2	资产 3	资产 4	资产 5	资产 6
模型 8-11	0.216 2	0.130 9	0.204 0	0.087 7	0.008 9	0.351 8
模型 8-12	0.206 4	0.110 7	0.160 1	0.052 2	0.096 4	0.373 8

表 8-20 均值、方差、VaR、偏度和半熵的最优值

模型	均值	方差	VaR	偏度	半熵
模型 8-11	0.342 2	0.007 2	0.139 2	−2.394 1	0.103 6
模型 8-12	0.342 2	0.007 2	0.139 2	−2.393 0	0.103 6

如果将表 8-17 与表 8-20 进行比较,这些模型的性能显然是等效或优于已建模型的。

例如,将表 8-17 中模型 8-10 和表 8-20 中模型 8-11 的最优结果进行比较,两种情况下产生大致相同的风险,但提出模型 8-10 的收益(均值)大约是模型 8-11 的 1.11 倍,这意味着本章构建的模型和所采用的算法是有效的。

第 9 章　两类跨国石油集团公司多周期投资组合模型

9.1　基于三元区间数的终端财富最大的多周期投资组合模型

为解决跨国石油集团公司多周期的投资组合问题，本节基于多周期资产组合问题，运用三元区间数和动态规划提出了基于三元区间数有比例界定的终端财富最大的多周期投资组合模型。9.1.1 节对所需基本概念和原理进行了说明；9.1.2 节构造了基于三元区间数的终端财富最大的多周期投资组合模型，然后给出了基于三元区间数的终端财富最大的多周期投资组合模型的 3 个弱最优解模型；9.1.3 节为具体算例。

9.1.1　符号说明

假定投资活动的初始资金为 W_0，共 T 个投资周期。为方便起见，本小节介绍三元区间数的有比例界定的终端财富最大的多周期投资组合模型的一些符号。

n：资产的数量。

r_{ti}^{-}：第 t 期第 i 种资产的期望收益的下限。

r_{ti}^{*}：第 t 期第 i 种资产的期望收益。

r_{ti}^{+}：第 t 期第 i 种资产的期望收益的上限。

$\tilde{\boldsymbol{r}}_{ti}=[r_{ti}^{-},r_{ti}^{*},r_{ti}^{+}]$：第 t 期第 i 种资产的期望收益的三元区间。

v_{ti}^{-}：第 t 期第 i 种资产的方差的下限。

v_{ti}^{*}：第 t 期第 i 种资产的方差。

v_{ti}^{+}：第 t 期第 i 种资产的方差的上限。

$\tilde{\boldsymbol{v}}_{ti}=[v_{ti}^{-},v_{ti}^{*},v_{ti}^{+}]$：第 t 期第 i 种资产的方差的三元区间。

$\boldsymbol{x}_{ti}$：第 t 期第 i 种资产的投资比例向量。

$\boldsymbol{x}_t=(x_{t1},x_{t2},\cdots,x_{tn})^{\mathrm{T}}$：第 t 期 n 维投资比例向量。

$W_0=10\ 000$：初始财富。

$\widetilde{W}_t$：第 $t-1$ 期期末（第 t 期期初）投资者获得的财富。

l_{ti}：第 t 期第 i 种资产的投资比例下限。

μ_{ti}：第 t 期第 i 种资产的投资比例上限。

在实际的投资中，投资者需要考虑两个主要因素，就是资产收益和风险。从上述假设来看，收益 $\tilde{\boldsymbol{r}}_{ti}$ 和风险 $\tilde{\boldsymbol{v}}_{ti}$ 都是三元区间数。又因为投资比例为非负数，即 $\boldsymbol{x}_{ti}\geqslant 0(i=1,2,\cdots,n;t=1,2,\cdots,T)$，依据三元区间数运算法则，第 t 期资产组合的收益，以及风险也为三元区间数，可分别表示为如下形式。

第 t 期投资组合 $\boldsymbol{x}_t=(x_{t1},x_{t2},\cdots,x_{tn})^{\mathrm{T}}$ 的期望收益三元区间可以表示为

$$\tilde{\boldsymbol{r}}(\boldsymbol{x}_t)=\sum_{i=1}^{n}\tilde{\boldsymbol{r}}_{ti}\boldsymbol{x}_{ti}=\left[\sum_{i=1}^{n}r_{ti}^{-}\boldsymbol{x}_{ti},\sum_{i=1}^{n}r_{ti}^{*}\boldsymbol{x}_{ti},\sum_{i=1}^{n}r_{ti}^{+}\boldsymbol{x}_{ti}\right]$$

第 t 期投资组合 $\boldsymbol{x}_t=(x_{t1},x_{t2},\cdots,x_{tn})^{\mathrm{T}}$ 的风险损失率三元区间可以表示为

$$\tilde{\boldsymbol{v}}(\boldsymbol{x}_t)=\sum_{i=1}^{n}\tilde{v}_{ti}\boldsymbol{x}_{ti}^{2}=\left[\sum_{i=1}^{n}v_{ti}^{-}\boldsymbol{x}_{ti}^{2},\sum_{i=1}^{n}v_{ti}^{*}\boldsymbol{x}_{ti}^{2},\sum_{i=1}^{n}v_{ti}^{+}\boldsymbol{x}_{ti}^{2}\right]$$

9.1.2 多周期投资组合模型的构造

根据符号的含义,第 t 期投资组合 $\boldsymbol{x}_t=(x_{t1},x_{t2},\cdots,x_{tn})^{\mathrm{T}}$ 的期望收益三元区间可以表示为

$$\tilde{\boldsymbol{r}}(\boldsymbol{x}_t)=\sum_{i=1}^{n}\tilde{\boldsymbol{r}}_{ti}\boldsymbol{x}_{ti}=\left[\sum_{i=1}^{n}r_{ti}^{-}\boldsymbol{x}_{ti},\sum_{i=1}^{n}r_{ti}^{*}\boldsymbol{x}_{ti},\sum_{i=1}^{n}r_{ti}^{+}\boldsymbol{x}_{ti}\right]$$

第 t 期投资组合 $\boldsymbol{x}_t=(x_{t1},x_{t2},\cdots,x_{tn})^{\mathrm{T}}$ 的风险损失率三元区间可以表示为

$$\tilde{\boldsymbol{v}}(\boldsymbol{x}_t)=\sum_{i=1}^{n}\tilde{v}_{ti}\boldsymbol{x}_{ti}^{2}=\left[\sum_{i=1}^{n}v_{ti}^{-}\boldsymbol{x}_{ti}^{2},\sum_{i=1}^{n}v_{ti}^{*}\boldsymbol{x}_{ti}^{2},\sum_{i=1}^{n}v_{ti}^{+}\boldsymbol{x}_{ti}^{2}\right]$$

经过分析,第 t 期期末财富和第 $t-1$ 期期末财富的关系满足下式:

$$\tilde{W}_{t+1}=\tilde{W}_t\left(\sum_{i=1}^{n}\tilde{\boldsymbol{r}}_{ti}\boldsymbol{x}_{ti}\right)=\tilde{W}_t\left[\sum_{i=1}^{n}r_{ti}^{-}\boldsymbol{x}_{ti},\sum_{i=1}^{n}r_{ti}^{*}\boldsymbol{x}_{ti},\sum_{i=1}^{n}r_{ti}^{+}\boldsymbol{x}_{ti}\right]$$

于是,投资者经过 T 期投资后所能获得的终端财富可表示为

$$\tilde{W}_{t+1}=\tilde{W}_0\prod_{t=1}^{T}\left(\sum_{i=1}^{n}\tilde{\boldsymbol{r}}_{ti}\boldsymbol{x}_{ti}\right)=\tilde{W}_0\prod_{t=1}^{T}\left[\sum_{i=1}^{n}r_{ti}^{-}\boldsymbol{x}_{ti},\sum_{i=1}^{n}r_{ti}^{*}\boldsymbol{x}_{ti},\sum_{i=1}^{n}r_{ti}^{+}\boldsymbol{x}_{ti}\right]$$

然后,分别记终端财富的上界、中界和下界为

$$W_{T+1}^{-}(\boldsymbol{x})=W_0\prod_{t=1}^{T}\left(\sum_{i=1}^{n}r_{ti}^{+}\boldsymbol{x}_{ti}\right)$$

$$W_{T+1}^{*}(\boldsymbol{x})=W_0\prod_{t=1}^{T}\left(\sum_{i=1}^{n}r_{ti}^{*}\boldsymbol{x}_{ti}\right)$$

$$W_{T+1}^{+}(\boldsymbol{x})=W_0\prod_{t=1}^{T}\left(\sum_{i=1}^{n}r_{ti}^{-}\boldsymbol{x}_{ti}\right)$$

若投资者将资产组合风险看作决策因素,则要求每期组合风险要不大于预期水平,并试着找到一个多期投资组合,能够最大化资产组合的终端财富。因此,建立了下列区间风险多期组合模型。

$$\begin{cases}\max W_{T+1}=[W_{T+1}^{-}(\boldsymbol{x}),W_{T+1}^{*}(\boldsymbol{x}),W_{T+1}^{+}(\boldsymbol{x})]\\ \text{s. t.}\ \left[\sum_{i=1}^{n}v_{ti}^{-}\boldsymbol{x}_{ti}^{2},\sum_{i=1}^{n}v_{ti}^{*}\boldsymbol{x}_{ti}^{2},\sum_{i=1}^{n}v_{ti}^{+}\boldsymbol{x}_{ti}^{2}\right]\leqslant\tilde{v}_t\\ \sum_{i=1}^{n}x_{ti}=1\\ 0\leqslant x_{ti}\leqslant 1,i=1,2,\cdots,n;t=1,2,\cdots,T\end{cases}\tag{9-1}$$

其中,$\tilde{\boldsymbol{v}}_t=[v_t^{-},v_t^{*},v_t^{+}]$表示投资者对第 t 期投资组合的最大风险容忍值的三元区间数,v_t^{-} 为最大风险容忍值的三元区间数的下限,v_t^{*} 为最大风险容忍值,v_t^{+} 为最大风险容忍值的三元区间数的上限。

模型(9-1)的弱最优解分别是如下 3 个一般线性规划模型(9-2)、模型(9-3)和模型(9-4)的最优解。

$$\begin{cases}\max W_{T+1}^{-}(\boldsymbol{x}) \\ \text{s. t.}\ \sum_{i=1}^{n} v_{ti}^{-}\boldsymbol{x}_{ti}^{2} \leqslant v_{t}^{-} \\ \sum_{i=1}^{n}\boldsymbol{x}_{ti} = 1 \\ l_{ti} \leqslant \boldsymbol{x}_{ti} \leqslant u_{ti} \\ 0 \leqslant \boldsymbol{x}_{ti} \leqslant 1, i = 1,2,\cdots,n; t = 1,2,\cdots,T\end{cases} \tag{9-2}$$

$$\begin{cases}\max W_{T+1}^{*}(\boldsymbol{x}) \\ \text{s. t.}\ \sum_{i=1}^{n} v_{ti}^{*}\boldsymbol{x}_{ti}^{2} \leqslant v_{t}^{*} \\ \sum_{i=1}^{n}\boldsymbol{x}_{ti} = 1 \\ l_{ti} \leqslant \boldsymbol{x}_{ti} \leqslant u_{ti} \\ 0 \leqslant \boldsymbol{x}_{ti} \leqslant 1, i = 1,2,\cdots,n; t = 1,2,\cdots,T\end{cases} \tag{9-3}$$

$$\begin{cases}\max W_{T+1}^{+}(\boldsymbol{x}) \\ \text{s. t.}\ \sum_{i=1}^{n} v_{ti}^{+}\boldsymbol{x}_{ti}^{2} \leqslant v_{t}^{+} \\ \sum_{i=1}^{n}\boldsymbol{x}_{ti} = 1 \\ l_{ti} \leqslant \boldsymbol{x}_{ti} \leqslant u_{ti} \\ 0 \leqslant \boldsymbol{x}_{ti} \leqslant 1, i = 1,2,\cdots,n; t = 1,2,\cdots,T\end{cases} \tag{9-4}$$

9.1.3　数值算例

1. 收益区间和风险区间的确定

选取中海油跨国石油集团公司 4 个资产作为实际例子，共 30 年的年度数据，每 10 年为一个周期，共分为 3 个投资周期。收益＝1＋(利润总额－所得税)/收入。

由于本小节选择的数据较少，应用灰色 $GM(1,1)$ 模型来预测资产的收益。然后计算 3 个投资周期的收益和风险的三元区间，分别如表 9-1、表 9-2 和表 9-3 所示。

表 9-1　第一期收益和风险的三元区间

资产名称	收益（$\tilde{r}_{1i}$）	风险（$\tilde{v}_{1i}$）
资产 1	[1.331 4,1.386 0,1.440 6]	[0.002 9,0.003 0,0.003 1]
资产 2	[1.438 4,1.459 6,1.480 8]	[0.000 4,0.000 5,0.000 6]
资产 3	[1.191 5,1.314 7,1.437 8]	[0.015 1,0.015 2,0.015 3]
资产 4	[0.915 2,0.961 9,1.008 6]	[0.002 1,0.002 2,0.002 3]

表 9-2　第二期收益和风险的三元区间

资产名称	收益($\tilde{r}_{2i}$)	风险($\tilde{v}_{2i}$)
资产 1	[1.460 7,1.499 7,1.538 6]	[0.001 4,0.001 5,0.001 6]
资产 2	[1.492 6,1.505 1,1.517 5]	[0.000 1,0.000 2,0.000 3]
资产 3	[1.412 1,1.503 7,1.595 4]	[0.008 3,0.008 4,0.008 5]
资产 4	[1.190 7,1.203 0,1.215 2]	[0.000 0,0.000 1,0.000 2]

表 9-3　第三期收益和风险的三元区间

资产名称	收益($\tilde{r}_{3i}$)	风险($\tilde{v}_{3i}$)
资产 1	[1.049 8,1.141 4,1.232 9]	[0.008 3,0.008 4,0.008 5]
资产 2	[0.810 2,0.984 1,1.158 0]	[0.030 1,0.030 2,0.030 3]
资产 3	[1.287 2,1.362 2,1.437 3]	[0.005 5,0.005 6,0.005 7]
资产 4	[1.158 4,1.174 7,1.191 1]	[0.000 2,0.000 3,0.000 4]

2. 结果分析

假如这 4 个资产的投资比例区间如表 9-4 所示。

表 9-4　4 个资产的投资比例区间

资产名称	资产 1	资产 2	资产 3	资产 4
下限	0.15	0.18	0.14	0.10
上限	0.75	0.25	0.78	0.67

一般地，在这种情况下，可以假定投资者的初始财富是 $W_0=10\,000$。第一期、第二期和第三期组合风险的最大三元区间容忍值为[0.000 9,0.003 6,0.006 2]、[0.001 0,0.002 0,0.003 0]和[0.001 6,0.006 8,0.012 0]。然后运用 Matlab 软件可以求得模型(9-2)～模型(9-4)的最优投资策略，如表 9-5 所示。

表 9-5　3 个模型下的最优投资比例

模型	投资期 t	资产 1	资产 2	资产 3	资产 4
(9-2)	$t=1$	0.415 3	0.250 0	0.140 0	0.194 7
	$t=2$	0.510 0	0.250 0	0.140 0	0.100 0
	$t=3$	0.150 0	0.180 0	0.271 9	0.398 1
(9-3)	$t=1$	0.510 0	0.250 0	0.140 0	0.100 0
	$t=2$	0.169 0	0.250 0	0.481 0	0.100 0
	$t=3$	0.150 0	0.180 0	0.570 0	0.100 0
(9-4)	$t=1$	0.510 0	0.250 0	0.140 0	0.100 0
	$t=2$	0.150 0	0.180 0	0.570 0	0.100 0
	$t=3$	0.150 0	0.180 0	0.570 0	0.100 0

由表 9-5 和图 9-1 可知，求解模型(9-2)能够得到相应的投资策略。在此情况下，投资者要

在第一期依据41.53%、25.00%、14.00%和19.47%的投资比例,将初始财富分配到这4个资产中去;第二期和第一期相比,资产1的投资比例增加,资产4的投资比例减少,资产2和资产3的投资比例不变,主要由于资产1的预测收益增加和风险减少得较快;第三期和第二期相比,资产1和资产2达到了投资比例的下限,主要由于资产1和资产2的预测收益减少的幅度最大。

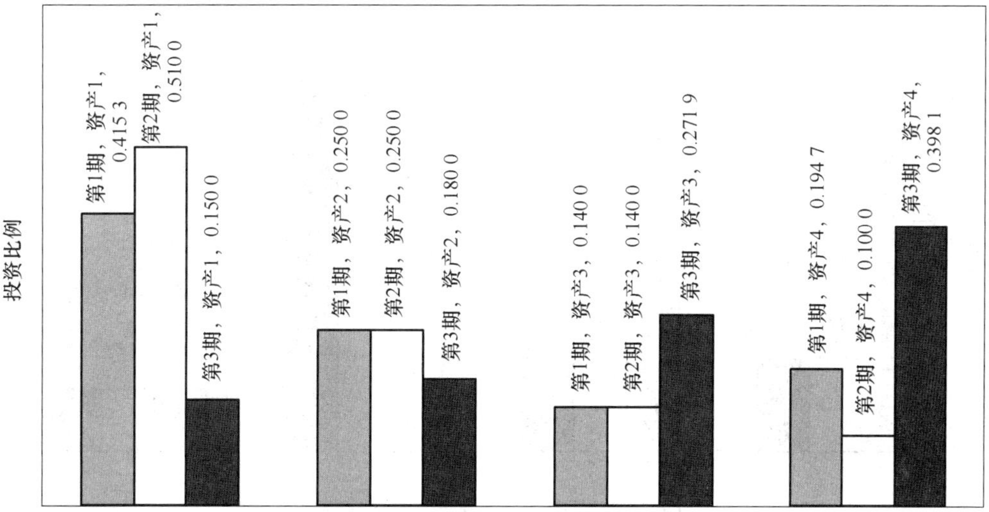

图9-1 模型(9-2)下的最优投资比例

由表9-5和图9-2可知,在模型(9-3)的决策情形下,投资者将在第一期按照51.00%、25.00%、14.00%和10.00%的投资比例将初始财富分配到这4个资产中去;第二期和第一期相比,资产1的投资比例减少,资产3的投资比例增加,资产2和资产4的投资比例不变,主要由于资产3的预测收益增加的幅度最大;第三期和第二期相比,资产1、资产2和资产4达到了投资比例的下限,主要由于资产1和资产2的预测收益减少的幅度最大。

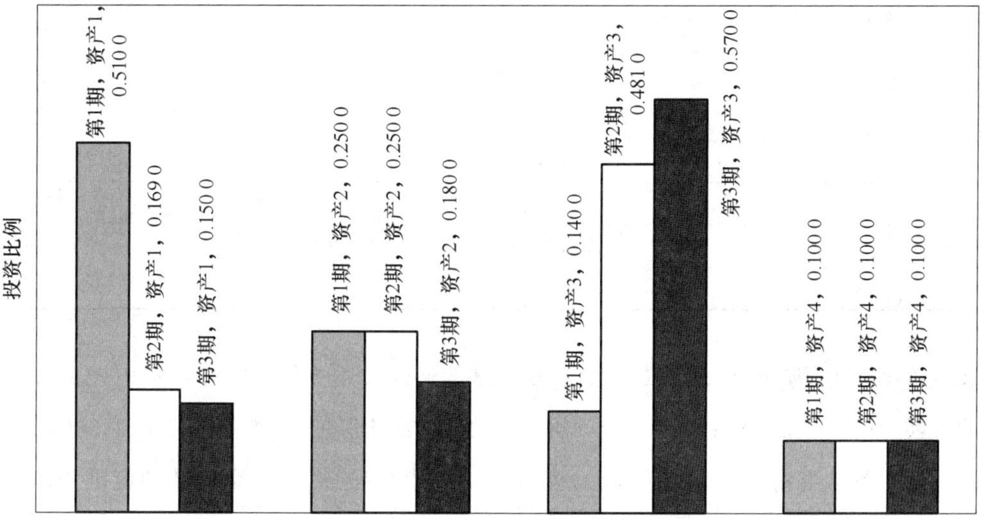

图9-2 模型(9-3)下的最优投资比例

由表9-5和图9-3可知,在模型(9-4)的决策情形下,投资者将在第一期按照51.00%、25.00%、14.00%和10.00%的投资比例将初始财富分配到这4个资产中去;第二期和第一期相比,资产1的投资比例减少,资产3的投资比例增加,资产2和资产4的投资比例不变,主要由于资产3的预测收益增加的幅度最大;第三期和第二期相比,资产1、资产2和资产4达到了投资比例的下限,主要由于资产3的预测收益减少和风险增加的幅度较小。

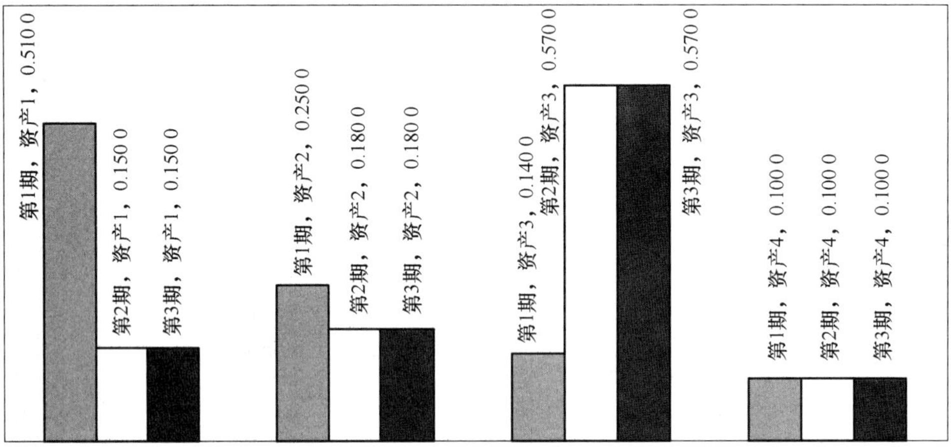

图9-3 模型(9-4)下的最优投资比例

按照表9-5,能够得到在每个决策模型中的风险和终端财富区间,如表9-6所示。为能够比较所提出的模型,投资者的期望终端财富用终端财富区间的中点值表示。

表9-6 每个投资模型所对应的各期资产组合的风险区间和终端财富

模型	投资期 t	风险区间	终端财富区间	终端财富值
(9-2)	$t=1$	[0.000 9,0.000 9,0.001 0]	[20 109,22 909,25 940]	22 986
	$t=2$	[0.000 5,0.000 6,0.000 6]		
	$t=3$	[0.001 6,0.001 6,0.001 7]		
(9-3)	$t=1$	[0.001 1,0.001 1,0.001 2]	[21 206,24 745,28 638]	24 863
	$t=2$	[0.002 0,0.002 0,0.002 0]		
	$t=3$	[0.003 0,0.003 0,0.003 0]		
(9-4)	$t=1$	[0.001 1,0.001 1,0.001 2]	[21 108,24 745,28 760]	24 871
	$t=2$	[0.002 7,0.002 8,0.002 8]		
	$t=3$	[0.003 0,0.003 0,0.003 0]		

由表9-6可知:模型(9-5)所对应的终端财富的波动范围为[20 109,22 909,25 940],期望终端财富是 $W_{(2)}=22\ 986$;模型(9-6)所对应的终端财富的波动范围为[21 206,24 745,28 638],期望终端财富为 $W_{(3)}=24\ 863$;模型(9-7)所对应的终端财富的波动范围为[21 108,24 745,28 760],期望终端财富为 $W_{(4)}=24\ 871$。结果表明,通过求解这3个模型得到的期望终端财富的关系为 $W_{(2)}<W_{(3)}<W_{(4)}$。

9.2　基于 VaR-峰度的多周期 log-最优投资组合模型

在多周期组合模型方面,李蕊构建了均值-VaR 多周期组合模型,覃森等构建了基于 VaR 的多周期 log-最优模型。为解决跨国石油集团公司多周期投资组合问题,本节在这两篇文献的基础上,构建了跨国石油集团公司 VaR-峰度的多周期 log-最优投资组合模型。9.2.1 节介绍了基本概念和本节需要的符号说明;9.2.2 节构造了基于 VaR-峰度的单周期 log-最优投资组合模型;9.2.3 节用动态规划方法建立了基于 VaR-峰度的多周期 log-最优投资组合模型,证明了模型最优解的存在唯一性;9.2.4 节结合具体算例,分析了单周期模型和多周期模型的优劣。

9.2.1　符号说明及基本定义

1. 符号说明

假设投资组合中有 n 种资产,分为 T 个投资周期,下面介绍一些符号。

R_i:单周期中资产 $i(i=1,2,\cdots,n)$的收益。

r_i:单周期中资产 $i(i=1,2,\cdots,n)$的平均收益。

$\boldsymbol{r}=(r_1,r_2,\cdots,r_n)^{\mathrm{T}}$:单周期中资产的收益向量。

x_i:单周期中资产 $i(i=1,2,\cdots,n)$的投资比例。

$\boldsymbol{x}=(x_1,x_2,\cdots,x_n)^{\mathrm{T}}$:单周期中资产的投资比例向量 $\sum\limits_{i=1}^{n}x_i=1,x_i\geqslant 0$。

$R_{\mathrm{p}}=\sum\limits_{i=1}^{n}x_iR_i$:单周期中总组合收益。

$\boldsymbol{V}$:单周期中资产收益的协方差矩阵。

$S_1=1$:初始投资资金。

R_{ti}:多周期中第 t 个投资周期资产 i 的收益。

r_{ti}:多周期中第 t 个投资周期资产 i 的平均收益。

$\boldsymbol{r}_t=(r_{t1},r_{t2},\cdots,r_{tn})^{\mathrm{T}}$:多周期中第 t 个投资周期的收益向量。

x_{ti}:多周期中第 t 个投资周期资产 i 的投资比例。

$\boldsymbol{x}_t=(x_{t1},x_{t2},\cdots,x_{tn})^{\mathrm{T}}$:多周期中第 t 个投资周期的资产投资比例,且满足 $\sum\limits_{i=1}^{n}x_{ti}=1$,$x_{ti}\geqslant 0$。

$R_{t\mathrm{p}}=\sum\limits_{i=1}^{n}x_{ti}r_{ti}$:多周期中总组合收益。

S_t:多周期中第 t 个投资周期的初始投资资金。

$\Phi(x)$:正态分布函数。

$\sigma_{\mathrm{p}}^2=\mathrm{var}[\boldsymbol{r}]=\boldsymbol{x}^{\mathrm{T}}\boldsymbol{V}\boldsymbol{x}$:收益的方差。

$F(\boldsymbol{r})$:收益向量 $\boldsymbol{r}$ 的联合分布函数。

2. 倍率-风险函数和峰度函数

假设资产收益服从正态分布,那么 R_{p} 的 VaR 风险控制函数定义如下:

$$V(x)=\sigma_p \Phi^{-1}(\alpha)W$$

这里 W 是资产组合的价值,设 $W=1$。

全体资产组合集为 $A=\{x\in \mathbf{R}^n \mid \boldsymbol{e}^{\mathrm{T}}\boldsymbol{x}=1,\boldsymbol{x}\geqslant 0,\boldsymbol{e}=(1,1,\cdots,1)^{\mathrm{T}}\}$,记投资组合风险不大于 v 的全体集合为 $B_v=\{\boldsymbol{x}\in A \mid V(\boldsymbol{x})\leqslant v\}$。

定义 9-1 倍率-风险函数:定义 $W^*(v,F)=\max\limits_{\boldsymbol{x}\in B_v} W(x,F)=\max\limits_{\boldsymbol{x}\in B_v} E\{\log(1+\boldsymbol{x}^{\mathrm{T}}\boldsymbol{r})\}$ 为倍率-风险函数。

同理,记投资峰度不超过 k 的资产组合的全体为 $C_K=\{\boldsymbol{x}\in A \mid K(\boldsymbol{x})\leqslant k\}$,其中 $A=\{\boldsymbol{x}\in \mathbf{R}^n \mid \boldsymbol{e}^{\mathrm{T}}\boldsymbol{x}=1,\boldsymbol{x}\geqslant 0,\boldsymbol{e}=(1,1,\cdots,1)^{\mathrm{T}}\}$ 为全体资产组合集。

9.2.2 单周期模型的建立

在投资期末连本带利可能得到的收益为 $1+\boldsymbol{x}^{\mathrm{T}}\boldsymbol{r}=1+\sum\limits_{i=1}^{n} x_i r_i$。$B_v=\{\boldsymbol{x}\in A \mid V(\boldsymbol{x})\leqslant v\}$ 为投资周期风险不大于 v 的全体资产组合集。$C_k=\{x\in A \mid K(\boldsymbol{x})\leqslant k\}$ 为投资周期峰度不大于 k 的全体资产组合集。当资产收益服从正态分布时,基于 VaR-峰度的单周期 log-最优投资组合模型为

$$\begin{cases}\max E(\log(1+\boldsymbol{x}^{\mathrm{T}}\boldsymbol{r}))\\ \text{s. t. } \sigma_p \Phi^{-1}(\alpha)\leqslant v\\ E\left[\sum\limits_{i=1}^{n} x_i(R_i-r_i)\right]^4\leqslant \boldsymbol{e}\\ \sum\limits_{i=1}^{n} x_i=1,x_i\geqslant 0\end{cases}\tag{9-5}$$

9.2.3 多周期模型的建立

1. 模型建立

假设第 t 个投资周期的 log-最优组合与未来的价格无关,即只与过去的历史 $X_0,X_1,\cdots,X_{T-1}$ 有关,在第 t 个周期按投资比例 $\boldsymbol{x}_t=(x_{t1},x_{t2},\cdots,x_{tn})^{\mathrm{T}}$,$x_{ti}\geqslant 0$ 进行投资,到第 t 个周期期末连本带利可得到 $1+\boldsymbol{x}^{\mathrm{T}}\boldsymbol{r}_t=1+\sum\limits_{i=1}^{n} x_{ti}r_{ti}$。然后再将这些资金用到第 $t+1$ 个周期中,假定其收益向量为 $\boldsymbol{x}_{t+1}=(x_{t+1,1},x_{t+1,2},\cdots,x_{t+1,n})^{\mathrm{T}}$,那么,第 T 个周期期末投资者的资金为 $S_{T+1}=\prod\limits_{t=1}^{T}(1+\boldsymbol{x}_t^{\mathrm{T}}\boldsymbol{r}_t)$,通过对 S_{T+1} 取对数可以得到 log-最优投资组合收益 $\log S_{T+1}=\sum\limits_{t=1}^{T}\log(1+\boldsymbol{x}_t^{\mathrm{T}}\boldsymbol{r}_t)$。记 x_t^* 为第 t 个周期达到 $\max\limits_{x_t\in B_{tv}\cap C_{tk}} E\{\log(1+\boldsymbol{x}_t^{*\mathrm{T}}\boldsymbol{r}_t)\}$ 的 log-最优收益,并记 $\log S_{T+1}^*=\sum\limits_{i=1}^{T}\log(1+\boldsymbol{x}_t^{*\mathrm{T}}\boldsymbol{r}_t)$。

那么,记 $B_{tv}=\{\boldsymbol{x}_t\in A_t \mid V(\boldsymbol{x}_t)\leqslant v\}(t=1,2,\cdots,T)$ 为第 i 个投资周期风险不大于 v 的全体资产组合集,即满足 $\max\limits_{t=1,\cdots,T}\{V(\boldsymbol{x}_t)\}\leqslant v$。同理,记 $C_{tk}=\{\boldsymbol{x}_t\in A_t \mid K(\boldsymbol{x}_t)\leqslant k\}(t=1,2,\cdots,T)$ 为第 t 个投资周期峰度不大于 k 的全体资产组合集,即满足 $\max\limits_{t=1,\cdots,T}\{K(\boldsymbol{x}_t)\}\leqslant k$。投资资金的

动态过程是 $\log S_{t+1}=\log S_t+\log(1+\boldsymbol{x}_t^{\mathrm{T}}\boldsymbol{r}_t),t=1,2,\cdots,T(S_1=1)$。若收益服从正态分布，基于 VaR-峰度的多周期动态 log-最优投资组合模型如下：

$$\begin{cases}\max E(\log S_{T+1})\\ \text{s. t. } \log S_{t+1}=\log S_t+\log(1+\boldsymbol{x}_t^{\mathrm{T}}\boldsymbol{r}_t)\\ \max\limits_{t=1,\cdots,T}\{V(\boldsymbol{x}_t)\}\leqslant v\\ \max\limits_{t=1,\cdots,T}\{K(\boldsymbol{x}_t)\}\leqslant k\\ \sum\limits_{i=1}^{n}x_{ti}=1,S_1=1,t=1,2,\cdots,T\end{cases}\tag{9-6}$$

2. 存在与唯一性

性质 9-1　若 $\alpha>50\%$，且协方差矩阵 $\mathbf{V}$ 是正定矩阵，则基于 VaR-偏度的动态 log-最优投资组合模型的解集 $B_v\cap C_k$ 为有界闭凸集。

证明：由定义可知 $B_v\cap C_k$ 有界，因为 $V(\boldsymbol{x}),K(\boldsymbol{x})$是连续的，则 $B_v\cap C_k$ 为闭集。

然后证 $B_v\cap C_k$ 的凸性。

由 Alexander(2002)的文献知 B_v 为凸集。下面证 C_k 为凸集。

$$\begin{aligned}K(\boldsymbol{x})&=E\left[\sum_{i=1}^{n}x_i(R_i-r_i)\right]^4=E\left[(R_i-r_i)^{\mathrm{T}}(\lambda x_1+(1-\lambda)x_2)\right]^4\\&=E[((R_i-r_i)^{\mathrm{T}})^4\ (\lambda x_1+(1-\lambda)x_2)^4]\\&\leqslant E[((R_i-r_i)^{\mathrm{T}})^4((\lambda x_1)^4+((1-\lambda)x_2)^4)]\\&=E[((R_i-r_i)^{\mathrm{T}})^4\ (\lambda x_1)^4]+E[((R_i-r_i)^{\mathrm{T}})^4\ ((1-\lambda)x_2)^4]\\&=\lambda^4E[((R_i-r_i)^{\mathrm{T}})^4\ (x_1)^4]+(1-\lambda)^4E[((R_i-r_i)^{\mathrm{T}})^4\ (x_2)^4]\\&\leqslant\lambda E[((R_i-r_i)^{\mathrm{T}}x_1)^4]+(1-\lambda)E[((R_i-r_i)^{\mathrm{T}}x_2)^4]\\&\leqslant k\end{aligned}$$

所以 C_k 为凸集。

因为任意两个凸集的交集也为凸集，所以 $B_v\cap C_k$ 为凸集，证明成立。

引理 9-1　非空凸集上的严格凸函数必定存在唯一的最小值。

引理 9-2　令 $W(x)=E\{\log(1+\boldsymbol{x}^{\mathrm{T}}\boldsymbol{r})\}$，则 $W(x)$为严格凹函数。

定理 9-1　若协方差矩阵 $\mathbf{V}$ 为正定矩阵，基于 VaR-峰度的多周期 log-最优投资组合模型的最优解存在且唯一。

证明：由引理 9-2 可得 $W(\boldsymbol{x})$为严格凹函数，那么$-W(\boldsymbol{x})$是严格凸函数。目标函数相当于 $\min\{-E(S_{T+1}\mid\max\limits_{t=1,\cdots,T}\{V(\boldsymbol{x}_t)\}\leqslant v,\text{且}\max\limits_{t=1,\cdots,T}\{K(\boldsymbol{x}_t)\}\leqslant k)\}$，且由上述性质 9-1 知 $B_v\cap C_k$ 为非空有界的闭凸集，由引理 9-1 可知基于 VaR-峰度的多周期 log-最优投资组合模型的最优解存在且唯一。

9.2.4　实例分析

1. 数据选取和正态性检验

选取中海油跨国石油集团公司的 4 个资产，共收集 27 年的年度收益并将其作为原始数据。通过图 9-4 能够发现这 4 个资产是否接近于正态分布。

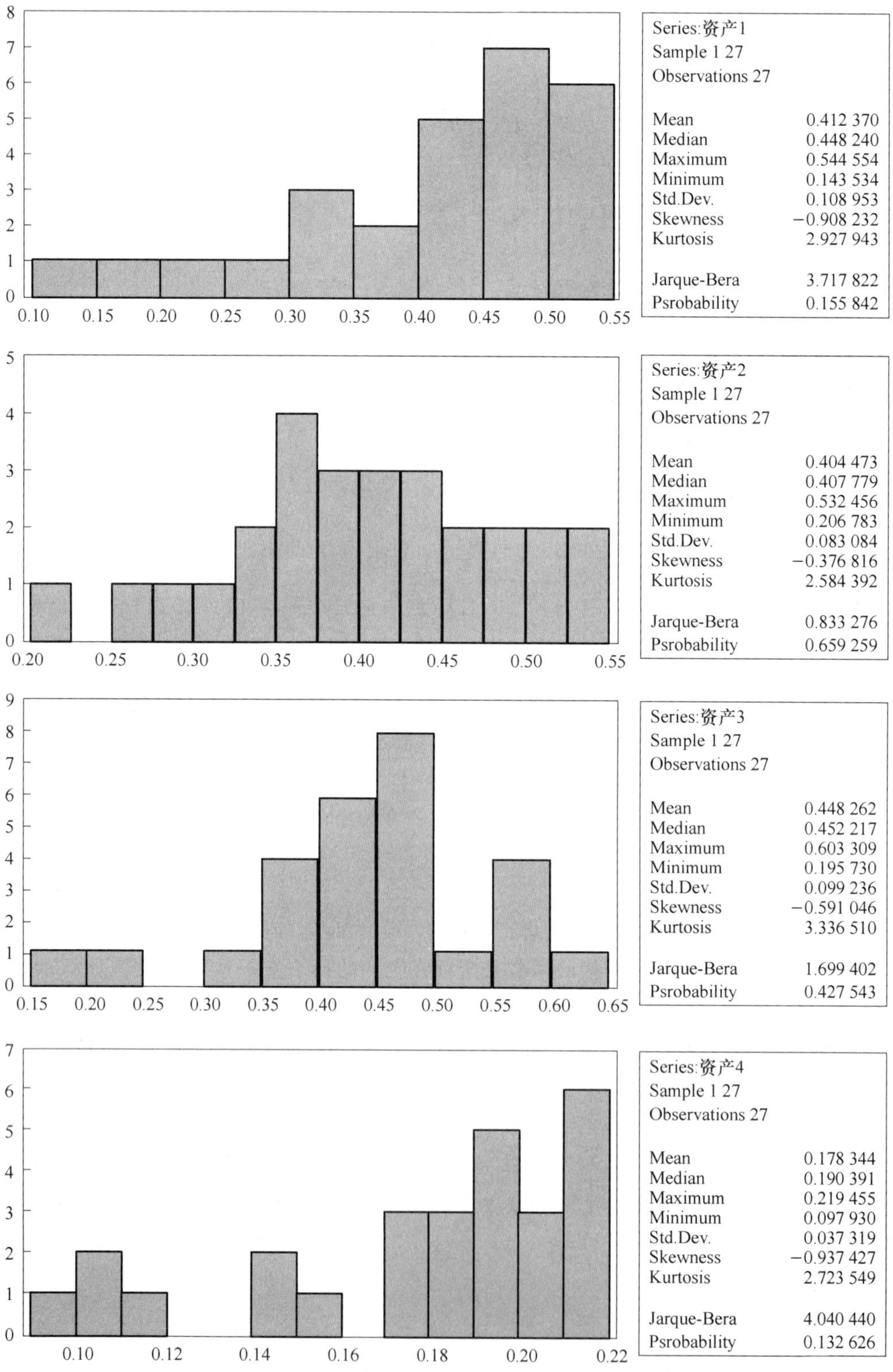

图 9-4　4 个资产序列的直方图

由表 9-7 中数据可知,所选的 4 个资产的收益均服从正态分布。

表 9-7　4 个资产的正态性检验

资产名称	资产 1	资产 2	资产 3	资产 4
Jarque-Bera(JB)	3.717 822	0.833 276	1.699 402	4.040 440
P 值	0.155 842	0.659 259	0.427 543	0.132 626

设多周期模型的投资周期为 3 个,即每 9 年为一个投资周期,3 个周期及单周期的收益如表 9-8 所示。

表 9-8　3 个周期及单周期的收益

周期	第一个周期	第二个周期	第三个周期	单周期
资产 1	0.453 592	0.495 924	0.287 594	0.412 370
资产 2	0.432 511	0.339 701	0.441 208	0.404 473
资产 3	0.423 065	0.451 132	0.470 590	0.448 262
资产 4	0.139 600	0.192 120	0.203 312	0.178 344

3 个周期及单周期的收益的协方差矩阵分别为

$$\begin{pmatrix} 0.002\,415 & 0.000\,808 & -0.00\,140 & -0.000\,33 \\ 0.000\,808 & 0.002\,482 & -0.002\,92 & -0.000\,64 \\ -0.001\,40 & -0.002\,92 & 0.015\,213 & 0.001\,963 \\ -0.000\,33 & -0.000\,64 & 0.001\,963 & 0.001\,248 \end{pmatrix}$$

$$\begin{pmatrix} 0.001\,197 & -0.001\,92 & -0.002\,77 & -0.000\,45 \\ -0.001\,92 & 0.007\,013 & 0.003\,665 & 0.000\,517 \\ -0.002\,77 & 0.003\,665 & 0.007\,727 & 0.001\,174 \\ -0.000\,45 & 0.000\,517 & 0.001\,174 & 0.000\,209 \end{pmatrix}$$

$$\begin{pmatrix} 0.006\,432 & 0.004\,949 & 0.004\,291 & 0.001\,234 \\ 0.004\,949 & 0.004\,116 & 0.002\,964 & 0.000\,969 \\ 0.004\,291 & 0.002\,964 & 0.004\,368 & 0.000\,782 \\ 0.001\,234 & 0.000\,969 & 0.000\,782 & 0.000\,252 \end{pmatrix}$$

$$\begin{pmatrix} 0.011\,431 & -0.001\,67 & -0.001\,16 & -0.001\,04 \\ -0.001\,67 & 0.006\,647 & 0.001\,212 & -0.000\,07 \\ -0.001\,16 & 0.001\,212 & 0.009\,483 & 0.001\,831 \\ -0.001\,04 & -0.000\,07 & 0.001\,831 & 0.001\,341 \end{pmatrix}$$

2. 单周期模型的实例分析

基于 VaR-峰度的单周期 log-最优投资组合为一个带约束的最优化组合问题。若在投资周期期间,投资者一定要选取风险资产,构建单周期模型如下:

$$\begin{cases}\max E(\log(1+\boldsymbol{x}^{\mathrm{T}}\boldsymbol{r})) \\ \text{s.t. } \sigma_{\mathrm{p}}\Phi^{-1}(\alpha)=v \\ E\left[\sum_{i=1}^{n}x_i(R_i-r_i)\right]^4 \leqslant \boldsymbol{e} \\ \sum_{i=1}^{n}x_i=1, x_i\geqslant 0 \\ 0\leqslant l\leqslant x\leqslant \boldsymbol{u}\leqslant 1\end{cases} \tag{9-7}$$

这是一个有线性约束的最优化问题,用 Matlab 中的线性规划来求解。峰度上限设定为 $k=0.0003$,分别对不同的 VaR 和 α 值进行计算,能求得单周期最优组合,如表 9-9 所示。

表 9-9　单周期最优投资组合及 log-最优收益

VaR	α	项目 1	项目 2	项目 3	项目 4	收益
≤0.06	任意	没有可行解				
0.07	0.90	0.286 1	0.278 1	0.435 7	0.000 0	0.354 7
	0.95	0.271 1	0.340 1	0.204 8	0.184 0	0.317 7
	0.97	0.244 4	0.302 4	0.144 1	0.309 2	0.294 8
	0.99	0.198 9	0.238 2	0.040 8	0.522 1	0.254 5
0.08	0.90	0.260 8	0.155 0	0.584 2	0.000 0	0.359 2
	0.95	0.299 0	0.379 5	0.268 3	0.053 2	0.341 1
	0.97	0.271 1	0.340 1	0.204 8	0.184 0	0.317 7
	0.99	0.228 1	0.279 4	0.107 1	0.385 3	0.280 5
0.09	0.90	0.241 8	0.063 0	0.695 1	0.000 0	0.362 4
	0.95	0.286 0	0.277 6	0.436 3	0.000 0	0.354 8
	0.97	0.295 6	0.374 8	0.260 6	0.069 1	0.338 3
	0.99	0.251 7	0.312 7	0.160 7	0.275 0	0.301 1
0.10	0.90	0.204 5	0.000 0	0.795 5	0.000 0	0.365 3
	0.95	0.265 5	0.177 8	0.556 7	0.000 0	0.358 3
	0.97	0.293 4	0.313 1	0.393 5	0.000 0	0.353 5
	0.99	0.272 8	0.342 6	0.208 8	0.175 8	0.319 2
≥0.11	任意	没有可行解				

从表 9-9 可以看出:

① 当 VaR≤0.06 和 VaR≥0.11 时,在可行域范围内没有可行解。

② 在相同的置信水平 α 下,VaR 风险越大,log-最优收益随 VaR 风险水平的增加而增大,这就符合金融学原理,即高收益总是伴随着高风险。

③ 在一样的 VaR 风险水平下,风险随着 α 的提高而减小,即风险越小的项目所占的投资比例越大。这表明当要求较高的置信水平时,只有在收益较少而风险相对较小的项目上分配更大的投资比例,才能满足投资者的要求。

④ VaR 风险水平越低,每个资产的份额变化幅度就越快,这与风险越小,获得收益减少的速度越快是一致的。

3. 多周期模型的实例分析

若投资者一定要选取风险资产,则 VaR 的不等式约束成为等式约束,构建多周期模型如下:

$$\begin{cases}\max E(\log S_4)\\ \text{s. t. } \log S_{t+1}=\log S_t+\log(1+x_{t1}r_{t1}+x_{t2}r_{t2}+x_{t3}r_{t3}+x_{t4}r_{t4})\\ \sigma_{tp}\Phi^{-1}(\alpha)=v\\ E\left[\sum_{i=1}^{n}x_i(R_i-r_i)\right]^4\leqslant \boldsymbol{e}\\ \sum_{i=1}^{4}x_{ti}=1, S_1=1, x_{ti}\geqslant 0, t=1,2,3\end{cases} \tag{9-8}$$

变量数目是 9 个,峰度上限设定为 $k=0.0003$,分别对不同的 VaR 和 α 值进行计算,可求得多周期最优投资组合,如表 9-10 所示。

由表 9-10 和图 9-5 可以看出:

① 当 VaR⩽0.06 和 VaR⩾0.11 时,在可行域范围内没有可行解。

② 在相同的置信水平 α 下,VaR 风险越大,log-最优收益随 VaR 风险水平的增加而增大,这符合金融学原理,即高收益总是伴随着高风险。

③ 在一样的 VaR 风险水平下,风险随着 α 的提高而减小,即风险越小的项目所占的投资比例越大。这表明当要求较高的置信水平时,只有在收益较少而风险相对较少的项目上分配更大的投资比例,才能满足投资者的要求。

④ VaR 风险水平越低,每个资产的份额变化幅度就越快,这与风险越小,获得收益减少的速度越快是一致的。

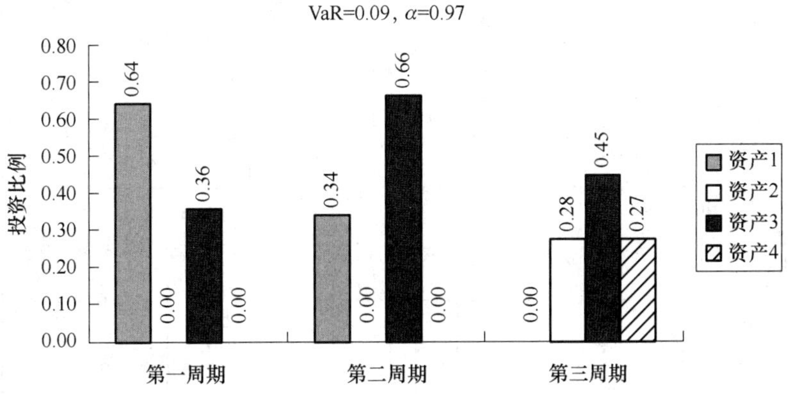

图 9-5 多周期投资比例

4. 单周期和多周期情形比较分析

由表 9-9 和表 9-10 的最后一列,可以得到不同的 VaR 风险水平和置信水平 α 下的单周期与多周期 log-最优收益,如表 9-11 所示。

表 9-10　多周期最优投资组合

VaR	α	第一周期				第二周期				第三周期				收益
		项目 1	项目 2	项目 3	项目 4	项目 1	项目 2	项目 3	项目 4	项目 1	项目 2	项目 3	项目 4	
≤0.06	任意	没有可行解												
0.07	0.90	0.562 0	0.000 0	0.438 0	0.000 0	0.279 3	0.000 0	0.720 7	0.000 0	0.000 0	0.359 0	0.517 4	0.123 6	0.367 1
	0.95	0.740 2	0.000 0	0.259 8	0.000 0	0.382 6	0.000 0	0.617 4	0.000 0	0.000 0	0.218 0	0.390 8	0.391 2	0.353 3
	0.97	0.726 1	0.163 1	0.110 8	0.000 0	0.428 4	0.000 0	0.571 6	0.000 0	0.000 0	0.156 0	0.335 1	0.508 9	0.346 7
	0.99	0.350 8	0.458 3	0.175 4	0.015 6	0.491 4	0.000 0	0.508 6	0.000 0	0.000 0	0.071 7	0.259 5	0.668 8	0.334 0
0.08	0.90	0.484 7	0.000 0	0.515 3	0.000 0	0.213 3	0.000 0	0.786 7	0.000 0	0.000 0	0.201 4	0.798 6	0.000 0	0.374 6
	0.95	0.633 0	0.000 0	0.367 0	0.000 0	0.330 7	0.000 0	0.669 3	0.000 0	0.000 0	0.288 7	0.454 3	0.257 0	0.360 2
	0.97	0.740 2	0.000 0	0.259 8	0.000 0	0.382 6	0.000 0	0.617 4	0.000 0	0.000 0	0.218 0	0.390 8	0.391 2	0.353 3
	0.99	0.622 3	0.247 5	0.130 2	0.000 0	0.453 6	0.000 0	0.546 4	0.000 0	0.000 0	0.122 1	0.304 7	0.573 2	0.342 3
0.09	0.90	0.414 8	0.000 0	0.585 2	0.000 0	0.147 5	0.000 0	0.852 5	0.000 0	0.545 4	0.000 0	0.454 6	0.000 0	0.351 3
	0.95	0.561 8	0.000 0	0.438 2	0.000 0	0.279 1	0.000 0	0.720 9	0.000 0	0.000 0	0.359 2	0.517 7	0.123 1	0.367 1
	0.97	0.643 3	0.000 0	0.356 7	0.000 0	0.337 2	0.000 0	0.662 8	0.000 0	0.000 0	0.279 9	0.446 4	0.273 7	0.359 3
	0.99	0.769 6	0.127 7	0.102 7	0.000 0	0.416 4	0.000 0	0.583 6	0.000 0	0.000 0	0.172 2	0.349 7	0.478 0	0.348 7
0.10	0.90	0.349 0	0.000 0	0.651 0	0.000 0	0.081 9	0.000 0	0.918 1	0.000 0	0.886 5	0.113 5	0.000 0	0.000 0	0.333 8
	0.95	0.500 8	0.000 0	0.499 2	0.000 0	0.227 7	0.000 0	0.772 3	0.000 0	0.000 0	0.352 8	0.647 2	0.000 0	0.373 8
	0.97	0.578 3	0.000 0	0.421 7	0.000 0	0.292 0	0.000 0	0.708 0	0.000 0	0.000 0	0.341 6	0.501 8	0.156 5	0.365 4
	0.99	0.730 4	0.000 0	0.269 6	0.000 0	0.379 5	0.000 0	0.620 5	0.000 0	0.000 0	0.222 2	0.394 7	0.383 1	0.353 7
≥0.11	任意	没有可行解												

表 9-11　单周期与多周期 log-最优收益

VaR	α	单周期 log-最优收益	多周期 log-最优收益
0.07	0.90	0.354 7	0.367 1
	0.95	0.317 7	0.353 3
	0.97	0.294 8	0.346 7
	0.99	0.254 5	0.334 0
0.08	0.90	0.359 2	0.374 6
	0.95	0.341 1	0.360 2
	0.97	0.317 7	0.353 3
	0.99	0.280 5	0.342 3
0.09	0.90	0.362 4	0.351 3
	0.95	0.354 8	0.367 1
	0.97	0.338 3	0.359 3
	0.99	0.301 1	0.348 7
0.10	0.90	0.365 3	0.333 8
	0.95	0.358 3	0.373 8
	0.97	0.353 5	0.365 4
	0.99	0.319 2	0.353 7

由表 9-11 可以得到当 α 取 0.95 和 0.97 时，单周期与多周期 log-最优收益分别随 VaR 风险水平的变化，如图 9-6 所示；同理可得到当 VaR 取 0.08 和 0.09 时，单周期与多周期 log-最优收益分别随置信水平 α 的变化，如图 9-7 所示。

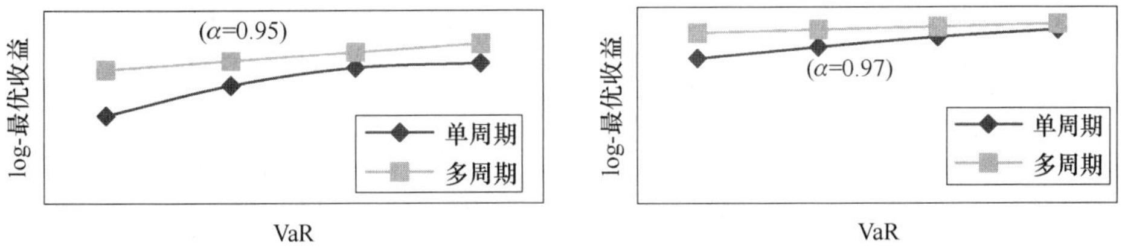

图 9-6　不同 VaR 风险水平下的单周期与多周期 log-最优收益比较

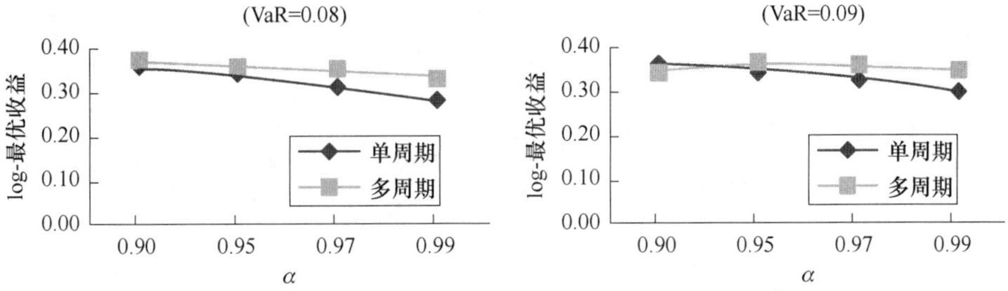

图 9-7　不同置信水平 α 下的单周期与多周期 log-最优收益比较

由表9-11、图9-6和图9-7可知，在相同VaR风险水平和置信水平α下，log-最优投资组合模型的收益基本大于单周期log-最优投资组合模型的收益，用数据说明了建立的基于VaR-峰度的单周期log-最优投资组合模型劣于基于VaR-峰度的多周期log-最优投资组合模型。

第三部分

战略微观实施层面：世界一流跨国集团公司多维动态门径投资决策理论

第 10 章　跨国集团公司投资项目决策与模型分析

对于每一个跨国集团公司而言，其投资项目决策都要有非常清晰的评估流程。本章将从集团公司一般化投资决策特点入手，提出新的投资决策管理架构，进而在大数据条件背景下，以投资组合优选为基础，提出新的投资决策平台管理架构体系。

10.1　跨国石油集团公司投资决策现状

10.1.1　项目投资决策概要

目前，跨国石油集团公司往往具备组织架构形态复杂、下属分支众多、隶属关系复杂、经营范围广等特点，针对不同的投资决策，需要多样化的经营和分析模式，以此通过全方位协同工作，应对未来随时可能发生的变化。在这种条件下，集团公司管理层做出合理的投资决策是一件非常困难的事情。一般情况下，公司需要考虑各个投资决策项目的具体情况，很难直接依照过往经验给定单一的评估标准。因此，将每个大型决策背后所关联的信息进行准确收集进而完成有统一体系的信息整合就成了目前投资决策的重中之重。

项目优选是对一个投资项目机会进行全面评价的过程，也是任何大公司和巨型公司长期研究不断改进的最重要制度性安排方面之一，在全面转向中国特色社会主义市场经济的大背景下，绝大多数公司从以依赖领导人行业背景和决策能力的“经验＋决策悟性＋艺术性”的决策为主，逐步演变为加重了“科学性”的分量。特别是在项目的优选与决策方面，大趋势已经完全地、非常明晰地转到了以“科学决策”为基础的路径上。

对于一个企业而言，在针对每个投资项目进行投资决策时都需要从企业和项目机会所处的现状、落实项目的实现路径和执行项目的预期效果等方面来考虑，投资项目决策关键问题如表 10-1 所示。

表 10-1　投资项目决策关键问题

分类	投资问题	问题解读
现状分析	为什么考虑是否进行项目投资？要投资的是什么项目？	投资机会描述
	现状是什么样？项目池规模有多大？	企业现状描述：既定条件、聚焦决策、未知信息、项目挑战、行业环境等
	在项目投资中什么是重要的？牵涉哪些相关方？	价值驱动力 & 关键成功因素、利益相关方、机会 & 威胁等

续 表

分类	投资问题	问题解读
实现路径	项目投资中的核心问题是什么?	项目里程碑、聚焦决策等
	如何实现预期的投资效果?	机会路径、相关方管理、风险管理计划等
	短期内需要做什么?	短期执行计划
预期效果	投资成功的标准是什么?	定义投资成功标准、战略协调性等

在项目机会带来潜在的经济收益和战略收益的同时,也伴随着相应的挑战和制约,从项目潜在价值(项目规模、创新复杂性等)和项目地区成熟度的维度进行划分,可以将项目机会分为重复型项目和前沿型项目、拓展型项目和全新型项目,投资项目类型如表 10-2 所示。

表 10-2 投资项目类型

项目地区成熟	项目地区不成熟
前沿型项目: 基于已开展项目的项目地区进行规模更大、复杂度更高的项目,项目潜在价值高	全新型项目: 在新的项目地区开展复杂度高的新项目,项目潜在价值高
重复型项目: 根据当前项目成果和实践方法重复执行,项目潜在价值低	拓展型项目: 将相似规模、复杂度的项目相对标准化地拓展到新的项目地区,项目潜在价值低

项目类型的不同要求企业从项目情况(勘探项目、钻井项目、改造项目、区域经济、政治、社会、文化、组织运行等)及自身能力(技术能力、商业能力、法务能力、财务能力和政治能力等)方面进行多方位综合评估。

10.1.2 战略战术性导向决策

1. 跨国石油集团公司在项目优先级确定后的决策方向

不同类型的公司由于使命不同,对不同战略目标实现的优先级也不同,投资战略也有所差异。从资本类型视角而言,跨国石油集团公司呈现多元化状态,存在海外国家资本、本地民营资本、跨国石油企业资本、内部关联方资本等资本来源;从商业模式视角而言,跨国石油集团公司存在北美德州模式、风险投资模式、上中下游一体化模式、剥离长尾资产等不同的资产交易规则;从项目进入时间视角而言,根据资产的成熟度不同,在项目各个阶段均可以进行交易、参股、不对等进入等。

多种商业模式能够提供更加丰富的多维度情景,进而进行投资评价和动态价值规划,进一步得知对于某种投资项目组合采用何种商业模式。

2. 资产调整的策略和时机选择

石油公司根据行业地位可以大致分为行业领袖公司、行业跟随者公司和风险投资型公司,根据表 10-3 可以看出,3 类公司的投资路径根据自身战略的不同而有所不同。

表 10-3　不同类型公司的投资路径

公司类型	投资路径
行业领袖公司	在不同的阶段根据对资源价值的认识、自身投融资能力和风险承担能力，来进行阶段性决策 若资产较多，部分资产在当期价值更大，或风险具有多变性，在公司自身资产组合中则考虑调整"出售资产"而实现资产的进一步优化 若资产不足，选择购买资产，调整资产结构
行业跟随者公司	选择对标行业领袖公司，选择相似的投资路径
风险投资型公司	在资产价格上升时会选择买入资产，以提高公司价值，通过出售公司实现价值

决策门径是资源价值体现相对完整的门槛，也是战略战术转换的机遇和调整资产结构的机会。企业进行资产交易既可以是战略性的资产调整，也可以作为战术性的安排，如本书所研究的目标跨国公司的几次战略性收购行为，就是当合作公司在门径环节和合理价值区间内进行战略和战术性资源结构调整时，抓住时机进入其战略区域。

图 10-1 所示为投资项目及资产的投资组合构架，在进行投资项目决策评价以及关注备选项目的同时，充分考虑存量资产、在建项目和待决策项目的现状，并进行优/劣势分析和战略方向判断，以及分析优劣资产的原因，识别亏损资产并决定是否允许退出，以此为基础进行战略情景的设定和条件约束，进而进行备选投资项目组合的分析。

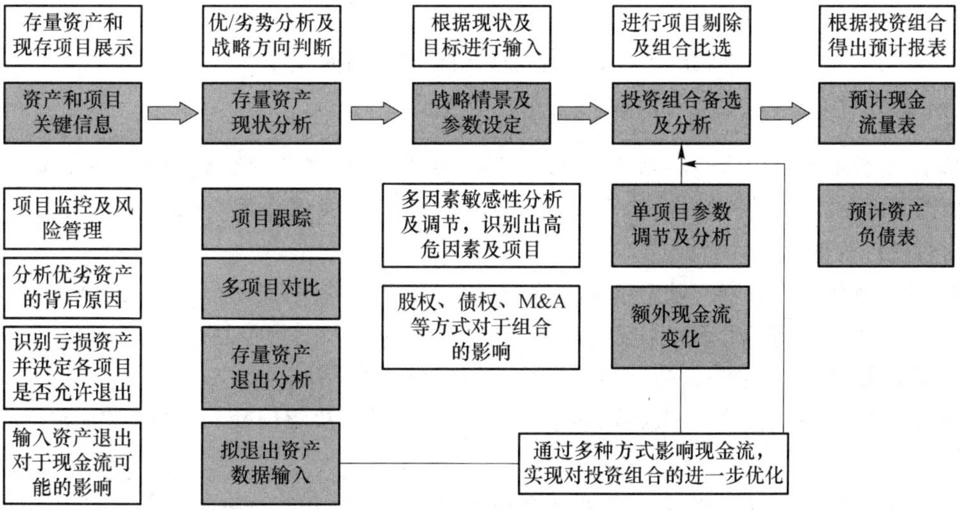

图 10-1　投资项目及资产的投资组合构架

3. 资产组合原则

资产可以划分为法定性资产、战略性资产、战术性资产。其中：法定性资产是指企业根据政策性要求所持有的资产，处置空间较小；战略性资产是指符合企业战略发展规划，能够为企业带来长期竞争优势的资产，难以被替代；战术性资产是指企业根据市场环境及经济条件，为增加投资组合价值而拥有的资产，可能会随环境的变化而进行相应的处置。法定性资产、战略性资产、战术性资产必须进行资产组合,如图 10-2 所示,才能解决战略组合可能遇到的困境和成为区域战略谈判的筹码。

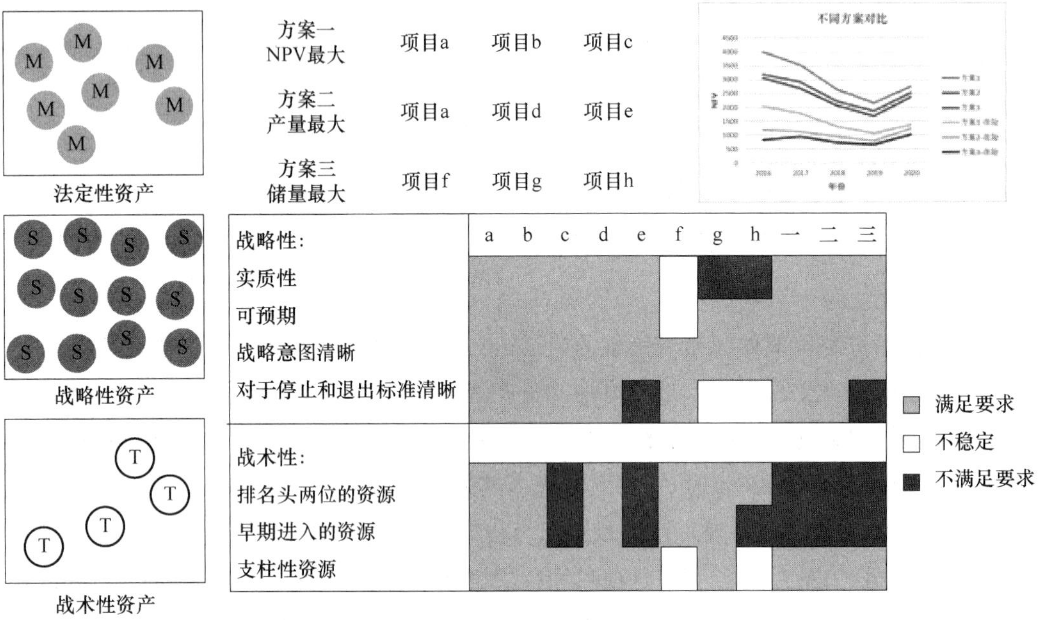

图 10-2 资产组合示意图

10.2 投资项目管理总体架构

图 10-3 所示为目标研究集团公司项目决策,其中 SAP 是一种数据处理系统,即 ERP 系统。如图 10-3 所示,投资项目决策的综合评价需要不同组成部分的支撑和辅助,才能有效对投资项目进行价值评估,主要包括:

① 投资项目及存量资产基本信息管理:存储待发现资源、勘探评价、开发评价、在建项目、在产资产、弃置资产等项目基础信息,以及配套的数据采集及质量控制制度和流程。

② 经济评价:包括动态评价、财税模型库和价值评估等。

③ 单体项目多维度评价和决策:包括多维评价与排序、决策门径、项目池以及相应的流程控制等。

④ 投资与资产组合优化:包括资产组合分析、组合优化、情境推演等。

⑤ 财务预测:包括现金流预测、资产负债信息、损益信息等。

⑥ 战略规划和计划预算:包括中长期规划编制、年度预算编制、规划预算动态跟踪等。

鉴于此,如何将投资项目决策的综合评价过程建设成完善的投资项目决策评价体系就成了未来发展的重点。要发挥投资项目决策评价体系的作用,实现不同场景、不同项目的横向对比,就需要制定一套通用的数据标准、一套管理流程和指标体系。同时,由于投资项目决策管理体系与其他系统如 ERP(企业资源计划系统)、储量系统、销售系统等有非常紧密的关系,所以必须考虑数据及应用集成设计。

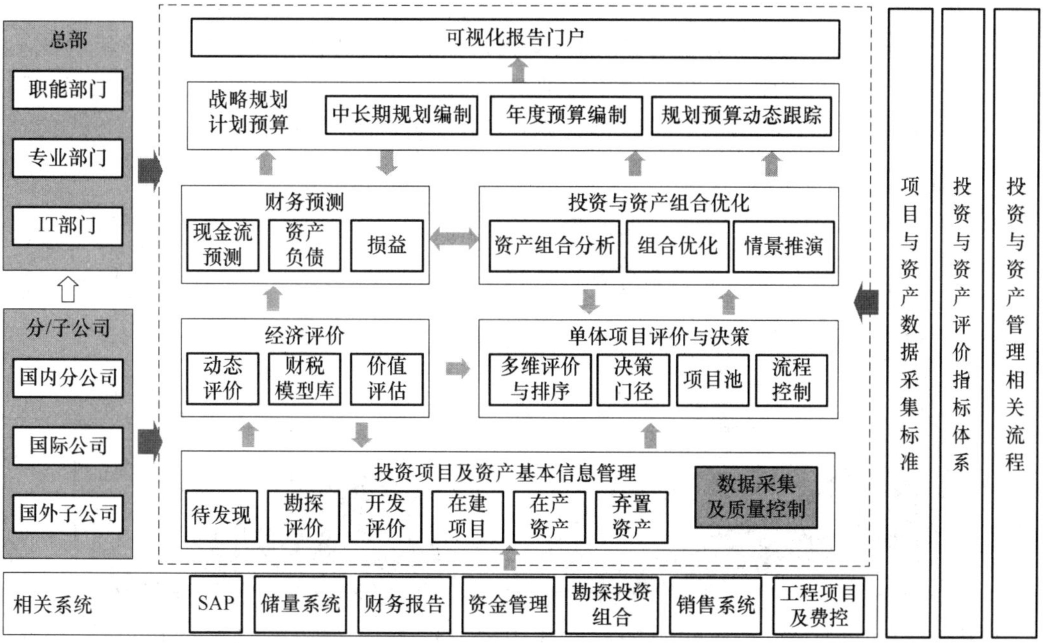

图 10-3　目标研究集团公司项目决策

10.3　投资组合优选

传统投资项目决策评价体系关注单项目评价，以单项目评价结果作为依据进行投资决策，从项目群整体而言可能会造成投资项目组合中长期内年度产量不均衡、经济表现起落幅度大、项目系统风险过于集中、组合风险抵抗能力差等问题，也可能导致错过一些经济评价一般，但风险抗性强的项目机会，缺乏大局观的投资决策体系难以实现公司战略要求，会阻碍投资收益率的最大化。

投资组合管理是指集团公司相关投资管理人在一定的约束条件下按照资产选择理论与投资组合理论对资产进行多元化管理，以实现分散风险、提高效率的投资目的，主要从资源分配(装备、投资总额)、收益(回报)、风险等综合角度进行衡量，主要包括投资组合计划、执行和反馈。投资组合计划包括确认并量化投资者的目标和约束，完成投资策略说明，形成资本市场预期，建立战略性资产配置；执行主要是结合投资策略和资本市场预期为投资组合选择具体的项目，即进行投资组合选择和构造决策；反馈包括组合的监控和再平衡及业绩评估。

经过项目投资组合优化后，预期能够使短期、中期和长期的项目群情况更加符合公司运营和战略的规划。根据图 10-4 所展示的投资组合优化后的产量分布情况可以看出，在战略年度内，产量的持续增长使得经济表现更为平稳，项目风险能够平摊到整个项目群的周期内，以避免出现风险失控，提升整个企业项目投资的风险抗性。

一般来讲，简单投资组合的筛选可以首先对投资组合进行定量和定性的准确评估，通过专家投票、领导商议的形式，设定相应的评判标准，衡量利弊，最终做出决定。然而对于跨国石油集团公司而言，每年需要做出的投资决策在数量和体量上都非常大，如果仅仅通过商议讨论的形式,一方面会增加决策成本,占用专家和领导的大量时间,如果出现分歧意见,商议时间甚至还会更长;另一方面,专家做出的决策可能会受到讨论商议过程中个人的影响,很难保证结果的公正。因此,从时间维度、信息维度、项目维度,以及主体和项目结合维度这 4 个维度对项目进行分析和理解,使专家只参与其中评分的部分,以此得到相应公正的结果。

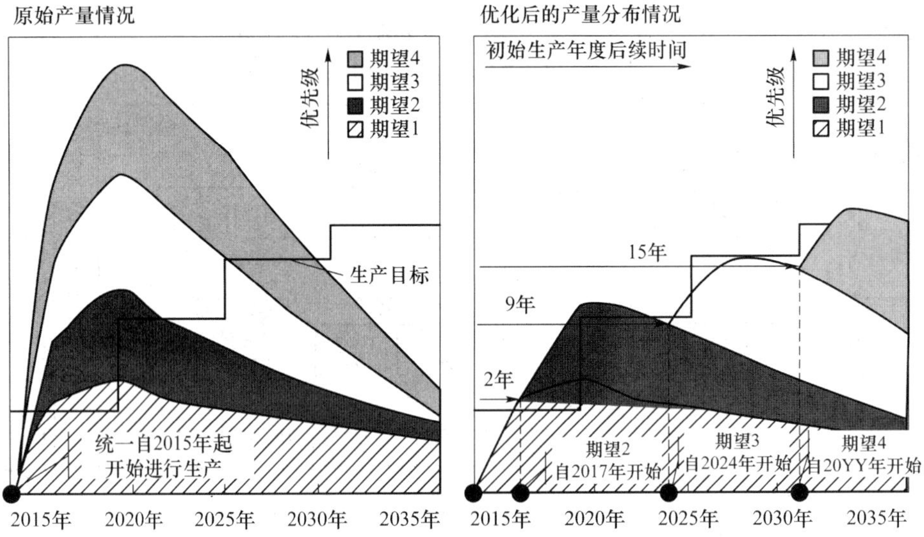

图 10-4　投资组合优化结果示意图

(1) 时间维度

采用连续时间形式的博弈评价模型,通过特定变量值的随机过程来模拟投资项目的实际价值,同时再考虑投资主体博弈的策略互动均衡;然而如果借助于二项式定价公式来表示实物价值,那么就是所谓离散时间的博弈评价。综合随机偏微分定价和二项式离散时间定价的博弈模型,可以看成离散时间和连续时间的某种结合形式。

(2) 信息维度

投资项目的主体均衡及其策略选择是由信息分布特征直接决定的。根据不同的信息分布特征,博弈评价分成完全信息、不完全信息和非对称信息 3 个种类,分别对应完全信息的纳什均衡、不完全信息的贝叶斯均衡以及非对称信息的委托代理均衡 3 种均衡形式。

(3) 项目维度

在同时考虑主体和项目的项目评价思维中,项目性质的差异必然是影响项目价值的重要因素。如果项目具有完全排他性,即如果一个主体获得(或投资)项目,就意味着另一个主体(或其他主体)项目价值的完全丧失,那么,这时的博弈评价就只对唯一能得到项目的那个主体才有意义,因为对没有得到该项目的其他主体来说,项目价值为零。从现实意义上来看,投标或收购的项目对象具有排他性项目的全部特征,也是一种基于项目维度的博弈评价类型。最后,考虑博弈主体的基本策略选择,在项目维度上界定的第三种类型是主体先行与追随项目的博弈评价。

(4) 主体和项目结合维度

只有结合主体数量和项目特征的博弈分析,才能正确说明特定投资项目的不确定性策略互动价值。因此,作为一种项目评价方法,博弈评价必须在结合(投资)主体和(待评估)项目的二元思维中展示,或者说,只有同时考虑主体数量和项目特性,才能构建有应用价值的项目评价模式。

10.3.1　投资组合数据过滤与处理

在评估维度确定以后，接下来我们需要对项目评估的方法进行进一步讨论。首先对项目评估结果进行收集。一般情况下，我们可以针对项目的收益率、营业收入或者投入产出比进行定标，也可以通过综合定标的方式，将风险、政策环境等多方面因素通过定量的方式结合进来。而这里由于数据可能会有缺失、极端化等特征，所以我们需要先对数据进行相应的筛选与处理。

1. 数据筛选

获取样本数据并从大到小进行排序，计算出数据的标准差（STDEV.S），利用标准差从数据列两端进行筛选，剔除与相邻数据值相差一个标准差以上的数据。因为标准差可以反映组内个体间的离散程度，当相邻数据间隔大于一个标准差的时候可说明该数据过大或者过小，应该进行剔除。

2. 百分位数法

对筛选后的数据进行等距分组（20 组），得到组距和每组的组频，以及每一组的累积频次百分数，利用公式求出 20%/40%/60%/80% 4 个百分位数值。以 80%的百分位数值举例，公式为

$$\text{组下限}+\left(\text{组距}\times\frac{\text{全部单位数}\times 80\%-\text{累积频次}}{\text{组频}}\right)$$

$$\text{组下限}+\text{组距}\times\frac{\text{全部单位数}\times 80\%-\text{累积频次}}{\text{组频}}$$

区间取值方式可采用参数变量分析和样本分析两种方法，由于数据量过大且参数变量范围难以确定，所以无法使用参数变量分析方法。百分位数法适用于偏态分布或未知分布的样本数据，具有较强的科学性，故本章采用百分位数法处理数据。

10.3.2　线性 0-1 规划模型搭建

在数据处理完以后，我们开始对项目决策这一问题进行数学层面的分析。当我们对项目进行决策时，在完成对项目的综合评估后，我们会得到一个项目的综合评分。在此基础上，项目的选择问题本质上是一个基于 0-1 规划模型的离散问题。以海洋石油项目数据特点与项目需求为例，可以选取投资组合过程中的几类刚性指标（累计投资额、净产量、净利润、桶油成本）作为约束条件，建立投资组合优化的线性 0-1 约束模型。

1. 目标函数设置

- NPV 最优化。
- 净利润最大化。
- 风险最小化。

2. 约束条件

目标函数及约束条件为

$$\max \sum w_i \mathrm{NPV}_{ti} w_i(m_{it0}+m_{it1}+m_{it2}+m_{it3}+\cdots+m_{itn}) \leqslant M(\text{累计投资约束})$$

$$\sum w_i p_{1tn} \geqslant P_1(\text{净产量约束})$$

$$\sum w_i p_{2tn} \geqslant P_2(\text{净利润约束})$$

$$\sum w_i \mathrm{NPV}_{ti} \Big/ \sum w_i p_{1tn} \leqslant C(\text{桶油成本约束})$$

$$w_i=0,1(\text{可行性约束})$$

其中:单项目投资总额为 m_{it},年度净产量为 p_{1t},年度净利润为 p_{2t},财务净现值为 NPV_{ti},投资比例为 w_i。

投资组合条件为累计总投资限额为 M,时间为 t_1-t_n,净产量为 t_n 年达到 P_1,净利润目标为 t_n 年达到 P_2,项目相关桶油成本 t_n 年不超过 C。

3. 约束条件分析

- 累计投资额约束条件是对选定研究时间间隔 t_0-t_n 内的累计投资进行分析。
- 在净产量、净利润、桶油成本约束下对选定目标年度 t_n 的数值进行分析。
- 鉴于海洋石油产品分类较多,模型中净产量约束分产品进行分析。

4. 参数设置

结合跨国石油集团公司海洋石油项目规划编制实际问题,模型中时间的选取可采用 5 年为一个间隔,即可设定模型中 $n=5$。对于决策变量 X,存量资产与增量资产分不同情况计算,存量资产起始值设为 1,增量资产即新增项目作为备选项目池,初始值设为 1。

在此基础上,对于离散的 0-1 规划问题,由于这里的自变量不是连续变量,所以在解决问题的方法上与常规的线性优化有很大的不同,这里我们主要选取了拟离散法、分支定界法以及遗传算法进行讨论,以此找出目前最适用于本书研究的优化方法。

10.3.3 拟离散法

拟离散法是指针对离散问题没有办法进行优化解决的时候,将原来的离散问题,近似成连续问题来解决。其基本思想可以概括为在求得连续变量的最优点后,在离最优点最近的位置找到符合条件的离散点,以此为最终结果。而在进行近似离散计算的时候,可以选用目前比较常用的梯度下降算法,如图 10-5 所示。

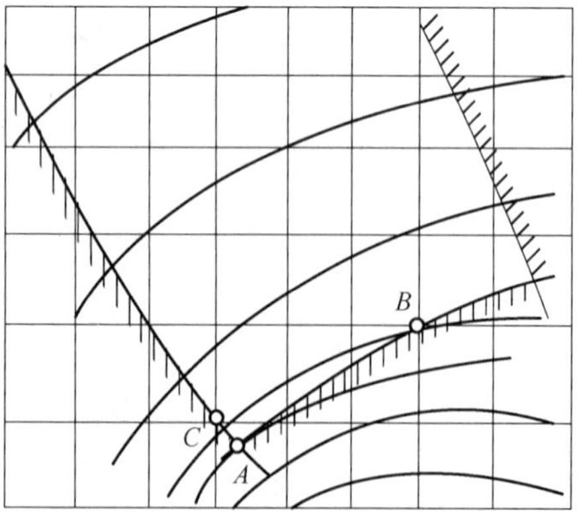

图 10-5 拟离散法运行示意图

然而，拟离散法可能会出现结果不理想的情况。如图 10-5 所示，通过划定临界线和选定目标函数确定了计算最值的范围，并通过拟离散法用连续变量优化设计方法得到连续变量最优解 A 点，可在离 A 点最近的区域内选择离散点 C 点，但是目标函数的离散最优点也有可能会是 B 点。这个问题对于 0-1 离散优化问题格外重要，因为 0-1 整取一般涉及比较大的维度，需要考虑的项目数量很多，每一个近似都会对组合结果造成比较大的影响。

为了排除拟离散法可能造成的最优点偏差问题，我们可以采用设定检索范围的区域测试方法，即检测某一距离范围内可行域中的全部离散点，以此减小最优点带来的影响。

10.3.4　分支定界法

分支定界法是一种常用的求解整数规划问题的方法。这种方法不但可以对纯整数规划问题进行求解，还可以对混合整数规划问题进行求解。目前，分支定界法是一种基于搜索和迭代的方法，通过将不同的变量和子问题进行分支，把可行空间内的解不断地进行分割从而得到越来越小的子集，以此得到相应的分支子集，并对每一个子集内的可行解解集确定一个目标下界，这就是所谓的定界。在此基础上，超过可行解范围的子集将不再进行分支，这就是所谓的剪支。分支定界法主要分为以下 3 步。

(1) 分支

在进行分支时，首先我们将原来的离散问题连续化，求出连续自变量条件下的变量最优解 X，设第 j 维度中它的值是 x_j，我们将其最优解表示成 b_j，那么我们构造出两个约束条件：

$$x_j \leqslant [b_j] \text{ 和 } x_j \geqslant [b_j]+1$$

同理，对于 X 其他维度的值我们也以此方法划分区域。

(2) 定界

在进行分支后，我们在新的区域内调整自变量的取值范围，在新的可行解范围内，找出目标函数的最大值或者最小值作为新的上界或者下界。

(3) 剪枝

求解各分支中的最优解，如果最优解恰好落在了我们的离散点上，那么这个最优解即可作为这个分支的最优解，不用再继续划分。如果没有落在离散点上，则重复这 3 个步骤进行继续剪枝。在所有步骤都完成以后，我们取子集中能够使目标函数值最优的解作为结果。如果始终没有办法获得离散点的子集，则可以设置一个阈值，当其涉及的子集足够小时或者子集边界在某个维度上无限接近某一个整数时，即可近似为取该维度最近的整数点。

虽然分支定界法是目前应用最为广泛的离散问题求解方法之一，但是对于 0-1 规划问题分支定界法存在非常大的局限性。由于可能取得的最优点是 0-1 的整数，所以一开始直接规划的话，就会直接得到 0 和 1 这样的边际解。因此，在进行相应的计算时需要对原本的 0-1 区间再进行离散化，取中间几个间歇点，以此来完成其中的计算过程。

10.3.5　遗传算法

遗传算法(Genetic Algorithms，GA)起源于对生物系统所进行的计算机模拟研究。它是模仿自然界生物进化机制发展起来的随机全局搜索和优化方法，借鉴了达尔文的进化论和孟德尔的遗传学说。它的本质是一种高效、并行、全局搜索的方法，能在搜索过程中自动获取和积累有关搜索空间的知识,并自适应地控制搜索过程以求得最优解。

遗传算法模型的搭建与上文相同,但求解过程具有其自身特点,遗传算法流程图如图 10-6 所示。

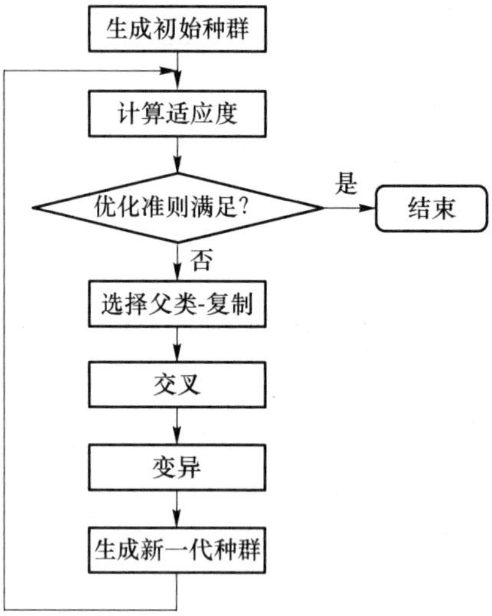

图 10-6　遗传算法流程图

以能源行业为例,目前能源行业正在经历快速的变革时期,国家石油公司的发展不再局限于国内,国际石油公司正在向前沿领域和非常规转型,寻求新的储量及边际增长。投资管理也变得越来越复杂,投资组合较分散化,并且区分作业者及非作业者资产;资本化投资的不确定性风险增高,如 76%投资 10 亿美元以上的资本化项目面临着超预算和进度慢的情况;勘探投资及干井数量居高不下,导致具有主导地位的国际石油公司选择以非作业者的方式获得储量;同时油价下跌使投资边际效益降低,所有的市场竞争者需重新调整运营模式来保持边际利益。投资的分散化、不断递减的产量及递增的成本、逐渐下滑的投资回报率要求企业从投资组合角度进行投资决策评价,从而分散风险,提高投资效率。

10.4　大数据条件下的决策流程

对于构建投资决策评价体系,最重要的就是以准确、可靠、充足的数据,正确的方法论和决策流程作为基础,构建在大数据条件下合理的决策流程。如图 10-7 所示,在大数据条件背景下,公司通过对数据进行收集和检验,以此作为依据筛选出候选项目,进而在企业的战略决策和商业规则等基础上进行可行性测试,在总结出解决方案后进行投资组合对比,从而一方面得出未来公司的战略规划和投资决策,另一方面进一步更新目标数据的收集,完善这一决策流程。

在整个过程中,需要着重注意以下几点。

① 决策指标的研究重点。对传统指标进行分析,在动态情况下,考验决策指标的多维性,并通过多维度、多指标对其赋予值级和权重,以便把不同的项目和不同状态差异放到同一可比环境中进行直观比选,从而进一步供规划、投资组合进行项目排序及组合优选。

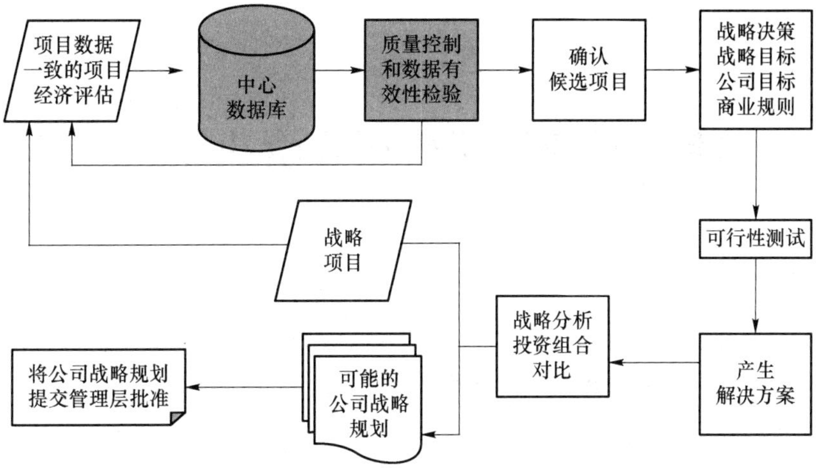

图 10-7　大数据条件下的决策流程

② 运用的方法。对于实证分析的样本选取，在实施过的项目中，找寻成功关键因素。同时，变换多个情景，将成功样本放到不同情景下，检验传统成功因素，进行多维度参数引入，检验成功因子。

③ 期望的结果。通过指标及权重设计，形成资源价值的重新排序。在投入资源和管理资源的约束下，最大限度地安排决策和制定多元资本投入决策，确保可持续战略目标的实现。

第 11 章 跨国石油集团公司投资决策指标体系设计

本章以传统投资决策指标体系为出发点，设计多维度的投资决策体系架构，进而从战略、经济、风险 3 个大方向，构建新的投资决策指标体系。

11.1 传统投资决策指标体系

传统投资决策指标体系是一个以技术经济学为基础的体系，用于建立国家发展和改革委员会与国家能源局认可的经济评价方法，主要包括总投资、投资收益总净现值、投资内部收益率、投资回收期、敏感性分析和风险因素定性评价，项目制约条件定性分析的单个项目整体开发方案的经济评价报告，市场经济基本评价模型。目标公司逐步把勘探、评价、开发、生产的"递进式门径"决策方法引入，分别在每一个门径前设置了资源认识、技术方案、工程方案、经济测算及评价方法，构成一套基本经济评价模型。

以石油行业为例，考虑因素随着地下资源的确定性提升而更加明确，资源价值随市场的变化和研究、设计、市场关系等的变化而不断改变，分期决策点的门径后移，项目的经济清晰度不断提高。输入项中任何一个或多个因素的变化都将影响投资项目的经济性，可能出现图 11-1 所示的 A、B、C、D 4 种情境。

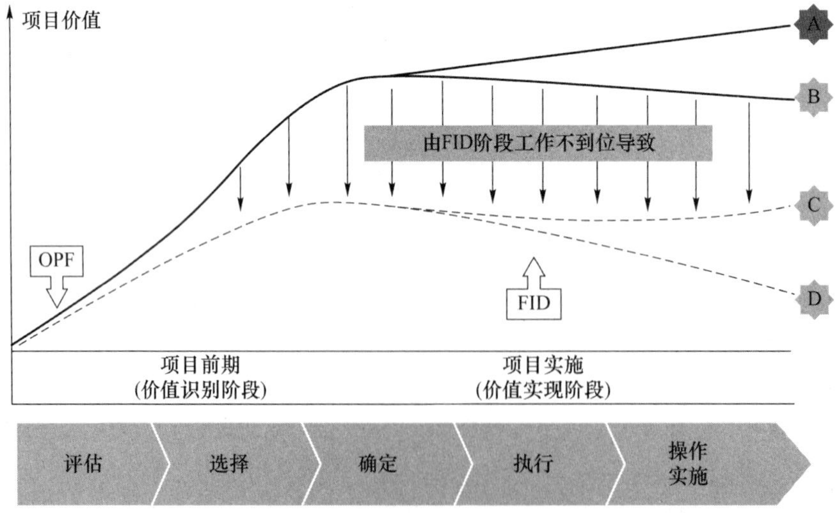

图 11-1 项目决策、门径、结果

情境 A 表示优秀的项目决策、优秀的项目执行；情境 B 表示优秀的项目决策、逊色的项目执行；情境 C 表示逊色的项目决策、优秀的项目执行；情境 D 表示逊色的项目决策、逊色的项目执行。

项目执行情况会在一定程度上影响投资项目的价值，优秀的项目执行（情境 A）能够实现项目价值的最大化，但项目价值的基准值更大程度上取决于项目决策水平，即使执行水平逊色，优秀的项目决策（情境 B）也将实现比项目决策逊色但执行优秀的项目（情境 C）更大的价值。

在此基础上，为了更加清晰地描述和对比决策成效，我们可以选用以下不同的指标对投资决策进行整理归纳。

1. 净现值

$$\mathrm{NPV} = \sum (\mathrm{CI} - \mathrm{CO})/(1+i)^t$$

决策条件：NPV≥0。

2. 内部收益率

$$\mathrm{IRR} \approx i_1 + [\,|\mathrm{NPV}_1|/(|\mathrm{NPV}_1| + |\mathrm{NPV}_2|)\,] \cdot (i_2 - i_1)$$

决策条件：很多公司选择 IRR＝贷款利率＋N 或者 IRR＞12％或 15％等。

3. 投资回收期

静态投资回收期：

$$\mathrm{Pt} = K/A\text{（小于 Pc 年）}$$

动态投资回收期（小于 Pc 年）：

$$\mathrm{Pt}' \approx \text{（累计净现金流现值出现正值的年数}-1\text{）}+ \text{上一年累计净现金流现值的绝对值/出现正值年份净现金流的现值}$$

如果 Pt，Pt′≥Pc，则拒绝该投资决策；如果 Pt，Pt′≤Pc，说明该投资决策可行。

4. 敏感性分析

单个关键因素变化率变化而其他因素不变对上述 3 个指标的影响如下。

① 单位产出变化率（总收入波动）：定量分析其对净现值、内部收益率、投资回收期的影响程度。

② 单位价格变化率：定量分析其对净现值、内部收益率、投资回收期的影响程度。

③ 单位成本波动率：定量分析其对净现值、内部收益率、投资回收期的影响程度。

④ 投资控制变化率：定量分析其对净现值、内部收益率、投资回收期的影响程度。

⑤ 税费变化：定量分析其对净现值、内部收益率、投资回收期的影响程度。

⑥ 投入产出周期变化：定量分析其对净现值、内部收益率、投资回收期的影响程度。

⑦ 风险描述：多数为定性描述。

⑧ 工程风险描述：定性描述。

⑨ 地下风险描述：定性描述，部分结合在运行油田，进行部分相似比较。

⑩ 油藏风险描述：定性描述＋部分数值分析偏差。部分结合在运行油田，进行部分相似比较。

⑪ 其他政策环境风险：定性描述。

⑫ 国际项目风险：定性描述＋按融资成本加权或根据地缘政治特征，在基准收益率上增加或减少点数。

综上所述，前 3 项指标为决策刚性指标，在进行重大决策时是必要关键因素。第 4 项指标在实践中不断总结完善，作为决策的充分条件之一，主要供决策者判别当决策的设定参数变化时，如何制订应对策略。第 5 项指标是在公司发展到一定阶段，可供参照的决策样本逐步增多，特别是在国际化初期，为了应对各种新情况、新条件、新挑战而逐步增加决策的充分条件。

在经过指标整理后,主要输入和输出结果如图 11-2 所示。

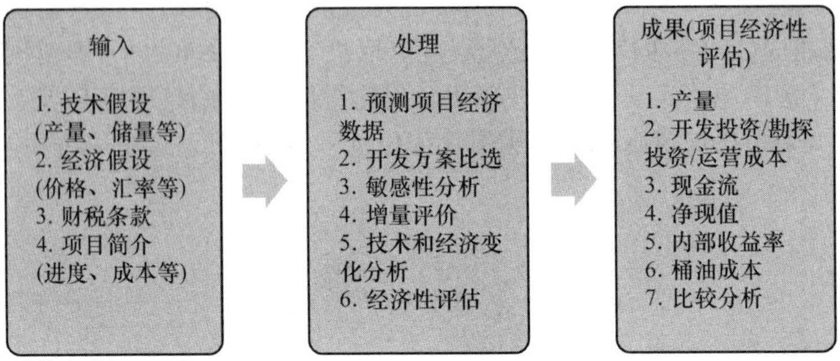

图 11-2 传统决策的基本输入和输出

传统投资决策体系通常会对项目净现值、内部收益率、投资回收期等进行定量要求,针对产量、成本等进行敏感性分析,找出敏感度最高的因素,并对各类风险(工程风险、地下风险、油藏风险、政策环境风险等)进行定性描述。在纯经济评价方面,传统投资决策体系已经非常成熟,优点在于单项目的评价结果清晰简单。决策人将所有的风险统一在较少的数量上进行控制,如只要把 IRR(信息资源元库)的数字要求(如大于 15%等)进行回报的调整,就能实现对项目的强控制力,辅以销售价格的期望,在众多项目中,只要把总收入控制在一个较低水平,将 IRR(信息资源元库)调整在高于贷款利率的一定水平上,就可以选择出好的项目。

在项目投资决策中会面临两个重要问题:一是公司管理层可能难以获得资产宏观展现的全面真实信息;二是公司管理层难以获得可供选择的、不同场景的投资组合方案。

最直接的表现是在外界约束条件(如全球环境、油价较低、不同融资条件、控制力有限)多,公司内无统一制定的约束条件(如资金、战略选区、组织能力和风险控制等)下,难以获取最适合公司的投资组合。这使得公司战略的落地、资本分配、重点风险管控和资本的回报达到最佳预期状态极为困难。对于单个项目来讲,越是在项目的前期阶段对整体价值的未来影响越大。如果项目在各门径评价时过多地依赖单维度经济评价,对于项目与公司整体的战略契合度及风险的总体认识会产生制度性压制(即每个门径都在议论战略契合度及风险的总体认识,而在实际的指标中不量化明晰,结果造成项目战略契合度的偏离和风险认识的不足,使项目延缓、退出决策不及时或太仓促),最终影响项目决策和项目投资回报。

11.2 多维度投资门径决策设计

11.2.1 企业投资决策多维门径走向

在常见的石油企业战略实施中,采用以决策门径为基本路线的"递进式"决策模型。项目的决策门径共分为 6 个阶段,如图 11-3 所示,包括从初始的勘探评估直至项目的最终实施交付。每个门径都是一个独立的决策点,需评估前一阶段的交付成果,同时审查下一阶段的工作计划及资金筹措计划,其中 ODP 表示总体开发方案。

图 11-3 投资项目决策门径

随着门径的递进，项目的经济清晰度不断提高，而公司资源投入、资金投入和项目风险也将成倍递增，从而要求企业在进入下一步门径前不仅需要从单个项目的角度考虑投资决策，还需要从项目组合整体以及单个项目与项目组合关系的角度进行投资决策，从而产生多维度的门径走向。

在项目执行过程中，可能会对项目战略进行调整改进，需要使用决策模型进行项目评估，根据项目评估结果，辨识导致战略执行发生偏差的主要内、外部因素，提出改进战略的要求。当环境、国家政策、地缘政治、风险等维度发生变化出现难以判别的因素时，企业高层需要将公司的内部管理能力作为一个影响决策的主要维度进行考虑，同时，内部管理能力也决定了公司在独立投资、参股投资和选择跟进引领者投资等决策中的基本立场。

11.2.2　项目评价范围

每个决策门的门径都是一个独立的决策点，需评估前一阶段的交付成果，同时审查下一阶段的工作计划及资金筹措计划。决策门管理提供了项目管理的结构和严谨的纪律，以确保项目决策的完整性，提高了工作效率，降低了返工风险。

评价模型的评价对象包括国内和海外的开发投资项目，评价流程设计依据企业的决策管理流程。图 11-4 所示为典型石油集团公司(各类子公司)递进式"门径"模型。根据图 11-4，项目的评价范围包括预可研、可研、ODP 3 个阶段，国际公司负责的项目评价范围包括方案比选〔FDP(最终开发方案)〕、基本设计〔FID(最终投资决策)〕，国际子公司负责的项目评价范围包括选择阶段(FDP)和确定阶段(FID)，在每个决策点均需要对单体项目按照各个值级说明进行评价打分。

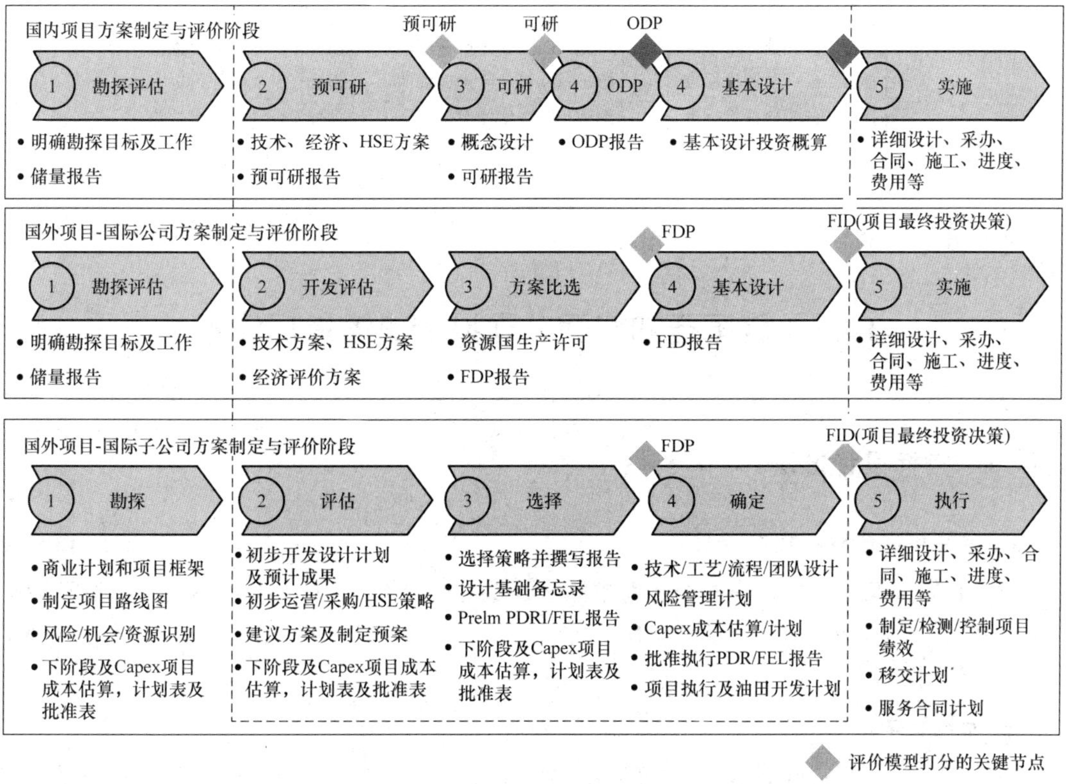

图 11-4　典型石油集团公司(各类子公司)递进式"门径"模型

11.2.3 从评价模型来考虑的维度

首先,经过多次多轮的评估和选择,在原有的评价体系中,经济性评估作为公司最首要的指标之一,作为基本维度必须保留。它包含现金流、销售价格、桶油成本(投资成本、运营成本、资金成本等)、回报率(投资回报率、资本回报率)、投资回收期、净现值、敏感性分析和项目风险(定性分析)。

其次,针对战略的契合度进行评估。任何在海外、本土、陆上、海洋、深海、沙漠,甚至极地的资源开发,与公司和国家战略的契合度非常重要。如果战略契合度低下,经济和风险维度的可选择性将大大减弱。

最后,风险评估将在原有项目风险的基础上增加政治(地缘政治、政治体制、政治稳定等)、经济(经济基本水平、产品市场、销售市场等)、政策(资源开发、本地化、进出口、劳工等)、财税(资源税、关税、分成模式等)、管理能力(公司组织决策能力、项目管理能力、融资能力和人力及组织力等)等维度的重要性,单独将这些维度作为评估项。

因此,图 11-5 所示的评价模型设计维度作为 3 个维度的基本安排,是评价模型形成的基础。

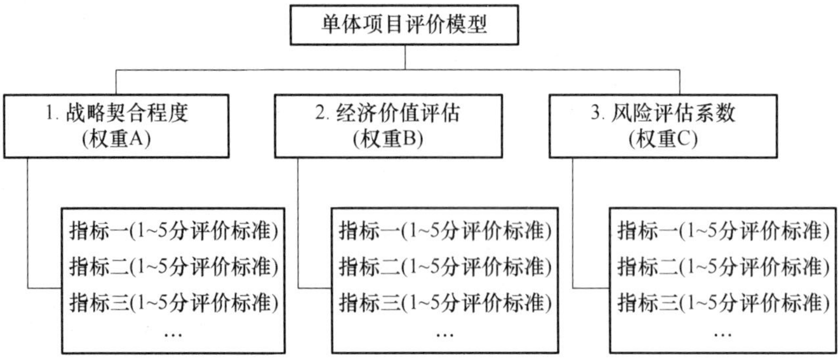

图 11-5 评价模型设计维度

11.3 跨国石油集团公司投资决策指标体系

11.3.1 指标设计方法

1. 定性和定量分析相结合

对于投资决策指标体系中的经济性指标,采取定量分析的方法,而对于风险、战略等指标,进行定性分析,结合专家打分、模糊层次分析法等建立权重,充分发挥信息的特点,提高决策的科学性、客观性。

2. 系统科学法

用系统科学的理论和观点,把研究对象放在系统的形式中,从整体和全局出发,从系统与要素、要素与要素、结构与功能以及系统与环境的对立统一关系中,对研究对象进行考察、分析和研究,以得到最优化的处理与解决问题的一种科学研究方法。本书以研究目标跨国石油集团公司为例,不仅要考虑企业的经济收益,还要从企业长远发展的角度出发,以企业价值为中心,建立战略和规划引领下的企业投资项目决策指标评价体系,将企业上中下游产业统一进行考虑,从各个产业中提出决策指标,系统分析,建立一套科学全面的评价指标体系。

3. 其他方法

本书所涉及的其他方法还有统计分析、历史比较分析、案例解析、对标分析、建立模型、专家访谈等方法,以揭示事物内在规律、趋势以及相关因素的逻辑分析。

11.3.2　战略因素

战略契合维度主要从战略层面考虑项目是否满足企业当前的发展需求,当前战略契合维度的相关指标设计主要来自对15家对标石油公司开展的战略研读工作,未来需要按照企业的战略文件进行战略解析并调整战略契合维度指标。其中,一体化石油公司6家,包括埃克森美孚、雪佛龙、康菲、BP(英国石油公司)、壳牌和道达尔;E&P(勘探和生产)公司6家,包括阿帕契、阿纳达科、丹文、EOG(依欧格能源公司)、EnCana(加拿大能源公司)和Talisman(加拿大塔利斯曼能源公司);3家中国石油公司,包括中石油、中石化和中海油。

对标的国际石油公司的核心战略主要总结为以下几点。

① 提高投资效率,降低资本支出,关注高价值、高质量、高回报的资产和业务,利用先进技术及安全高效的运营方式,进行油藏管理,提高采收率和产量。

② 优化资产组合及成本结构,最大化存量资产价值,同时考虑处置或稀释劣质非核心资产。

③ 执行资产一体化战略,形成协同优势并降低成本。

④ 利用、巩固并发展技术优势及区域优势,寻找、勘探并开发优质资源,增强项目执行能力。

⑤ 增强成本管控能力和提高运行效率,提高资源产出率和能源使用效率。

⑥ 进行组织结构优化(垂直整合和水平整合),降低成本。

⑦ 巩固并提升技术能力,增强创新能力,形成独特的竞争优势。

⑧ 维持财务灵活性和良好的资产负债情况。

⑨ 根据外围(宏观)环境变化和公司发展需要进行战略调整。

⑩ 通过访谈调研及对外部报告的研读,可知海洋石油企业的战略目标主要包括以下几点。

a. 建立低成本优势,同时不断优化运营效率、提高产量稳定性、加强油藏管理以及提升老油田的产量。

b. 依托当前资产组合的地区分布,或选择新的潜力巨大的地区,建立相当规模的资源储量和基础设施,在成本和自有技能方面形成区域规模优势,推动地区发展的总体步伐。

c. 投资培养核心技术能力,帮助提高成熟资产的运营效率和降低成本,有能力开采目前技术有难度的资源(如重油、天然气制油、煤层甲烷等)。

d. 应考虑一旦出现"资源紧缺"的行业格局应如何应对。具体来说,应该在一体化天然气方面建立战略地位,首先通过引领中国的天然气进口影响东南亚地区天然气流向,逐步拓展在环太平洋地区建立相当规模的天然气供需网络。

通过分析其他上游公司的战略,结合企业目前的情况,总结油气田开发项目的战略提示,如图 11-6 所示。

获取规模效应 寻求增长机遇	• 产量及储量增长：如支持国家政策，或通过海外投资确保本国的石油供应(储量、产量) • 规模及区域：超大型石油公司在富油区取得了“区域主导”的地位并通过真正全球化的资产组合分散风险(去哪儿，在哪儿建立区域主导地位) • 产品线：石油公司通过对未来油价及市场的分析，有针对性地开发不同类型的产品
健全价值链	• 国内/自有资源的价值：完善价值链及利用一体化获取成本优势(如重油的炼化、在消费市场完成液化天然气再气化等)(上游、炼厂一体化、LNG一体化)
资产及资本管理	• 资产组合优化：聚焦优质资产发展 • 严格的资本管理：通过制订严格的资本分配计划和行业整合，确保取得行业领先的投资回报(资本回报)并保持良好的财务状况
研究技能优势	• 技术优势：利用技术提高资产效益、开采能力并降低成本与风险率 • 组织优势：持续保持组织和人员的优势

图 11-6　海洋石油企业油气田开发项目的战略提示

综上所述,再进一步对油气田开发策略进行解析,以形成战略维度评价指标。

(1) 如何取得产量、储量增长以及规模地位?

① 投资业务优先级。

② 投资区域优先级(中国及有区域主导权或希望建立区域主导权的优先)。

③ 储量规模。

④ 产量规模。

(2) 如何健全价值链及占有市场?

① 主要销售产品。

② 主要销售区域。

③ 主要销售渠道:LNG(液化天然气)一体化、上游、炼厂一体化。

(3) 如何进行严格的资本管理以最大化资产价值?

① 超过平均水平的投资回报率。

② 桶油成本、桶油盈利。

③ 净现值。

④ 回收期。

⑤ 能力、组织人员、技术、技能和安全。

⑥ 核心技术能力、人员及与合作方的关系,目前擅长的领域和技术掌握内容将在风险评估部分列示,并需要在投资组合中考虑这些因素。

综上所述,战略契合维度指标选定了投资策略、销售策略、资源充沛程度、生产贡献量 4 个维度的 7 个指标,随着未来企业战略的调整,则需重新进行战略解析。4 个维度可回答企业战略发展什么规模的油气产品(通过资源充沛程度、生产贡献量进行衡量)、发展什么区域(通过投资业务、投资区域进行衡量)、通过什么方式(通过销售策略进行衡量)3 个问题,每个一级指标的详细说明如表 11-1 所示。

表 11-1　战略契合维度的一级指标

维度	一级指标	说明
战略契合	投资策略	从定性角度评价投资的业务和区域是否与战略一致
	销售策略	从市场竞争角度评价销售的产品、区域和渠道是否与战略一致
	资源充沛程度	评价储量规模是否与战略一致
	生产贡献量	评价产量规模是否与战略一致

1. 投资策略

投资策略指标包括投资业务优先级与投资区域优先级两个二级指标。

(1) 投资业务优先级

① 评分建议方:业务部门。

② 评分规则:对海上常规/非常规—浅水/深水油气田、陆上常规油气和非常规油气的业务发展进行优先级排序。需根据自身战略导向对各子类别进行划分并更新相应的业务和描述。例如,企业认为页岩气战略优先,可将页岩气调整为 5 分,则需将 5 分的业务改为“海上常规浅水油气田及页岩气”,将 3 分的业务改为“陆上非常规油气田,除页岩气”。此项指标为自动评分。

③ 分值区间标准制定规则:整理企业现有及行业内的业务类别,根据战略解析的结果对值级进行划分。

④ 得分规则:如表 11-2 所示。

表 11-2　投资业务优先级指标的得分规则

分值	业务	描述
5 分	海上常规油气田——浅水	海上常规油气业务是企业业务发展的基础,且浅水业务熟悉度和利润率较高
4 分	陆上常规油气田	陆上油气田优先级低于海上油气田,但常规业务相较于非常规业务开采难度较低,利润较高
3 分	陆上非常规油气田	陆上非常规业务开采难度较大,利润较低
2 分	海上常规油气田——深水	培养深水人才,打造深水基地,发展深水技术,但深水利润较低,且难度大、风险高
1 分	海上非常规油气田	特指海上热采、低渗等难动用储量的项目

注:值级来源为企业及行业内业务类别。

(2) 投资区域优先级

① 评分建议方:投资管理部门。

② 评分规则:对全球投资区域进行优先级排序,投资战略核心区或有区域主导地位的国家优先。可参考已投资区域及海上丝绸之路的范围进行评价。企业需根据自身战略导向对各分值所包含的国家进行划分并更新相应的业务和描述,特别是针对某些难区分项,例如巴西、阿根廷,需依据战略导向进行讨论后确定分值。若有新增区域,则由规划计划部根据企业战略赋予该区域相应的分值并更新区域列表。依据企业战略解析的结果划分各值级。此项指标为自动评分。

③ 分值区间标准制定规则:首先整理企业所有的投资区域,判断是否有企业的开发战略核心区或者有区域主导地位的国家,按照企业区域发展战略维护优先级。

④ 得分规则:如表 11-3 所示。

表 11-3 投资区域优先级指标的得分规则

分值	区域	描述
5 分	开发战略核心区或有区域主导地位的国家,例如中国	国内区域具有主导权且为核心区域,其中渤海区域(原油)是企业发展的出发点,渤海是原油资源,南海是油气资源,东海是气田资源
4 分	例如北美、英国、加拿大、东南亚、澳大利亚	北美地区和英国北海(浅海)地区处于开发阶段,质量高 加拿大地区油砂业务处于一定的战略地位 东南亚是基础作业区域,需要有一定的投资 澳大利亚是新近投资区域且有勘探区块,优先发展
3 分	例如加蓬、尼日利亚	西非加蓬和尼日利亚的深水业务,效益稳定
2 分	例如巴西、阿根廷、美国、中东地区	虽然巴西和阿根廷是海洋石油企业未来战略的重点发展方向,但财税政策不是很稳定。美国没有区域主导,中东地区政治环境恶劣
1 分	非开发战略核心区或没有区域主导地位的国家,例如中亚	现行制度不稳定、不具体,营商环境较差

注:值级来源为企业的所有已投资区域及海上丝绸之路的范围。

2. 销售策略

销售策略共包括产品优先级、销售区域优先级和销售渠道 3 个二级指标。

(1) 产品优先级

① 评分建议方:投资管理部门。

② 评分规则:油产品优先于气产品,因为油产品利润率较高且为海洋石油企业的主要业务。此指标为自动评分。

③ 分值区间标准制定规则:整理企业已有的全部主产品类型,并根据企业的销售策略进行值级划分。未来可根据战略导向对产品类别进行细分(包含但不限于轻质油、中质油、重质油、超重质油、合成油、沥青、天然气)并更新值级与描述。

④ 得分规则:如表 11-4 所示。

表 11-4 产品优先级指标的得分规则

分值	产品	描述
5 分	油产品	利润率较高,且易储易销,战略优先级高
4 分	参照专家意见确定	未来在专家审查会中,由专家进行具体描述
3 分	气产品	气产品由于战略原因及产品本身利润率低,不易储不易销,得分低于油产品
2 分	参照专家意见确定	未来在专家审查会中,由专家进行具体描述
1 分	其他	其他

注:值级来源为企业主产品类别。

（2）销售区域优先级

① 评分建议方：销售部门。

② 评分规则：根据销售策略确认目标市场的供需量。对目标销售区域进行优先级排序，产量缺口越大说明当地市场饱和程度越低，越容易销售，评分越高。此项指标参考《BP世界能源统计年鉴》并进行自动评分，若所投资国家未包含在该统计年鉴中，可根据该国家区域的油产品/气产品产量缺口与《BP世界能源统计年鉴》中相近的产量缺口进行匹配并手动填写相应得分。

③ 分值区间标准制定规则：根据《BP世界能源统计年鉴》中的产量及消费量得出产量缺口排名，并对产量缺口排名进行等距划分。未来在实际评分过程中，专家可按照实际开发区域的战略优先级进行判断。

④ 得分规则：如表11-5所示。

表11-5　销售区域优先级指标的得分规则

分值	值级	描述
5分	油产品/气产品产量缺口大	排名在前20%的国家区域
4分	油产品/气产品产量缺口较大	排名在20%和40%之间的国家区域
3分	油产品/气产品产量缺口一般	排名在40%和60%之间的国家区域
2分	油产品/气产品产量缺口较小	排名在60%和80%之间的国家区域
1分	油产品/气产品产量缺口小	排名在80%之后的国家区域

注：值级来源为《BP世界能源统计年鉴》。

（3）销售渠道

① 评分建议方：销售部门。

② 评分规则：对销售渠道的优先级进行排序，渠道越完善则评分越高。在实际评分执行过程中，按照专家意见，参照1～5分的值级描述，进行手动评分。

③ 分值区间标准制定规则：油产品的产能及产能缺口数据来源为《OPEC年度统计报告》，未来在实际评分过程中，专家可参考产能、产能缺口数据并结合目标市场加工能力和当地销路的实际情况进行定性描述。

④ 得分规则：如表11-6所示。

表11-6　销售渠道指标的得分规则

分值	值级	描述
5分	气：是否有长期的框架协议或当地产品销路不存在问题 油：可参考目标市场的原油加工能力（缺口）确认目标市场	销路不存在问题，或者目标市场加工能力强
4分	参照专家意见确定	未来在专家审查会中，由专家进行具体描述
3分	参照专家意见确定	未来在专家审查会中，由专家进行具体描述
2分	参照专家意见确定	未来在专家审查会中，由专家进行具体描述
1分	没有确定长期框架协议且当地销路存在问题	销路存在问题或者目标市场加工能力弱

注：值级来源为《OPEC年度统计报告》。

3. 资源充沛程度

资源充沛程度包括技术可采储量一个二级指标。

① 评分建议方:业务部门。

② 评分规则:按照项目技术可采储量从高至低的区间进行排序,优先发展规模大的项目。单位:原油为 10^4 m^3,天然气为 10^8 m^3。各分值区间参考历史 ODP(总体开发方案)数据进行百分位数法划分。国内项目及海外作业者项目按全额计算,海外非作业者项目按企业份额计算。此指标为自动评分。

③ 分值区间标准制定规则:随机选择企业历史 10 年的 ODP(总体开发方案)中的技术可采储量数据,包括气田以及油田样本数据,排除与标准差的差异过大的值后利用百分位数法得出 20%/40%/60%/80% 4 个百分位数值作为各区间临界值。

④ 得分规则:如表 11-7 所示。

表 11-7 技术可采储量指标的得分规则

分值	储量区间	描述
5 分	原油:≥726。天然气:≥118	大于 20%的临界值
4 分	原油:≥367～<726。天然气:≥59～<118	20%和 40%的临界值之间
3 分	原油:≥258～<367。天然气:≥43～<59	40%和 60%的临界值之间
2 分	原油:≥115～<258。天然气:≥30～<43	60%和 80%的临界值之间
1 分	原油:<115。天然气:<30	小于 80%的临界值

注:值级来源为历史 ODP 中的技术可采储量数据。

4. 生产贡献量

生产贡献量包括总产量减自用量/净产量一个二级指标。

① 评分建议方:业务部门。

② 评分规则:按照总产量减自用量/净产量大小按从高至低的区间进行排序,优先发展规模大的项目。单位为 MMBOE。国内项目及海外作业者项目按全额计算,海外非作业者项目按企业份额计算。此指标为自动评分。

③ 分值区间标准制定规则:随机从跟踪经济评价系统的产量数据中选择历史样本数据,排除与标准差的差异过大的值后进行百分位划分,得出各区间临界值。

④ 得分规则: 如表 11-8 所示。

表 11-8 生产贡献量指标的得分规则

分值	储量区间	描述
5 分	≥102.3	大于 20%的临界值
4 分	≥102.3～<52.2	20%和 40%的临界值之间
3 分	≥52.2～<29.7	40%和 60%的临界值之间
2 分	≥29.7～<16.6	60%和 80%的临界值之间
1 分	≤16.6	小于 80%的临界值

注:值级来源为跟踪经济评价系统的产量数据。

11.3.3　经济因素

经济价值维度主要从盈利层面考虑相较于历史数据和项目池里的其他项目而言，待评价项目的经济性影响，因此只有盈利能力一个一级指标。盈利能力通过衡量项目的投资回报能力、时间、竞争力 3 个方面进行评定，详细说明如图 11-7 所示。

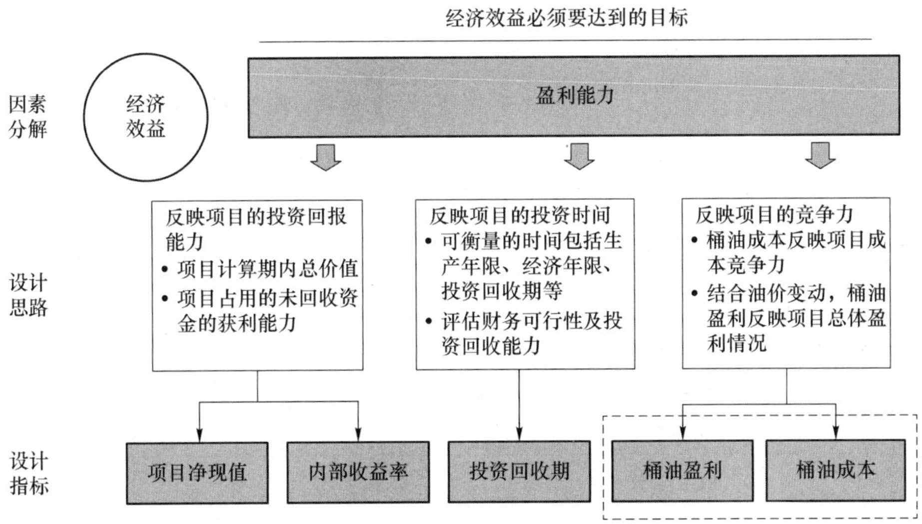

图 11-7　盈利能力二级指标的设计思路

二级评价指标共有桶油盈利、综合桶油成本——含所得税等税费、内部收益率、财务净现值、静态投资回收期 5 个。

经济价值维度的一级指标及权重如表 11-9 所示。

表 11-9　经济价值维度的一级指标及权重

维度	一级指标	权重	说明
经济价值	盈利能力	100%	以桶油盈利、综合桶油成本—含所得税等税费、内部收益率、财务净现值、静态投资回收期 5 个指标评价项目的经济性和盈利能力

1. 桶油盈利

① 评分建议方：投资管理部门。

② 评分规则：企业部分的桶油盈利按从低至高的区间进行排序。桶油盈利=(油气销售收入－油气销售成本)/净产量，单位为美元/桶。此指标需计算上涨率。桶油利润越高说明项目价值越大，得分越高。不同区域的项目可参照该区域的平均盈利区间进行打分，以便排除地域性干扰。此指标为自动评分。

③ 分值区间标准制定规则：根据 3 家石油公司(埃克森美孚、壳牌及道达尔)的年报，计算并制定不同地区的值级区间，样本值级的计算包含所得税，之后需要利用 3 家公司 3 年数值中的最小值、最大值以及 3 年 3 家石油公司的平均值(9 个平均值的平均)作为值级确认所需数据，若某家公司某年或某几年数据过大或过小，则需手工进行排除，但每家公司至少要保留一个数据。其中最大值作为 5 分项及 4 分项的上限，最小值作为 1 分项及 2 分项的下限，[(最大

值-平均值)/3+平均值]作为 4 分项的下限及 3 分项的上限,[(平均值-最小值)/3+平均值]作为 2 分项的上限及 3 分项的下限。

④ 得分规则:如表 11-10 所示。

表 11-10　桶油盈利指标的得分规则

分值	区间/美元	描述
5 分	EUR:≥57.0 Asia:≥46.5 Africa:≥36.0 USA:≥11.5 South America:≥19.5 Oceania:≥20.5	根据样本数据区间制定
4 分	EUR:≥35.0~<57.0 Asia:≥32.5~<46.5 Africa:≥30.0~<36.0 USA:≥10.0~<11.5 South America:≥12.5~<19.5 Oceania:≥18.0~<20.5	根据样本数据区间制定
3 分	EUR:≥18.5~<35.0 Asia:≥20.0~<32.5 Africa:≥24.5~<30.0 USA:≥8.5~<10.0 South America:≥1.5~<12.5 Oceania:≥15.5~<18.0	根据样本数据区间制定
2 分	EUR:≥8.5~<18.5 Asia:≥14.5~<20.0 Africa:≥20.0~<24.5 USA:≥7.5~<8.5 South America:≥-14.0~<1.5 Oceania:≥12.5~<15.5	根据样本数据区间制定
1 分	EUR:<8.5 Asia:<5.0 Africa:<20.0 USA:<7.5 South America:<-14.0 Oceania:<12.5	根据样本数据区间制定

注:值级来源为壳牌、埃克森美孚、道达尔(油气销售收入-油气销售成本)/产量的 3 年平均数。

2. 综合桶油成本——含所得税等税费

① 评分建议方:投资管理部门。

② 评分规则:企业部分的综合桶油成本按从低至高的区间进行排序,以反映项目投资成本。综合桶油成本——含所得税等税费=(勘探成本+开发成本+作业费+弃置费+其他税费)/净产量。此指标需计算上涨率。其中所得税部分可根据项目进行预估考虑,例如加拿大

的项目。综合桶油成本越低则反映项目整体成本越少，竞争力越强，得分越高。不同区域的项目可参照该区域的平均成本区间进行打分，以便排除地域性干扰。此指标为自动评分。

③ 分值区间标准制定规则：根据3家石油公司（埃克森美孚、壳牌及道达尔）的年报，计算并制定不同地区的值级区间，样本值级的计算包含所得税，之后需要利用3家公司3年数值中的最小值、最大值以及3年3家石油公司的平均值（9个平均值的平均）作为值级确认所需数据，若某家公司某年或某几年数据过大或过小，则需手工进行排除，但每家公司最少需要保留一个数据。其中最小值作为5分项及4分项的下限，最大值作为1分项及2分项的上限，[（最大值－平均值）/3＋平均值]作为2分项的下限及3分项的上限，[（平均值－最小值）/3＋平均值]作为4分项的上限及3分项的下限。

④ 得分规则：如表11-11所示。

表11-11　综合桶油成本——含所得税等税费指标的得分规则

分值	区间/（美元·桶$^{-1}$）	描述
5分	EUR：＜36.0 Asia：＜37.5 Africa：＜57.5 USA：＜36.0 South America：＜44.5 Oceania＜34.0	根据样本数据区间制定
4分	EUR：≥36.0～＜45.5 Asia：≥37.5～＜41.0 Africa：≥57.5～＜64.5 USA：≥36.0～＜39.5 South America：≥44.5～＜47.5 Oceania：≥34.0～＜39.0	根据样本数据区间制定
3分	EUR：≥45.5～＜54.0 Asia：≥41.0～＜44.0 Africa：≥64.5～＜73.5 USA：≥39.5～＜45.0 South America：≥47.5～＜51.0 Oceania：≥39.0～＜44.5	根据样本数据区间制定
2分	EUR：≥54.0～＜62.5 Asia：≥44.0～＜46.5 Africa：≥73.5～＜85.0 USA：≥45.0～＜53.5 South America：≥51.0～＜54.5 Oceania：≥44.5～＜50.0	根据样本数据区间制定
1分	EUR：≥62.5 Asia：≥46.5 Africa：≥85.0 USA：≥53.5 South America：≥54.5 Oceania：≥50.0	根据样本数据区间制定

注：值级来源为壳牌、埃克森美孚、道达尔的综合桶油成本的3年平均数。

3. 内部收益率

① 评分建议方:投资管理部门。

② 评分规则:企业部分的内部收益率按从高至低的区间进行排序,以反映项目占用的未回收资金的获利能力。内部收益率是资金流入现值总额与资金流出现值总额相等、净现值等于零时的折现率,此指标选取全过程内部收益率。折现率越高说明项目可能的回报率越高,得分也越高,一般来讲内部收益率需要大于基准折现率。不同类型的项目可参照该类型的内部收益率区间进行打分,以便排除项目类型的干扰。此指标为自动评分。

③ 分值区间标准制定规则:利用企业历史样本进行百分位划分并参考专家审查会意见。

④ 得分规则:如表 11-12 所示。

表 11-12 内部收益率指标的得分规则

分值	区间/%	描述
5 分	≥47.9	大于 20%的临界值
4 分	≥22.2~<47.9	20%和 40%的临界值之间
3 分	≥7.7~<22.2	40%和 60%的临界值之间
2 分	≥−6.8~<7.7	60%和 80%的临界值之间
1 分	<−6.8	小于 80%的临界值

注:值级来源为跟踪经济评价系统内部收益率数据。

4. 财务净现值

① 评分建议方:投资管理部门。

② 评分规则:企业部分的财务净现值按从高至低的区间进行排序,以反映项目在计算期内的价值。项目将基准收益率或设定的目标收益率作为折现率,将建设期之后各年的净现金流量折算到建设期初始时点的现值之和,单位为百万美元。财务净现值越高说明项目的价值越高,得分越高。此指标为自动评分。

③ 分值区间标准制定规则:随机选择企业历史样本数据,排除与标准差的差异过大的值后进行百分位划分,得出各区间临界值。

④ 得分规则:如表 11-13 所示。

表 11-13 财务净现值指标的得分规则

分值	区间/百万美元	描述
5 分	≥361.4	大于 20%的临界值
4 分	≥115.2~<361.4	20%和 40%的临界值之间
3 分	≥35~<115.2	40%和 60%的临界值之间
2 分	≥−49.5~<35.0	60%和 80%的临界值之间
1 分	<−49.5	小于 80%的临界值

注:值级来源为跟踪经济评价系统的财务净现值数据。

5. 静态投资回收期

① 评分建议方:投资管理部门。

② 评分规则:企业部分的静态投资回收期按从低至高的区间进行排序,以反映项目的回

收投资时间。静态投资回收期是指以投资项目经营净现金流量抵偿原始总投资所需要的全部时间,单位为年。静态投资回收期以建设期初始时点作为起始计算时点。静态投资回收期越短说明项目在越短时间内能够带来累计净现金流,得分越高。此指标为自动评分。

③ 分值区间标准制定规则:随机选择企业历史样本数据,排除与标准差的差异过大的值后进行百分位划分,得出各区间临界值。

④ 得分规则:如表 11-14 所示。

表 11-14　静态投资回收期指标的得分规则

分值	区间/年	描述
5 分	＜4.37	大于 20%的临界值
4 分	≥4.37～＜5.64	20%和 40%的临界值之间
3 分	≥5.64～＜6.41	40%和 60%的临界值之间
2 分	≥6.41～＜7.85	60%和 80%的临界值之间
1 分	≥7.85	小于 80%的临界值

注:值级来源为跟踪经济评价系统的静态投资回收期数据。

11.3.4　风险因素

风险维度主要从风险层面考虑项目的风险是否在承受范围内,并且对风险实行登记,进而对不同油品、不同开发环境形成风险登记库,如图 11-8 所示。

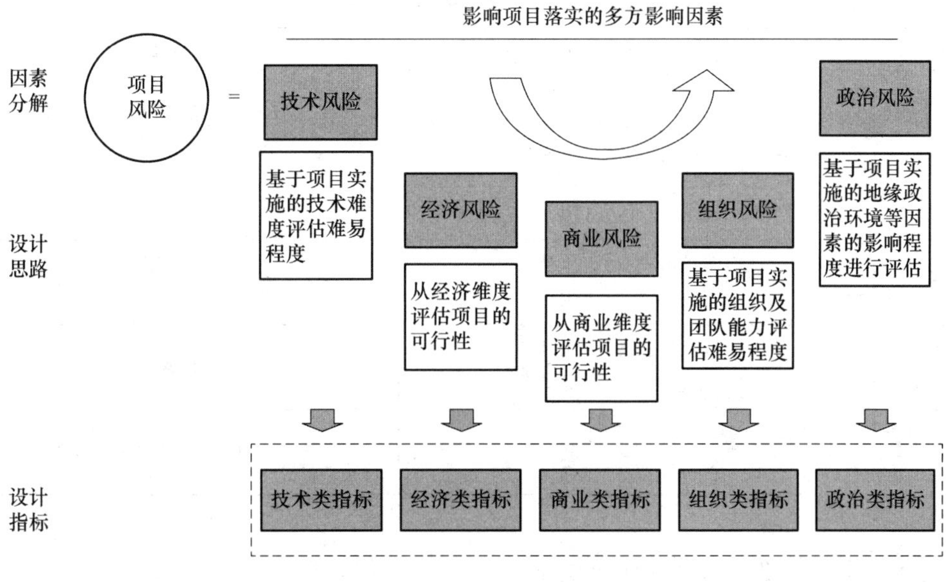

图 11-8　风险维度二级指标的设计思路

如图 11-8 所示,风险维度主要用技术风险、经济风险、商业风险、组织风险、政治风险五个一级指标进行衡量,每个一级指标下有多个二级指标,指标的设计及指标权重的设计参考行业内领先的国际石油公司最佳实践,并结合企业各部门专家意见进行适当的调整,详细说明如表 11-15 所示。

表 11-15　风险维度的一级指标及权重

维度	一级指标	说明
风险系数	技术风险	评价项目因技术因素而可能发生的风险
	经济风险	评价项目因经济因素而可能发生的风险
	商业风险	评价项目因商业因素而可能发生的风险
	组织风险	评价项目因项目组织因素而可能发生的风险
	政治风险	评价项目因政治因素而可能发生的风险

1. 技术风险

技术风险共包括气候、区域水文气象及工程地质熟悉度、地下油藏风险、施工资源可控度、工程建造技术、钻完井技术资源状况、钻井地质风险、钻井工程难度 8 个二级指标。

(1) 气候

① 评分建议方:业务部门。

② 评分规则:按项目建设所在区域的气候年均影响天数从短至长进行排序。不同的气候对项目的影响和限制有所不同,会造成不同程度的影响和延误,影响工作的时间越长则风险越高,得分越低。同时对于工程建造和钻完井而言,气候影响的时间长短不同,因此有不同的标准值级区间。各值级区间设计参考相关专家的意见,并按照二者中的低分取值。

③ 分值区间标准制定规则:根据历史经验数据制定。

④ 得分规则:如表 11-16 所示。

表 11-16　气候指标的得分规则

分值	区间	描述
5 分	工程建造:0～1 个月 钻完井:0～1 周	施工基本没有受到气候影响
4 分	工程建造: 1～2 个月 钻完井:1～1.5 周	施工受到气候的影响较小
3 分	工程建造:2～2.5 个月 钻完井:1.5～2 周	施工受到气候的影响一般
2 分	工程建造:2.5～3 个月 钻完井:2～2.5 周	施工受到气候的影响较大
1 分	工程建造:3 个月以上 钻完井:2.5～3 周	施工受到气候的影响大

注:值级来源为历史经验数据。

(2) 区域水文气象及工程地质熟悉度

① 评分建议方:业务部门。

② 评分规则:按项目所在区域的水文气象、工程地质的熟悉程度进行排序。根据难易程度的影响,做出不同分值对应的类型/深度。地质类型越常规越简单,平均水深越低,则得分越高。各值级区间设计参考相关专家的意见。此项指标为专家评分,并按照二者中的低分取值。

③ 分值区间标准制定规则:根据历史经验数据制定。

④ 得分规则:如表 11-17 所示。

表 11-17　区域水文气象及工程地质熟悉度指标的得分规则

分值	类型/平均水深	描述
5 分	熟悉程度高	开发难度小 例如平原、山地、丘陵,0～100 m
4 分	熟悉程度较高	开发难度较小,例如 100～300 m
3 分	熟悉程度一般	有一定开发难度,例如 300～1 000 m
2 分	熟悉程度较低	开发难度较大,例如 1 000～2 500 m
1 分	熟悉程度低	开发难度大,例如高原、沼泽,大于 2 500 m

注:值级来源为历史经验数据。

(3) 地下油藏风险

① 评分建议方:业务部门。

② 评分规则:按地下油藏的资料成熟度、可靠性、项目范围明确度等方面的风险程度进行排序,需要从多方面进行衡量,例如储层落实程度、构造是否清晰、构造大小、规模、断层的落实程度、圈闭类型等。各值级区间设计参考石油行业实践经验。此项指标为专家评分。

③ 分值区间标准制定规则:目前根据石油行业实践经验制定框架,未来详细的指标及权重、值级可根据历史经验数据修改。

④ 得分规则:如表 11-18 所示。

表 11-18　地下油藏风险指标的得分规则

分值	区间	描述
5 分	地下油藏风险极低	从储层落实程度、构造是否清晰、构造大小、规模、断层的落实程度、圈闭类型等方面分析后,基本没有风险
4 分	地下油藏风险较低	未来在专家审查会中,由专家进行具体描述
3 分	地下油藏风险中	未来在专家审查会中,由专家进行具体描述
2 分	地下油藏风险较高	未来在专家审查会中,由专家进行具体描述
1 分	地下油藏风险极高	风险极高

注:值级来源为石油行业实践经验。

(4) 施工资源可控度

① 评分建议方:业务部门。

② 评分规则:按项目所在区域的施工资源可控度进行排序。施工资源可控度高意味着项目实施可获得的支持越多,风险会相应越低,分值越高。例如附近有自营的可依托的油气处理装置,有外输管线,意味着项目所在区域的施工资源可控度高。

③ 分值区间标准制定规则:根据历史经验数据制定。

④ 得分规则:如表 11-19 所示。

表 11-19　施工资源可控度指标的得分规则

分值	特征	描述
5 分	施工资源可控度高;附近有自营的可依托的油气处理装置,有外输管线	项目可完全依托现有基础设施,且为自营设施,容易接入

续 表

分值	特征	描述
4 分	附近有自营的可依托的外输管线	投入少量资源后,项目可依托现有自营基础设施
3 分	施工资源可控度一般;附近有合作伙伴可依托的油气处理装置或外输管线	项目可依托现有合作基础设施,可以接入
2 分	油气处理装置和外输管线全部需要新建	基础设施正在新建,建成后项目可接入
1 分	施工资源可控度低;油气处理装置或外输管线新建困难	不存在基础设施正在新建,且新建困难

注:值级来源为历史经验数据。

(5) 工程建造技术

① 评分建议方:业务部门。

② 评分规则:按照企业对项目开发所需的工程建造技术的掌握成熟度进行排序。最优选择是技术成熟,其次是技术成熟在应用时会有较小风险,最差的情况则是技术不熟悉且存在较高风险。各分值特征描述需要根据目前的技术能力做出,若技术有所改进则需进行相应的描述更新。在实际评分执行过程中,按照专家意见,参照 1 分、3 分及 5 分的值级描述,进行手动评分。

③ 分值区间标准制定规则:根据历史经验数据制定。

④ 得分规则:如表 11-20 所示。

表 11-20 工程建造技术指标的得分规则

分值	特征	描述
5 分	不存在企业或作业者不熟悉的技术	例如:水深 300 m 内常规油气田开发;水深 200 m 之内的导管架,组块 3 万吨以下;天然气,从 sub-sea TIE-BACK(回接)的技术
4 分	不存在企业或作业者不熟悉的技术(但部分技术在当地应用有较小风险)	未来在专家审查会中,由专家进行具体描述
3 分	存在企业或作业者不熟悉的技术(较小风险)	例如:水深 300~1 500 m 油气田开发;含高腐蚀、CO_2、SO_2、硫化氢的腐蚀气体的开发
2 分	存在企业或作业者不熟悉的技术(中等风险)	未来在专家审查会中,由专家进行具体描述
1 分	存在企业或作业者不熟悉的技术(高风险)	例如:水深 1 500m 以上油气田的开发;TLP、FLNG;水深 200 m 之上的导管架,组块 3 万吨以上

注:值级来源为历史经验数据。

(6) 钻完井技术资源状况

① 评分建议方:业务部门。

② 评分规则:按项目所在区域的技术资源可控度进行排序,技术资源对总工期和投资影响很大。例如钻井装备、工具、人员的动复员周期、费用和水平、应急支持能力。另外还需考虑环保及政府政策法规的影响。各分值特征描述需要根据目前的技术能力做出,若技术有所改进则需进行相应的描述更新。在实际评分执行过程中,按照专家意见,参照各个值级的特征,

进行手动评分。

③ 分值区间标准制定规则:根据历史经验数据制定。

④ 得分规则:如表 11-21 所示。

表 11-21 钻完井技术资源状况指标的得分规则

分值	特征	描述
5 分	技术资源可控度高	从钻井装备、工具、人员的动复员周期、费用和水平、应急支持能力等方面进行评价
4 分	技术资源可控度较高	未来在专家审查会中,由专家进行具体描述
3 分	技术资源可控度一般	未来在专家审查会中,由专家进行具体描述
2 分	技术资源可控度较低	未来在专家审查会中,由专家进行具体描述
1 分	技术资源可控度低	未来在专家审查会中,由专家进行具体描述

注:值级来源为历史经验数据。

(7) 钻井地质风险

① 评分建议方:业务部门。

② 评分规则:按企业对项目的地质风险可控度进行排序(地质风险可以包括浅层气、盐膏层、断层、基岩、沥青层)。另外还需考虑环保及政府政策法规的影响。在实际评分执行过程中,按照专家意见,参照各个值级的特征,进行手动评分。

③ 分值区间标准制定规则:根据历史经验数据制定。

④ 得分规则:如表 11-22 所示。

表 11-22 钻井地质风险指标的得分规则

分值	特征	描述
5 分	地质风险极低	可从浅层气、盐膏层、断层、基岩、沥青层、环保及政府政策法规等方面进行考虑
4 分	地质风险较低	未来在专家审查会中,由专家进行具体描述
3 分	地质风险中	未来在专家审查会中,由专家进行具体描述
2 分	地质风险较高	未来在专家审查会中,由专家进行具体描述
1 分	地质风险极高	未来在专家审查会中,由专家进行具体描述

注:值级来源为历史经验数据。

(8) 钻井工程难度

① 评分建议方:业务部门。

② 评分规则:按企业对项目钻井技术的掌握成熟度进行排序或根据钻井工程难度系数进行排序。工程风险用国际通过的 DDI(钻井难度系数)指标进行衡量,若 DDI 指标获取困难,可简单采用钻井类型进行区分。DDI 指标的计算公式为 DDI=log10[(斜深×水平位移×全曲率)/垂深]。另外还需考虑环保及政府政策法规的影响。各分值特征描述需要根据目前的技术能力做出,若技术有所改进则需进行相应的描述更新。在实际评分执行过程中,按照专家意见,参照各个值级的特征,进行手动评分。

③ 分值区间标准制定规则:根据行业内指标数据制定。

④ 得分规则:如表 11-23 所示。

表 11-23 钻井工程难度指标的得分规则

分值	特征	描述
5 分	工程难度极低	例如: 工程风险:DDI<6.0 简单剖面,难度较低
4 分	工程难度低	未来在专家审查会中,由专家进行具体描述
3 分	工程难度一般	未来在专家审查会中,由专家进行具体描述
2 分	工程难度高	未来在专家审查会中,由专家进行具体描述
1 分	工程难度极高	例如: 工程风险:DDI>6.8 井深较大、曲度较大,难度大

注:值级来源为行业内指标。

2. 经济风险

经济风险共包括时间进度缓冲度、石油合同条款/风险所有权、当地工资水品和货币 4 个二级指标。

(1) 时间进度缓冲度

① 评分建议方:业务部门。

② 评分规则:按照项目时间进度安排的充裕度进行排序。项目时间进度管理的风险在于没有安排合适的进度和缓冲时间,缓冲时间越长则有更长的时间去应对突发状况,减少损失,得分越高。若周期本身存在问题,则会有更高的风险,增加损失。在实际评分执行过程中,按照专家意见,参照各个值级的特征,进行手动评分,评分结果取二者低值。

③ 分值区间标准制定规则:根据历史经验数据建议,并与专家达成一致。

④ 得分规则:如表 11-24 所示。

表 11-24 时间进度缓冲度指标的得分规则

分值	特征	描述
5 分	项目建设时间周期非常充裕,完全能够满足油田投产的要求	周期缓冲期非常长 例如:浅水,水深 200 m 之内,开发投资在 100 亿元以内的油气田,以 34~36 个月为宜;300~1 500 m,投资在 200 亿~300 亿元之间,以 48 个月为宜
4 分	项目建设时间周期充裕,能够满足油田投产的要求	未来在专家审查会中,由专家进行具体描述
3 分	项目建设时间周期正常,基本能够满足油田投产的要求	来在专家审查会中,由专家进行具体描述
2 分	项目建设时间周期紧张,满足油田投产的要求存在困难,有给企业造成损失的可能	未来在专家审查会中,由专家进行具体描述
1 分	项目建设时间周期非常紧张,无法满足油田投产的要求(给企业造成的损失超过 1 000 万美元)	未来在专家审查会中,由专家进行具体描述

注:值级来源为历史经验数据建议,并与专家达成一致。

(2) 石油合同条款/风险所有权

① 评分建议方:法律部门。

② 评分规则:根据石油合同条款对企业的有利程度,衡量企业所要承担的风险,按风险的大小进行排序。是否有利可依据合同条款再结合当时情况并对比同类条款进行评判。在实际评分执行过程中,按照专家意见,参照各个值级的特征,进行手动评分。

③ 分值区间标准制定规则:与法律部门研讨后制定。

④ 得分规则:如表 11-25 所示。

表 11-25　石油合同条款/风险所有权指标的得分规则

分值	特征	描述
5 分	境内自营项目	不存在此项风险
4 分	境内合作项目及境外项目——对企业有利	基本没有风险
3 分	境内合作项目及境外项目——大多数条款有利但存在少量不合理条款	有一定风险
2 分	境外项目——大多数条款有利但存在少量重要不合理条款(例如风险条款)	有较大风险,可能造成经济影响
1 分	境外项目——对企业不利	风险很大,可能造成较大的经济影响

注:值级来源为与法律部门研讨的结果。

(3) 当地工资水平

① 评分建议方:投资管理部门。

② 评分规则:按项目所在当地工资水平的变化程度进行排序。以国际劳工组织统计的各国实际每年工资年平均变化率作为参考。当地工资水平变化程度越高,人工成本风险越高。此项指标为自动评分。若为国内项目,因为风险可控,为 5 分。

③ 分值区间标准制定规则:利用《当地工资水平清单》中的数据作为样本,排除差异过大的值后进行百分位划分,得出各区间临界值。

④ 得分规则:如表 11-26 所示。

表 11-26　当地工资水平指标的得分规则

分值	变化率	描述
5 分	变化率≤1	基本没有风险,工资水平稳定
4 分	1<变化率≤2	风险较小,工资水平较稳定
3 分	2<变化率≤4	有一定风险,工资水平稳定性一般
2 分	4<变化率≤8	有较大风险,工资水平不稳定
1 分	变化率>8	风险很大,工资水平不稳定

注:值级来源为国际劳工组织统计的各国实际每年工资年平均变化率。

(4) 货币

① 评分建议方:投资管理部门。

② 评分规则:衡量当地货币兑换美元的汇率风险,当地货币汇率变化程度越大则风险越高。因美元为通用结算货币,此项评分以美元作为本位币。同时为了避免短期汇率波动的影响,此项评分以外汇市场历史 5 年间平均变动比例作为评分标准,每年的汇率取年平均值。此

指标为自动评分。由于人民币为国内结算货币，若主要货币为人民币，得分为5分。

③ 分值区间标准制定规则：各值级区间的汇率参考企业相关部门的意见，若以后进行维护可参考相关部门意见或利用样本进行百分位划分。

④ 得分规则：如表11-27所示。

表11-27 货币指标的得分规则

分值	货币种类	描述
5分	当地货币兑美元汇率5年内变化幅度小于10%	汇率变化小
4分	当地货币兑美元汇率5年内变化幅度在10%～20%之间	汇率变化较小
3分	当地货币兑美元汇率5年内变化幅度在20%～30%之间	汇率变化适中
2分	当地货币兑美元汇率5年内变化幅度在30%～40%之间	汇率变化较大
1分	当地货币兑美元汇率5年内变化幅度大于40%	汇率变化大

注：值级来源为外汇市场历史五年平均货币汇率变动清单。

3. 商业风险

商业风险共包括作业者能力及合同策略两个二级指标。

（1）作业者能力

① 评分建议方：投资管理部门。

② 评分规则：按作业者的综合能力进行排序，考虑每个公司的业务优势及业务能力不同，但在对抗风险的能力上，与小规模的作业者相比，规模大的作业者抗风险能力更高，业务类型更全面，因此作业者的规模决定了得分的区间。此指标为自动打分。

③ 分值区间标准制定规则：根据《Platts普氏能源咨询2014年排名》进行等距划分。

④ 得分规则：如表11-28所示。

表11-28 作业者能力指标的得分规则

分值	特征	描述
5分	企业自营项目或企业作为作业者且具备本项目的经验或有技术能力	企业规模大，并且综合能力强 排名前20%的公司
4分	企业作为作业者但经验欠缺，其他合作方经验丰富	合作方规模大，并且综合能力较强，曾执行过同类项目或具备相应的能力 排名20%～40%的公司
3分	企业自营项目或企业作为作业者经验欠缺，其他合作方经验欠缺	企业规模一般，并且综合能力一般，不具备相应充足的经验 排名40%～60%的公司
2分	企业作为非作业者且作业者经验欠缺	作业者规模较小，且不具备相应充足的经验 排名60%～80%的公司
1分	企业作为非作业者且作业者无经验	作业者及企业完全没有经验 排名80%之后的公司

注：值级来源为《Platts普氏能源咨询2014年排名》。

（2）合同策略

① 评分建议方：业务部门。

② 评分规则：按合同执行的合作方式进行排序，责权越明确，资质越优秀，得分越高。若根据特质无法明确判断得分，倾向于较低分值的区间。

③ 分值区间标准制定规则：根据历史经验数据建议，并与专家达成一致。

④ 得分规则：如表 11-29 所示。

表 11-29　合同策略指标的得分规则

分值	特征	描述
5 分	总包且总包商资质优秀	有唯一的责任方且资质优秀 例如三星、现代、CVX、SLB、HAL、BHI 等
4 分	分包且合同范围清晰，供应商资质优秀	虽然是分包合同，但权责明确且资质优秀 例如海工、油服
3 分	总包且总包商资质一般	责任方唯一，但资质一般，有风险
2 分	承包商多样，执行合同能力待提高	多责任方且能力一般，风险大
1 分	合同范围不清晰	项目执行能力差，风险很大

注：值级来源为历史经验数据建议，并与专家达成一致。

4. 组织风险

组织风险包括项目执行效率、项目执行地点和项目团队的能力 3 个二级指标，可用这 3 个二级指标共同衡量项目在组织能力上可能存在的风险。

(1) 项目执行效率

① 评分建议方：业务部门。

② 评分规则：衡量石油合同规定的审批责任方及执行的效率，责任方与层级越少则权责越明确，越好管理，项目实施推进越快，则风险越小。

③ 值级确认方式：根据开发生产部及行业历史经验数据制定。

④ 得分规则：如表 11-30 所示。

表 11-30　项目执行效率指标的得分规则

分值	特征	描述
5 分	企业自营项目	单一责任方，效率高
4 分	合作项目且联管会主动推进	合作者起到积极作用
3 分	合作项目且联管会正常推进	合作者不妨碍项目执行
2 分	合作项目且联管会被动推进	合作者对于项目执行有一定妨碍的消极作用
1 分	合作项目且联管会妨碍推进	合作者主动妨碍项目执行

注：值级来源为生产及行业历史经验。

(2) 项目执行地点

① 评分建议方：业务部门。

② 评分规则：衡量项目建造施工地点的数量，数量越少则组织效率越高，人员越易于管理，并且会减少沟通不畅可能产生的问题，风险相对较小。

③ 分值区间标准制定规则：根据历史经验数据制定。

④ 得分规则：如表 11-31 所示。

表 11-31 项目执行地点指标的得分规则

分值	执行地点数量	描述
5 分	地点个数为 2 个以内	工作地点少,组织效率高
4 分	地点个数为 3 个	工作地点较少,组织效率较高
3 分	地点个数正常 4～5 个	工地地点仍在有效掌控范围内
2 分	地点个数为 5～10 个	工作地点较多,组织效率较低
1 分	地点个数为 10 个以上	工作地点过多,组织效率低

注:值级来源为历史经验数据。

(3) 项目团队的能力

① 评分建议方:业务部门。

② 评分规则:衡量项目团队(包括业主和 PMT)的经验和人员调动能力,经验越丰富,人员调动能力越大,则风险越小。此处仅列出了 5 分项和 1 分项,2 分项、3 分项、4 分项需要根据项目实际情况由专家进行打分。

③ 分值区间标准制定规则:根据历史经验数据建议,并已与专家达成一致。

④ 得分规则:如表 11-32 所示。

表 11-32 项目团队能力指标的得分规则

分值	特征	描述
5 分	项目主要团队(PMT)完全有能力,从沟通能力、领导力、技术能力、管理能力、团队稳定性、应急支持能力等几个方面考虑	未来在专家审查会中,由专家进行具体描述
4 分	根据专家意见进行特征确认	未来在专家审查会中,由专家进行具体描述
3 分	根据专家意见进行特征确认	未来在专家审查会中,由专家进行具体描述
2 分	根据专家意见进行特征确认	未来在专家审查会中,由专家进行具体描述
1 分	项目主要团队(PMT)主要能力较差	未来在专家审查会中,由专家进行具体描述

注:值级来源为历史经验数据建议,并已与专家达成一致。

5. 政治风险

政治风险共包括地缘政治、当地营商环境、生产资源许可权、安全与健康、环境、社区/行业关系 6 个二级指标,可用这 6 个二级指标共同衡量项目在政治方面可能存在的风险。

(1) 地缘政治

① 评分建议方:投资管理部门。

② 评分规则:按项目所在国家的地缘政治风险级别进行排序。国内项目情况可控且基本无风险,得分为 5 分。

③ 分值区间标准制定规则:根据和平基金会(The Fund for Peace)2015 年的脆弱国家指数(fragile states index)中不同的分类进行分值划分。

④ 得分规则:如表 11-33 所示。

表 11-33　地缘政治指标的得分规则

分值	特征	描述
5 分	可持续	国家政治多年稳定且可持续
4 分	稳定	国家政治较为稳定
3 分	警告	国家政治较为不稳定,稳定性差
2 分	警报	国家政治不稳定,有混乱/内战倾向
1 分	混乱/内战	已处在混乱/内战中

注:值级来源为和平基金会 2015 年的脆弱国家指数。

(2) 当地营商环境

① 评分建议方:投资管理部门。

② 评分规则:按当地营商环境进行排序。此指标为自动评分。国内项目情况可控且基本无风险,得分为 5 分。同时此项评分专家需对财税风险(国家财税政策有无可能变化)进行考虑,若认为当地财税风险较高,可适当调整分数。

③ 分值区间标准制定规则:根据《营商环境清单》上的排名进行等距划分。

④ 得分规则:如表 11-34 所示。

表 11-34　当地营商环境指标的得分规则

分值	特征	描述
5 分	营商政策优良	排名在前 20%的国家区域
4 分	营商环境较好	排名在 20%和 40%之间的国家区域
3 分	营商环境一般	排名在 40%和 60%之间的国家区域
2 分	营商环境较差	排名在 60%和 80%之间的国家区域
1 分	营商环境很差	排名在 80%之后的国家区域

注:值级来源为世界银行 Doing Business 数据库。

(3) 生产资源许可权

① 评分建议方:业务部门。

② 评分规则:此项衡量标准是获得该区域生产许可证的难易程度。许可权的获取关系到项目能否顺利开展,需要根据相关历史信息及是否明确主要工作范围、流程来判断许可证的获取难易程度。

③ 分值区间标准制定规则:根据生产及行业历史经验数据制定。

④ 得分规则:如表 11-35 所示。

表 11-35　生产资源许可权指标的得分规则

分值	特征	描述
5 分	容易,主要范围清晰	未来在专家审查会中,由专家进行具体描述
4 分	较容易,范围较清晰	未来在专家审查会中,由专家进行具体描述
3 分	有点难度,但范围清晰	未来在专家审查会中,由专家进行具体描述
2 分	比较困难,范围不清晰	未来在专家审查会中,由专家进行具体描述
1 分	非常困难,主要工作不清晰	未来在专家审查会中,由专家进行具体描述

注:值级来源为生产及行业经验。

(4) 安全与健康

① 评分建议方:业务部门。

② 评分规则:衡量获得该区域安评的难易程度。安评的获取关系到项目开展的进度,需要根据相关历史信息及当时的情景进行判断。

③ 分值区间标准制定规则:根据研究总院专家研讨及行业经验制定。

④ 得分规则:如表 11-36 所示。

表 11-36 安全与健康指标的得分规则

分值	特征	描述
5 分	HSE 规定明确,且容易满足	未来在专家审查会中,由专家进行具体描述
4 分	HSE 规定明确,可以满足	未来在专家审查会中,由专家进行具体描述
3 分	HSE 规定不太明确,存在模糊不清的地方	未来在专家审查会中,由专家进行具体描述
2 分	HSE 规定不明确,部分指标满足起来有困难	未来在专家审查会中,由专家进行具体描述
1 分	HSE 规定相当不明确,且部分指标无法满足	未来在专家审查会中,由专家进行具体描述

注:值级来源为专家研讨及行业经验。

(5) 环境

① 评分建议方:业务部门。

② 评分规则:衡量获得该区域环评的难易程度。环评的获取关系到项目开展的进度,需要根据相关历史信息及当时的情景进行判断。

③ 分值区间标准制定规则:根据专家研讨及行业经验制定。

④ 得分规则:如表 11-37 所示。

表 11-37 环境指标的得分规则

分值	特征	描述
5 分	HSE 规定明确,且容易满足	未来在专家审查会中,由专家进行具体描述
4 分	HSE 规定明确,可以满足	未来在专家审查会中,由专家进行具体描述
3 分	HSE 规定不太明确,存在模糊不清的地方	未来在专家审查会中,由专家进行具体描述
2 分	HSE 规定不明确,部分指标满足起来有困难	未来在专家审查会中,由专家进行具体描述
1 分	HSE 规定相当不明确,且部分指标无法满足	未来在专家审查会中,由专家进行具体描述

注:值级来源为专家研讨及行业经验。

(6) 社区/行业关系

① 评分建议方:业务部门。

② 评分规则:衡量作业者与当地社区及行业协会的友好程度,程度越高,得分越高。社区及行业关系的好坏可能会促进或者阻碍项目的进行,且较难以预测,存在一定的风险。

③ 分值区间标准制定规则:根据专家经验及行业历史经验数据制定。

④ 得分规则:如表 11-38 所示。

表 11-38 社区/行业关系指标的得分规则

分值	特征	描述
5 分	好	当地社区支持本项目,关系紧密,有过多次合作
4 分	较好	本地社区一般支持,不需要投入额外的资源,关系较为紧密,曾有过合作
3 分	正常	正常,需要投入一定资源经营,关系一般,无合作经历
2 分	较差	本地社区不支持,需要投入很多资源,关系较差,有不良合作经历,但影响较小
1 分	差	本地社区反对,需要投入大量资源经营,关系差,有不良影响较大的不良合作经历

注:值级来源为专家经验及行业历史经验。

11.3.5 在大数据背景下对专家意见的考核与专业性调整

在每个指标评分过程中可以发现,专家的评分在各个指标中都占据非常重要的位置。因此,如果对专家的评分标准给出科学合理的评判,可保证有经验、认知准确的专家提出的意见能够起到更多作用,本章也设计了对专家专业性的评估和评估优化的相关过程。

首先,对每个专家的评分习惯和相关专业领域进行建模,建模内容如表 11-39 所示,主要包括打分习惯、打分领域,以及每个领域所涉及的评分权重。其中,在打分习惯上,会计算每个专家打分的分布情况,以正态分布模型对专家打分进行模拟,计算出每个分数对于该专家在心目中的高低好坏程度。在给分领域,只选取每个专家所擅长的、进行投票的相关项进行评估,并在评分权重中给出专家在每一项中投票的重要性权重。

表 11-39 专家打分权威性建模项目

姓名	编号	打分平均值	打分标准差	打分领域 1	打分领域 1 的权重	打分领域 2	打分领域 2 的权重	打分领域 3	打分领域 3 的权重

在完成针对每个专家的建模后,开始根据流程对专家的评议权重进行相应的计算和分析,主要采用的是基于历史经验进行权重调整的贝叶斯算法。

贝叶斯算法是针对随机事件和条件概率的贝叶斯定理构建的算法,指的是在一定条件下在事件已经发生的情况下,对这件事情再次发生的情况作出判断,具体的数学模型为

$$P(B|A)=\frac{P(B)P(A|B)}{P(A)}$$

其中,$P(B|A)$指的是条件概率,意思是在 A 发生的条件下 B 事件发生的概率大小。在本书的研究中,就可以通过专家已经打分的情况,根据打分结果,判断未来他打分的重要性程度,从而计算他打分重要性的权重。专家打分权威性优化流程如图 11-9 所示。

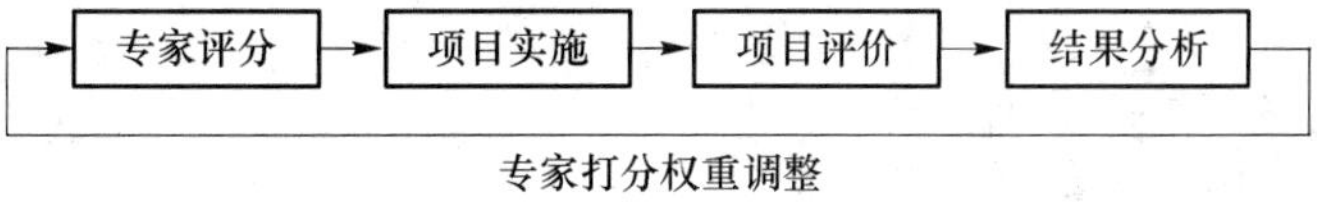

图 11-9 专家打分权威性优化流程

第 12 章　跨国石油集团公司投资决策指标体系的建立

在完成了投资决策指标体系中指标的筛选和确定了评估办法后，本章的重点在于通过定量、定性等多样化的确定方法，对之前提出的指标架构给出科学、合理的评估权重，以达到构建完整的投资决策指标体系的目的。

12.1　决策评价模型的科学性

评价的科学性建立在评价规范和标准的基础上，要确保评价的科学性，就必须要在规范性上做出明确规定。高质量项目数据和明确统一的模型计算逻辑是对投资项目进行定量评价的基础，项目数据采集的一致性、连贯性和客观性是确保决策评价有效性的先决条件，正确合理、统一明确的计算逻辑是保证正确合理反映项目量化信息的关键保障。

由图 12-1 可知，与投资项目决策评价相关的数据可以分为基础数据、业务数据和公共数据等 3 类。各类数据可能因为采集时间节点不同、地区不同、统计口径不同而有所差异，导致数据质量差，无法直接应用于计算评价。所以，在进行数据采集之前，必须保证统计方法和口径的一致性，例如使用当地物理单位、科学定义各种动态变化的公共数据（各国税费、不同地区的通胀率、油气当量折算、各种费率等），这样才能保证自动计算评价输出结果的客观性。

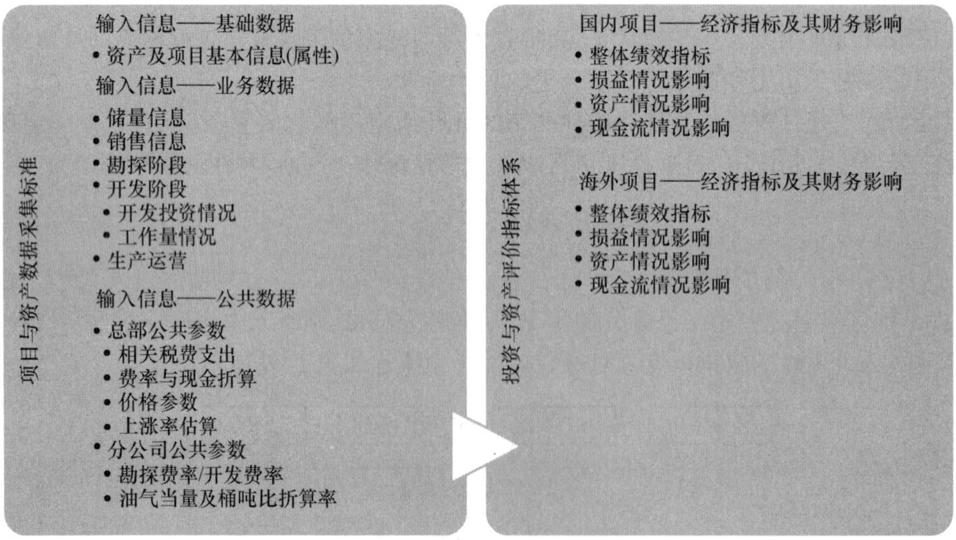

图 12-1　资产组合的综合评判流程

在确保数据标准的基础上，使用统一的经济评价模型，统一同一次评价中所使用的参数及配置条件，明确经济评价模型中的计算逻辑，如图 12-2 所示。

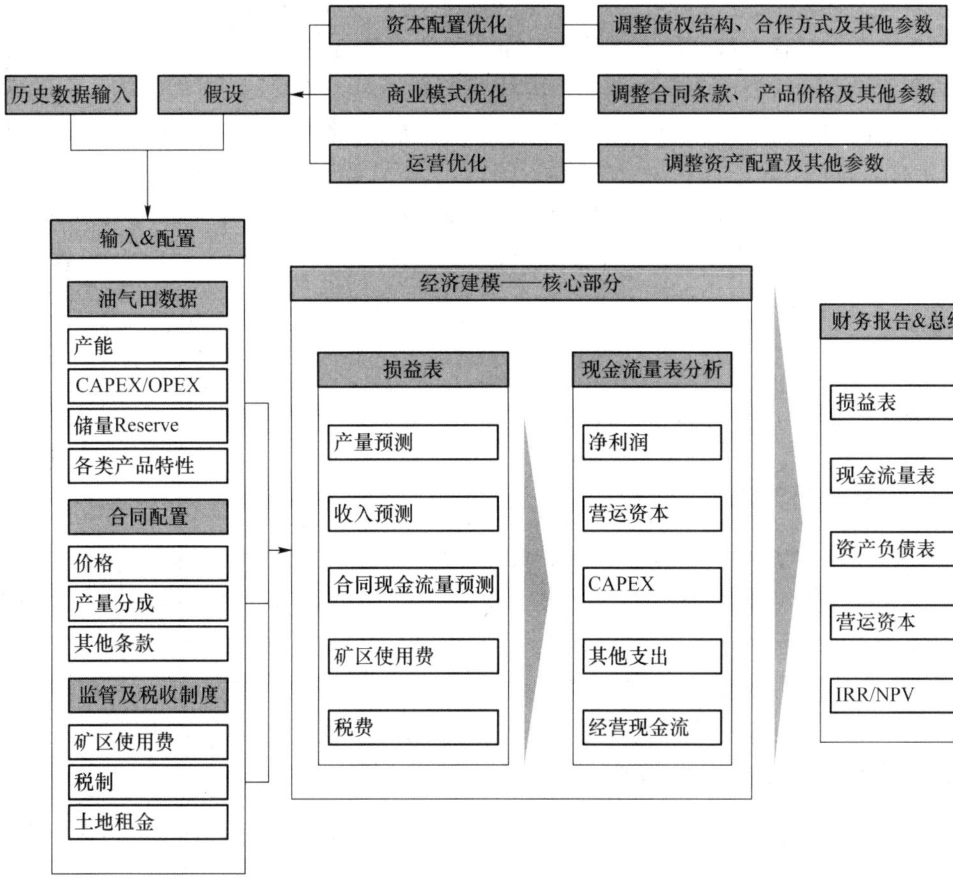

图 12-2 数据计算逻辑模型

有了正确的规范和计算标准，基本数据的可比性将大大提高，这样在项目组合方面，国内与国外、深水与浅水、全资与合资、作业者投资的项目，在经济价值和财务上可以清晰地展示一个计算结果。同时在设定油价情景和所在国的财税政策时，其价值就可以在同一平台上进行竞争和评判。以价值为核心的辅助决策系统使项目间能够进行科学评优，能够针对不同地区、不同环境、不同政治、不同政治环境下的不同资产进行统一评价。

在此基础上，结合不同环境、不同国家的不同投融资模型（国际银团、国内银团、政策性银行、国家战略基金等），即可以得到融资模型下项目组合中不同的价值。在资本有限的条件下，可最大限度地发挥信用价值，设计和构建更加优化的商业模式，构建更合理的项目组合。在投资组合的筛选阶段，能够对现有资产进行梳理，针对高成本、低回报的项目可以通过调节项目进度进行优化，以满足短期和长期目标。

12.2 投资项目决策权重因素

12.2.1 建立价值和风险权重的基础

跨国石油集团公司投资决策与在运行资产管理是资源型公司战略、总体目标、运营效率和跟踪后评价的完整闭环管理的组合与叠加,既是公司发展战略在运营质量方面的衡量标准,又是实现项目投资的决策执行,全面体现了企业适应行业特点和获得最大价值,并在不断的后评价监控分析中得到反馈和改进的有效途径。企业投资决策与在运行资产管理更是站在全球水平上评价资源型公司投资与资产整体管理的核心环节。

本节主要的研究对象是石油勘探开发公司(全球独立石油公司和巨型石油公司),多是陆地、海洋皆有的石油公司。仅有少数的国家石油集团公司属于完全海上石油勘探开发公司,其海洋石油业务属于高投入、高技术、高风险、高回报类型,也是最为全球化的领域。因此,在进行投资项目决策评价时,需要充分考虑项目所在国家的政治环境、经济环境、社会环境、文化环境和财税政策等,特别是要加大在小国家投资决策难度的权重。

海洋石油作业所处自然环境恶劣(海上灾害的影响远大于陆地),环保要求高(如溢油事件,在陆地上的影响范围相对较小,而在海上影响极大,甚至会引起国际的纠纷),一旦出现事故将造成巨大损失。因此,在决策权重中要充分考虑加大相关赔偿权重。

12.2.2 价值图形的生成

按照传统指标决策体系,对单体项目的投资选择进行评价和排序,形成项目备选池,包括国内项目储备库和海外项目储备库,以备投资项目组合进行组合排序。以此根据不同项目的特点和情况进行单项选择和组合选择,形成不同的投资项目组合。基于投资组合开展组合情景分析,明确各个情景下投资项目组合的可持续性、可操作性和后续影响等。将预设投资组合在不同情景下的表现与现有运行项目进行叠加分析,获得基本价值图形,其中反映生产能力的为产量叠合图,反映经济运行情况的为价值图形。

12.2.3 建立评价优选体系

评价优选体系的建立是为了提出便于实施的,真正向国际同类公司靠拢或相一致的,为企业决策层提供科学、客观、全面评价的多个维度的度量,建立企业投资的预警机制、事前诊断、过程分析、过门径选择(继续、持有、部分出售、出售)的辅助系统,来防止由于未及时察觉问题而带来的长期风险或因为资源不足而造成的企业现金流出问题。

单体项目评价模型包括战略契合、经济效益和项目风险等3个评估维度。其中,战略契合评估投资项目机会是否符合企业的发展战略,包括企业的投资导向、市场竞争策略和发展规模;经济效益评估从企业内部角度评估项目的经济性和盈利能力,关注投资回报率、投资回收期和成本竞争力等经济指标;项目风险评估从企业内部和外部角度评估项目是否受控制,关注技术风险、经济风险、商业风险、组织风险和政治风险等。3个评估维度分别包含不同的指标分类,每个指标分类都可进一步细化为评估指标,每个评估指标都可制定相应量化的评分标准,从而能够根据项目情况计算出客观、全面、可对比的评价结果。

12.2.4 进行战略性排序

投资组合决策必须以战略目标和发展方向作为指导及标准,优选结果根据企业战略进行排序。战略性排序分为程序排序和专家排序;程序排序由价值和风险权重基础、价值图形和评价优选体系给出;专家排序则按照专家个人权重的选择范围,结合原来技术评价(油藏、钻完井、海上工程)和资源所在国家、所在区域、资源组合和投资组合市场等约束条件进行模糊数量化评价排序。

12.2.5 战略契合度分析方法

跨国石油集团公司战略分为集团公司总体战略、业务单元战略、资产战略和商业原则。集团公司总体战略从集团公司整体角度出发,规划集团公司未来发展的方向,根据环境变化,依据企业的资源和实力选择和调整经营领域和产品,增强核心竞争力,对业务表现〔如提高 LNG(液化天然气)在产品中的占比等〕、财务表现(如保证长期稳定的现金流等)、企业形象(如减少污染物排放等)等进行战略规划,增强企业竞争力。业务单元战略在集团公司总体战略的基调下,制定业务单元内的发展战略,制定一定时期内的业务目标(如在未来某个时点实现目标产量等)、财务目标等。资产战略就是针对企业各类资产制定发展方向和目标(如最大化最终采收率、提高近场勘探灵活性等)。商业原则一般为行业通行原则,对质量、安全、环保和人员健康制定目标。

对于投资项目本身,也存在项目层面战略,一方面包括在项目的客观情况和项目价值(如资产情况、项目环境等),另一方面包括在项目执行过程中制定的策略(如采办策略、项目周期制定等)。4W1H 分析法将问题拆解为为什么做(Why)、谁去做(Who)、做什么(What)、在哪里做(Where),以及怎么做(How)。在评估投资项目与企业战略的契合度时,使用 4W1H 分析法,主要关注发展什么规模的油气产品(What)、发展什么区域(Where)和通过什么方式开展(How),即项目的投资规模、投资区域和市场竞争方式是否符合企业战略。从投资规模层面,考虑油气资源的贡献能力,如产量、技术可采储量等,同时对项目业务的投资意向优先级进行排序;从发展区域角度,考虑项目区域和项目范围的优先级排序;从市场竞争角度,使用 SWOT(优势、劣势、机会、威胁)分析模型,如表 12-1 所示,从区域产品市场选型、产品市场的供销关系和产品销售渠道等方面进行分析。

表 12-1 SWOT 分析

S(Strength,优势) 是组织机构的内部因素,具体包括有利的竞争态势、充足的财政来源、良好的企业形象、技术力量、规模经济、产品质量、市场份额、成本优势、广告攻势等	W(Weakness,劣势) 是组织机构的内部因素,具体包括设备老化、管理混乱、缺少关键技术、研究开发落后、资金短缺、经营不善、产品积压、竞争力差等
O(Opportunity,机会) 是组织机构的外部因素,具体包括新产品、新市场、新需求、外国市场壁垒解除、竞争对手失误等	T(Threat,威胁) 是组织机构的外部因素,具体包括新的竞争对手、替代产品增多、市场紧缩、行业政策变化、经济衰退、客户偏好改变、突发事件等

12.2.6 基本经济价值分析因素

投资项目的经济效益反映在项目未来的盈利能力上,包括项目投资回报能力、项目投资时间和项目竞争力。项目投资回报能力一方面体现在项目计算期内的总价值,另一方面体现在项目占用的未回收资产的获利能力,定量表现为项目净现值(NPV)和内部收益率(IRR);项目投资时间包括生产年限、经济年限、投资回收期等在内的可衡量时间,用于定位财务上回收投资的能力,定量表现为投资回收期;项目竞争力最直接的表现为桶油成本和桶油盈利,在此基础之上,结合油价因素可能的变动情况,在不同的情景下模拟计算桶油盈利和成本。

海外项目机会评估还会涉及当地政府部门、社会团体、NGO(非政府组织)、其他竞争公司和竞争项目等利益相关方。利用利益相关方测绘图,如图 12-3 所示,描绘各利益相关方对投资项目机会的关注和支持度,以及其对于项目的影响力。对于不同的利益相关方,需要采取不同的对待策略以避免出现潜在的问题和隐患。

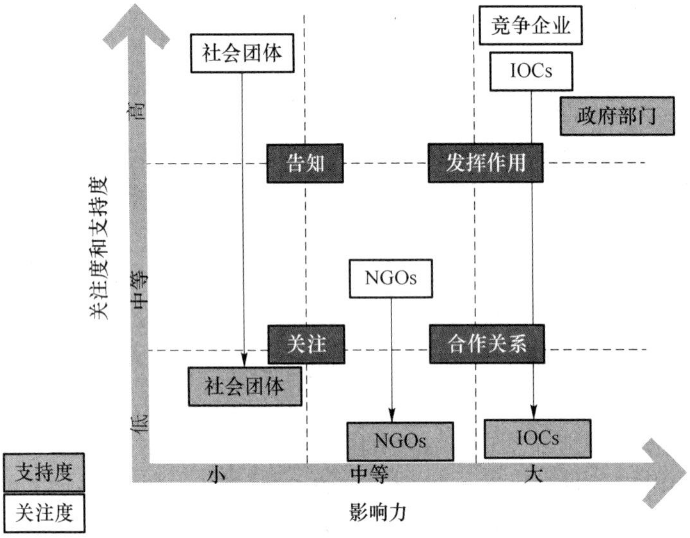

图 12-3　利益相关方测绘图

① 告知和关注。对关注度高、支持度低、影响力小的利益相关方,如当地社区、社会团体等,采取信息公开的策略,对其及时披露项目相关信息,如项目 QHSE(质量、健康、安全、环境)方案等。

② 发挥作用。与关注度高、影响力大的利益相关方,如政府部门、竞争公司〔如 IOC(国际石油公司)〕等建立关系,利用和发挥其职能作用。

③ 建立合作关系。对支持度低、影响力大的利益相关方,如某些 IOC,根据项目机会和企业状况与其建立合作关系,作为合作开发方开展项目。在与合作伙伴开展海外合作项目的过程中,需要考虑企业与合作者之间的价值主张,在项目合作中,企业能够为合作者带去哪些价值,能够从合作者处获得哪些价值,如何实现双方的价值最大化,如表 12-2 所示。

表 12-2　SWOT 企业在合作项目中的价值主张

企业为合作者带去的价值	企业从合作者处获得的价值
• 企业声誉	• 项目股份
• 领先的项目管理能力	• 战略联盟伙伴
• 领先的项目经验	• 项目地区有利的牌照和政策红利
• 国际市场渠道	• 加快项目在项目地区的审批流程
• 更强的项目融资能力	• 本土合规性保证
• 战略联盟伙伴	• 参与项目地区能源市场机会
…	…

12.2.7　项目风险评估分析因素

项目风险管理从识别项目机会开始，贯穿到项目执行结束，并进入生产经营阶段，覆盖项目的全生命周期，如图 12-4 所示。在每个项目阶段，都需要能够及时识别风险，并评估风险水平，不同情景条件可能对项目造成的影响，进而计划制定风险应对方案，在风险出现时即时实施应对方案，并针对应对效果进行监控、评价和再评估，从而不断优化改进风险应对方案。

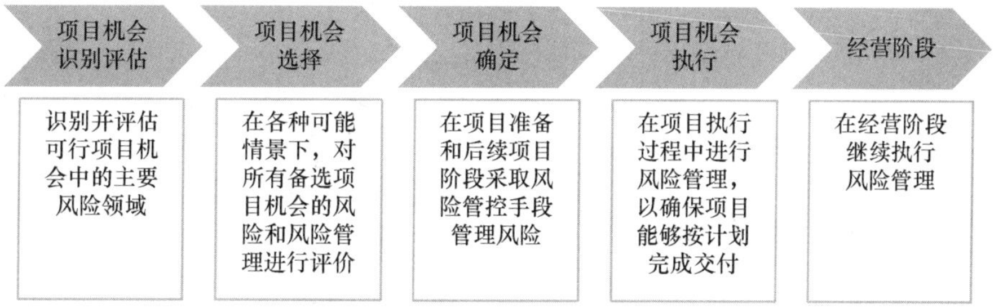

图 12-4　项目风险全生命周期管理

对项目风险评估采用多维度的指标设计，主要依据风险类别来确定，通过专家抽样方法获得各种风险类别，经过甄别和筛选，除了在传统决策评价模型中国内项目以技术和经济作为主要指标，国外项目以技术、经济、商业、政治作为主要指标外，考虑公司在组织成熟度、组织架构的敏捷度、组织效率、组织能力方面是否适应所在国和地区，要更加突出组织类指标在评价过程中的重要性，以及突出政治类因素中地缘政治和国家对外政治经济政策的指标权重。

12.3　投资项目决策权重的确定方法

在二级指标的设计过程中，在原来定量数据的基础上增加了定性评价指标，以专家视角和区域负责人同时加入评价体系的方式，较为客观和理性地进行值级确定。

12.3.1　定量权重的确定方法

1. 随机森林模型

随机森林(random forest)模型是目前在大数据和机器学习领域应用非常广泛的数学模型，是由彼此独立的随机树共同组合而成的，基于随机决策树的特征，将随机性引入了决策树分类器，提高了原本的分类效果和泛化能力。目前这一模型已经广泛应用到图像处理、语音识别、数据挖掘等领域的回归、分类情景当中。

在模型架构层面，随机森林主要是基于决策树构建的。决策树是一种基于树状结构构建的分类树，在训练时，每个节点都会针对某一属性进行计算评估，并根据评估结果分成两个新的叶子节点。一般来讲，叶子节点指代的就是决策树分类的结果，从根节点出发到叶子节点的完整路径就可以代表一个决策过程。具体算法步骤如下。

① 以全体训练数据样本集合 T 作为决策树的根节点。

② 基于信息熵增益或者基尼系数计算结果筛选出该节点数据样本中能够产生的区分度

最高的属性,并根据这一属性将母数据集分割到两个子节点。

③ 针对每一个拥有富裕属性空间的子节点重复步骤②,若满足以下两个条件则该节点的分裂过程结束。

a. 所有数据样本都属于同一类。

b. 没有多余的属性可以继续分裂。

决策树模型示意如图 12-5 所示。

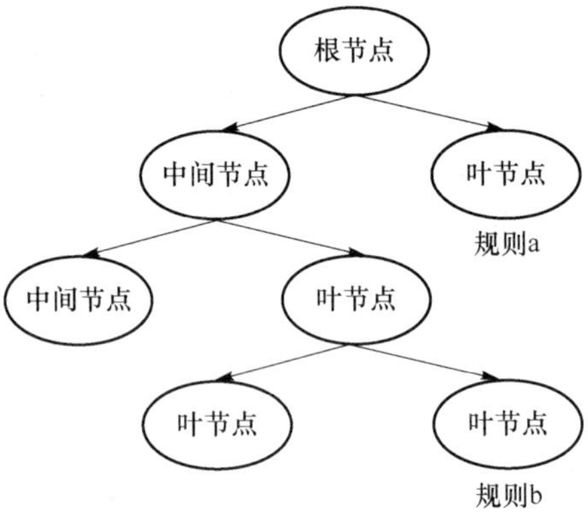

图 12-5　决策树模型示意

在决策树的执行过程中,最重要的过程就是对每一个节点分类过程中特定属性的选择,目前来讲主要有信息熵法。

信息熵法基于信息增益,是由香农在信息论的论文中提出的,该方法首先衡量和计算每一个特征和属性在整个数据样本空间中的熵值,然后通过比对熵值的大小来判断每一个特征对样本分类的价值,从而确定分类属性。

计算信息增益的公式为

$$\text{Gain} = \text{Entropy}(T) - \sum_{i=1}^{m} \frac{|T_i|}{|T|} \cdot \text{Entropy}(T_i)$$

计算信息熵的公式为

$$\text{Entropy}(T) = \sum_{j=1}^{s} \text{freq}(C_j, T) \cdot \log_2 \text{freq}(C_j, T)$$

可以通过计算信息增益来判断每一个属性对于样本数据分类的贡献和相对大小,从而得出结果。

随机森林模型正是基于决策树构建出来的。在随机森林模型的构建中,假设我们希望在森林中得到 k 棵决策树,首先将样本特征以随机的形式分给 k 棵树,每棵树进行决策树的相应分类计算并得出每一个属性特征的重要性,然后对重要性结果进行算数平均或者加权平均处理,从而得到在整个森林中特征的重要性,并对特征的权重进行相应的归一化处理,最后得到我们需要的结果。

2. 神经网络模型

神经网络模型是目前在机器学习领域中研究和使用非常广泛的模型之一。一般情况下,神经网络模型以神经元为基本模型构成,整套算法模拟的是人类大脑中神经的电信号传输过程。如图 12-6 所示,$\boldsymbol{X}=(x_1, x_2, \cdots, x_n)^{\mathrm{T}}$ 为神经元从前一神经得到的信号,这些信号通过有权重的连接（$\boldsymbol{W}=(w_1,w_2,\cdots,w_n)^{\mathrm{T}}$），把这部分信息传递给下一个神经元，在下一个神经元中会对该信息进行信息过滤，如果收到的电信号大小超过了该神经元设定的阈值，则通过一个神经元内部的信号计算（函数 f），将该信号继续进行传递。

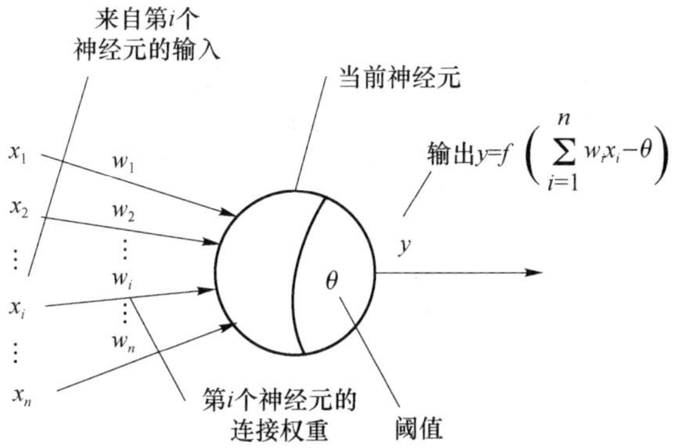

图 12-6　M-P 神经元

在每个神经元的计算过程中，一般情况下脑神经里大家常用的函数都是阶跃函数。当达到一个阈值以后，该神经元才会继续传递信息。然而在现实条件下，因为阶跃函数本身是不连续的，所以在神经网络的优化和计算过程中需要将阶跃函数进行优化和平滑处理，从而我们更多地会去选择类似于 Sigmoid 函数等能够表达阶跃函数特性的连续函数，如图 12-7 所示。

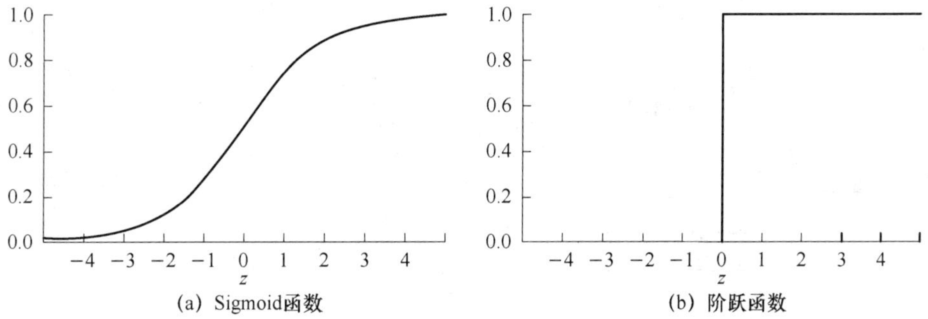

图 12-7　Sigmoid 与阶跃函数

Sigmoid 函数的计算过程为

$$\mathrm{S}(x)=\frac{1}{1+\mathrm{e}^{-x}}$$

由此可发现，在神经网络模型的使用过程中有相当大量的参数需要提供，主要包括每个神经元之间传递的计算权重 $\boldsymbol{W}$ 和每个神经元的阈值，因此需要通过大量的数据，以目标函数为根基对所有参数进行优化取值。现在比较常用的方法是将目标函数通过最小二乘法加入惩罚项，为了防止过拟合加入正则项，之后通过梯度下降算法找到每个参数应该变化的方向，然后设定一个优化率目标，根据该目标调整参数的变化幅度，在调整过程中逐渐缩小优化率，以最终实现参数优化的目的。

一般在神经网络模型的使用过程中，首先设定神经网络的层数和每一层的神经元数量。由图 12-8 可看出，神经网络分为输入层、隐藏层和输出层：输入层就是我们输入的自变量入口，有多少个自变量即有多少个神经元；输出层是在计算过程中根据目标函数和模型使用目的来确定的；隐藏层中的层数和每一层神经元的多少则通过实际训练的需要进行调整，一般情况下，层数越多，神经元数量越多，整套模型训练出来的效果会越好，但与此同时参数数量太多会导致训练时间过长和过拟合问题出现。

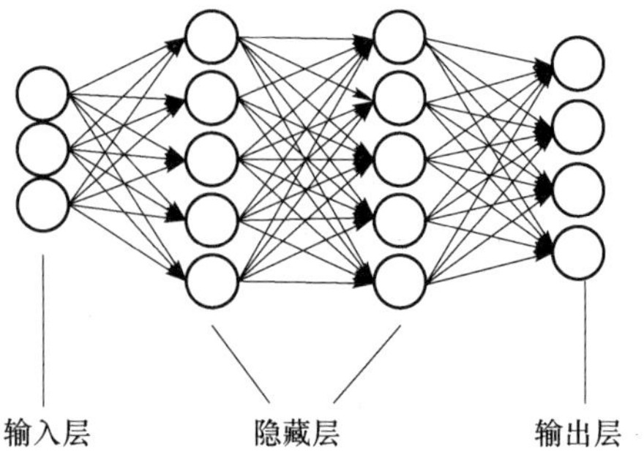

图 12-8　神经网络

3. 模糊区间分析法

模糊评价矩阵为 $\boldsymbol{P}$，P_{ij} 表示第 X 个指标在第 i 个因素处于第 j 级权重。第 i 个指标的权重为 $\boldsymbol{W}$，可得权重数 $\boldsymbol{A}=(W_1,W_2,W_3,\cdots,W_n)$。

利用矩阵的模糊乘法得到综合模糊评价向量 $\boldsymbol{B}=\boldsymbol{A}\cdot\boldsymbol{P}$。

区间取值方法如图 12-9 所示。

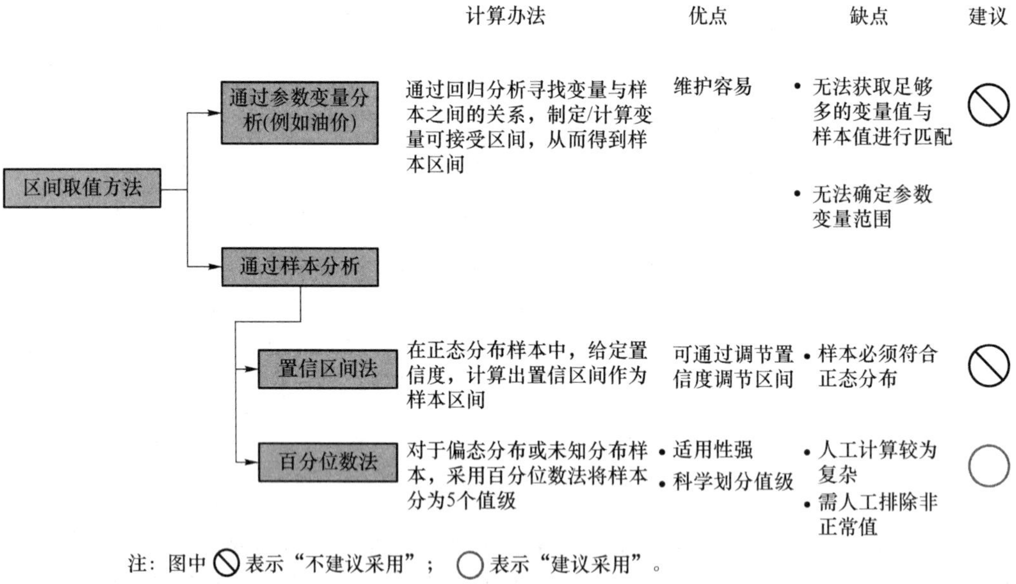

图 12-9　区间取值方法

12.3.2　定性权重的确定方法

德尔菲法（Delphi method）是指通过背对背的方式征询专家小组成员的意见，经过几轮征询，帮助专家小组的预测意见趋向于集中化，最后总结出能够符合未来市场发展趋势的预测结论。德尔菲法又被称作专家意见法，或者专家函询调查法，这套过程非常系统，专家意见也主要以匿名的形式发表，即团队成员之间不能发生横向联系，不得互相讨论，只能与调查人员传递信息,通过反复填写问卷、集结问卷填写人共识并且进一步搜集各方意见的方式,构造团队沟通流程,实现对复杂难题任务的管理预测,其具体步骤如图 12-10 所示。

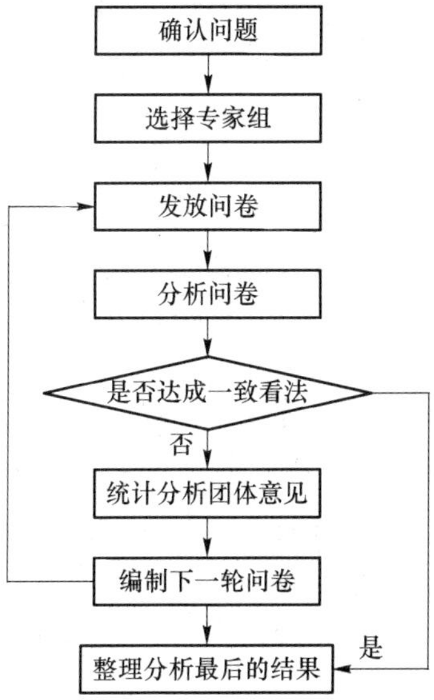

图 12-10 德尔菲法的具体步骤

12.3.3 权重的综合评估法

基于定量和定性的方法,在确定权重的过程中我们主要采取将定量和定性的方法进行结合的方式对权重进行处理和计算。从本质上来讲,项目决策都是非常重大的事件,而人和机器所做的决策都可能存在相应的局限性。对于专家来说,可能会被局部数据和现象影响,或者受自己的研究方向和经历所限,对项目评估结果的评选有所偏差;对于机器而言,由于整套计算过程都是基于数据进行的,而数据存在的问题就是这些数据一方面都是历史数据,通过这些数据很难准确地了解实际生产过程中做决策博弈的过程,另一方面人们在历史项目中做出选择的时候已经认为规避掉了一些可能存在的风险,而由于没有相关数据的支持,数据并不能判断出这种风险的可能性。因此在本书的研究中,我们采用的是通过机器算法辅助专家的形式,对权重进行相应的计算,如图 12-11 所示。

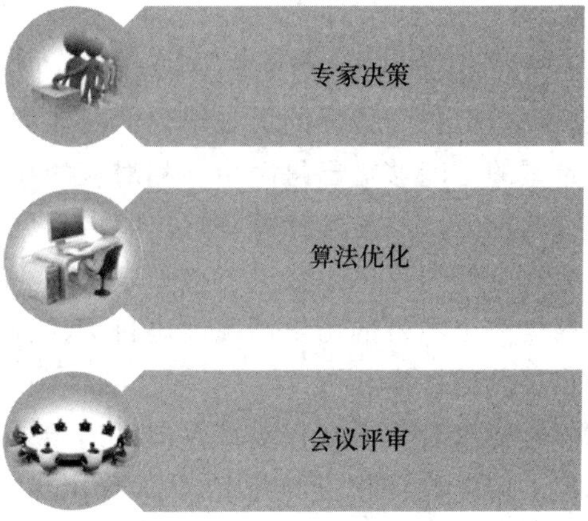

图 12-11 权重综合计算流程

首先专家会通过定性的方式，完成不记名投票，并通过集体讨论的形式，先简要确定权重的初始值，之后再通过定量的算法，以专家决策出来的权重作为基础，对整个权重体系进行相应的优化和计算，最后专家再根据计算机研究出来的结果进行会议讨论，分析计算结果与原本内容的差异，拆解原因，并最后决定每个指标的权重大小。

在算法的选用过程中，发现神经网络能够更好地符合这一流程，完成权重数值的计算。对于线性回归而言，线性回归自身的属性和计算过程能够很好地对各权重进行计算，然而由于各个指标之间不是完全去相关的，线性回归在计算过程中会存在一定程度的偏差，使得结果的可信度下降。与此同时，我们无法把专家的先验初始值代入线性回归的初始值当中，这就使得线性回归的运算过程与专家决策过程是断档的，很难对其中与专家评议不一样的结果进行深入探讨。

对于随机森林模型，首先它存在和线性回归同样的问题，即无法将专家提供的先验知识代入模型的使用当中，其次随机森林模型计算出的结果更多的是能够表现各个指标的重要性排序，很难给出明显的权重，这一点在权重的计算过程中就很难满足我们的需求。

对于神经网络而言，虽然神经网络存在可解释性差的特点，但是我们可以将专家的初始评议意见作为神经网络计算的初始值，进行代入，与此同时对神经网络的输出层模型进行相应的调整，如图 12-12 所示。

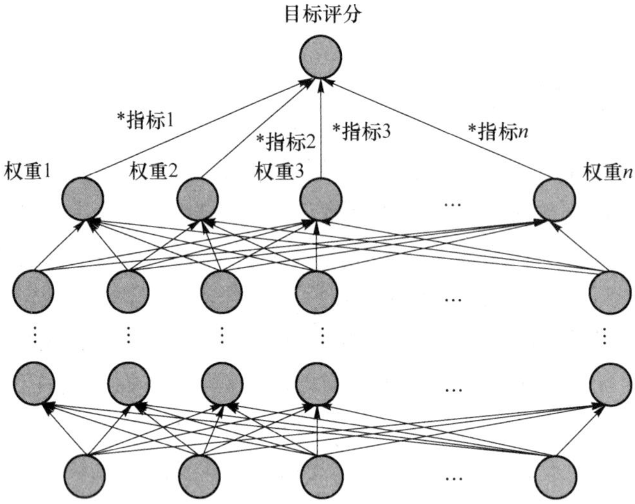

图 12-12　权重综合评判流程中的神经网络优化模型

在模型的使用和计算过程中，把每个指标的历史得分情况作为模型的输入，而最后的输出层由两层组成，第一层我们希望的是能够输出每个指标相对应的权重，但是目前这一层我们没有对应的真实值作为参考，因此加入一层线性计算，通过计算出来的权重与指标数值线性乘积求和得到目标评分，而把目标评分作为目标函数进行接下来的运算。在这个过程中，专家可以参与的有两个部分，一个是根据每个项目的历史情况给出目标评分，另一个是给出每个指标权重的初始值，作为算法进一步计算的标准。

在完成算法层面的计算后，专家会再根据权重计算出来的结果，分析结果与初始值之间的差异性，并对专家组之前得出的结果进行相应的调整，从而作出最优决策。

12.4 值级的设定与优先级的确定

12.4.1 值级的设定

战略契合度需要通过对企业战略进行解析推导出量化指标,通过访谈调研等形式与相关部门人员及领导进行沟通,在不同领域解析出定性或定量的细化指标;在企业战略解读的基础上,经济价值评估在传统指标体系的基础上进行补充完善;在项目风险评估方面,结合国际同业领先实践设计相应的风险领域。

在原来定量数据的基础上增加定性评价指标,以专家视角和区域负责人同时加入评价体系的办法,较为客观和理性地进行值级设定。在评价模型中,值级统一划分为5级,基于企业的实际数据,对标期望成果,结合部门经验设计并确定每一等级的具体含义。

12.4.2 值级的确定

在传统决策评价模型中,值级评定一般以好、一般、不好作为级别判断,但专家团队不同可能导致评价意见有差异,难以进行判断。对于公司战略决策层而言,最大的困惑在于当本公司区域领导人和所在地区(国家)具有双重优势时,一般所在区域方优先占据较大权重,但与此同时,以价值为引领的专家团队更加注重项目效益等因素,难以体现战略优先的策略。

参考世界一流公司领先实践,将规模基础的全球战略、区域战略和公司总回报作为企业核心指标之一,规模是战略层融资和集中投入精力解决各种相关关系的关键。因此本章将"规模与价值并重"作为权重设计的主要依据,在资源充沛程度和生产能力贡献方面加大权重值,按照与公司地位相匹配和专家认可的规模级别,内设于系统中;经济指标按照公司设定的中长期指标内设于系统中;专家评分集中在五大风险中,在经济风险上评分对等,在技术风险和政治风险上评分指标偏重专家,商业风险和组织风险完全由专家评判,以加大对风险变化的应对能力。

权重设计方法从战略契合、经济价值、风险系数等3个维度共35个指标对单体项目进行综合评价,如图12-13至图12-15所示。由表12-3可以看出,结合集团公司的特点,利用头脑风暴法、企业战略分析法、熵权法、模糊综合评价法等方法,最终得到的自动打分和专家评分指标分别为17个和18个,分值占比为82%和18%。

表12-3 项目评价模型值级设计

战略契合(指标分类4个,指标7个)	投资策略	指标共2个,全部自动评分
	销售策略	指标共3个,全部自动评分
	资源充沛程度	指标共1个,全部自动评分
	生产贡献量	指标共1个,全部自动评分
经济价值(指标分类1个,指标5个)	盈利能力	指标共5个,全部自动评分

续 表

风险系数(指标分类5个,指标23个)	技术风险	指标共8个,专家评分8个
	经济风险	指标共4个,自动评分2个,专家评分2个
	商业风险	指标共2个,自动评分1个,专家评分1个
	组织风险	指标共3个,专家评分3个
	政治风险	指标共6个,自动评分2个,专家评分4个

12.4.3 战略契合维度设计

1. 一级权重设计

(1) 投资策略和销售策略(10%、10%)

投资策略和销售策略没有明确的区域倾向,给予10%的一级权重,当企业对这两项策略有更强的战略需求时,则适当调增权重。

(2) 资源充沛程度和生产贡献量(40%、40%)

资源充沛程度(技术可采储量)和生产贡献量(总产量)均匹配规模维度,平均分配权重。

2. 二级权重设计

(1) 投资策略——投资业务优先级和投资区域优先级(60%、40%)

对企业战略进行解析,目前对投资业务和区域具有同等的重视程度,但投资区域的判别字段为国家,而国家字段已通过多个不同指标进行了一定程度的衡量,因此权重调减(40%)。

(2) 销售策略——产品优先级、销售区域优先级和销售渠道(50%、25%、25%)

油品的质量与销售价格紧密相联,油气产品的品质(API/含烃百分比)与市场的需求量呈正相关关系,设计权重占50%,其余两项各占25%。

(3) 资源充沛程度——技术可采储量(100%)

资源充沛程度仅包含技术可采一个指标,设计权重为100%。

(4) 生产贡献量——总产量减自用量/净产量(100%)

生产贡献量仅包含总产量减自用量/净产量一个指标,设计权重为100%。

战略契合维度设计如图12-13所示。

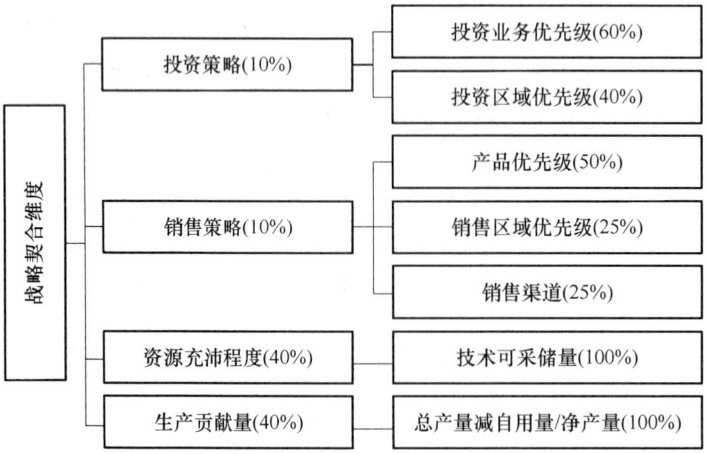

图12-13 战略契合维度设计

12.4.4　经济价值维度设计

1. 一级权重设计

盈利能力（100％）。经济价值维度的评价指标，主要从盈利层面考虑对比历史数据和对项目池中其他项目而言待评价项目的经济性影响。一级指标为盈利能力，通过衡量项目的投资回报能力、时间、竞争力3个方面进行评定。

2. 二级权重设计

盈利能力——桶油盈利、综合桶油成本（含所得税等税费）、内部收益率、财务净现值和静态投资回收期（15％、15％、35％、15％、20％）。内部收益率以及财务净现值均反映项目的投资回报能力，总体给予较高权重（共50％），在投资规模不确定，以及目前的形势下，内部收益率更能体现资本回报能力，因此给予较高权重（35％），静态投资回收期为目前通用的项目经济评价重要衡量指标，也给予较高权重（20％），剩余两项指标平均分配权重（15％）。

经济价值维度设计如图12-14所示。

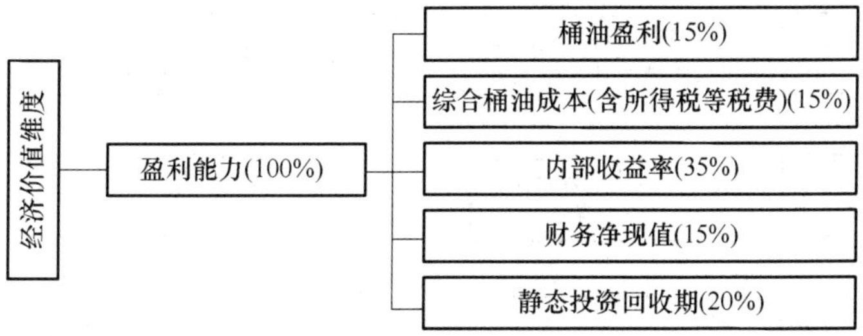

图12-14　经济价值维度设计

12.4.5　风险系数维度设计

1. 一级权重设计

技术风险、经济风险、商业风险、组织风险和政治风险（40％、10％、20％、10％、20％）。参考国际部分石油公司模型进行权重分配的结果。

2. 二级权重设计

① 技术风险包括气候、区域水文气象和工程地质熟悉度、地质油藏风险、施工资源可控度、工程建造技术、钻完井技术资源状况、钻井地质风险、钻井工程难度（10％、10％、30％、10％、15％、10％、7.5％、7.5％）。地质油藏风险为主要因素，占30％；钻完井技术（分为钻井地质风险和钻井工程难度）和工程建造技术较为重要，各占15％，其他4项的重要性相近，平均分配权重，各占10％。

② 经济风险包括时间进度缓冲度、石油合同条款/风险所有权、当地工资水平、货币（30％、30％、10％、30％）。当地工资水平可以通过劳务合同的签订规避风险，权重分配较低，其他3项平均分配权重。

③ 商业风险包括作业者能力、合同策略（60％、40％）。作业者为商业风险的主要承担方，并且作为合同的签订方，在设计权重时，占较大比重。

④ 组织风险包括项目执行效率、项目执行地点、项目团队能力（20％、40％、40％）。项目

执行地点和项目团队能力对于项目的组织风险影响较大,一般来说,项目执行地点过多或项目团队能力较低,都会造成人员管理的困难,给项目带来严重风险,所以分配较高权重。

⑤ 政治风险包括地缘政治、当地政府参与度、生产资源许可权、安全、环境、社区/行业关系(30%、30%、15%、7.5%、7.5%、10%)。地缘政治和当地政府参与度(营商环境)是政治风险的主要因素,占较高权重,其他指标分配剩余权重。

风险系数维度设计如图 12-15 所示。

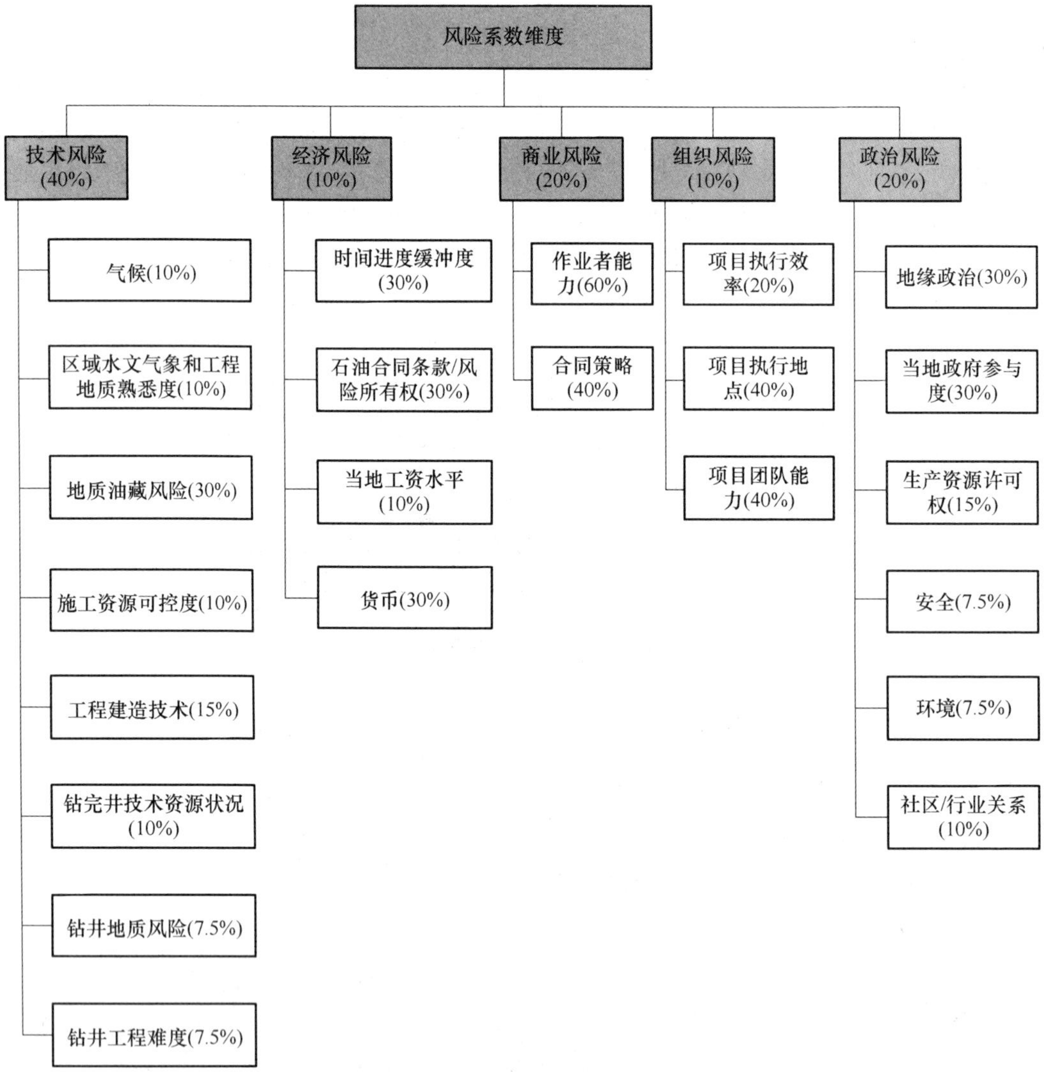

图 12-15　风险系数维度设计

12.4.6　专家选择

考虑专家的代表性,在职能部门各专业所属部门认定的专家库中来选择专家,分别在战略契合维度、经济价值维度和风险系数维度来对各细分指标进行评分。如表 12-4 所示,按照每个指标评分的要求从专家库选派人员,选派的人员分别出任评分建议方和评分确认方。评分建议方的职责主要包括建议和定义指标业务值级,评分确认方的职责主要包括确定业务值级和定义权重。

表 12-4　专家选择相关维度

评估维度	一级指标	评分建议方	评分确认方
战略契合维度	投资策略 销售策略 资源充沛程度 生产贡献量	开发生产部门 勘探部门 产品销售部门	规划计划部门 产品销售部门
经济价值维度	盈利能力	规划计划部门	规划计划部门
风险系数维度	技术风险 经济风险 商业风险 组织风险 政治风险	工程建设部门 工程技术部门 法律部门 健康安全环保部门	规划计划部门 开发生产部门 工程建设部门 工程技术部门

通过专家评分建议和确认，得到的权重结果实际从公司职能管理层面对投资项目进行了一轮全面的评价，在辅助决策中起到了相对理性的预判断作用，在项目集和项目组合判断上更加客观和理性，并增强了战略管理的作用。

12.4.7　公司战略决定的优先级

投资组合决策不仅需要从产量和增长等指标进行衡量，还需要以战略目标和发展方向作为投资指导及标准，不同类型的公司由于使命不同，对不同战略目标实现的优先级也不同。表 12-5 体现了不同类型公司的不同特点，公司需要根据不同的战略目标和战略定位，明确投资组合目标。

表 12-5　不同类型公司的特点

序号	公司类型	公司特点
1	The Listed IOC（上市的国际石油公司）	• 旨在创造高经济回报 • 在合同许可期内寻求长期的储量增加 • 避免高商业风险影响股票价格
2	The Niche Player（独立石油公司）	• 为了获得高回报，可冒一定的风险 • 着眼于短期和中期产量以获得经济回报 • 准备提前退出，以防出现问题
3	The Global NOC（全球化的国家石油公司）	• 有兴趣开发国家资源，满足国家能源需求 • 由平衡短期生产和长期储备增量驱动 • 专注于经济回报和从国际上获取经验
4	The Local NOC（本土国家石油公司）	• 专注于履行国家承诺 • 由国家要求设定的生产和储备增加目标驱动 • 对国家经济发展、就业和多样化感兴趣

项目投资组合规划流程和评价模型在针对单项目进行战略契合维度、经济价值维度和项目风险维度的评估后,将所有项目的评估结果汇总到项目库中。在进行投资组合规划时,公司战略作为优先级的决定因素,通过KPI(关键绩效指标)对投资组合计划与企业发展方向和战略目标的一致性进行衡量,针对非核心战略,进行权重设计,利用优先级及评分系统在不同组合间进行比较;针对必须完成的核心战略,在后续组合筛选中将其作为目标条件,进行严格把控。

在根据战略和情境设置的约束条件下,运用数学模型(蒙特卡洛模型、线性规划、遗传算法等)对投资项目进行测算,选择项目和项目组合方式,比较考虑不同的方案。在获得备选的项目组合方案后,改变入围项目的项目启动期,在组合层面最大化实现战略目标的机会,并针对项目组合进行必要的调整和修改,最终得到确认的项目组合清单。

第四部分

整体全景式层面：世界一流跨国集团公司技术管理体系构建

第 13 章　世界一流跨国石油集团公司物探技术管理体系的作用过程

本章基于跨国石油集团公司的以“宏观、中观和微观”层面为一体的整体“全景式”视角，以影响石油产业链上游的勘探开发物探技术为例展开研究，研究技术路线如图 13-1 所示。经过文献检索，尚未发现从 3 个要素相互作用形成 3 个子系统的视角，探讨构建世界一流跨国石油集团公司物探技术管理体系的研究，而这也是本书主要的创新成果之一。

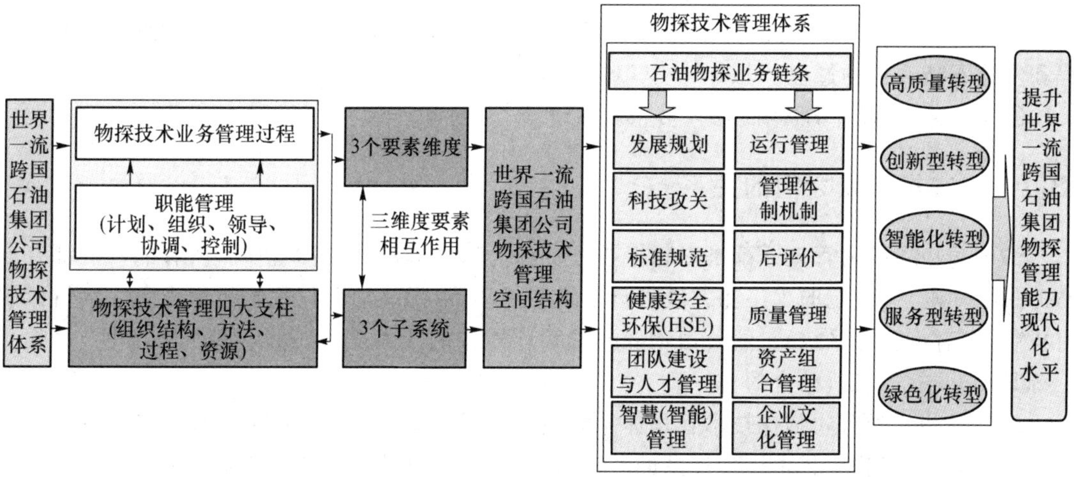

图 13-1　研究技术路线

要科学规划和合理地组织油公司物探技术能力，做到最科学、最有效地完成物探技术管理的任务，必须从“总体性”视角，通盘筹划，合理安排整体的每个局部，形成整体油公司物探技术优势。只有建立油公司物探技术管理体系，才能有效地沟通固有物探技术之间的联系与渗透，更好地从总体性角度把握物探技术管理工作，提高油公司物探技术水平。此外，油公司物探技术管理工作的目标是要使整个油公司适应外界环境的变化，提高油公司物探技术工作的适应性。其适应性主要表现在各种物探专业技术相互联合的基础上。只有建立油公司物探技术管理体系，才可对各种物探专业技术进行有效的调节，使各个局部有节奏地运转起来。因此，建立智能化油公司物探技术管理体系对油公司的物探技术管理工作是非常重要的。

13.1　世界一流油公司物探技术管理体系

油公司物探技术管理体系是油公司整个企业管理体系的一个组成部分,主要包括实施油公司物探技术管理的组织结构、方法、过程(流程)和资源。这些管理要素按照技术活动规律被组织控制和有效管理起来,旨在提高油公司物探技术绩效和竞争优势。

13.1.1　支撑要素

① 物探技术管理的组织结构,指与物探技术有关的机构设置、部门职能分配,以及明确规定的各级管理人员的职责权限及其相互关系。

② 物探技术管理的方法,指物探技术管理活动的工作程序和办法,包括一套通过反馈来测量和评价系统绩效的方法。

③ 物探技术管理的过程(流程),是将输入转化为输出的一组彼此相关的资源和活动,包括在产品、服务形成全过程的各个环节所开展的技术活动过程,以及确保问题被纠正的评审过程和实施不断改进的过程。

④ 物探技术管理的资源,指人员、资金、设施、设备等。

13.1.2　支撑要素之间的关系

油公司物探技术管理体系是以物探技术资源为基础,有一套组织机构,所有的员工都有自己的技术职责,按规定的程序和方法进行工作和活动,以提高油公司物探技术竞争力为目标的有机整体(有机生态系统)。油公司物探技术管理体系的四大支柱,即组织结构、方法、过程和资源是相互联系、有机结合的。

组织结构是油公司物探技术管理体系有效运作的保障,方法是物探技术管理体系发挥作用的手段,过程是物探技术管理体系的基础,资源是实施有效物探技术管理的前提。

对物探技术的管理是在每一项过程中进行的,对技术活动的有效控制也是在各项过程中实现的。对技术资源的管理和组织结构的管理交织在技术过程管理过程中,构成了对技术的全面管理。

13.2　油公司物探技术管理体系作用过程的框架

13.2.1　油公司物探技术管理

油公司物探技术管理主要依据物探技术活动的过程展开工作,主要包括5个过程,即技术鉴定、技术选择、技术获取和消化、技术开发应用、知识和专业技术保护,也就是在物探技术的“研发—实验—生产—推广—知识和专业技术保护”链条中的物探技术活动,着眼于物探技术发展战略,涉及协调油公司内各研究部门的活动、保证研究工作的物资条件、鉴定科学研究成果、组织学术交流、建立情报信息系统、培养研究人员、保护知识产权、进行技术贸易等,内容非常广泛。

油公司物探技术管理就是针对物探技术五大过程的各个环节和整个生命周期过程实施计划、组织、领导、协调、控制等管理职能，旨在加快物探技术的快速发展和促进物探技术创新，促使油公司获得物探技术竞争优势。

油公司物探技术管理实则是物探技术五大过程和管理职能交互、交织作用的过程，并且作用于油公司物探技术能力，将潜在的物探技术能力激活，转化为油公司物探技术绩效。

油公司物探技术管理体系就是将物探技术能力转化为物探技术绩效的有机生态系统，以物探技术能力为输入变量，通过系统的作用，将物探技术绩效的实现作为结果输出。油公司物探技术管理体系的作用过程框架如图 13-2 所示。基于该框架，根据油公司物探技术活动过程各个阶段的管理内容，构建油公司物探技术管理体系。

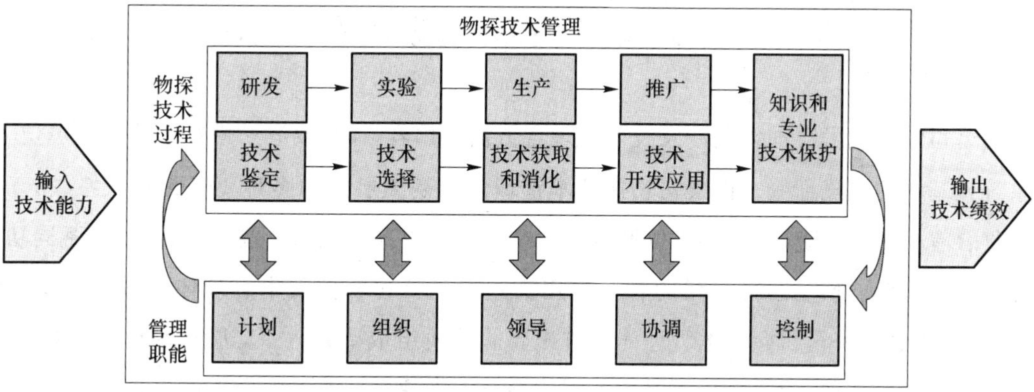

图 13-2　油公司物探技术管理体系的作用过程框架

13.2.2　油公司物探技术管理体系的作用框架

综上所述，针对油公司物探技术全过程各个环节，实施计划、组织、领导、协调、控制等管理职能，进行相互交互、交织，作用油公司物探技术能力，激活潜在物探技术能力，加快油公司物探技术的快速发展和物探技术创新，将其转化为油公司物探技术绩效。

第14章　世界一流跨国石油集团公司物探技术管理体系的构建

14.1　油公司物探技术管理体系的构建

油公司物探技术管理体系涉及技术管理各方面的内容，体系要素是系统中最小的单位，也是系统最基本的组成部分。油公司物探技术管理体系是多层面和多种要素相互联系、相互作用的复合有机生态系统，这些要素按照可以辨认的特有方式相互联系在一起，形成了不同功能和性质的子系统。而子系统之间的相互作用决定了油公司物探技术管理体系整体的功能状态。因此，构建油公司物探技术管理体系首先要从分析组成要素入手，进而基于系统要素，分析这些要素所组成的子系统，从而对油公司物探技术管理体系的整体做出说明。

14.1.1　物探技术管理体系的多维度

基于物探技术管理体系作用过程框架，物探技术管理体系的要素主要包括：

① 管理职能：计划、组织、领导、协调、控制。

② 管理对象：技术过程、资源和组织等。

③ 管理目标：物探技术管理体系运作逐步实现不同层次的目标要素。

因此，从不同视角对要素进行分类，可以形成技术管理体系3个要素维度。

1. 管理对象维

在油公司物探技术管理体系中，物探技术管理活动涉及的对象规定了油公司物探技术管理体系涉及的范围，圈定了油公司物探技术管理体系运作的空间，构成了油公司物探技术管理体系的管理对象维。物探技术管理工作的范围很广，不仅要强调重点集中在物探技术活动和管理技术过程，更重要的是通过管理活动激活油公司物探技术能力，其管理对象应包括与技术有关的一切资源、组织、文化和质量。因此，油公司物探技术管理体系要素主要包括资源要素、组织要素、文化要素和质量要素。其中，资源要素主要包括资金、设备、人力资源和信息等；组织要素主要包括组织结构、制度等；文化要素主要包括企业主导信念、文化理念等；质量要素主要包括物探技术质量、物探技术标准化、物探技术风险和物探技术成果等。

2. 管理职能维

在一定的技术方针和技术目标指导下，为提高物探技术能力，油公司对物探技术进行计划、组织、领导、协调、控制等活动，就是利用相关管理理论进行的管理活动，表明了物探技术管理的手段，构成了油公司物探技术管理体系的管理职能维。计划是为管理活动规定方向和进程，并选定实现目标的手段；组织是为实现技术计划而建立各种组织机构，进行人员配备与授权以及任务的分配等；领导主要是贯彻各项决策，并进行指挥和监督；协调是使系统内部的每一部分或每一成员的个别行动都服从于整个系统目标的一种职能，包括物探技术管理体系内部各方面工作的协调和物探技术管理系统同其他管理系统的协调；控制的职能是按照既定的目标、计划和标准，对企业活动各方面的实际情况进行检查和考察，采取措施，使工作能按原计划进行，或根据客观情况的变化，对计划作适当的调整，使其更符合实际。

3. 管理目标维

油公司物探技术管理体系所要实现的根本目标就是使油公司物探技术管理能力达到卓越水平。因此，为了达到目标，油公司物探技术管理体系本身应该有一个引导自身发展的指南，以逐步优化系统的功能。评价、比较、持续改进等活动是技术能力改进的基本逻辑思维过程，其指导着油公司物探技术管理体系运作的方向和目标，构成了系统的目标维。

油公司物探技术管理能力是逐步获得和增长的，其物探技术管理能力的增长过程是一个不断反复、循环上升的过程。与之相应地，油公司物探技术管理体系的目标可分为定义级别、管理级别、基准比较级别、持续改进级别等 4 个等级。其中，定义级别目标是要掌握物探技术特性，建立物探技术管理的基本过程，并定义过程执行标准；管理级别目标是要建立完善的油公司物探技术管理体系，并成立特别物探技术管理工作部门对管理活动进行控制；基准比较级别目标是与优秀油公司进行持续的对标、分析，学习其成功经验；持续改进级别目标是建立有效的信息反馈系统，不断对物探技术管理活动进行优化。这 4 个目标级别层层递进，为油公司物探技术管理工作设置了明确的发展方向，而油公司物探技术管理体系就是围绕这些目标来运作的。

综上所述，在油公司物探技术管理体系中，识别了管理对象维、管理职能维和管理目标维 3 条主线，对物探技术管理体系所包含的要素进行了分类和理解，这 3 个维度构成了油公司物探技术管理体系的基本构架。基于油公司物探技术管理体系的基本构架，可进一步分析要素之间如何相互作用而形成各个子系统。油公司物探技术管理体系三维度框架如图 14-1 所示。

14.1.2　物探技术管理体系的子系统

在物探技术管理体系构架中，3 个要素维度相交形成了 3 个平面区域，即“管理职能维-管理对象维”平面区域、“管理职能维-目标维”平面区域、“管理对象维-管理目标维”平面区域，并在这 3 个平面区域中，物探技术管理体系中各个要素相互联系、相互作用，构成了油公司物探技术管理体系生态系统中的 3 个对应子系统，即管理内容子系统、管理工具子系统、评价子系统。油公司物探技术管理体系子系统的框架如图 14-2 所示。

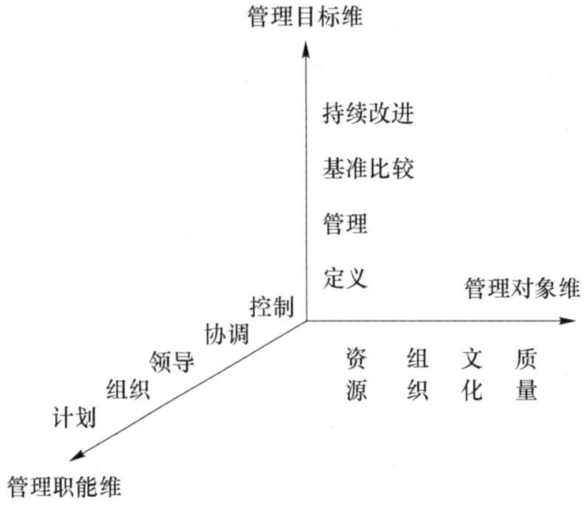

图 14-1　油公司物探技术管理体系三维度框架

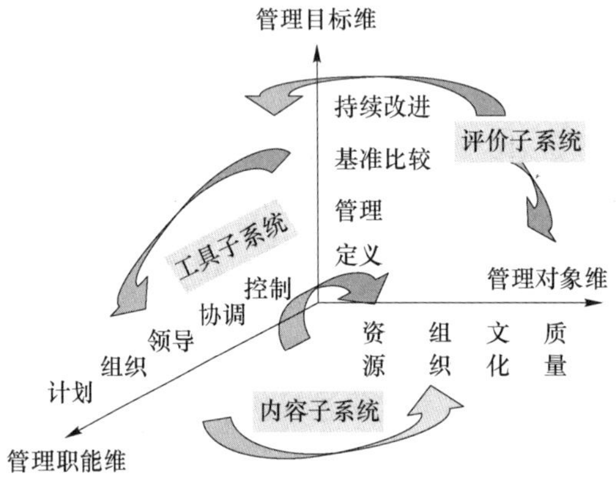

图 14-2　油公司物探技术管理体系子系统的框架

1. 管理内容子系统

在物探技术管理体系中,以物探技术活动为主线,展开对对象要素的计划、组织、领导、协调、控制等活动,形成了物探技术管理的内容子系统,主要包括技术资源管理、技术组织管理、技术文化管理和技术质量管理等 4 个方面的管理活动。

技术资源是技术活动开展的前提,技术资源管理包括资金管理、设备管理、人力资源管理、信息管理等。系统的组织模式对技术管理有重要的影响,技术组织管理就是通过建立组织结构,规定职务或职位,明确责权关系,以使组织中的成员互相协作配合、共同劳动,有效实现组织技术目标的过程。技术文化管理是设法调整主导信念与日常信念、企业文化与技术战略之间的关系,矫正文化误区,使企业在技术竞争中取胜的一系列方法和措施。理想的技术文化应该是乐于接受新技术、勇于接受失败的,并且能同时容纳多种新技术。技术质量管理也是技术管理工作的重要内容,是确定技术质量方针、目标和职责,并通过各种手段使其实施的全部管理职能的所有活动。在技术管理中,质量管理的概念不仅局限于产品质量,还涉及标准化管理、技术风险管理和技术成果管理等方面。

2. 管理工具子系统

由管理职能维与管理目标维构成，以过程和职能为对象，用特殊的工具方法进行管理和评价，形成了技术管理工具子系统。

管理工具是使公司达到或明确目标的文件、框架、过程、系统或方法。技术管理工具是管理工具的一个子集，与和技术以及创新有关的决策和支持活动相关。从管理职能维和管理目标维的角度来看，管理职能的实施需要管理工具的支持，目标的达到也以技术管理工具的使用为必要手段。只有借助于各种各样的工具，油公司物探技术管理体系才能逐步实现系统目标，沿着管理目标维不断“跃阶”，最终达到卓越水平。

3. 评价子系统

对物探技术管理能力进行全面的评价，需要考虑其所涉及的各个方面的内容，也就是要在考虑各个级别目标的基础上，考察各对象要素的管理情况，并以此来评价整个油公司物探技术管理体系的状况。因此，以物探技术管理目标为指导，以对象要素为内容，可以构成物探技术管理的评价子系统。

评价子系统主要包括评价指标体系和评价模型 2 个部分。其中，评价指标体系根据技术管理的对象要素维设置，分为 3 个层次，分别为：

- 第一个层次是对技术管理系统的目标实现情况的评价。
- 第二个层次是对资源、组织、文化和质量管理效率的评价。
- 第三个层次是对具体管理活动的执行情况的评价。

评价模型是根据管理目标维设置的，共分初始级、可重复级、已定义级、已管理级和优化级等 5 个等级。每一级别都可以作为一个评价的平台，较低级别是达到较高级别的基础。

14.1.3　物探技术管理体系的过程/流程

物探技术管理体系包括组织结构、方法、过程和资源等四大支柱，过程/流程是技术的管理体系的基础，对物探技术的管理是在每一个过程中进行的。然而，物探技术管理体系涉及的关键要素有 13 个，但是每一个关键要素所贯穿的过程是不尽相同的，本书的研究主要以油公司物探技术管理的过程展开叙述。

要实现世界一流油公司的阶段性目标，在油公司物探技术管理中就应该遵循“研发-试验-生产-推广”的逻辑链条，实现“创新链一产业链”的有效对接，进而提升价值链，匹配资金链。因此，油公司物探技术管理全生命周期涉及物探技术规划决策（上游）、工程建设与运营（中游）、成果转化产业（下游）3 个大的阶段。其过程既是一个集科学层次的理论、技术层次的开发、工程层次的产品问题研究于一体的价值链条，也是一个集基础研究、应用研究、技术开发于一体的综合性管理过程，同时其也是一个跨学科、跨领域、跨层次且需要大量科技资源集成和多单位协作的复杂巨型系统。油公司物探技术管理转型升级逻辑规划上升趋势图如图 14-3 所示。

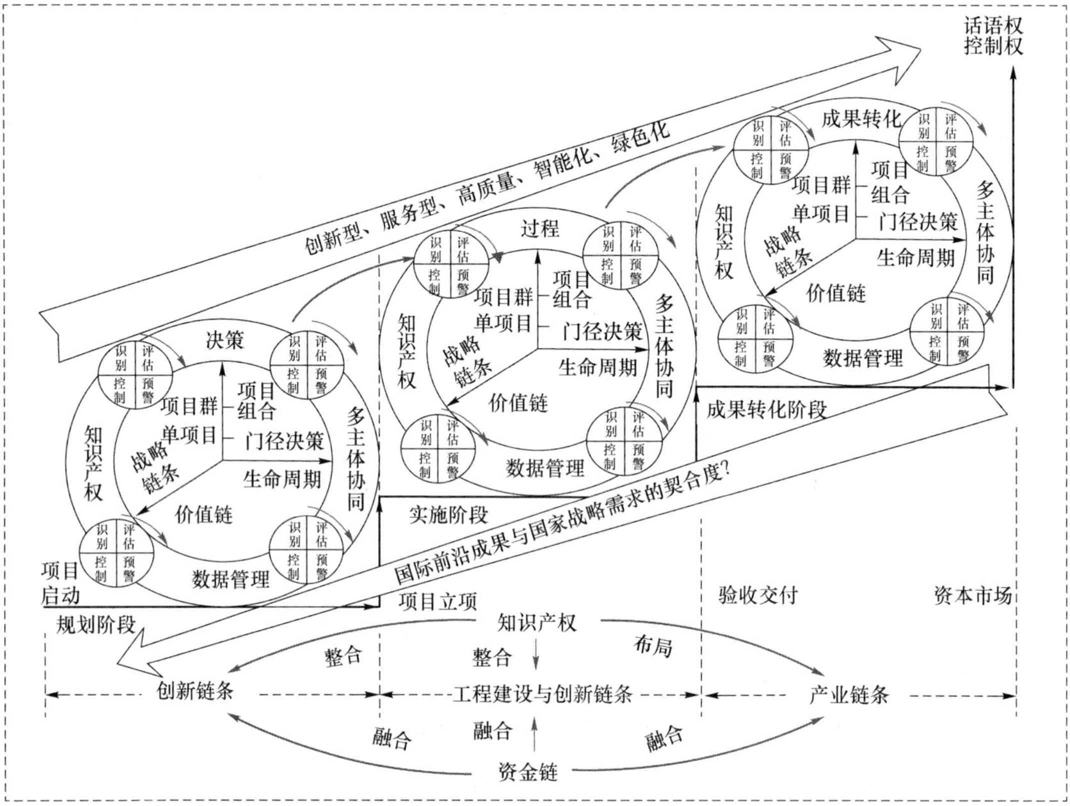

图 14-3　油公司物探技术管理转型升级逻辑规划上升趋势图

因此，物探技术管理过程/流程主要以规划决策（上游）、工程建设与运营（中游）为研究对象，以价值链为主线，以数据链为支撑，以过程门径管理为手段，从上游〔总体规划、前期工作（预制研究）、投资决策、建设决策）〕到中游〔勘察设计（初步设计、工艺设计、施工图设计）、建设（建设准备、建设、生产准备、竣工验收）、运营（运营、后评估）〕纵向一体关联视角展开研究。

1. 纵向一体化

前期决策阶段〔总体规划、预制研究（概念设计、自行设计、委托建造、总成测试）〕、工程建设阶段（工程设计、建设准备、施工、生产准备、竣工验收）、运营阶段（运营、后评估）和成果转化产业阶段（成果形成、成果中试、成果规模化生产、成果管理与营销、产业化）等相互关联、相互交替的 4 个大阶段和多个小阶段。

2. 横向关联化

以油公司关键主体为导向的业主、设计单位、承包商、供应商、监理单位、合作伙伴、竞争对手等利益相关者，如图 14-4 至图 14-7 所示。

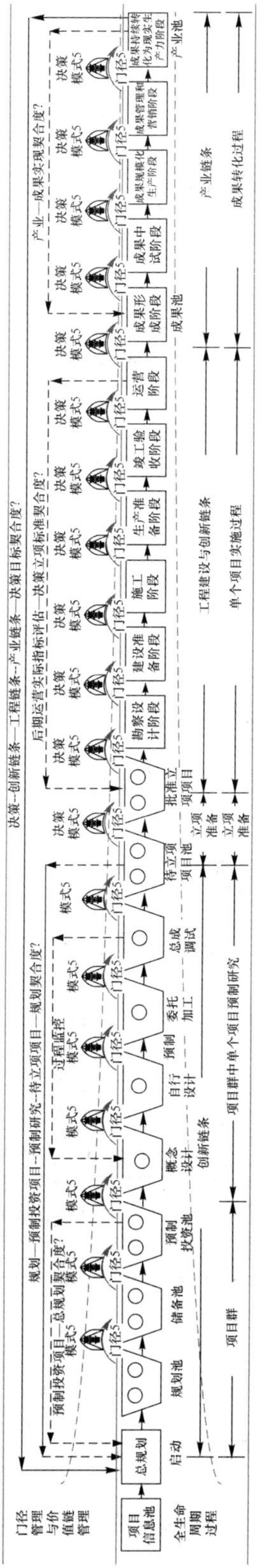

图 14-4　油公司物探技术管理全生命周期过程上、中、下游一体化示意图

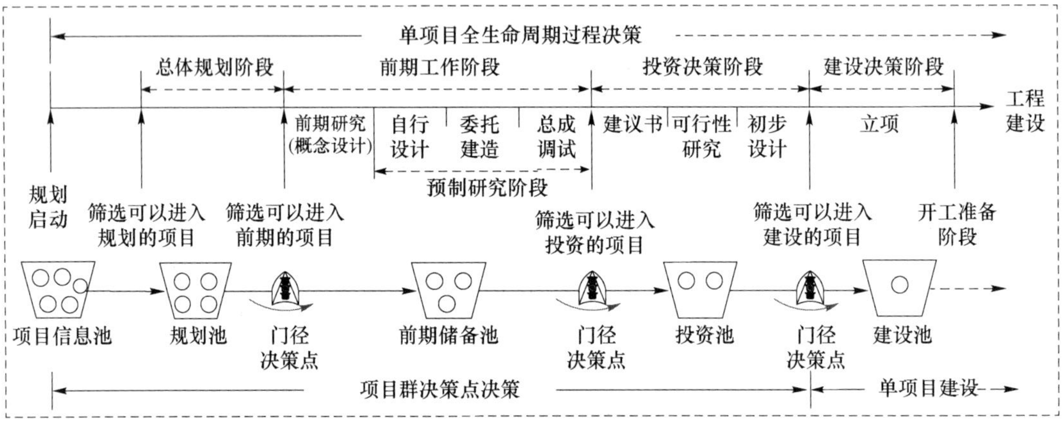

图 14-5 油公司物探技术管理前期决策阶段(上游)过程示意图

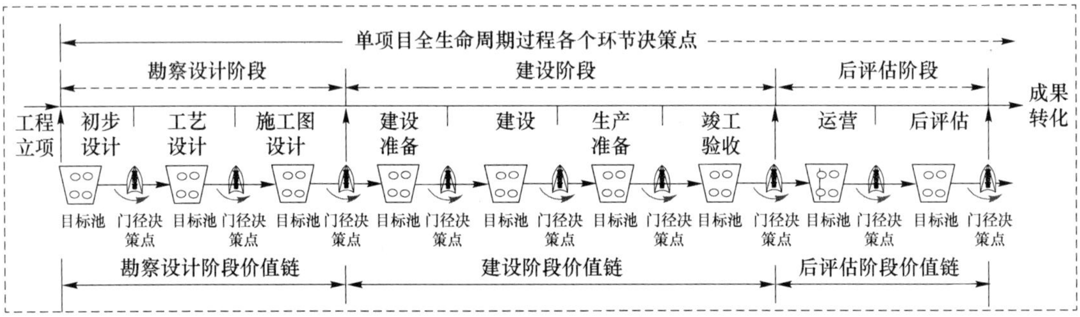

图 14-6 油公司物探技术管理工程建设阶段(中游)过程示意图

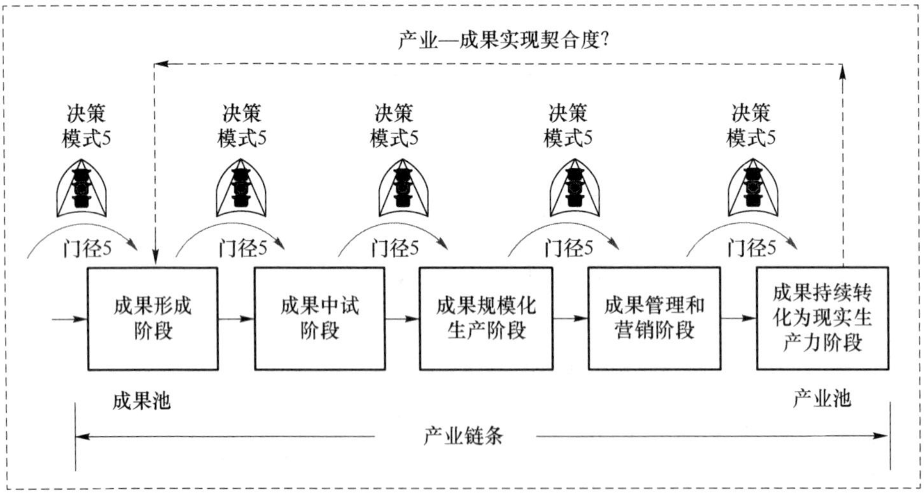

图 14-7 油公司物探技术管理成果转化产业阶段(下游)过程示意图

14.1.4 油公司物探技术管理体系的空间结构

综上所述,油公司物探技术管理体系是一个具有 3 个维度和 3 个子系统的综合复杂体系。

其中管理内容子系统和管理工具子系统构成了完整的油公司物探技术管理知识体系，成为物探技术管理的基础。

可以看出，“3 个维度”和“3 个子系统”并不是孤立的，它们之间相互影响、相辅相成。因此，子系统与维度的关系为由 2 个维度构成子系统的框架，另一个维度成为子系统作用的对象。比如，技术管理的工具子系统可以依照管理职能和所要达到的目标进行分类，这些工具方法作用于各种对象要素。内容子系统由管理对象维和管理职能维构建，并以持续改进为自我发展的方向。技术管理的评价子系统根据管理目标维设置了 5 个不同的成熟度等级，并依据系统的对象要素，对管理职能的执行状况进行全面评价。这样由 2 个维度构成的平面可以沿着第 3 个维度的要素发生作用，构成了油公司物探技术管理体系的空间结构模型，如图 14-8 所示。

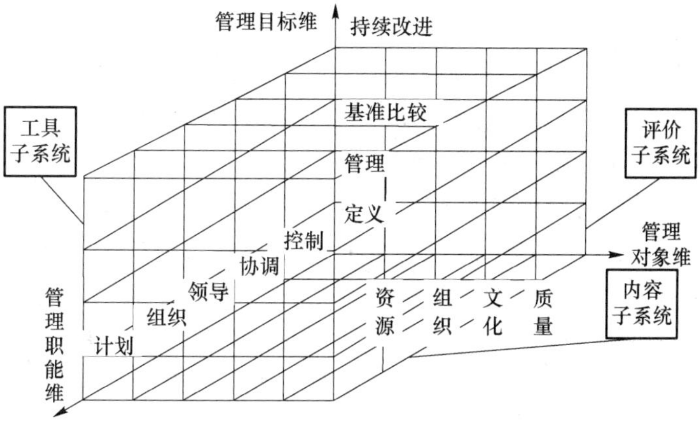

图 14-8 油公司物探技术管理体系的空间结构模型

综上所述，油公司物探技术管理体系是组织结构、方法、过程和资源有机结合的整体，是油公司物探技术管理工作开展的平台。

技术管理职能只有在油公司物探技术管理体系中才能发挥作用，技术管理目标也只有在体系的运行过程中才能实现。

油公司物探技术管理体系包括管理对象维、管理职能维和管理目标维等 3 个维度。这 3 个维度中的多元要素相互作用，构成了油公司物探技术管理体系的内容子系统、工具子系统和评价子系统。油公司物探技术管理体系可以表示为一个 3 个维度、3 个子系统的空间结构模型。

油公司物探技术管理体系的构建为物探技术管理的研究奠定了新的基础。基于此，可以进一步研究油公司企业技术管理体系的复杂性和管理学意义、体系运作所遵循的模式、技术管理能力评价的指标和方法等。

14.2　世界一流油公司物探技术管理体系的内涵和构成要素

本节紧紧围绕着油公司物探“采集—处理—解释”技术业务链条，基于新一代信息技术(N-IT)与运营技术(OT)、管理技术(MT)的有效深度融合(IOM-3T)有效融合，构建了智能化背景下的世界一流油公司物探技术管理体系。

14.2.1 世界一流油公司物探技术管理体系的内涵

世界一流油公司物探技术管理体系就是基于智能化技术，由管理对象、管理职能、管理目标“3 个要素”彼此之间相互作用、相互支撑，形成的一个集内容子系统、工具子系统、目标子系统为一体，且以世界一流油公司管理目标为导向，逐步提升油公司物探技术管理能力，追求卓越的生态智能化泛在网络复杂系统。

14.2.2 世界一流油公司物探技术管理体系的构成要素

管理模式是一个机构或者单位在一个特定时期形成的相对成熟的管理思想、管理体系、管理方法的一种标准样式，主要包括文化、机制、流程、组织结构、规章制度等方面的模型及方法。因此，物探技术管理模式是以油公司物探技术为研究对象，在先进管理理念的指导下，由物探技术管理方法、管理模型、管理制度、管理工具、管理程序等组成的管理行为体系结构，是由若干个子系统组成的有机生态复杂系统。

管理范式的具体形态与整个经济体制、企业组织机制、企业治理结构等诸多制度性因素紧密相关，这些制度性因素是管理范式得以建立的重要基础，管理范式分为生产型管理范式和技术创新驱动型管理范式。构建世界一流油公司物探技术管理体系，是油公司朝向科技创新驱动不断转型的关键举措。因此，该体系中的科技攻关至关重要，应确保关键核心技术研究得以落实，形成具有自主可控知识产权的国际标准体系。这一过程旨在构建油公司物探技术创新生态体系，以确保在石油产业中占据制高点。

管理流程是世界一流油公司物探技术管理体系中组织结构、方法、过程和资源的关键因素之一，传统的企业管理是基于常规的流程驱动的管理，而新时代的企业管理是基于数据与流程的混合驱动的管理。因此，明确管理流程是构建世界一流油公司物探技术管理体系的重要组成部分。

制度规范是在组织管理过程中借以约束全体组织成员行为，确定办事方法，规定工作程序的各种规章、条例、守则、规程、程序、标准以及办法等的总称，其是确保提升世界一流油公司物探技术管理能力的制度保障。

团队建设和人才培养是确保实现世界一流油公司生产关系中最活跃的生产要素，也是实现世界一流油公司的主要载体。

发展规划引领油公司物探技术发展方向；运行管理是承载物探技术发展战略实施的载体；管理体制机制为确保实现世界一流油公司保驾护航；国际标准代表着物探技术创新的最高水准，扼守石油产业制高点；质量管理贯穿于运行管理的全生命周期过程，确保油公司物探技术管理向高质量发展；资产组合管理能力可充分体现优化油公司物探技术资源配置，从而大大提升资产组合创效能力；企业文化贯穿于油公司物探技术管理的全过程，营造和谐文化环境。

通过研究世界一流油公司物探技术管理体系构建、3 个维度要素，以及支撑世界一流油公司物探技术管理体系的 4 个支柱可知，影响世界一流油公司技术管理体系建设的因素主要包括 4 个大的方面，即组织结构、方法、过程和资源，从细分 3 个维度要素视角，可以看出其影响国际一流油公司技术管理体系建设的因素主要包括 13 个关键要素、36 个细分要素。

再结合油公司物探“采集—处理—解释”的技术业务特征和管理过程特征，可知智能化背景下世界一流油公司技术管理体系的构成因素主要分为两类：一类是核心要素，主要包括油公司物探技术发展战略（发展规划）、运行管理、科技攻关、标准规范体系、质量管理；另一类是非核心要素，也就是支撑要素，主要包括管理体制和机制、团队建设与人才培养、油公司文化、资产组合管理、健康-安全-环境（HSE）、智慧（智能）管理、项目后评价。

14.2.3　世界一流油公司物探技术管理体系构成要素之间的关系

围绕油公司物探技术业务链条，借助于智能化技术，核心要素与非核心要素形成智能化泛在网络生态系统，具有明显的凡在性。核心要素与非核心要素是相辅相成的。

1. 核心要素

核心要素是油公司物探技术管理体系的关键支撑。

（1）发展战略（发展规划）

发展战略（发展规划）引领油公司物探技术发展的方向和趋势，时刻跟踪国际石油物探领域的前沿技术。

（2）运行管理

运行管理是石油公司物探技术发展战略实施的关键载体，有效的管理机制、管理制度和管理规范必然促进油公司物探技术的快速发展。

（3）科技攻关

科技攻关可确保关键核心技术、前沿技术、先验技术等研究落实到位，形成具有自主可控知识产权的国际标准和规范，代表着油公司物探技术的技术水平，高质量的技术标准必然会扼守国际石油产业的制高点。

（4）标准

标准是自主创新的制高点，分为国际标准、国家标准和企业标准。油公司物探技术国际标准代表着国际领域某项关键技术处于国际引领地位，谁掌握了标准制定的话语权，谁就掌握了市场竞争的主动权。

（5）质量管理

质量管理贯穿于运行管理的全生命周期过程中，可确保油公司物探技术向高质量发展。

2. 非核心要素

（1）管理体制和机制

① 管理体制是石油公司物探技术生产经营活动的管理机制、管理机构、管理制度的总称，管理机制缺乏灵活性，必然会影响油公司物探技术快速适应瞬息变化的外部市场，扁平化的管理体制必然会快速捕捉国际物探技术的发展趋势。

② 管理机制是推动石油企业物探技术生产经营活动的各种社会动力和约束力，包括赋予什么样的动力，利用什么样的方法或手段来推动石油企业运行和协调石油企业各方面、各层次的关系，管理机构及其设置方式包括按什么原则设置石油企业管理机构，设置哪些层次的机构，规定各层次管理机构的权力和责任，并确定它们之间的关系。管理机制缺乏灵活性必然会影响石油公司物探技术的快速发展，如竞争机制、用人机制等。

③ 管理制度是石油物探企业组织、机构、单位管理的工具，对一定的管理机制、管理原则、

管理方法以及管理机构设置的规范。有效的、科学的管理制度规范是实施油公司物探技术管理的依据，科学合理的管理制度必然会简化油公司物探技术管理过程，提高油公司物探技术管理的效率。

（2）团队建设与人才培养

团队建设与人才培养是确保实现世界一流油公司最活跃的生产力和开展油公司物探业务的关键活载体，团队结构和人才结构必然会影响油公司物探技术团队的积极性和向心性。钻石型人才结构必然会导致石油企业的主要价值由精英群体创造，石油企业往往期望引入关键人才；但是，随着新时代高质量要求的发展，钻石型的人才结构压制了油公司物探技术人才的发展，基层人才主观能动性受到极大影响，石油物探公司的创新活动只能依靠少数精英完成。

（3）油公司文化

油公司文化贯穿于油公司物探技术业务管理的全过程，渗透于油公司各个领域和全部时空，主要体现价值观、经营理念和行为规范。国际油公司物探技术之间的竞争，实质是油公司文化的竞争。一般来讲，集思广益性文化有利于自主创新，有利于合作创新；创新型文化则非常有利于自主创新，不利于合作创新；官僚文化既不利于自主创新，也不利于合作创新。

（4）资产组合管理

资产组合管理充分体现优化油公司物探技术资源配置，从而大大提升资产组合创效能力。油公司拥有众多有效资产和无效资产，从仅考虑收益的单一维度，转向战略、收益和风险的多维度视角，进行高效的资产组合，改善油公司物探资产布局，提升物探资产创效能力和价值。

（5）健康-安全-环境

健康-安全-环境是建设世界一流油公司物探技术管理体系的重要部分，严峻的职业健康安全和环境问题要求油公司解决这类问题时不仅要依靠技术手段，更重要的是要重视物探技术生产过程中从业人员的职业健康安全和环境意识的教育。

（6）智慧（智能）管理

实现对油公司物探"采集—处理—解释"技术业务全过程的数据感知、信息交互、洞察分析、智慧决策，并形成物探技术业务一体化信息共享，是构建智能化背景下世界一流油公司物探技术管理体系的重要支撑。

（7）项目后评价

项目后评价是对油公司物探技术管理的动态评价，主要是动态检验物探技术管理系统的目标实现情况，资源、组织、文化和质量管理效率情况，具体管理活动的执行情况，从而找到短板和不足，持续改进。

14.3 影响世界一流油公司技术管理体系建设的因素

14.3.1 主要依据

结合油公司物探"采集—处理—解释"技术业务链条中的业务特征和管理过程特征，以及"物探技术管理体系"中的"3个维度要素"的构成，本小节在发展战略、管理模式、管理体制、运行机制、管理制度规范、管理流程、团队建设和人才培养等方面进行了“影响世界一流油公司技术管理体系建设的因素”论述,主要包括:

(1) 发展战略(发展规划)

瞄准世界一流油公司物探技术发展前沿,引领油公司物探技术发展方向,逐步提升油公司物探技术管理能力。

(2) 管理模式

从研究分析可知,管理模式是一个由物探技术管理方法、管理模型、管理制度、管理工具、管理程序等组成的管理行为体系结构,并随着内外部环境的变化与时俱进。因此,目前油公司物探技术管理体系会随着以信息技术突破性应用为主导的新一轮石油科技革命和石油产业变革,变革传统的管理模式,改造落后的生产关系,解放油公司先进的物探技术生产力。

(3) 管理体制

管理体制指油公司管理系统的结构和组成方式,核心是油公司管理机构的设置、各管理机构职权的分配以及各机构间的相互协调,即油公司针对物探技术管理采用怎样的组织形式,以及如何将这些组织形式结合成一个合理的有机系统,并以怎样的手段、方法来实现油公司物探技术管理的任务和目的,其为实现世界一流油公司起到保驾护航的作用。因此,目前在新一代信息技术的背景下,世界一流油公司物探技术管理体制趋于网络化扁平组织发展。

(4) 运行机制

运行机制是油公司物探“采集—处理—解释”业务技术管理过程中各生产要素之间的相互联系作用及其制约关系,是其运行自我调节的方式。运行机制可以使油公司物探技术业务经营活动协调、有序、高效运行,增强内在活力和对外应变能力。因此,运行机制直接影响着油公司物探技术管理中多个要素之间的彼此相互关系,协调、有序、高效运行是实现世界一流油公司的必然要求。

(5) 管理制度规范

管理制度规范是油公司物探技术业务组织管理过程中借以约束全体组织成员行为,确定办事方法,规定工作程序的各种规章、条例、守则、规程、程序、标准以及办法等的总称。因此,油公司物探技术业务经营活动要达到协调、有序、高效运行,就必然依据相应的制度规范,才能确保增强油公司内在活力和对外应变能力。

(6) 管理流程

管理流程是为加快市场响应、提升核心竞争力并实现经济价值而建立的一系列管理措施。因此,目前管理流程是油公司智能化物探技术管理系统中一个不可缺少的模块,旨在用来定义和控制数据操作规程的基本过程,传统的油公司管理以流程驱动,而目前的发展趋势是数据与流程混合驱动的油公司物探技术管理。

(7) 团队建设和人才培养

团队建设和人才培养是确保实现世界一流油公司生产关系中最活跃的生产要素,也是实现世界一流油公司的主要载体。

(8) 运行管理

运行管理是指基于石油产业物探技术市场的需求、油公司生产经营目标,在设计好的生产运作系统内对生产运作系统的运行进行计划、组织、领导、协调和控制,即在设计好的生产运作系统框架下,不断进行综合平衡,合理分配人、财、物等各种资源,科学安排生产运作系统各环节、各阶段的生产运作任务,妥善协调生产运作系统各方面的复杂关系,对生产运作过程进行有效控制,确保生产运作系统正常运行。因此,油公司物探技术管理以物探"采集—处理—解释"技术业务链条为逻辑主线,进行计划、组织、领导、协调和控制,合理分配人、财、物等各种资源。

(9) 标准规范

标准是自主创新的制高点,谁掌握了标准制定的话语权,谁就掌握了市场竞争的主动权。标准也是衡量一个国家、行业、企业核心竞争力的重要指标。因此,创建世界一流油公司标准体系规范是非常重要的工作。

(10) 质量管理

国际标准和国家标准认为:质量管理是"在质量方面指挥和控制组织的协调的活动"。我国实施推进全面质量管理,旨在使企业全体人员及各个部门同心协力,把经营管理、专业技术、数量统计方法和思想教育结合起来,建立起产品的研究与开发、设计、生产作业、服务等全过程的质量体系,从而有效地利用人力、物力、财力、信息等资源,提供符合规定要求和用户期望的产品和服务。世界著名质量管理专家戴明认为:在生产过程中,造成质量问题的原因85%~90%是企业内部在管理上有问题。因此,油公司物探技术管理涉及物探"采集—处理—解释"技术业务链条、相关人员,以及油公司各个管理部门、各类管理人员。

(11) 技术管理

技术管理是对油公司物探技术开发、产品开发、技术改造、技术合作以及技术转让等进行的计划、组织、指挥、协调和控制等一系列管理活动的总称。技术管理旨在基于油公司物探技术管理的目的,按照科学技术工作的规律性,建立科学的工作程序,有计划地、合理地利用企业技术力量和资源,把最新的科技成果尽快地转化为现实的生产力,以推动企业技术进步和经济效益的实现。因此,可通过构建世界一流油公司物探技术管理体系,对标评价技术管理成效,分析物探技术管理不善的原因,制定改进措施,提高油公司物探技术管理能力,增强油公司物探技术核心竞争能力。

(12) 管理范式

建设世界一流油公司,实现油公司创新型转型,其实质就是围绕油公司物探"采集—处理—解释"技术业务链条,由生产型管理范式向技术创新型管理范式逐渐转型。因此,实现世界一流油公司的建设目标,实现油公司创新型转型是构建世界一流油公司物探技术管理体系的关键目标。

(13) 企业文化管理

企业文化是油公司领导层提倡、上下共同遵守的文化传统和不断革新的一套行为方式,体现在价值观、经营理念和行为规范方面,并且渗透于油公司各个领域和全部时空。其对形成油公司内部凝聚力和外部竞争力起到积极的作用,油公司之间的竞争的实质是油公司文化的竞争。因此,构建世界一流油公司,面临全球经济一体化的新挑战和新机遇,应该搞好油公司文化建设,从实际出发,制定相应的行动规划和实施步骤,虚心学习世界一流油公司文化的经验,努力开拓创新。

(14) 资产组合管理

基于资产组合理论(资产结构理论),商业银行资产应在尽量多样化的前提下,根据其收益与风险等因素的不同,决定其资产持有形式,做最适宜的资产组合。因此,油公司拥有众多资产,有有效资产和无效资产之分,如何根据战略、收益和风险,有效进行资产组合,提升资产创效能力,避免资产分配不均、决策失误等各种问题,提高资产组合决策能力,是油公司开展全球投资布局的关键问题。

(15) 健康-安全-环境

近年来,随着百年不遇的全球大变革,以及全球新型冠状病毒疫情传播等,职业健康安全和环境问题日趋严重。严峻的职业健康安全和环境问题要求油公司解决这类问题时不仅依靠技术手段,更重要的是重视生产过程中的管理以及对从业人员的职业健康安全和环境意识的教育。因此,健康-安全-环境是建设世界一流油公司物探技术管理体系的重要部分。

(16) 智能(智慧)管理

建设世界一流油公司,实现油公司智能化转型,其实质就是围绕油公司物探"采集—处理—解释"技术业务链条,达到信息技术(IT)、工业技术(OT)、管理技术(MT)的深度融合(IOM-3T),实现对油公司物探"采集—处理—解释"技术业务链条全过程的数据感知、信息交互、洞察分析、智慧决策,并以 AI 技术为驱动模拟人类"智慧",实现数据与流程混合驱动的智能化管理。

14.3.2　影响因素

综上所述,影响世界一流油公司技术管理体系建设的因素如图 14-9 所示。

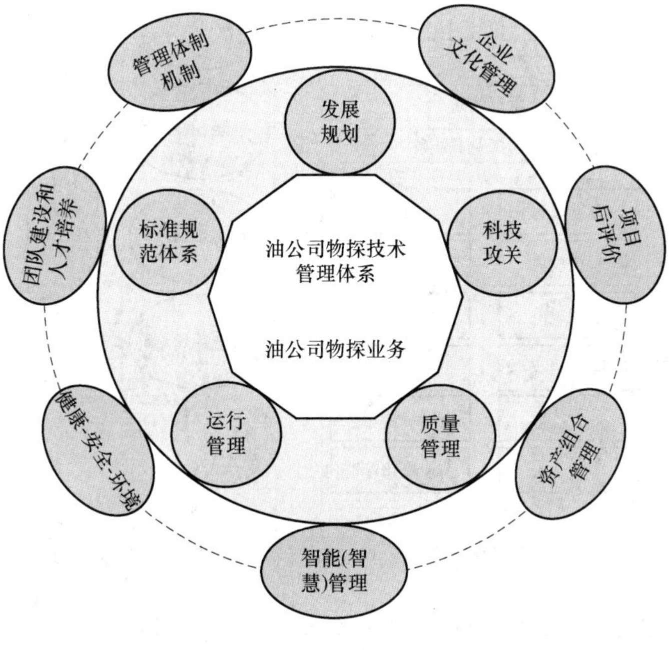

图 14-9　影响世界一流油公司技术管理体系建设的因素

14.4 世界一流油公司物探技术管理体系的总体架构与生态系统

14.4.1 世界一流油公司物探技术管理体系的总体架构

本小节围绕着油公司物探“采集—处理—解释”技术业务链条,以新一代信息技术(N-IT)与运行管理(OT)、管理技术(MT)的有效深度融合(IOM-3t)为智慧(智能)管理思想,构建智能背景下的油公司物探技术管理体系。

基于构建的油公司物探技术管理体系的3个要素维度、3个子系统,最终形成了以高质量发展为抓手,以油公司物探“采集—处理—解释”业务链条为主线的油公司物探技术管理体系的总体架构,该架构支撑了物探采集、处理、解释等技术应用可持续发展,实现了油公司物探技术管理向高质量、智能化、创新型、服务型、绿色化转型,实现了油公司物探技术管理体系和管理能力现代化。世界一流油公司物探技术管理体系的总体架构如图14-10所示。

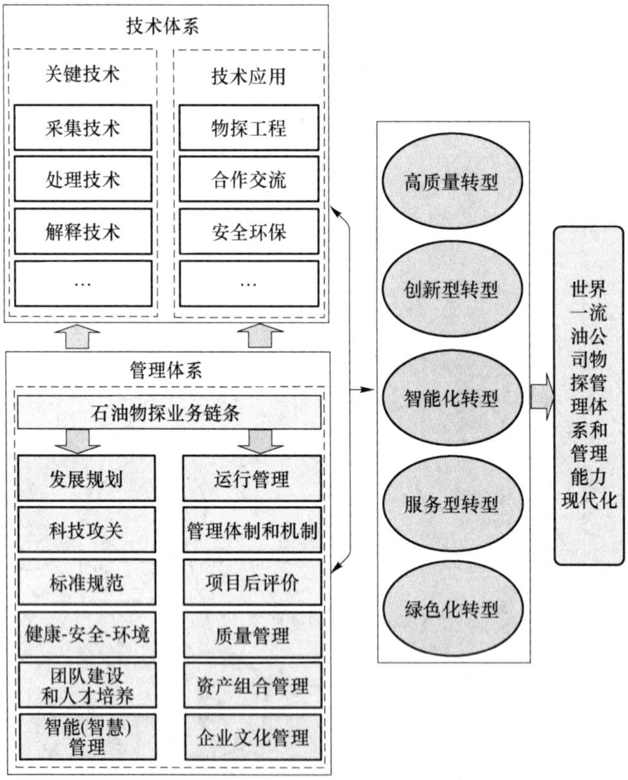

图14-10 世界一流油公司物探技术管理体系的总体架构

14.4.2 世界一流油公司物探技术管理体系的生态系统

油公司物探技术管理体系由3个要素维度中的13个主要要素相互作用、相互影响,形成了3个平面区域,构成了技术管理内容子系统、技术管理工具子系统、技术管理评价子系统3个子系统。油公司物探技术管理体系生态系统如图14-11所示。

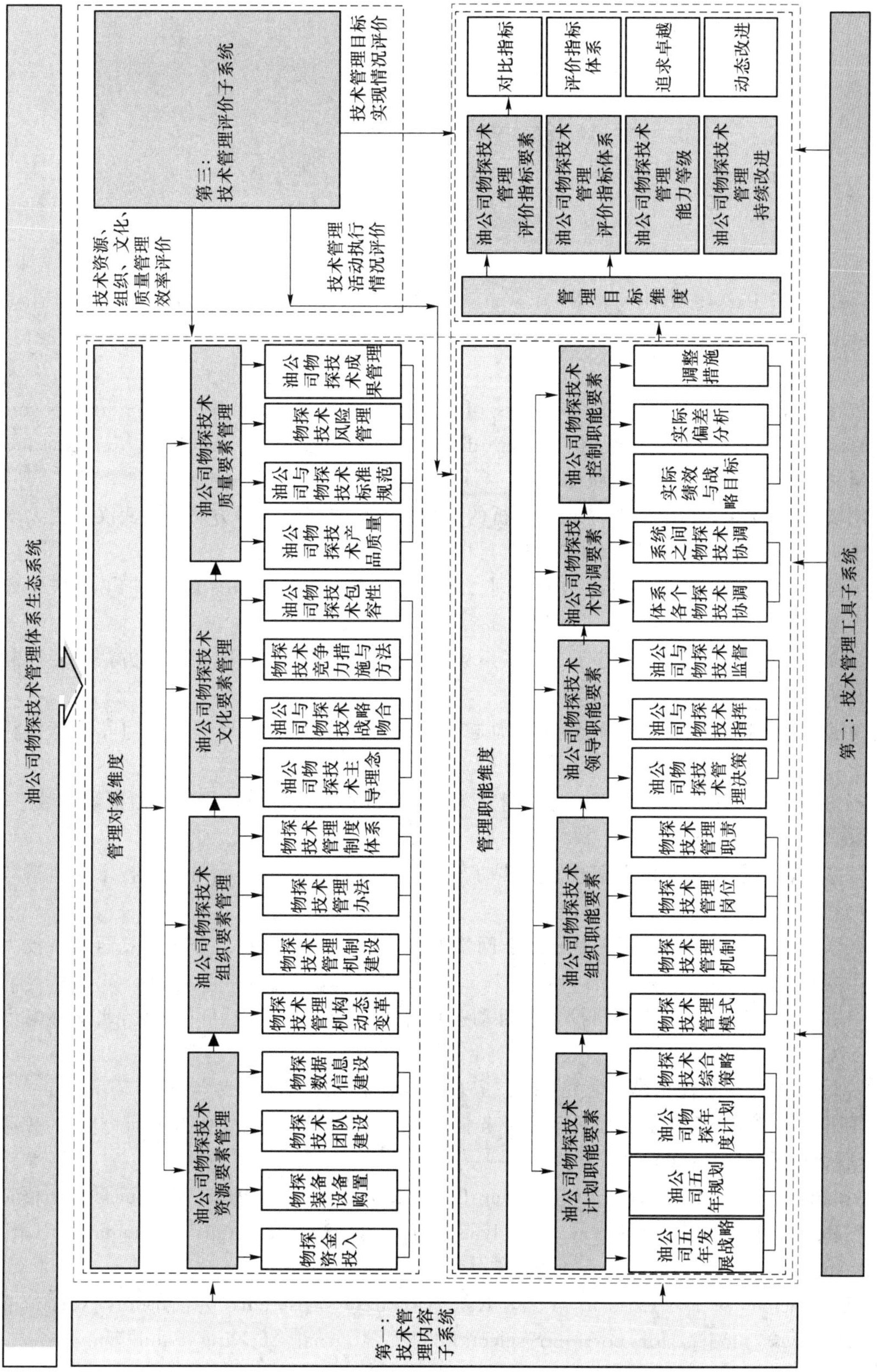

图 14-11　油公司物探技术管理体系生态系统

参考文献

[1] Park J H, Park J M, Kwun Y C, et al. Induced power aggregation operators and their applications in group decision making [J]. Applied Mechanics and Materials, 2013, 404: 672-677.

[2] Wan S P. Power average operators of trapezoidal intuitionistic fuzzy numbers and application to multi-attribute group decision making [J]. Applied Mathematical Modelling, 2013, 37:4112-4126.

[3] 胡凌云,袁宏俊,吴庆鹏.基于集对分析的三角模糊数多属性决策方法[J].武汉理工大学学报(信息与管理工程版),2015,37(1):108-111.

[4] 吴群,吴澎,周礼刚.基于联系数的区间二元语义模糊多属性群体决策方法[J].重庆工商大学学报(自然科学版),2016,33(1):1-8.

[5] 江文奇,王晨晨,尚优,等.基于二元联系数的区间直觉模糊数多准则决策方法[J].控制与决策,2017,32(10):1849-1854.

[6] 王骏,黄德才.基于联系数的位置不确定性数据 UCNK-Means 聚类算法[J].计算机科学,2016,43(S2):436-442.

[7] 杨雷,漆国怀.属性值和权重均是区间三角模糊数的群体决策方法[J].模糊系统与数学,2017,31(1):179-186.

[8] 陈孝国,杜红.区间三角模糊软集及其动态决策方法[J].系统工程与电子技术,2015,37(5):1111-1115.

[9] 杨学南,王栋志,石瑞丽,等.基于复杂网络的群体决策个体影响力分析[J].西南科技大学学报,2017,32(2):73-79.

[10] 庄文英.大型央企集团公司投资项目动态群体决策及应用研究[D].北京:北京邮电大学,2018.

[11] 邓雪. 投资组合优化模型研究 [D]. 广东: 华南理工大学, 2010.

[12] 张园, 刘浩杰, 王丹. 集团公司多业务板块薪酬总量分配协调优化方法研究[J]. 劳动保障世界, 2016(20):73.

[13] Bhattacharyya R, Kar S, Majumder D D. Fuzzy mean-variance-skewness portfolio selection models by interval analysis [J]. Computers and Mathematics with Applications, 2011, 61(1): 126-137.

[14] Bhattacharyya R, Hossain S A, Kar S. Fuzzy cross-entropy, mean, variance, skewness models for portfolio selection [J]. Journal of King Saud University - Computer and Information Sciences, 2014, 26(1):79-87.

[15] 蔡茹. 基于模糊收益率的均值-方差-混合熵投资组合模型研究[D]. 北京:北京化工大

学，2015.
[16] Liu B. Uncertainty theory: an introduction to its axiomatic foundations [M]. Germany: Springer-Verlag, 2004.
[17] Zhou R X, Zhan Y, Cai R, et al. A mean-variance hybrid-entropy model for portfolio selection with fuzzy returns [J]. Journal of Economic Dynamics & Control, 2015, 17 (5): 3319-3331.
[18] 刘喜梅.大型央企集团公司投资组合模型与应用研究[D]. 北京:北京邮电大学,2018.
[19] Back M J, Kirk G. An Integrated Portfolio Management Approach for More Effective Business Planning[M]. 2012.
[20] Mutavdzic M, Maybee B. An extension of portfolio theory in selecting projects to construct a preferred portfolioof petroleum assets[J]. Journal of Petroleum Science and Engineering, 2015.
[21] 韩立岩,甄贞,王单.海外投资合作共赢模式的合作博弈分析——以石油投资为例[J]. 经济与管理研究,2018(4):75-84.
[22] 华蓓,陈亚强,穆龙新，等.一种用于海外项目投资优化组合的混合优化方法[J].断块油气田,2017(2):238-242.
[23] 陈亚强,穆龙新,翟光华，等.海外油气项目多目标投资组合优化方法[J].系统工程理论与实践,2017(11):3018-3024.
[24] 梁将.投资组合管理在中国公司油气业务国际化进程中的应用[J].当代石油石化，2017,25(5):40-44.
[25] 郭永峰，金晓剑. 用广义离散傅立叶变换解析国际油价(WTI)曲线 r 以探讨国际油价的周期性[J]. 天津科技，2017，44(11):29-32.
[26] 金晓剑,耿婕,俞勇. 资本投资公司投融资决策支持体系研究[J].国际石油经济,2016，24(10):60-64.
[27] 刘继才，刘珈琪. 基于“运营商-投资者”的 PPP 项目双角色主体投资收益模型[J]. 工业工程，2017(6):1-8.
[28] 胡支军，彭飞，李志霞. 风险项目投资组合决策的贝叶斯评价与选择策略[J]. 中国管理科学，2017，25(2):30-39.
[29] 刘艳萍. 风险投资组合模型优化及应用研究[D]. 北京:北京邮电大学,2017.
[30] 金晓剑.央企集团公司多维动态门径投资决策研究[D]. 北京:北京邮电大学,2019.
[31] Zeng Z, Zio E. A classification-based framework for trustworthiness assessment of quantitative risk analysis[J]. Safety Science, 2017.
[32] Pedroni N, Zio E, Pasanisi A, et al. A Critical Discussion and Practical Recommendations on Some Issues Relevant to the Nonprobabilistic Treatment of Uncertainty in Engineering Risk Assessment[J]. Risk Analysis, 2017, 37(7):1315.
[33] Wang T R, Mousseau V, Pedroni N, et al. An empirical classification-based framework for the safety criticality assessment of energy production systems, in presence of inconsistent data[J]. Reliability Engineering & System Safety, 2017, 157:139-151.
[34] Turati P, Pedroni N, Zio E. An Adaptive Simulation Framework for the Exploration

of Extreme and Unexpected Events in Dynamic Engineered Systems[J]. Risk Analysis, 2017, 37(1):147-159.

[35] Walls L, Bedford T, Revie M, et al. Reliability, risk and safety: analytical support for decision making[J]. Euro Journal on Decision Processes, 2017, 5(1/4):1-4.

[36] 王长峰. 重大研发(R&D)项目过程管理综合集成与过程风险管理模式研究[D]. 北京:中国科学技术大学, 2004.

[37] 陈国兴. 财富世界 500 强新榜公布 25 家中国能化企业强势入围[J]. 中国石油和化工, 2018(8):76.

[38] 王长峰.研发项目过程风险管理方法综合集成问题研究[J]. 中国管理科学,2009,17(4):149-155.

[39] 王长峰,庄文英. 基于动态微分博弈理论的工程应急决策研究[J]. 中国管理科学,2017(10):179-186.

[40] Mohaghegh S D. Subsurface analytics: contribution of artificial intelligence and machine learning to reservoir engineering, reservoir modeling, and reservoir management[J]. Petroleum Exploration and Development, 2020, 47(2):225-228.

[41] Quirk D G, Schmid D W. The Prospect Area Yield (PAY) method: a remedy for over-optimistic volumetric estimations in conventional petroleum exploration[J]. Journal of Petroleum Geology, 2021, 44(1):47-68.

[42] Tan M, Su M, Liu W, et al. Digital core construction of fractured carbonate rocks and pore-scale analysis of acoustic properties[J]. Journal of Petroleum Science and Engineering, 2020, 196:107771.

[43] Munyithya J M, Ehirim C N, Dagogo T, et al. Seismic amplitudes and spectral attribute analysis in reservoir characterisation, 'MUN' onshore Niger delta field[J]. Journal of Petroleum Exploration and Production Technology, 2020, 10(2).

[44] Aleeva A O, Lobova G A, Osipova E N. Comparative petrophysical characteristics of the Jurassic sections of the Tomsk Region fields (in relation to petroleum potential of pre-Jurassic sequences)[J]. Neftegazovaya Geologiya Teoriya I Praktika, 2020, 15(4).

[45] ZhangW, Yuhong L I, Zhao F, et al. Granite is an Effective Helium Source Rock: Insights from the Helium Generation and Release Characteristics in Granites from the North Qinling Orogen, China[J]. Acta Geologica Sinica-English Edition, 2020, 94(1).

[46] LI J, WEI P S, Shi L T, et al. Fluid interaction mechanism and diagenetic reformation of basement reservoirs in Beier Sag,Hailar Basin, China[J]. Petroleum Exploration and Development, 2020, 47(1):47-59.

[47] Zhang L, Dengfa H E, Zejun Y I, et al. Tectonic relationship between the Kelameili range and the Dajing depression: insights into the Carboniferous tectonic-sedimentary framework[J]. Petroleum Exploration and Development, 2020, 47(1):30-45.

[48] El-Bagoury M. Integrated petrophysical study to validate water saturation from well logs in Bahariya Shaley Sand Reservoirs, case study from Abu Gharadig Basin, Egypt

[J]. Journal of Petroleum Exploration and Production Technology, 2020(1/4):1-17.

[49] Ashena R, Bataee M, Jafarpour H, et al. Significant production improvement using optimization of completion and artificial lift: case studies from South-West Iran[J]. Journal of Petroleum Exploration and Production Technology, 2021,11(5):1-26.

[50] Ogunkunle T, Fadairo A, Rasouli V, et al. Microbial-derived bio-surfactant using neem oil as substrate and its suitability for enhanced oil recovery[J]. Journal of Petroleum Exploration and Production Technology, 2020(1):627-638.

[51] Alcantara T, Frugier E, Virlouvet B. High resolution velocity model building and least-squares imaging offshore Canada: a deep-water Orphan basin example [C]// SEG technical program expanded abstracts 2020. Tulsa: Society of exploration geophysicists, 2020:2810-2814.

[52] Bai J Y, Yilmaz O. Image-domain least-squaresreversetime migration through point spread functions [C]// SEG technical program expanded abstracts 2020. Tulsa: Society of exploration geophysicists, 2020: 3063-3067.

[53] EIA. Monthly energy review October 2020 [R]. Washington: U. S. Energy Information Administration, 2020.

[54] Zhang X X, Yu J J, Li N Y, et al. Multi-scale fracture prediction and characterization method of a fractured carbonate reservoir[J]. Journal of Petroleum Exploration and Production, 2021, 11(1):191-202.

[55] 夏庆丰.大力弘扬和践行石油精神 加快培育具有全球竞争力的世界一流企业[J].石油政工研究,2018(3):12-13.

[56] 杨尚东.世界一流企业科技创新体系的特征分析[J].中国科技论坛,2014(2):154-160.

[57] 庄文英.大型央企集团投资项目动态群体决策及应用研究[D].北京:北京邮电大学,2018.